운명을 열어주는
명당 풍수

음택과 양택의 정석

김영기 · 장현숙 지음

BOOK STAR

프롤로그

독자의 마음을 여는 풍수 이야기

풍수는 한마디로 음양입니다. 풍수지리는 단순히 길흉을 따지는 기술을 넘어, 우리가 살아가는 땅과 공간을 이해하고 삶의 방향성을 결정하는 깊이 있는 철학입니다. 하지만 공간을 바라보는 시선에는 '차이'가 존재합니다. 전통적인 풍수는 종종 '아버지의 시선'을 반영해 높은 곳에서 땅을 조망하고, 권력과 위계를 중심으로 혈穴을 찾으며, 밖으로 뻗어 나가는 기세를 중요시했습니다. 따라서 사신사四神砂 중에서 주산主山과 후현무後玄武, 좌청룡左靑龍의 역량을 중요시했습니다.

반면, 이 책에서 제안하는 '엄마가 보는 풍수'는 낮고 따뜻한 시선으로 공간의 의미를 포착합니다. 마당의 방향, 안방으로 들어오는 햇빛, 아이가 뛰노는 담장의 부드러운 곡선, 부엌의 숨결과 같은 일상 속에서 풍수적 의미를 발견하는 것이죠. 또한, 주산보다는 안산案山과 전주작前朱雀의 조화와 유정함, 청룡과 백호의 균형을 중요시합니다. 아빠 풍수가 전진, 출세, 전투, 마당, 교류와 같은 양적인 면에 중점을 둔다면, 엄마 풍수는 수용, 적선, 양육, 포용, 안정 등의 음적인 면에 중점을 둔다고 할 수 있습니다. 아빠 풍수가 음택을 통해 생기를 얻는 데 중심을 둔다면, 엄마 풍수는 양택을 통해 온기를 얻는 데 중심을 둔다고 할 수 있습니다. 가족과 사회가 진정한 행복과 공동선을 추구하려면 음양의 조화가 중요하듯이 풍수에서도 음양의 조화가 중요합니다.

이 책은 한국 풍수의 역사와 이론 속에서 남성적 시선을 바탕으로 하고, 더 나아가 여성적 시선, 특히 어머니들의 공간 감각이 어떻게 풍수의 실제 속에 스며들어 있는지를 추적합니다. 역사 속의 여성과 그들이 거주하거나 활동했던 공간을 중심으로, 전통 풍수 이론이 어떻게 '여성의 삶'과 만나 새로운 의미를 만들어 내는지 탐구할 것입니다. 이 책을 통해 독자 여러분은 풍수가 더 이상 어렵고 멀게 느껴지는 것이 아니라, 삶을 감싸 안는 따뜻하고 실천적인 지혜임을 깨닫게 될 것입니다.

목차

·제 **1** 장·

좋은 터의 조건

1.1 좋은 터의 조건

우리가 사는 주거지인 양택에 관한 대표적인 풍수 서적에는 『황제택경黃帝宅經』, 왕군영의 『양택십서陽宅十書』, 이계李誡의 『영조법식營造法式』, 조구봉의 『양택삼요陽宅三要』, 이중환의 『택리지』, 허균의 『한정록』, 홍만선의 『산림경제』, 서유구의 『임원경제지』, 손유헌의 『민택삼요』, 노한용의 『택보요전』 등이 있다. 이 책에서는 풍수 고전과 선배 풍수사들의 지혜를 모으고, 필자의 경험과 지식을 살려 현대에 적용 가능하도록 정리하였다.

풍수지리風水地理가 좋은 터란 글자 그대로 용도에 맞고 바람風과 물水이 잘 순환되는 온화한 땅陽地을 말한다. 반대로 나쁜 터란 용도에 부적합하고 바람風과 물水이 순환되지 않는 음습하거나 메마른 땅陽地을 말한다. 명당의 대표적인 모습은 노래 "향수"와 용인 민속촌이나 안동 하회마을을 떠올리게 된다. 자연재해 중에서 가장 큰 피해를 주는 것도 바로 바람과 물風水이다. 바람의 피해는 태풍, 강풍, 해일, 화재 등으로 나타나고, 바람의 피해는 호우, 대설, 서리, 우박 등으로 나타난다. 따라서 풍수는 예로부터 자연재해와 환경을 다루는 학문이다.

좋은 터 [외암민속마을]　(국립민속박물관)

나쁜 터 [사막]　(나무위키)

1. 양택 터와 양기터

양택陽宅 터란 개인의 집터를 말하고, 양기陽基 터란 공동의 집단 취락지를 말한다. 인류는 집단 사회생활을 하면서 먼저 좋은 땅을 찾아 도읍지, 읍성지, 마을터 등 공동 취락지인 양기 터를 잡고 그 안에서 중심 터를 기준으로 기능과 용도에 따라 개인의 양택 터를 정하여 주택과 주변 시설을 조성하였다. 예전에는 인류의 4대 문명 발상지인 강가에 농촌형 자연 취락이 조성되었고, 현대에는 도시 개발로 특정 지역에 기능에 따른 도시형 인공 취락이 조성된다. 그러므로 규모의 차이가 있을지라도 터의 선정과 조성 원리는 동일하다. 예전에는 식량과 식수의 확보가 중심 테마였다면, 현대에는 경제와 에너지 확보가 중심 테마로 바뀌었을 뿐이다.

양택 터 [영암 은곡리 집영재]　　(2024년 촬영)

양기 터 [순천 낙안읍성]　　(국토정보플랫폼)

현대 주택 [분당 미금역 인근]　　(국토정보플랫폼)

현대 도시 [세종시]　　(세종시청)

2. 음택 터와 음기 터

　　음택陰宅 터란 개인의 묘지를 말하고, 음기陰基 터란 공동의 묘지를 말한다. 인류는 집단 사회생활을 하면서 사후세계와 현실 세계의 매개체로써 양지바른 곳에 공동묘지인 음기 터를 조성하고 그 안에서 중심 터를 기준으로 권력과 재력에 따라 개인 묘지인 음택 터를 형태와 위치를 달리하여 조성하였다. 그리고 대부분의 사람은 묘지도 조성하지 못하고 화장이나 조장 등을 통하여 자연으로 돌려보냈다. 예나 지금이나 크게 달라지지 않았다.

음택 터 [용인 정몽주, 이석형 묘소] (2024년 촬영)

음기 터 [양평 갑산공원묘원] (2024년 촬영)

3. 좋은 터의 조건

1) 기본적인 조건

　　인류는 지구 환경에 적응하며 살기 좋은 땅[明堂]을 찾아 그곳에 집을 짓고 조상을 모셨다. 풍수의 목적은 웰빙well-being과 웰다잉well-dying이다. 웰빙과 웰다잉의 방법은 5단계가 있다. 첫째가 생기 넘치는 집에 사는 것, 둘째가 생기 넘치는 곳에서 일하는 것, 세 번째가 생기 넘치는 곳에서 휴양하는 것, 네 번째가 생기 넘치는 친구를 널리 사귀는 것, 마지막으로 생기 넘치는 땅에 잠드는 것이다. 나훈아의 노래 "사내"와 송대관의 노래 "네박자" 가사처럼 말이다. 이 모든 것의 열쇠는 베풀고 나눌 수 있는 찐친을 많이 갖는

것이다. 전국에 좋은 벗, 즉 도반道伴들을 많이 사귀어 두고 그다음에는 경치 좋고 땅의 기운이 좋은 사찰, 성당, 주택 등의 주지 스님, 신부, 주인장 등을 많이 사귀어 두자. 그리고 다닐 때마다 그곳에서 묵게 된다면 내가 집을 관리하지 않아서 좋고 지인이나 도반들과는 친밀한 관계를 유지해 나가서 좋다. 물론 세상 모든 것은 상생이니 서로 주고받는 것이 있어야 할 것이다. 주는 것은 꼭 돈일 필요는 없다. 상대방이 필요한 것은 무재칠시無財七施처럼 부드러운 미소, 따뜻한 정, 칭찬과 격려, 봉사, 지혜, 노동, 경청 대화, 양보, 그저 그리움 등일 수 있다. 친구가 없다면, 마음의 선물 보따리를 들고 지금 당장 떠나 보라. 처음에는 돈이 필요하지만 점차 마음이 중요하게 될 것이다.

그러나 요즘 사람들은 눈요기를 좋아하여 오션뷰, 리버뷰, 마운틴뷰, 초원뷰를 선호하여 명산대천 근처의 땅과 건물을 비싸게 주고 구하지만, 정작 건강은 나빠진다는 것을 고려하지 않는 것 같다. 동양 사람들은 해달별이 잘 비치는 양지바르고 들판은 넓고 바람과 비가 적당하며 천재지변에 안전한 곳을 선호했다. 서양 사람들은 생태적으로 건강한 동풍을 받을 수 있고, 재해에 대피하기 쉽고, 수원의 공급이 원활한 곳을 선호했다. 요약하면 온화하고 안전하고 물을 구하기 쉬운 곳이다.

동양에서 명당의 판단 기준을 체계적으로 정리한 대표적인 것이 『지리오결』과 '양택사과'이다. 『지리오결地理五結』이란 장풍득수가 잘 되는 생기 있는 땅인지 여부를 용혈사수향龍穴砂水向의 5가지 기준으로 판단하는 것이다. 이에 대해서는 다른 장에서 자세히 다루기로 한다.

2) 양택사과 陽宅四科

양택사과陽宅四科란 살기 좋은 지역인지 여부를 지리地理, 생리生利, 인심人心, 산수山水의 4가지 기준으로 판단하는 것이다. 이중환의 『택리지』'복거총론'의 내용을 현대적으로 재해석해 보자. 사람이 살만한 터[可居地]를 고를 때는 첫째로 지리地理가 좋아야 하고, 다음 그곳에서 얻을 경제적 이익, 즉 생리生利가 있어야 하며, 다음 그 고장의 인심이 좋아야 하고, 또 다음은 아름다운 산수가 있어야 한다. 이 네 가지에서 하나라도 충족시키지 못한다면 살기 좋은 땅이 아니다. 지리는 비록 좋아도 그곳에서 생산되는 이익이 모자란다면 오래 살 곳이 못 되고, 생산되는 이익이 비록 좋을지라도 지리가 좋지 않으면 이 또한 오래 살 곳이 못 된다. 지리도 좋고 생산되는 이익이 풍부할지라도 그 지방의 인

심이 후하지 않으면 반드시 후회할 일이 있게 되고, 가까운 곳에 즐길 만한 산천이 없으면 정서를 화창하게 하지 못한다. 그래서 복지福地, 덕지德地, 길지吉地, 피병지避病地, 피세지避世地, 경승지景勝地 등으로 구분한다.

이중환은『택리지』'복거총론'에서 지리, 생리, 인심, 산수의 순서로 택지를 잡았으나 현대에는 생리, 인심, 지리, 산수의 순서로 고려해야 한다. 일반적으로 집터는 터가 크고 물의 영향을 많이 받는 반면, 묘지는 터가 작고 산의 영향을 많이 받는 점에 차이가 있을 뿐 명당의 판단 기준은 유사하다.

(1) 생리(生理)

생리란 사람이 살아가는 데 필요한 경제적 기초가 되는 물의 생산에 적당하며 또 교통이 편리한 곳으로서 경제 활동에 유리한 환경을 갖춘 것을 말한다. 농경사회에서는 들판, 산업사회에서는 일터의 접근성을 말한다. 생리라 함은 인간들이 살아가는 데 필요한 여러 가지 물질적 모든 재화들을 말한다. 그는 살아가는 데는 물론 예절을 지키기 위해서도 생리가 필요하다고 말했다. 토지가 기름지고 물자 교류가 잘되는 곳을 조건으로 삼았다. 토지가 기름져야 오곡과 목면을 얻을 수 있다. 물자 교류도 잘되어야 살 만한 곳이 되는데, 이런 곳으로는 무엇보다도 교통이 편리해야 한다고 주장했다.

우리나라의 지세는 산악 지대가 많고 대산맥이 남북으로 뻗어 있어 교통기관으로서 차륜보다는 마필에 의존함이 많은데, 이보다는 선박에 의하여 운송함이 이익이 좋으므로 수운水運의 필요상 강물의 깊고 얕음을 알고 항구를 만들 필요를 역설했다.

조선 시대의 문장가이자 혁명가인 허균許筠은 "대장부는 천하天下에서 가장 넓은 집에 사는 법"이라고 하면서 세상 자체를 집이라 여겼는데, 그 역시 좋은 땅을 고르는 법에 대해 많은 연구를 했다. 그가 지은『한정록閑情錄』에서 좋은 땅에 대한 견해를 다음과 설명하고 있다.

"생활의 방도를 세우는 데는 반드시 먼저 좋은 땅을 선택해야 하는데, 지리는 물과 땅이 서로 잘 통하는 곳을 제일로 치기 때문에 산을 등지고 호수를 바라보는 곳이라야 가장 좋다. 그러나 지역이 넓으면서도 가장 긴속緊束, 입구가 좁음한 곳을 필요로 하니, 대개 지역이 넓으면 재물과 이익을 많이 생산할 수 있고, 지역이 긴속하면 재물과 이익을 모아들일 수 있다."

풍수지리학자 최창조 교수는 지리가 '먹고 사는 일'에 연관되어 있음을 밝히고 있다. 지리는 물과 땅이 탁 트인 곳을 최고로 삼으며, 뒤에는 산이 있고 앞에는 물이 있어야 할

뿐만 아니라, 또한 널찍하면서도 짜임새가 있어야 한다고 말한다. 대체로 땅이 넓은 곳은 재리가 생산될 수 있고, 짜임새가 있는 곳은 재리가 모일 수 있다는 것이다.

최창조 교수는 유암의 『택경宅經』에 나오는 "산 하나 물 한 줄기가 다정하게 생긴 곳은 소인이 머물 곳이고, 큰 산과 큰물이 명당 터로 들어오는 곳은 군자가 살 곳이다."라고 한 대목을 받아들여서 요즘의 세태를 비판하고 있다.

좁다란 계곡 아름다운 경치의 장소에 달랑 제 식구 한철 보낼 수 있는 별장 터를 잡아 놓은 사람들은 택경이 지적한 대로 소인배에 지나지 않으니 서둘러 원래 땅으로 복원시켜야 군자 근처에라도 갈 수 있을 것이다. 서울의 일부 지역에 있는 호화 주택들은 우선 성현의 가르침에 어긋나는 것은 물론이요, 풍수 사상의 입장에서도 큰 잘못을 저지른 땅 위의 구조물들임을 말해 두고자 한다.

(2) 인심(人心)

공자는 『논어』에서 "인후仁厚한 마을에서 사는 것은 아름다운 일이다. 스스로 인후한 곳을 가려서 살지 않는다면 어찌 지혜롭다 하겠는가?" 하였다. 군자는 "살만한 마을을 반드시 가려서 택한다."라고 하였다. 또 이중환은 『택리지』 서문에서 "대저 의복과 식량이 모자라는 곳이나 토기土氣가 사그라진 곳, 무력武力이 승한 곳, 시기와 혐의가 많은 곳 등은 사람이 살 수 없는 곳이다. 이런 몇 가지를 가리면 취하고 버릴 것을 알게 된다."라고 하였다.

지형·지세에 따라 인심도 달라진다. 산이 거칠면 사람도 거칠고, 산이 유하면 사람도 유하다. 예컨대 "평안도는 순박하고 인정이 두텁고 용감하다. 경상도는 견실하고 굳세다. 함경도는 굳세고 날래다. 황해도는 사납고 포악하다. 강원도는 꾸물거린다. 전라도는 꾀가 많고 민첩하다. 경기도는 백성들이나 물자가 시들어 쇠했다. 충청도는 오로지 세력 있는 사람을 따라 이익을 본다."

(3) 지리(地理)

지리란 어떻게 생기 넘치는 땅을 찾을 것인가 하는 문제다. 가장 먼저 물이 흘러 나가는 수구水口를 보고, 다음 들판의 형세[野勢]를 본다. 다음에는 산의 생김새[山形]를 보고, 다음에는 흙의 빛깔[土色]을 본다. 다음으로 수리水理를 본다. 다음에는 앞에 멀리 보이는 높은 산과 물, 즉 조산朝山과 조수朝水의 6가지 요소를 살펴본다.

  수구水口: 물이 흘러 나가는 대문 밖이나 동구 밖이 좁아야 한다. 물을 막아서는 구조가 한 겹보다는 여러 겹일수록 좋다. 그러므로 엉성하고 넓기만 한 곳은 아무리 좋은 밭과 넓은 집이 있다 하더라도 다음 세대까지 이어지지 못하고 저절로 흩어져 없어진다. 그러므로 집터를 잡으려면 반드시 수구가 꼭 닫힌 듯하고, 그 안에 들이 펼쳐진 곳을 골라서 구해야 할 것이다. 그러나 산중에서는 수구가 닫힌 곳을 쉽게 구할 수 있지만, 들판에서는 수구가 굳게 닫힌 곳을 찾기 어려우니, 반드시 거슬러 흘러드는 물이 있는 곳을 찾아야 한다. 높은 산이나 그늘진 언덕이나, 거슬러 흘러드는 물이 힘 있게 가로막았으면 좋은 곳이 된다. 막은 것이 한 겹이라도 진실로 좋지만, 세 겹이나 다섯 겹이면 더욱 좋다. 그런 곳이라야 온전하게 오랜 세대를 이어나갈 터가 된다. 그런 의미에서 서울[한양]은 이러한 조건을 잘 갖추었다.

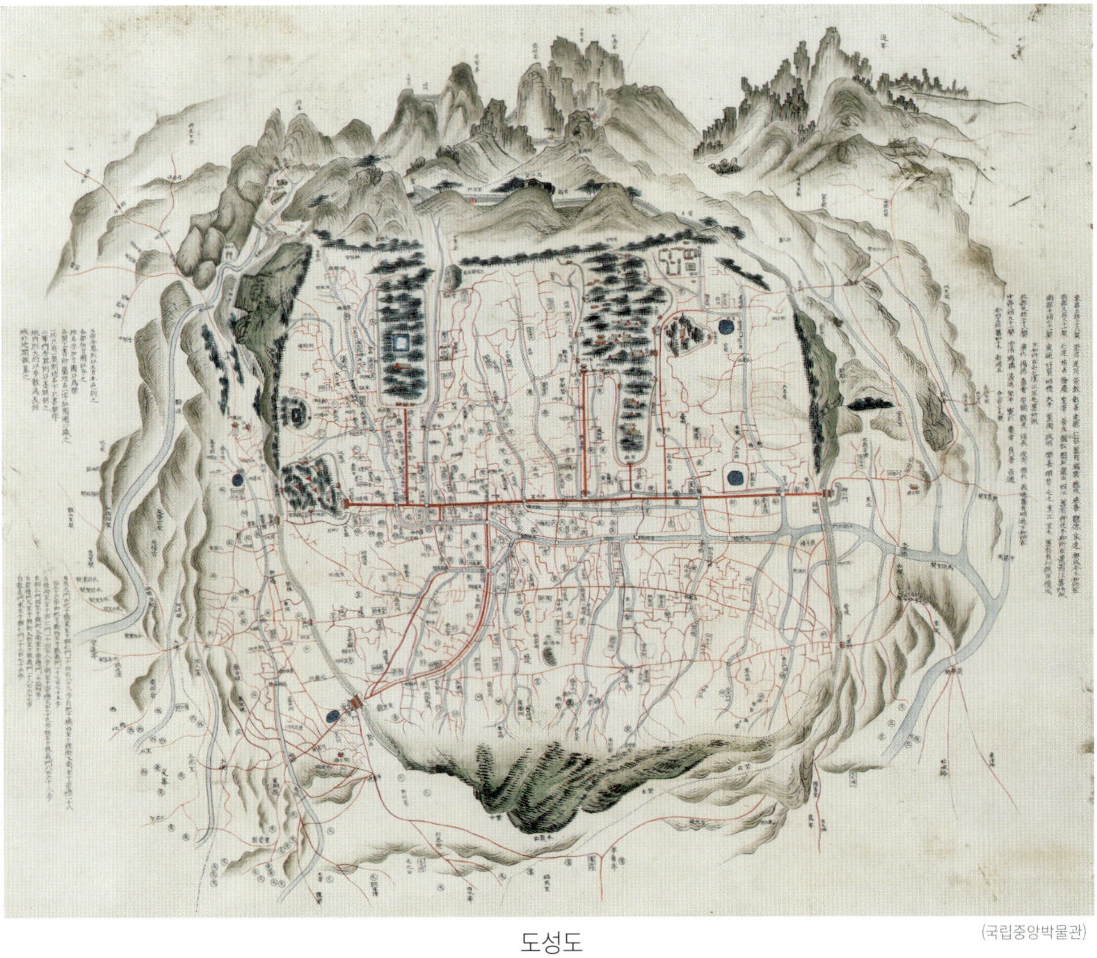

도성도   (국립중앙박물관)

- **들판의 형세[野勢]**: 사람은 맑고 밝은 기운을 받아서 태어났다. 그렇기 때문에 하늘은 맑고 밝은 빛이어야 하고, 만약에 하늘이 조금만 보이는 곳은 결코 살만한 곳이 아니다. 그러므로 들이 넓을수록 그 터는 더욱 좋은 곳이라고 말할 수 있다. 해와 달과 별빛이 항상 환하게 비치고 거기에다 바람과 비 등의 기후가 알맞고 더운 기후가 고른 곳이면 인재가 많이 나고 또 병도 적다. 따라서 첩첩산중에는 들이 좁아 살기에 부적합하고, 산중이라도 넓은 들이 펼쳐진다면 집터로 쓸 수 있다. 여기에서 말하는 지리의 내용은 현대 지리학의 본질적 문제와 동일하다. 예컨대 한양에서 한양도성 내부는 들판이 넓어 사람이 살만하지만, 북한산성 지역은 좁아서 주택지로 부적합하다.

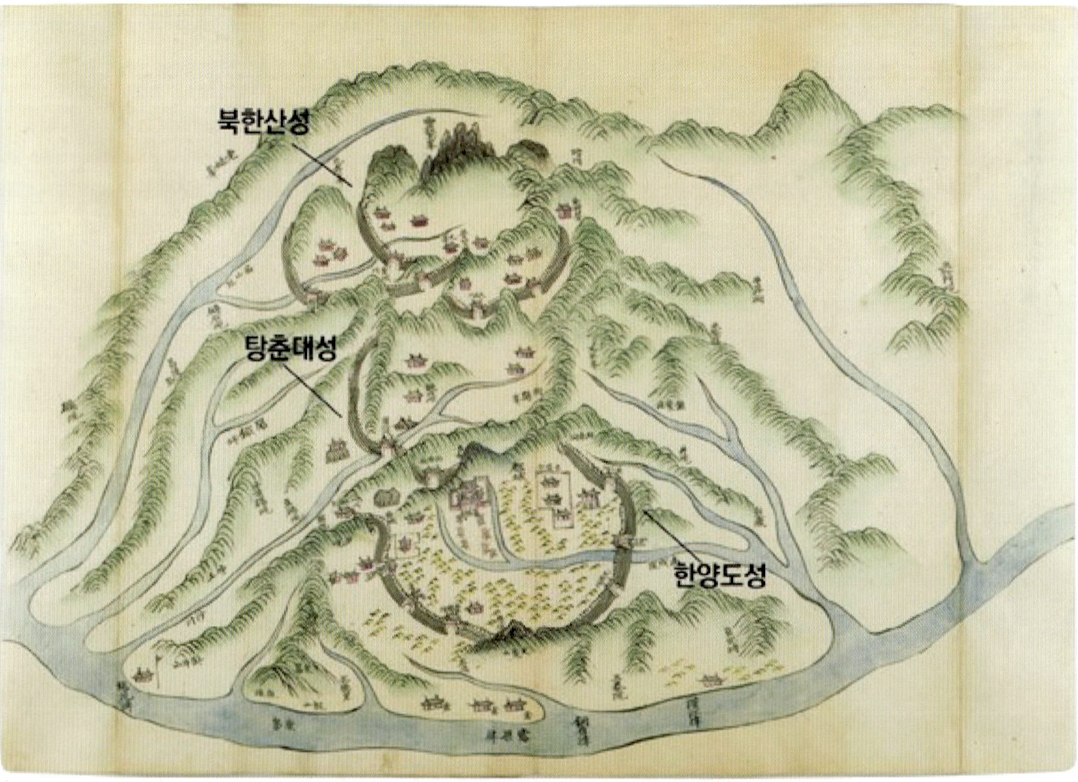

도성연융북한합도(都城鍊戎北漢合圖), 북한산성(위), 한양도성(아래)

　당나라 복응천卜應天의 『설심부雪心賦』에서는 "지리란 조리, 즉 문리와 맥락의 이치를 갖는 것이다."라고 하였다. 또한, 지리와 지맥을 구분하고 있는 『지리대성 산법전서地理大成 山法全書』에서는 "지리란 산천의 험함과 평탄함을 살펴 성곽과 고을과

마을을 설치하여 나라를 세우고, 한편으로는 도로와 촌락의 균형과 멀고 가까움을 살펴 출입에 용이하도록 하며, 땅의 높낮이를 알아 도랑을 파고 개천을 뚫어 관개에 도움이 되게 함을 말한다. 한편, 지맥이란 땅의 음양과 그 흐름을 관상觀相하여 크게는 도읍을 지어 나라를 세우고 작게는 집을 짓고 산소를 축조하여 복됨과 길함을 맞아들이는 일이다. 따라서 "지리는 백성의 후생을 돕는 일이고, 지맥은 사람의 명운을 관장하는 일이다."라고 하였다.

조선 후기의 문신 미수 허목許穆 선생은 지리에 대해 이야기하면서 조선의 지역적 특성을 매우 강조하고 있다. 그는 「지승地乘」이라는 글에서 중국과 다른 우리나라의 풍기風氣의 특색을 논하면서 "우리나라는 중국의 동쪽에 있기 때문에 오행五行의 목성木性을 가졌다. 그래서 사람이 어질고 예의가 바르다."라고 하였는데, 그 이유는 목성이 인仁을 의미하기 때문이다. 그리고 풍기와 성음聲音, 노래, 그리고 요속僚屬, 동식물, 기욕嗜慾, 좋아하고 즐기는 것이 중국과 다르다고 말한다. 그는 "백 리마다 풍속이 다르고, 천 리마다 노래가 다르며, 남방에는 새가 많고 북쪽에는 짐승이 많다."라고 하면서 나라의 크기는 중국에 비할 바가 아니지만, 지역적 다양성은 중국과 비슷하다고 하였다.

한편, 서양 사람들이 보는 좋은 땅은 무엇인가? 아리스토텔레스는 『정치학』에서 이상적인 도시를 잡을 때 보아야 할 네 가지 조건을 이렇게 제시했다. 첫째는 생태적으로 건강한 곳, 둘째는 동풍을 받을 수 있는 곳, 즉 동쪽을 향한 경사면이거나 겨울에 북풍을 피할 수 있는 남향, 셋째는 군사적인 이유로 외부인은 쉽게 접근하기 어렵고 거주민들은 쉽게 탈출할 수 있는 곳, 넷째는 수원의 공급이 원활한 곳이다. 그런 곳에 터를 잡고 살면 사람도 자연을 닮을 수 있을 것이리라. 그래서 소설가 이병주李炳注는 "산하의 정을 사람은 닮는다."라고 하였고, 『감옥으로부터의 사색』을 지은 신영복 역시 감옥에서 출소한 뒤 "고향에 돌아와 맨 처음 느낀 것은 사람은 먼저 그 산천을 닮는다는 것이다."라고 말하고 있다. 『청오경』에서는 "음양이 부합하여, 천지가 서로 통하면, 내기는 생명을 싹트게 하고, 외기는 형상을 이룬다. 내기와 외기가 서로 상승하여 어우러지면, 풍수는 스스로 이루어진다. 눈으로 자세히 살피고, 정성스럽게 마음을 모아, 능히 이를 깨달아 터득할 수 있다면, 천하를 다 다녀도 거리낌이 없을 것이다陰陽符合, 天地交通, 內氣萌生, 外氣成形. 內外相乘, 風水自成. 察以眼界, 會以性情, 若能悟此, 天下橫行."라는 내용이 있다.

- **산의 생김새**[山形]: 산의 모양을 말하자면, 집 뒤나 마을 뒤의 주산이나 진산이 누각처럼 목성으로 위로 솟구친 형세이고, 산이 수려하고 단정하며 청명하고 부드러운 모양이 가장 좋다. 뒷산이 끊임없이 이어졌다가 들을 건너 홀연히 일어나서 봉우리와 고개는 높이 솟고, 가지와 잎사귀 같은 산줄기가 엉켜 돌아 한데 뭉쳐 골짜기를 이루어 마치 관아 안으로 들어간 듯하며, 주산의 형세가 온당하고 무거우며 풍성하고 커서 겹겹의 지붕이 덮인 높은 전각 같은 곳이 그에 버금간다. 사방에 있는 산은 멀찍이 물러나서 고르게 에워싸고, 산줄기가 평지로 떨어져 내려와 물을 만나서 그친 들녘에 생겨난 집터가 그다음으로 좋다.

  가장 피해야 할 곳은 산줄기가 나약하고 둔하여 생기가 없거나, 부서지고 기울어져서 좋은 기운이 적은 모양이다. 땅에 생기가 없고 길한 기운이 없으면 인재가 나지 않는다.

- **흙의 빛깔**[土色]: 주거지에서는 산골 어촌 따질 것 없이 흙이 모래흙으로서 단단하고 조밀하면 우물물도 맑고 시원하니, 이와 같은 곳은 살 만하다. 붉은 점토나 검은 자갈 또는 누렇고 가는 흙, 다시 말해 죽은 흙이 깔린 땅에서 나는 우물물은 반드시 독성이 있으므로 이런 데서는 사람이 살 수 없다. 최상의 토질은 홍紅, 황黃, 자紫, 흑黑, 백白의 오색토五色土의 비석비토非石非土의 토질이다. 『개량입지안전서』에서는 흙의 색깔에 따라 등급을 매기고, 영화 「파묘」처럼 흙을 맛보아서 판별하는 것도 제시하고 있다. 단맛이 나고 향기로운 것有甘香者, 밀가루와 같이 고운 것有如麵者, 평온한 것有平和者은 사용할 수 있다. 그러나 다음의 경우는 사용할 수 없다. 떫은 것은 땅이 메말랐음을 의미하고澁者土燥, 신맛이 나는 것은 땅이 썩음을 의미한다酸者土浮. 쓴맛이 나는 것은 땅이 차가움을 의미하고苦者土冷, 비린내가 나는 것은 반드시 물이 있는 곳이다腥者必水. 악취가 나는 것은 반드시 진흙이 있는 곳이다臭者必泥.

- **수리**水理: 물이 없는 땅은 본래 살 수 없는 곳이다. 산은 반드시 크고 규모에 맞는 물이 있어야 음양이 조화되어 생성과 육성의 오묘함을 다 발휘할 수 있다. 그러나 물은 반드시 흘러오고 흘러감이 이치에 맞아야만 정기를 모아 인재를 훌륭하게 기를 수 있다. 집터는 묘터와는 다르다. 물은 재물을 주관하므로 큰 물가에 부잣집과 이름난 마을, 번성한 촌락이 많다. 비록 산속이라도 시냇물이 모여들면 대를 이어 오랫동안 살 만한 거주지가 된다.

- **조산**朝山**과 조수**朝水: 주택 앞에 멀리 있는 외곽의 건물이나 산을 조산朝山이라고 한

다. 조산에는 거칠고 조악한 바위 산봉우리가 있는가 하면 기울고 외로운 봉우리도 있다. 무너지고 절벽 모양도 있으며, 엿보는 듯한 모양도 있다. 또는 특이하고 괴상한 바위가 산 위와 산 아래에 나타나기도 하고, 긴 골짜기에 뾰족한 바위나 건축 구조물이 충사沖砂로서 터의 좌우나 앞뒤에 나타나기도 한다. 어느 땅이든 거주하기에 적당하지 않다. 반드시 멀리 있으면 맑고 빼어나며, 가까이 있으면 밝고 깨끗하여 보기만 해도 반갑고 기뻐야 하며, 험악하고 밉살스러운 생김새가 없어야 좋다. 사람에 비유하자면 험상궂지 않고 미인이어야 한다.

조수朝水는 멀리 있는 외곽의 물을 말한다. 작은 개울과 시내의 경우 물이 집터를 향해 역으로 받아들이는 것이 좋지만, 큰 하천과 큰 강이 물을 역으로 치고 들어오면 절대 안 된다. 집터나 묘지로 큰물이 역으로 치고 들어오면 처음에는 흥하여 일어나도 오래 지나면 패망하지 않는 곳이 없으므로 경계해야 한다. 들어오는 물은 또 반드시 산줄기가 이동하는 방향과 반대로 교차하여 흐름으로써 음양에 합치되어야 하며, 산이 가는 방향으로 함께 달아나면 재물이 달아나고 만사가 실패한다. 또 들어오는 물도 구불구불 느리게 흘러 들어와야 좋다. 만약 활을 쏜 듯이 일직선으로 다가와서는 안 된다.

(4) 산수(山水)

산수는 명승지가 근처에 있는 것을 말한다. 조선 시대 사대부들의 한결같은 소원은 산천이 아름다운 명승지에 터전을 삼고 말년을 지내는 것이었다. 그래서 명승지에 정자와 별서를 지었다. 명승지는 주로 큰 산과 큰 물가이다. 그리하여 이중환은 큰 산에 대하여 우리나라의 금강산·오대산·속리산·지리산 등 12대 명산과 그중에 있는 유명한 사찰을 검토하고, 개성 오관산·한양 삼각산·진잠 계룡산·문화 구월산 등 도읍지가 될 만한 4대 명산을 언급했다. 기타 춘천의 청평산, 금구의 모악산, 안동 학가산, 원주 치악산, 영월 사자산, 공주 무성산, 천안 광덕산, 해미 가야산, 남포 성주산, 부안 변산을 사람이 살만한 명산으로 꼽고 있다. 그리고 사람이 살기는 어려우나 명승지로는 철원 백운산 삼부연 폭포, 곡산 고달산, 광주 무등산, 영암 월출산, 장흥 천관산, 광양 백운산, 순천 조계산, 대구 팔공산, 대구 비파산, 청도 운문산, 울산 천성산, 청하 내연산, 청송 주왕산, 금강산, 한라산 등을 들었다. 특히 청도 운문산과 울산 천성산은 1,000명의 성인을 낼 만하고 난을 피할 만한 복된 땅으로 언급했다.

　또한, 바닷가에서 사는 것, 강가에서 사는 것, 시냇가에서 사는 것의 세 거주지를 비교하여 평가했다. 속담에는 시냇가에 사는 것이 강가에 사는 것만 같지 못하고, 강가에 사는 것은 바닷가에 사는 것과 같지 못하다고 했다. 바닷가에는 바닷바람이 많고 음료수가 부족하고 조수가 들어오는 등 조금도 맑고 깨끗한 맛이 없다. 반면에 이에 대해 시냇가[溪居]는 평온하고 깨끗한 경치가 있고 물대기와 경작이 가능하며 전쟁 시에도 유리하기 때문에 속담과는 달리 바닷가[海居]는 강가[江居]만 못하고, 강가는 시냇가만 같지 못하다고 했다. 결론적으로 "향수" 노랫말에 나오는 실개천이 휘돌아 나가는 곳이 사람 살기에는 적당하다는 것이다.

　현대인들도 그들과 같이 말년을 보내기 위해 그림 같은 강변이나 계곡에 별장이나 펜션을 마련한다. 그런데 스스로가 정한 삶을 추구하고, 삶을 즐기기 위해 시골에다 별장을 지은 사람들의 고충이 한둘이 아니다. 그러므로 우리는 명승지에 직접 집을 짓기보다는 교통이 편리한 곳에 살고, 좋은 친구들을 많이 사귀어서 명승지에 가끔 머무는 것이 효율적이다.

　이중환은 『택리지』에서 좋은 땅을 용도에 따라 제시하였다. 즉 살기도 좋고 경치도 좋은 복지福地, 살기에 좋은 덕지德地와 길지吉地, 전염병이나 전쟁으로부터 피난하기 좋은 피병지避病地, 세상에서 도치하여 조용히 은거하기 좋은 피세지避世地, 살기는 좋지 않으나 경치가 뛰어난 경승지景勝地 등이다.

용도	추천 장소
덕지(德地) 길지(吉地)	공주의 갑천, 보은의 관기, 전주의 구례·금산, 연안 백천의 보령강변, 충주의 금천, 순흥의 죽계, 해주의 승천, 전주부, 금구, 만경 등
피병지 (避病地),	전북 용담, 금산, 장수, 속리산, 청화산 등
복지(福地)	문경 병천, 무풍, 청도 운문산, 울산 원적산, 합천 가야산, 지리산, 청화산 등
피세지 (避世地)	원주의 사자산 남두릉동, 횡성의 덕은촌 등
경승지 (景勝地)	청하 내근산, 청송 주방산, 영동산지 등

3) 대지 모양에 따른 길흉

대지의 모양은 풍수적으로 매우 중요한 요소로, 공간에 흐르는 기운의 흐름과 배치를 결정짓는 핵심적인 역할을 한다. 대지의 형태와 그로 인해 나타나는 특징은 삶의 질, 건강, 그리고 재물운에까지 영향을 미칠 수 있다. 주택에서는 입구 쪽이 좁고 안쪽이 넓은 것이 좋다.

(1) 일반적인 대지의 모양과 특성

정사각형 및 직사각형 대지는 균형과 안정감을 주는 형태로, 기운의 순환이 원활하게 이루어진다. 따라서 재물운과 가족의 조화로운 관계를 촉진한다. 이 경우는 중심부를 비우고 정리하여 기운의 흐름을 극대화하는 것을 권한다.

삼각형 대지는 기운이 집중되거나 산란되기 쉬운 형태로 불안정한 에너지가 형성될 가능성이 있다. 이 경우는 식재와 조경으로 기운을 조화롭게 분산시키거나 벽돌 등을 사용해 대지 모양을 사각형으로 만들고, 모서리의 유휴 공간은 다른 용도로 활용하는 것을 권한다.

불규칙한 모양의 대지는 특정 공간에 기운이 치우쳐 균형이 깨진 형태로 건강 및 대인 관계에 부정적 영향을 미칠 수 있다. 풍수서에 따르면, 한쪽 모서리가 부족한 경우 그 방향에 해당하는 가족에게 영향을 미친다고 한다. 이 경우는 바위나 조경석으로 경계를 명확히 하여 기운을 안정시키는 것을 권한다.

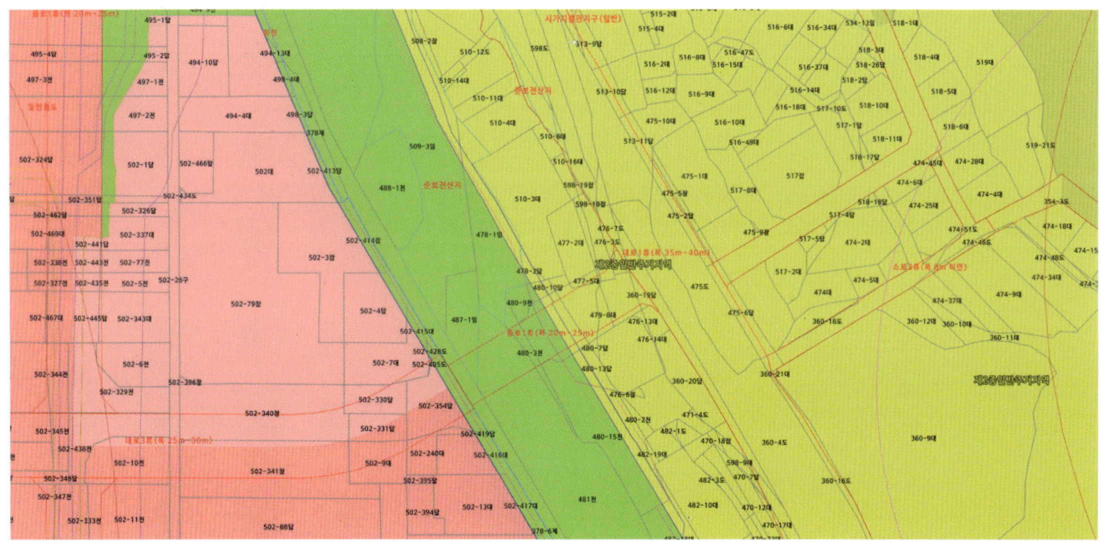

지적도 사례　　　　(구성역 인근 지적도, 국토이음)

(2) 대지 모양에 따른 길흉

청나라 조정동의 『양택삼요』에서는 "주택의 경우 배산임수 하면 건강 장수健康長壽하고, 전저후고 하면 세출 영웅世出英雄하고, 전착후관 하면 부귀 여산富貴如山"이라 하였다. 배산임수背山臨水란 배수와 통풍이 잘 되도록 뒤는 바람을 막아 주는 산이나 건물이 있고, 앞에는 기운을 감싸 주는 물이 있어야 한다. 전저후고前低後高는 주건물은 높아야 하고 마당과 주위에 있는 부속 건물은 낮아야 한다. 전착후관前窄後寬은 입구 쪽이 좁고, 안쪽으로 갈수록 넓어지는 것이 좋다.

특히 전착후관前窄後寬을 그림으로 설명하면 다음과 같다. 왼쪽 2개 그림에서 남南을 대문 쪽으로 본다. 오른쪽 4개 그림에서 좌우로 긴 것보다 앞뒤로 긴 것이 기운이 안정되어 좋다. 앞이 좁고 안으로 갈수록 넓어지는 것이 뒤가 좁은 것보다 좋다.

남북으로 길고 동서로 좁은 땅은, 그곳에 거주하는 사람에게 부귀와 번창하는 재물을 가져온다. 가축이 번성하고 자손이 번창하며, 복과 녹富貴은 구하지 않아도 하늘에서 내려온다. 반대로 동서로 넓고 남북으로 좁은 땅은, 기가 짧아 사람과 재물이 번창하기 어렵다. 오래 지나면 몰락하고 가축도 죽게 되며, 일이 뜻대로 되지 않아 불길한 일이 자주 나타난다.

앞이 좁고 뒤가 넓은 땅은 거주하기에 안정적이며, 부귀와 평안을 이루고 자손이 번성한다. 재물이 넉넉하고 사람이 많으면 길하며, 금·옥·진주와 보물이 창고에 가득 찬다. 반대로 앞이 넓고 뒤가 좁은 땅은 관棺과 같은 형상이며, 이런 집은 당장 불안정하고 거실도 평온하지 않다. 재물이 흩어지고 가족이 죽으며, 슬픔과 신음 소리만 가득하고 기쁨이 없다.

집의 형태가 앞은 둥글고 뒤는 넓고 광활하면, 이를 '게蟹 형상의 혈穴'이라 하며, 매우 길하고 번창하다. 이곳에 살면 자손과 재물, 가축이 번성하며, 더 나아가 자손이 귀하게 되어 이름이 널리 알려진다. 반대로 집의 형태가 뒤는 뾰족하고 앞은 넓으면 평온하지 못하다. 이는 마치 화성火星이 집을 끌고 가는 형상과 같다. 이런 집에 살면 남녀 가릴 것 없이 스스로 목숨을 끊는 일이 많으며, 방에서 이상한 소리가 나고, 집이 폭발하듯 요란하여 밤낮으로 놀랄 일이 끊이지 않는다.

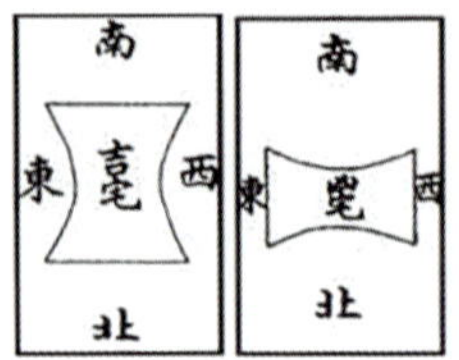
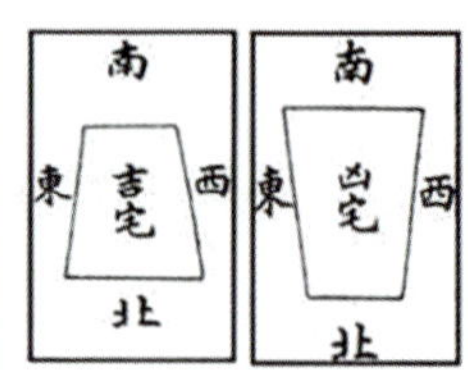
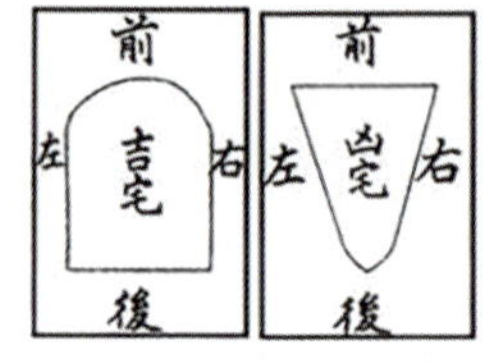

전착후관의 다양한 형태　　　　　　　『양택애중론(陽宅愛衆論)』

(3) 대지의 특정 방향 결함에 따른 길흉

대지 모양에서 오른쪽이 비면 처에게 해롭고, 왼쪽이 비면 남편에게 해롭고, 오른쪽 뒤가 비면 할아버지에게 해롭고, 오른쪽 앞이 비면 할머니에게 해롭다. 대지의 앞이나 뒤가 비면 좋지 않다. 따라서 터는 네모반듯한 것이 좋다. 함몰 부분이 코너에 있으면 무시해도 되지만 중간에 있으면 좋지 않다. 대문은 약한 부분에 설치하는 것이 좋다.

극처택剋妻宅은 오른쪽이 짧고 왼쪽이 길어 음陰이 약하고 양陽이 강한 형태이다. 이로 인해 아내가 손상되거나 불행을 겪게 된다. 집을 수리할 때는 적절한 방향을 선택하여 뾰족한 부분을 제거해야 한다. 이렇게 하면 홀아비가 나오는 불운을 피하고, 집안에 평안과 기쁨이 깃들게 된다.

손부택損夫宅은 왼쪽이 짧고 오른쪽이 긴 형태이다. 이로 인해 음陰이 강하고 양陽이 약하여 남편이나 남성이 손상을 입게 된다. 집을 수리할 때는 적절한 방향을 선택하여 뾰족한 부분을 제거해야 한다. 이렇게 하면 과부가 나오는 불운을 피하고, 집안이 온전하고 평안해질 수 있다.

상수택傷壽宅은 집의 서북쪽이 부족하면 '건乾' 방위가 약해진다. 이로 인해 집안의 가장家長이 장수를 누리기 어렵다. 비록 가축이 번성하고 재물이 풍족할 수 있으나, 결국 집안 어른이 세상을 떠나 슬피 울며 하늘을 원망하는 일이 발생할 수 있다.

계모택繼母宅은 서남쪽 곤坤 방위가 부족하면, 거주하는 노인은 반드시 재혼하게 된다. 비록 재물과 가축이 풍족할지라도, 자식이 계모를 모시게 되어 마음이 불편할 것이다.

결후택缺後宅은 집의 정북 감坎 방위가 부족하고 제비 꼬리燕尾 모양이면, 자손이 부족하고 대가 끊기며, 양자를 들이게 된다. 양쪽 모서리를 잘라내고 새롭게 수리하면, 주산主山이 정돈되어 자손과 재물이 번창할 것이다.

추차택推車宅은 집의 정남 이離 방위가 부족하고 수레를 미는推車 형상이라면, 처음에는 가난하고 나중에는 대가 끊겨 반드시 이사하게 된다. 양쪽 모서리를 잘라내고 외부에 활용하며, 집의 형태를 반듯하게 하면 자손이 번창하고 훌륭한 사람이 나올 것이다.

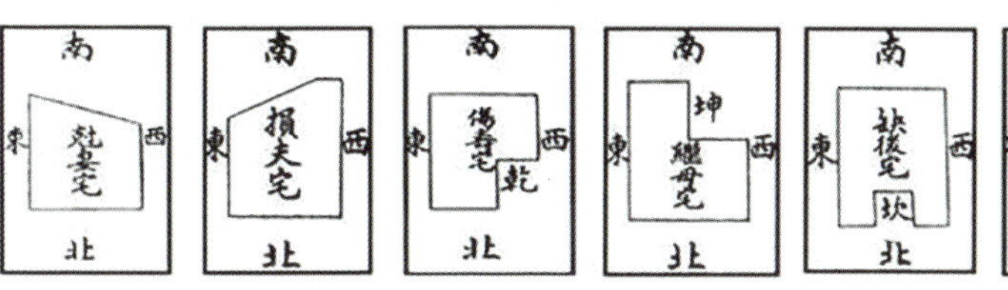

대지 결함의 다양한 형태　（『양택애중론(陽宅愛衆論)』）

1
2
3
4
5
대문
6
7
대문
8
9
10
현관
현관
11
입구

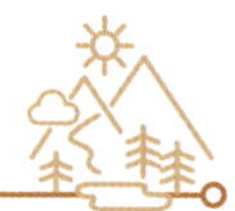

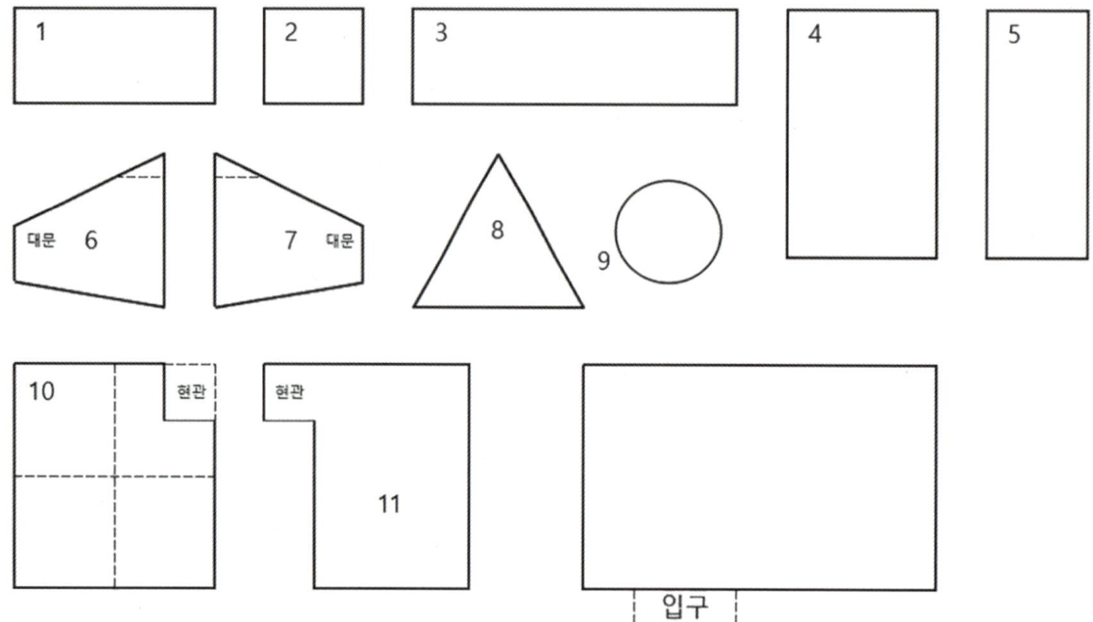

다양한 대지와 실내 공간의 형태

(필자 작도)

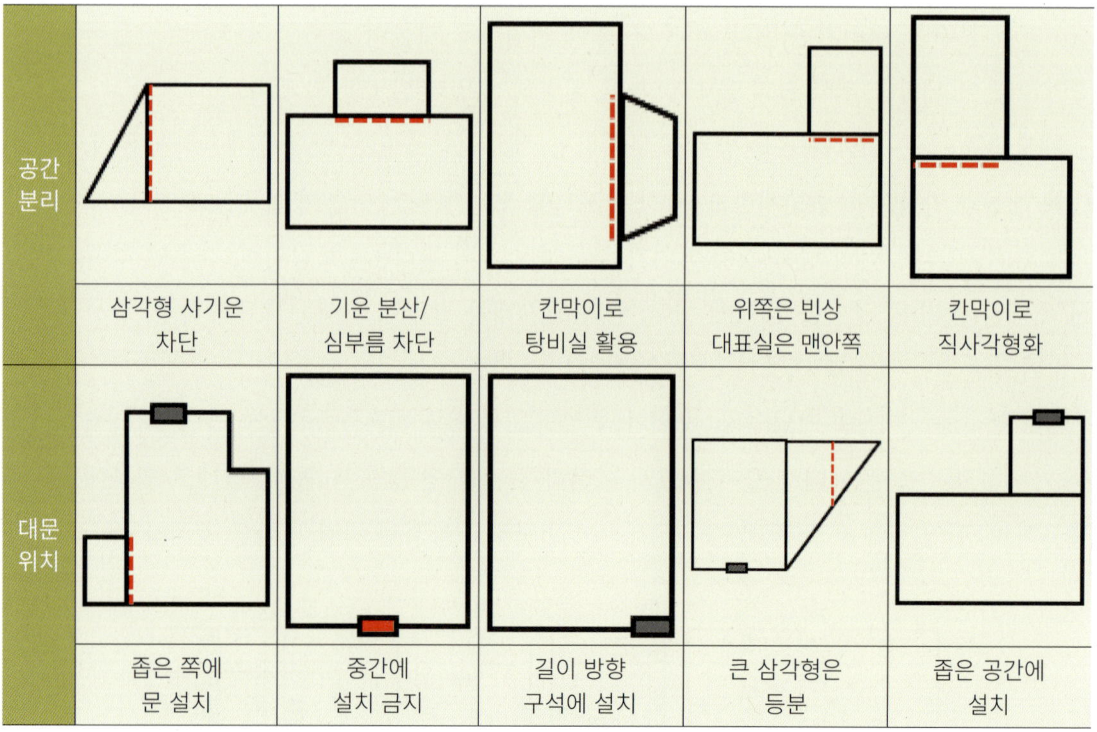

공간 분리
삼각형 사기운 차단
기운 분산/ 심부름 차단
칸막이로 탕비실 활용
위쪽은 빈상 대표실은 맨안쪽
칸막이로 직사각형화
대문 위치
좁은 쪽에 문 설치
중간에 설치 금지
길이 방향 구석에 설치
큰 삼각형은 등분
좁은 공간에 설치

부정형 공간의 정형화 및 대문 위치

(필자 작도)

4) 터의 경험적 길흉 판단

(1) 좋은 터

① 기운에너지이 균형을 이루며 순응하는 터

② 햇빛을 많이 받을 수 있는 양지바른 터

③ 바람이 온화하여 갈무리가 잘 되는 터

④ 물길, 도로가 감아 돌아가는 터

⑤ 흙이 밝고 깨끗하며, 비석비토예, 마사토로 배수가 잘 되는 터

⑥ 북서고 남동저, 서고 동저, 북고 남저

⑦ 결혈지인 터, 도깨비 터

(2) 나쁜 터

① 큰 수맥이 지나가며 수맥 줄기가 많은 터

② 습하고 배수가 잘 안 되는 터항토, 진흙

③ 각이 지고 폭이 좁은 터

④ 칼바람이 질풍같이 휘몰아치는 터

⑤ 기운이 늘 급격히 이동하는 바람길에 있는 터계곡, 제주 산장

⑥ 물길, 도로가 빠져나가는 터

⑦ 오물, 쓰레기, 인분 등을 매립했던 터

⑧ 사형장, 도살장이었던 터

⑨ 절벽 아래의 터: 단명, 대형 사고마이산 돌탑 이갑용 비보 조치, 이성계 출정터

⑩ 산 끝자락이 충하는 터곳

⑪ 기맥이 충돌하여 회오리치는 터

⑫ 무덤 유골이 묻혀 있는 터

⑬ 큰물바다, 저수지, 강이 가까이 있는 터이별, 사망

⑭ 최근 흉가 비율이 늘어나는 추세임

5) 단독주택의 경험적 길흉과 인테리어

- 집에 들어갈 때 감사하는 말을 하라.
- 담장울타리, 돌담, 벽돌, 펜스 등이 훼손되면 즉시 수리하라.
- 담이 갑자기 무너지거나 크게 훼손되면 가장, 장남 등 급사, 우환이 생긴다.
- 너무 담이 높으면 과거 행동이 들추어져 감옥 가거나, 나쁜 유혹 증가, 정보 불통으로 고립된다.
- 너무 낮은 담장은 사기, 봉변의 위험이 도사린다. 담장이 없으면 외환, 손재 위험이 크다. 담장을 허무는 것도 동일한 위험을 초래한다. 적당한 높이는 어른이 겨우 넘겨다볼 정도다.
- 대문 앞 초입 등에 날카로운 암석, 나무, 화초 등은 주인을 헤친다.
- 대문을 열 때 크게 음탁한 소리가 나면 흉하다. 따라서 가볍고 은은한 차임벨을 달면 좋다.
- 대문이 너무 높고 넓으면, 손재수, 허영심, 투기 위험이 따른다.
- 대문이 집에 비해 너무 좁고 작으면, 소심해지며 구두쇠가 된다포천 OO막걸리.
- 대문 주변이 더러우면 행운과 귀인이 달아난다.
- 모난 건물, 조형물 등이 대문을 치고 들어오면모서리살, 귀두청 흉사가 생긴다. 나무를 심거나 칸막이를 하여 비보한다.
- 대문을 열자마자 안방이나 부엌이 정면으로 보이면 재물이 흉하다. 담장이나 가림막으로 비보한다.
- 대문과 지붕은 단순한 것이 좋고, 복잡하고 난잡하면 일이 꼬인다. 청주의 칼 모양 대문, 태화 빌딩, 한일합섬 빌딩, 국제 빌딩, 벽산 빌딩 등은 흉한 예다.
- 대문과 지붕의 색깔은 통계적으로 갈색최선 − 밤색 − 적색 − 짙은 목색 − 청색최악 순으로 좋다.
- 대문이 없어 경계가 없는 집은 기운의 흐름이 일정치 않아 다사다난하게 된다.
- 높게 성장하는 나무는 서쪽, 북쪽, 북서쪽에 심어 사기운을 차단한다.
- 현관 앞의 나무는 흉하고, 집안의 나무는 지붕을 덮을 정도 높이도 흉하다.
- 동쪽, 남쪽, 남동쪽에는 키가 작은 정원수가 좋다.

- 연못은 동쪽은 길하고, 북서 방향은 떨어져 있어야 길하며, 집이 작으면 연못은 흉하다.
- 현관 왼쪽에는 명예 기운, 오른쪽에는 재물 기운이므로 우측에 해바라기 그림을 두면 좋다.
- 현관의 생화는 행운을 불러들인다. 빨강, 노랑, 분홍색 조화도 좋다. 흰색, 자두색은 흉하다.
- 현관은 특별히 깨끗하거나 물고기가 좋고, 침엽수_{산세베리아, 선인장} 등는 나쁘다.
- 정물화나 명화는 좋고, 불안정하거나 사나운 동물_{호랑이, 독수리} 그림은 나쁘다.
- 집에 비해서 너무 큰 동물 등의 조형물_{파트라슈 인형, 대형 돌거북}과 식물은 나쁘다.
- 부모와 자녀의 방은 남동, 남, 남서, 서쪽이 좋다.
- 가장, 장남 등의 남자는 북서, 북, 북동, 동쪽이 좋다.
- 침대 배치는 방향에 무관하고 방안 가장 깊숙한 위치에 놓되, 수맥은 피한다.
- 책상 배치는 문을 등지지 말고, 문을 좌측 또는 우측에 두고 벽을 보게 배치한다.
- 부엌, 화장실은 특히 청결에 힘써야 행운이 최종적으로 머물게 된다.
- 남서, 동북[坤艮] 방향은 더욱 깨끗하고 청결하게 해야 하며 조그만 쓰레기통도 나쁘다.
- 조명은 화려한 것이 한두 곳은 있어야 행운이 온다.
- 도자기, 가전제품 등 고가품도 한두 점 있으면 귀하게 된다.
- 운이 좋은 데도 일이 잘 안 풀리는 경우, 집이 30%, 묘소가 70% 영향을 미친다.

1.2 살기 힘든 터의 형태

풍수적으로 사람이 살기에 부적합한 환경이나 터를 다음과 같이 예를 들고 있다. 한마디로 요약하면 살기를 발산하거나 생기가 없는 환경이나 터이다.

1. 홍만선의 『산림경제』

홍만선은 살기에 부적합한 땅으로 9가지를 들고 있다. 첫째, 서쪽이 높고 동쪽이 낮으면西高東低 재물이 부족하다고 한다. 이것은 재물에 해당하는 물이 서쪽의 백호에서 동쪽으로 물이 빠져나가므로 좋지 않다는 논리다. 그러나 이것은 일률적으로 적용할 수는 없고 지형·지세와 도로 환경 등을 종합적으로 고려하여 물을 거두어들이는 산이나 건물이 있는지를 보고 판단하여야 한다. 예컨대 우리나라는 대개 동고서저東高西低의 지형이므로 오히려 서고동저西高東低의 지형이면 매우 좋다. 대표적인 예가 한양도성이다. 그림은 『인자수지』에서 물을 거두어들이는 산의 구조를 설명한 것이다. [그림 1, 2]는 동고서지 지형이고, [그림 3, 4]는 서고동저의 지형이다. 그림에서 보듯이 [그림 1, 3]은 물을 거두는 구조이므로 길하고, [그림 2, 4]는 물과 산이 같이 달아나므로 흉한 것으로 해석한다. 터의 아래에 팔처럼 붙어 앞에서 끌어안고 있기 때문에 생기가 앞으로 새나가지 못하도록 1, 2차에 걸쳐 분합分合된 물을 역수逆水로 걷어 준다는 것이다. 하수사下手砂에는 좌左하수사1와 우右하수사3가 있다. 혈장 아래에 팔처럼 붙어 있다 하여 하비사下臂砂라 하기도 하고, 물을 걷어 역수하기 때문에 역관사逆關砂라 하기도 한다.

1. 청룡역관(길)

2. 청룡순관(흉)

3. 백호역관(길)

4. 백호순관(흉)

　둘째, 대지의 앞이 높고 뒤가 낮으면 집안 자손이 끊긴다고 한다. 즉 앞이 높으면 물이 거꾸로 집안으로 들이치고, 사람이 뒤로 자빠지는 것처럼 불안정하다. 또한, 집 앞에 너무 높은 건물이나 산이 가로막으면 위협적으로 느껴져 기가 죽는다. 이러한 것을 능압살 陵壓殺이라고 한다. 아파트나 고층 건물 사이에 홀로 남아 있는 단독주택이나 작은 건물은 능압살을 받는 대표적인 환경이다.

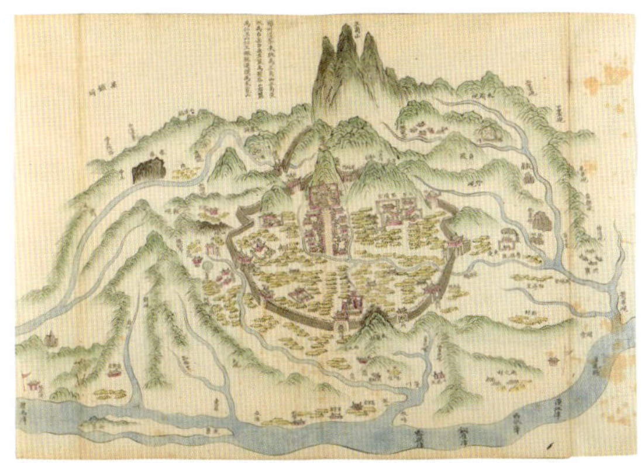

서고동저(한양도성)　(『좌해여지(左海輿誌)』)

능압살(대만 타이페이)　(2025년 촬영)

　셋째, 사방이 높고 중앙이 깨진 곳은 나중에 가난해진다. 넷째 건조하고 윤기가 없는 터, 다섯째, 탑, 무덤, 사찰, 사당, 도요지, 옛날 전쟁터, 여섯째, 큰 성문, 감옥문과 마주하는 곳, 일곱째, 출입구를 쏘는 듯한 물이나 산이 있는 곳, 여덟째, 산 능선이 집, 건물을 찌르는 곳 등을 예로 들고 있다. 이것은 창작이 아니고 풍수 고전의 내용을 정리한 것이다.

2. 문전 풍수門前 風水

(1) 문의 역할과 용도

　조선 시대 양반가의 4대 구성 요소는 행랑채대문채, 사랑채행랑채와 겸하는 경우도 있음, 안채, 사당이며 이들 공간의 통로가 문이다. 문은 기운의 출입과 차단, 안과 밖의 경계, 산줄기의 분절과 마디에 해당한다. 문은 일정 공간의 경치를 바꾸는 하나의 전환점이며,

건축군의 시작이며 종결을 의미한다. 거대한 건축군의 평면 배치에서 변화와 운율은 문에 의해서 표현된다. 궁궐과 관청의 여러 문은 그 같은 역할을 한다.

문마다 용도가 다르다. 솟을대문은 벼슬이 높거나 부자들이 사는 집은 탈것들가마, 말의 높이를 고려하여 문을 만들어야 했기 때문에 솟을대문이 안성마춤이었다. 부잣집의 경우 대문은 좀처럼 열리지 않는다. 샛문은 아랫사람의 출입구로서 행랑채와 대문이 접하는 오른쪽 벽에 판벽을 하고 당판문 한 짝을 달아 두고 출입하게 한다.

(2) 대문의 형태와 길흉

① 대문은 그 집의 얼굴이다. 대문이 정결하고 굳건하면 함부로 쉽게 넘보지 못한다.

② 쓰레기를 쓸어서 문 밑에 두게 되면 사람이 역골풍歷骨風, 골수염을 앓게 된다. 『거가필용』

위엄 있고 깨끗한 대문　(2025년 촬영)

난잡하고 지저분한 대문　(2025년 촬영)

③ 물길이 문을 채우면 자손들이 패륜아와 역적이 된다. 물이 주택에 기대어 동쪽으로 흘러가면 화가 없다. 『거가필용』

④ 동북으로 문을 내면 괴이한 일이 많고, 택호宅戶에 두 문이 서로 대하게 해서는 안 된다. 『거가필용』, 『고사찰요』

⑤ 문 입구에 물구덩이 있으면, 외롭고 파산破産한다. 적당한 거리에 적절한 크기의 모양은 길하게 보나 문에 바로 붙여 흉상의 물구덩이는 흉하게 본다.

⑥ 문으로 물이 쏟아지면 집안이 흩어지고 벙어리가 나온다.

⑦ 물길이 대문과 상충相衝되면 패역悖逆한 자손이 난다.

⑧ 물이 문으로 나가면 재물이 흩어져서 가난하게 된다.

퇴신삽입 명당(흉)　　(AI상상도)

⑨ 문 가까이 우물이 있으면 집안에 귀신을 불러들인다.

⑩ 신사神社가 문을 대하고 있으면 늘 전염병을 앓게 된다.

⑪ 문과 뒷간이 대하고 있으면 종기나 부스럼이 끊이지 않는다. 문과 창고 문이 향하고 있으면 집안이 쇠하고 전염병을 만난다.

⑫ 대문과 담장 모서리가 상충相衝되면 두고두고 남의 말을 듣게 되며, 교차된 길이 문을 끼고 있으면 인구人口가 부지하지 못한다.

⑬ 곧은 길이 곧바로 상충되면 집안에 늙은이가 없다.

사협옥(射脅屋)

창살(槍煞)　　(AI상상도)

⑭ 문 앞에 바로 집이 있으면 곡식이 남지 아니한다. 『거가필용』, 『고사찰요』

⑮ 문짝의 높이가 인접 벽보다 높으면 주인이 곡하고 우는 소리가 많아진다.

⑯ 빈자리에 문을 내면 전염병과 불을 자주 불러들인다.

⑰ 다듬잇돌이 문간에 놓여 있으면, 사람이 집을 나가고 서책書冊을 벗어나게 된다.

⑱ 큰 나무가 문 앞에 놓여 있으면 전염병을 불러일으킨다. 문 앞에는 버드나무를 심어서는 안 된다.

택재수하(宅在樹下)

문전유흉수(門前有凶樹)

문전유리향수(門前有離鄕樹)

문전유한림(門前有寒林) (AI상상도)

⑲ 무릇 인가人家의 문전에 곡哭 자의 머리 부분처럼 생긴 쌍못[雙池]이 있는 것은 좋지 않다. 서편에 못이 있는 것을 백호白虎라 하며, 문 앞에 있는 것은 모두 꺼리는 것이다. 『고사찰요』

곡지살(哭池煞)

문전유중지(門前有衆池)

문전화자로(門前火字路) (AI상상도)

⑳ 문의 좌우에 신당神堂을 지어서는 안 된다. 신당을 지으면 집주인이 3년에 한 차례씩 상을 당하게 된다.『거가필용』

㉑ 군자가 집을 지으려 할 때는 먼저 사당을 정침正寢: 본체의 동쪽에 세운다. 경일庚日과 인일寅日에 문을 세워서는 안 된다. 그날은 문대부門大夫가 죽은 날이다.『거가필용』: 조선시대 사당은 집으로 들어가면서 볼 때 오른쪽에 두고 높은 곳에 두는 것이 원칙이다.

㉒ 출입문의 활용과 개수: 한 개의 대문이 두 개의 건물 사이에 자리하고 있다. 완전히 다른 성격의 건물이 하나의 대문을 사용하는 것은 서로 간의 공정한 견제가 이루어지지 않을 수 있다서울서부지방검찰청. 동업자와 함께 사용하는 사무실의 출입문을 두 군데로 하면 동업 관계가 쉽게, 반드시 찢어진다. 후문을 정문처럼 사용하면 반드시 구설수에 오르고 소송에 휘말리게 된다. 서로 간에 좋지 않은 간섭과 침해가 일어날 수 있는 용도가 하나의 건물 내에 있을 때에는 완벽하게 출입구를 분리하는 것이 좋다.

서울서부지방검찰청(공동 사용)   (2013년 촬영)

문전화자로(門前火字路)(다중문)   (2013년 촬영)

3. 현대 도로살과 건물살

1) 도로살

도로는 물줄기와 동일한 원리가 적용된다. 따라서 도로에도 반궁수反弓水와 옥대수玉帶水가 적용된다. 즉 도로의 공격사면인 옥대수 측은 등背에 해당하여 직충하는 살기를

받고, 퇴적사면인 반궁수 측은 면面에 해당하여 생기를 받는다. 또한, 도로의 규모가 크고 경사가 급하면 그 살기가 더욱 강화된다. 면배와 옥대수와 반궁수의 판단이 어려운 경우는 도로에서 불어오는 바람이나 흘러오는 물이나 다가오는 차량을 보고 강도나 속도가 센 쪽이 반궁수이고, 부드러운 쪽이 옥대수로 보면 된다.

도로는 한 방향으로만 흐르는 물과 달리 양방향으로 흐른다. 따라서 옥대수와 반궁수가 공존하는 구역도 존재한다. 반궁수 측은 일차적 영향권이고 그 반대편은 옥대수 측으로 이차적 영향권이 될 수 있다. 또한, 도로에는 바람과 물뿐만 아니라 자동차, 자전거, 오토바이, 사람 등의 이동에 의한 각종 생기와 살기가 공존한다.

교차로는 삼거리, 사거리, 오거리, 회전 교차로 등이 있다. 삼거리에 T형망치형, Y형만세형, y형지게형 등이 있고 모든 교차로에는 도로살이 존재한다. 도로살에는 직충살, 반궁수살 등이 있다.

(1) Y형 삼거리 도로살

삼거리는 직진의 의지를 좌절시켜 ㄱ자로 꺾이게 만든다. 따라서 삼거리는 자연의 힘에 의해 사거리로 발전할 가능성을 내포하고 있다. 삼거리는 좌절의 꿈과 콤플렉스Complex를 가진 교차로로서 '억제된 욕망의 거리'로 표현할 수 있다. 일반적으로 삼거리 중심에 있는 건물은 장차 사라지고 사거리가 되기 쉽지만, 그 중심에 큰 건물이나 공공건물이 있는 경우는 오히려 삼거리의 중심성을 갖기 때문에 사거리로 변하지 않는다.

Y형 삼거리는 섬룡입수閃龍入首에 해당한다. 삼거리가 교차하고 입구가 닫혀 있으면交鎖織結 길한 것으로, 뚫고 깎고 쏘는 구조이면穿割箭射 흉하게 본다. Y자형 삼거리의 꼭짓점에 위치한 주택은 심한 도로살을 받는다. 평지나 내리막길에서는 바람, 물, 자동차 등이 모서리를 칼로 베고 활로 쏘듯이 강하게 치고 지나가므로 천할전사穿割箭射의 살을 받는다. 모서리가 뾰족할수록, 경사가 급할수록, 폭이 넓을수록 직충살의 강도 높아진다. 오르막길 위쪽에 있는 삼각형 도로에 위치한 경우는 생기가 빠져나가는 설기살이 우려된다. 모서리가 뾰족할수록, 경사가 급할수록, 폭이 넓을수록 설기살의 강도 높아진다.

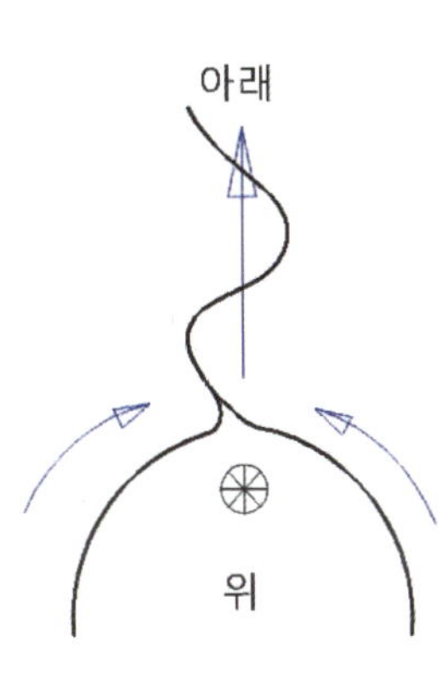

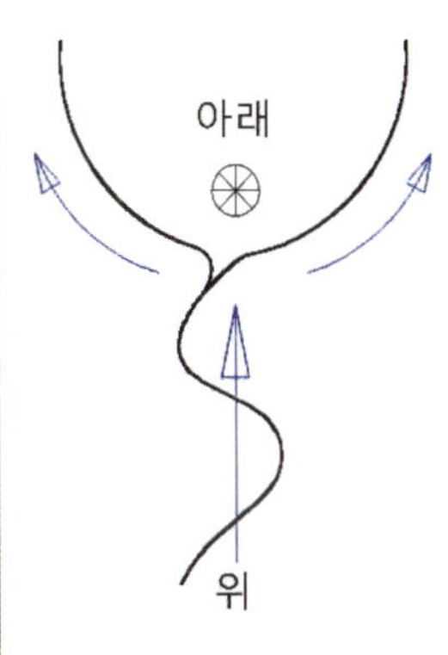

할割의 자리에 위치한 부동산상가, 주택, 토지은 '모난돌이 정釘 맞는다'는 속담처럼 바람이나 물줄기에 의해 잘려 나간다. 온양 시내의 할割의 자리가 대표적인 예다. 전통 풍수에서는 수구사水口砂 바위나 모래섬이 이에 해당한다. 공공시설 외에 모래섬처럼 자리를 차지하는 사유지私有地는 강제 수용되어 쫓겨날 가능성이 매우 높다.

천穿의 자리에 위치한 부동산은 직진으로 뚫고 나아가려는 바람이나 물과 같은 성질에 의해 도로살을 받는다. 부동산 뒤쪽에 삼거리 티이T 자의 귀鬼형 도로 맥이 있을 경우는 도로를 뚫는 송곳 역할을 하는 도로살에 의해 뚫릴 가능성 높다.

도로살은 풍살風殺과 수살水殺로 구분된다. 도로살의 원인은 도로의 곡률에 의한 반궁수, 도로 포장에 의한 주변과 온도차, 도로변의 건물, 지형에 의한 바람의 발생 등이다. 이런 곳에 사는 사람에게는 집이 잘려 나가는 것뿐만 아니라 풍살에 의해 화재, 우울증 등의 피해를 입는다. 또한, 수살에 의해 수재, 교통사고, 급작스러운 사고 등의 피해를 입는다. 풍수 고전에 이르기를, "흉한 기운은 급작스럽게 닥치고, 길한 기운은 천천히 다가온다."라고 했다.

Y자형 삼거리살을 막는 방법은 나무를 심거나, 커다란 바위나 동상을 세우거나, 횡단보도와 신호등을 설치하거나, 종교 시설을 세워 진압하는 방법 등이 있다.

(2) T형 삼거리 도로살

T형 삼거리는 횡룡입수橫龍入首에 해당한다. T형 삼거리에는 위치마다 다른 살기와 생기를 받는다. 삼거리에는 자동차의 직진에 의한 전사살箭射殺과 좌회전 및 우회전에 의한 반궁수살의 영향을 받는다. T형 삼거리에서는 교차 중심부에 위치한 지점을 티자형의 기둥 부분의 충살이 날개 중심부를 뚫어서 결국은 사거리로 변하기 쉽다. 교차로상의 도로살의 강도는 엄밀하게 말하면 균등할 수가 없다. 도로의 구조, 자동차 통행량 등의 변수에 의해 상

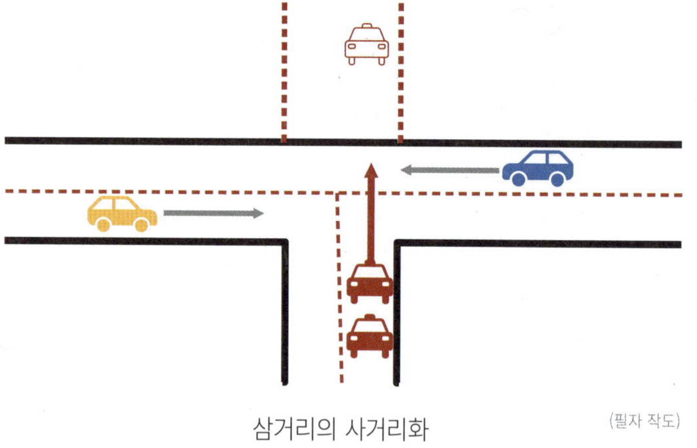
삼거리의 사거리화　　　　　　(필자 작도)

당히 좌우될 수 있다. 여기서 균등하다고 주장하는 것은 도로 형태상의 기운, 즉 형기形氣의 관점일 뿐이다.

삼거리, 사거리 등의 교차로에서는 좌우 날개, 기둥 좌우에 좌회전 및 우회전에 의해 반궁수의 도로살을 받는다. 좌회전이 있는 곳에 도로살이 있다. 다만, 우회전 일방 통행도로의 교차로에서는 없다. 구체적으로는 그림에서 ④ 직충살, ③ 날개 상단 부분과 ② 기둥에는 도로살이 있고, ①⑤ 부분은 도로살에 대해서 안전하다.

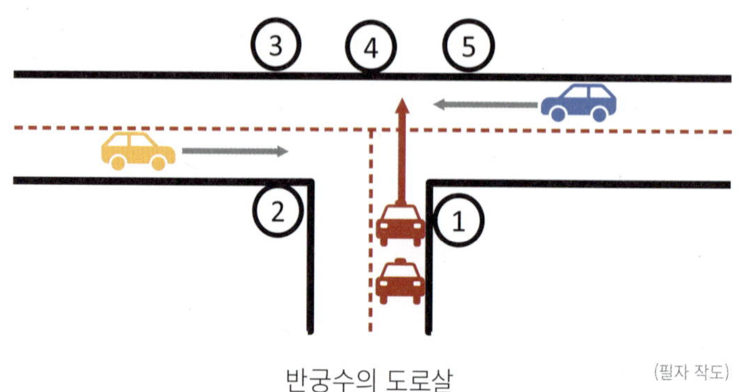
반궁수의 도로살　　　　　　(필자 작도)

(3) 교차로 도로살

교차로는 모양과 형식이 다양하다. 사거리는 교차로의 형식 중에서 가장 흔하고 가장 안정된 교차로 형식이며, 十자형, X자형, K자형, O자형 등이 있다. O자형 사거리는 신호등이 필요 없는 지방 도로나, 성문 주변의 사거리가 있다.

　사거리는 멈추지 않고 지나가 버리는 경향이 강하여 설기洩氣하기 쉬운 교차로이다. 사거리는 기운이 모이는 곳임과 동시에 기운이 흩어지는 곳이다. 기운이 모이는 사거리는 교차로의 크기가 너무 넓지 않고, 네 모서리가 잘 아물어져 있어야 한다. 예컨대 겨드랑이가 터진 사거리는 기운이 새나간다. 교차로 상에서 부동산의 가치를 비교해 보면, 각 모서리에 자리한 터가 각 변에 위치한 터보다 높고, 각 모서리에 위치한 터가 지하 출입구와 연계도 가능하다. 다만, 폭이 좁은 도로 사거리나 터의 규모가 작은 모서리는 모난 부분을 반영하기 때문에 건물 모양이 찌그러질 수 있다는 단점이 있다.

　사거리는 모든 곳에 직충살과 반궁수살이 골고루 미친다. 조인철 박사는 이것을 종합하여 만자살卍字殺이라고 표현했다. 그림에서 ①③⑤⑦은 좌회전도로살의 원칙에 의해서 도로살을 발생시키는 도로차선이며, ②④⑥⑧은 도로살을 받는 차선이다.

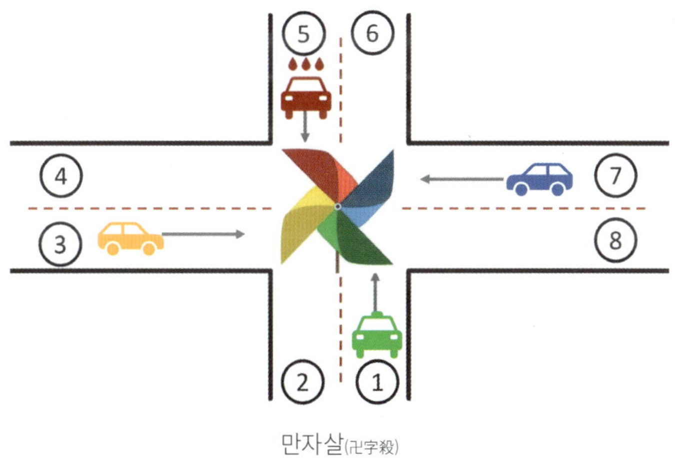

만자살(卍字殺)

(필자 작도)

　5거리 이상의 교차로는 교차로 숫자가 늘어나도 근본적인 성격 유사하다. 오거리 이상의 도로는 기운이 산만하고 불안정한 기운이 강하다. 즉 큰 놈, 작은 놈, 빠른 놈, 느린 놈 등 여러 마리의 용이 머리를 들이대고 경쟁하는 모습에 비유할 수 있다. 5거리 이상의 교차로는 각 방향에서 튀어나오는 기운의 성격과 강도 일정치 않기 때문에 기운의 조절이 어려운 곳이다. 따라서 투자投資보다는 투기投機의 장이 되기 쉽다. 예컨대 서울 영등포 로터리는 6거리로서 전국에서 교통사고율이 가장 높은 곳이다.

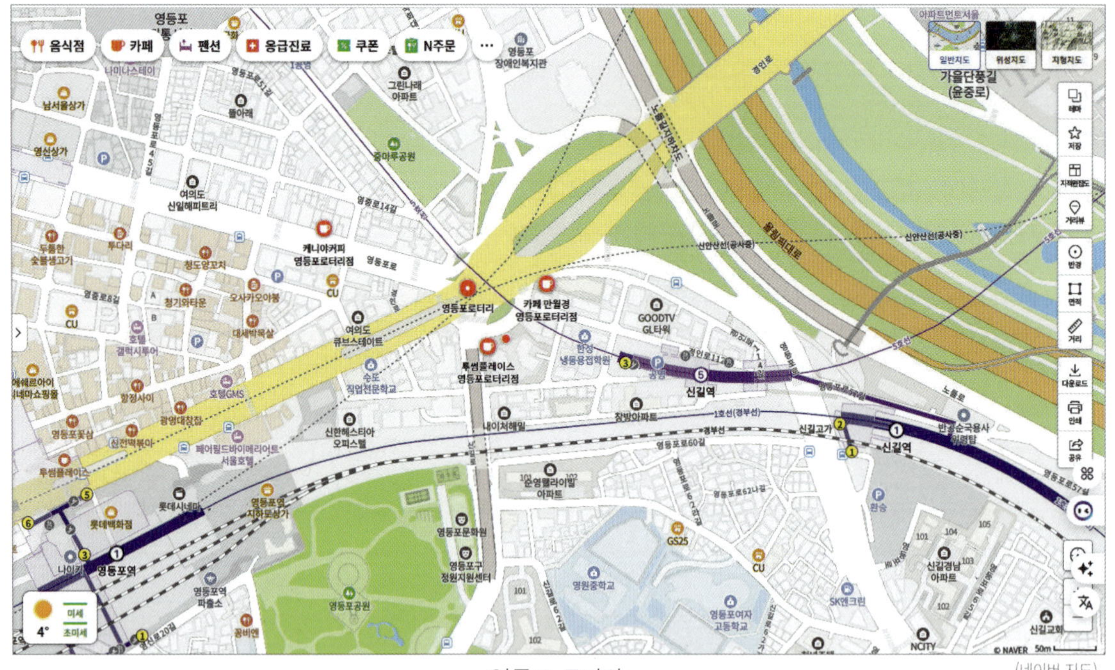

영등포 로터리

(네이버 지도)

　오거리 기운의 장악하여 거리의 주인이 되려면 여러 방향에서 오는 살기殺氣를 감당할 수 있어야 한다. 대표적인 곳이 서울시청 서울광장과 5·18 민주광장이다. 서울시청 앞 도로는 서울광장이 만들어지기 이전에 여러 방향에서 온 기운이 상당히 복잡하게 요동치던 곳겁살 명당, 파쇄 명당이었으나, 지금은 기운을 모으고 싶은 사람이나 단체가 제일 선점하고 싶어 하는 곳융취 명당으로 변하였다. 광주 금남로 5·18 민주광장의 중심에 위치한 옛 도청사현 문화의 전당는 시민의 중심 공간이 되었다.

　다거리의 충살을 완화하기 위한 보완책은 여러 가지가 있다. 복잡한 도로지선을 정리 정돈하고, 큰 도로과 작은 도로의 위계를 확실히 하고, 가운데에 섬형 로타리를 두어 건전한 기싸움의 장을 마련하고, 충분한 교차로 공간을 확보하고, 도로의 동선을 순화하여 자동차 동선의 꼬임을 줄이고, 주변의 기운을 생기로 변환하는 방법 등이 있다.

2) 건물살

　건물살은 건물의 구조로 인한 것과 건물의 배치로 인한 것이 있다.

(1) 건물 구조살

① **모서리살**은 귀두청살龜頭廳殺이라고도 한다. 귀두청살은 거북이 머리 모양이 남쪽에 자리하고 있어서 북쪽의 당堂을 충衝하는 것을 말하며, 이름하여 흉정凶亭이라고 한다. 귀두龜頭가 남쪽으로 되어 있으면 반드시 집주인이 바뀔 수 있다고 한다. 서울 을지로의 SK텔레콤 사옥은 이웃의 IBK기업은행 건물로부터 강력한 모서리살을 받고 있으므로 이를 방지하기 위해 공개 공지를 만들어 소나무를 심고 의자를 놓아 휴식 공간을 조성했다. 종로타워는 영풍빌딩의 모서리살을 막기 위해 나무를 심고 조명 기둥을 세웠다. SK서린빌딩 동북쪽에는 모서리살을 피하기 위해 나무 그림을 배치했다.

SK텔레콤 사옥

종로타워

SK서린빌딩 〔2025년 촬영〕

② **자해살**自害殺은 건물 구조가 흉하게 생겨 스스로 유해한 경우이다. 창으로 찌르고 칼자국을 낸 듯한 구조를 가진 삼성동 현대산업개발 본사, 비뚤어지고 기울어진 용산 국제그룹 본사와 서울숲 거꾸로 지은 집 등이 이에 해당한다. 이런 집들은 보는 사람과 사는 사람 모두에게 불안감을 준다. 톡톡 튀는 디자인에 치우치다 보면 과유불급이 된다.

삼성동 현대산업개발 본사

용산 국제그룹 본사

〔2025년 촬영〕
서울숲 거꾸로 지은 집

③ **첨탑살**尖塔殺은 초고수옥살稍高竪屋殺이라고도 한다. 지붕 상부가 뾰족한 경우 첨탑살을 발산한다. 모텔 건물이나 수원 초이스 정형외과 등이 그 예이다. 상대방과 경쟁하는 부득한 경우가 아니라면 이런 구조는 피하는 것이 좋다.

첨탑살 (AI상상도)

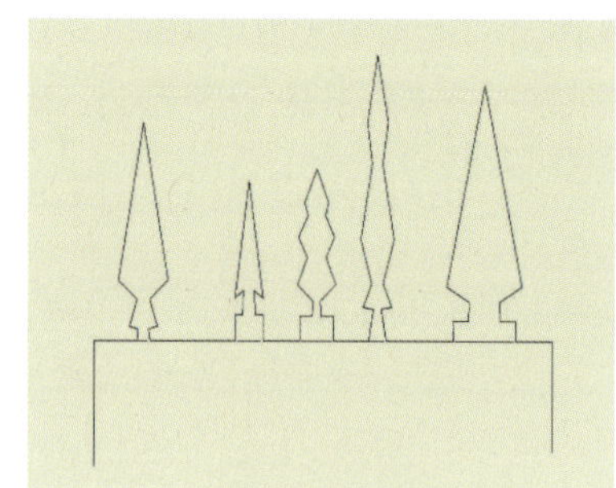

첨탑살 개념도

④ **도끼살**은 건물의 중앙 부분 갈라진 형태를 보일 때를 말한다. 날개 달린 동물, 즉 날짐승의 형상이나 비행기 모양의 건물은 도끼살을 받고 도끼살을 주변에 발산하는 건물이 되기 쉽다.

롯데타워

서울중앙우체국 (2025년 촬영)

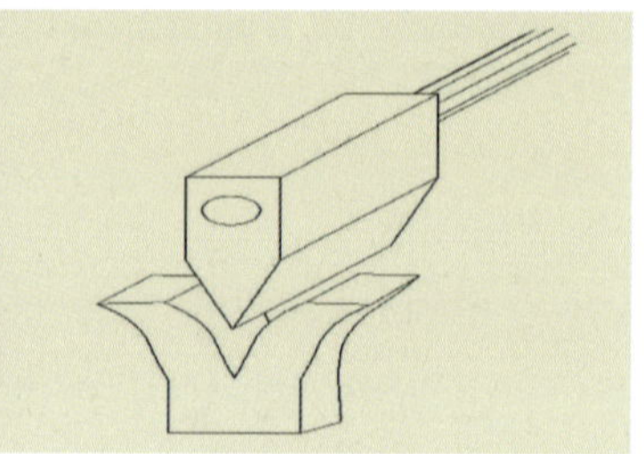

도끼살 개념도

⑤ **규봉살**窺峯殺은 마치 도둑이 담을 넘겨다보는 모습으로서 재산의 손실이 생긴다고 한다. 午정남 규봉이면 화재가 발생하거나 방화범이 나고 북동, 동남, 남서, 서북에 규봉이 있으면 부정 축재자뇌물나 도둑 자손이 나온다고 한다. 집 마당을 넘겨다보는 높은 건물, 건물 위에 설치된 광고탑, 교회 첨탑도 해당된다.

양주 회암사 규봉

서울시청 (2025년 촬영)

규봉살 개념도

⑥ **사수불귀**四水不歸는 사수귀당四水歸堂과 반대로 사면으로 둘러싸인 지붕에서 빗물이 흘러내려 마당으로 모이지 않고 모두 밖으로 떨어지도록 설계된 구조로서 흉한 집이 된다.

⑦ **파옥당전**破屋堂前은 부서진 지붕이 집 앞을 막거나 지붕마루가 집 뒤편을 겨누거나 마룻대가 꺾어지고 기와가 흩어져 있는 것은 모두 불길하다. 『임원경제지 상택지』

중국 사수귀당 (i.ifeng.com)

사수불귀(제주 경사지붕집) (sohomod.com)

수원 파옥당전 (경인일보 2024.8.29)

(2) 건물 배치살

① **빌딩풍살**은 바람길에 있는 건물로서 빌딩풍이라고 부르는 풍살을 맞는다. 빌딩 사이의 좁은 골목에는 하강풍, 상승풍, 소용돌이, 베르누이 현상으로 인한 강풍 등의 난기류가 형성된다. 이런 바람을 맞는 지역에 있는 건물은 춥고 화재가 나기 쉬우며 건강에도 나쁘다. 부산시는 빌딩풍 위험 지도도 만든다.

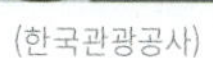

부산 빌딩풍 (한국관광공사)

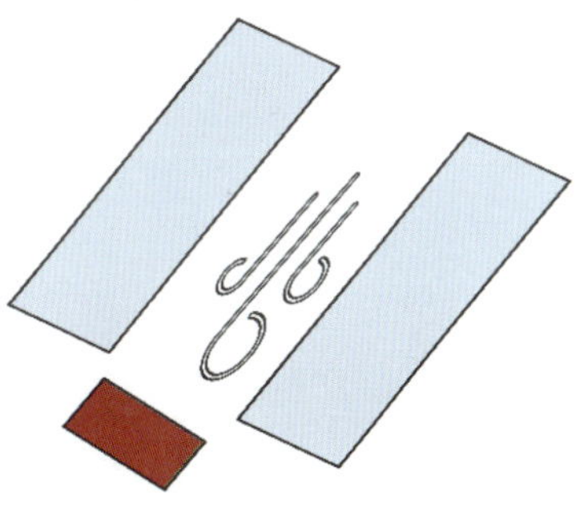

풍살 개념도

② **건물충살**은 앞의 건물이 뒤의 건물에 의해서 건물살을 받는 경우로서 현대그룹의 계동 사옥이 이에 해당한다.

(2025년 촬영)

현대그룹 계동 본사

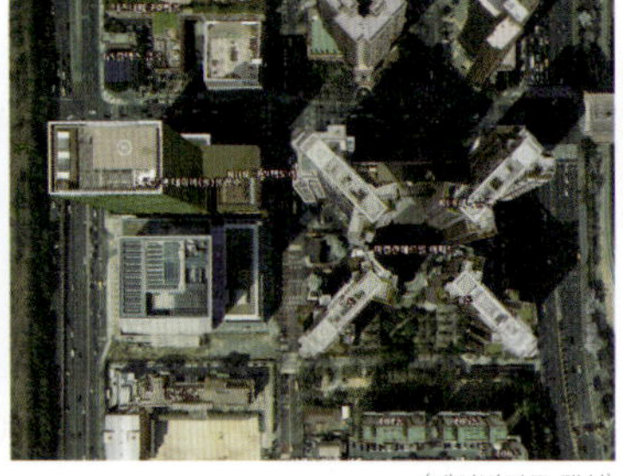

(네이버지도 캡쳐)

분당 아파트

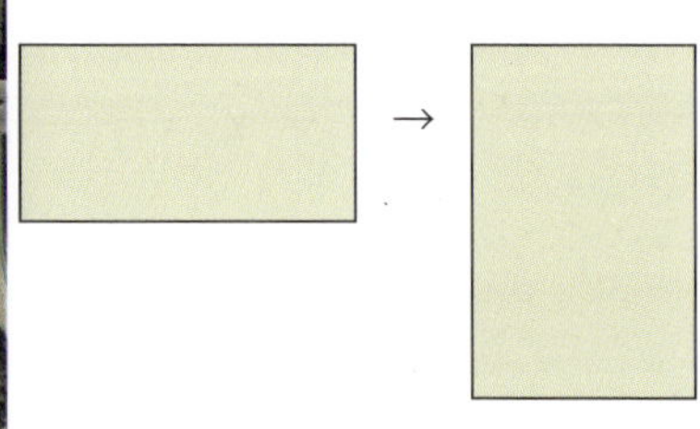

건물충살 개념도

③ **능압살**은 높은 벽, 높은 건물, 가로 막고 있는 경우로서 기존 건물 주위에 고층 빌딩이 생기는 경우 기존 건물은 능압살을 받게 된다.

(2025년 촬영)

서울스퀘어

능압살 개념도

④ **투쟁살**은 세력이 비슷한 건물이 마주보고 서로 살기를 발산하는 경우를 말한다. HSBC은행과 중국은행의 사례가 유명하다. 쌍둥이 빌딩도 동일하게 취급된다.

(architectquoin.com/)

홍콩 풍수전쟁

투쟁살 개념도

1.3 터를 바꾸는 비보양생법

1. 비보염승법禆補厭勝

풍수무전미風水無全美라는 말이 있다. 좋은 땅을 말하지만, 세상에 완벽한 땅은 없다는 것이다. 어떤 곳은 지나치고 어떤 곳은 부족하다. 그러므로 지나친 것은 덜어내고 부족한 것은 보충하는 것이 필요하다. 이처럼 과부족을 조절하여 조화로운 환경으로 만드는 것이 바로 비보염승법이다.

비보염승의 대표적인 예가 고려의 도선국사가 전 국토를 인체에 비유하여 사찰과 탑을 지어 국토의 조화로운 환경을 도모한 것이다. 그리고 신라 시대부터 전국 마을 주변에 조성된 숲과 당산나무와 장승도 좋은 예이다. 비보염승을 현대적으로 해석해 보면 아인슈타인의 상대성 이론에 따라 물질과 에너지는 상호 변환이 가능하고 영향을 미칠 수 있다는 원리와 동일하다. 즉 비보禆補의 방법은 물건이나 물질뿐만 아니라 에너지나 파동을 활용할 수도 있다는 것을 의미한다. 이하 비보염승의 예를 표로 정리해 보면 다음과 같다.

종류	수단	사례
水口 비보	물건	연못, 저수지, 탑, 선돌/남근석, **당산나무**
地勢 비보	물건	서낭당, 비보 사찰(도선국사), 일제강점기 쇠말뚝
形局 비보	상징	盤龍弄珠形(흙무지, 조산(즈므)), 行舟形(당간지주, 줄다리기), 鳳凰抱卵形(대나무, 오동나무), 蜈蚣形(밤나무), 金龜沒泥形(연못, 저수지)
火氣 비보	에너지	광화문 해태상, 솟대 오리, 드무, 경회루+청동룡
殺氣 비보	에너지	장승, **돌하르방,** 불상(철불, 약사여래불, 미륵불), 돌거북, 물자라, 흙무지, 돌탑, 조산(즈므), **거욱대/거오기(제주도), 비보숲(숲정이)**
地名 비보	에너지	비봉산과 죽실, 아현동, 虎巖, 황방산, 가련산, 興仁之門
놀이 비보	상징	지신밟기, 달봉뛰기(火氣), 줄다리기(행주형), 고싸움놀이
公事 비보	물질	소금단지/소금물, **금장지**, 비품 묻기

2. 인간 절처봉생법絶處逢生法

사람이 죽으라는 법은 없다. 죽을 각오로 최선을 다하면 하늘도 감동한다至誠感天. 용인 낙생 저수지 위에 정훈사라는 조그만 사찰이 있다. 사찰은 저수지를 바라보는 높은 언덕 위에 바람을 맞으며 서 있다. 고기리에서 불어오는 계곡풍과 낙생 저수지에서 불어오는 삭풍은 그곳을 사람이 살기에 부적합한 땅으로 만들기에 충분했다. 그래서 이곳에는 스님들도 며칠을 못 지내고 모두 떠나갔다. 그러나 여기에 한 스님이 평생 온몸을 바쳐 이 터를 지키고 가꾸었다. 그리하여 이제는 살만한 터로 바뀌었다. 인간의 정성이 땅의 기운도 바꿀 수 있음을 증명해 주는 좋은 예이다.

부분적으로는 사방에서 바람이 부는 돌혈처이나 대국적으로 보면 사방이 막혀 있는 중심처이고, 현재는 판교레이크 골프클럽이 안산 역할을 잘해 주고, 그 앞에는 낚시 데크를 위하여 가두리양식장으로 물을 가두어 주고, 용인서울고속도로와 빽빽이 들어선 주택들이 고기리 계곡의 골바람을 완화시켜 주고, 2015년경부터 저수지 상류에 모래톱이 쌓이면서 동막천의 유속이 점점 느려져서 점점 명당으로 변해 왔음을 알 수 있다. 주변 환경이 변하면 흉지도 명당으로 변하는 대표적인 사례다.

낙생저수지 앞 정훈사
(구글지도, 카카오지도 캡쳐)

1.4 살기 좋은 마을의 사례법

1. 안동 하회마을: 영남의 4대 길지

이중환의 『택리지』에서 영남의 4대 길지로 경주 양동마을, 안동 하회마을, 안동 내앞 마을, 봉화 닭실마을을 꼽고 있다.

• 주소: 경북 안동시 풍천면 하회리

안동 하회마을　(hsa.or.kr)

마을의 산수　(네이버지도 작도)

(1) 마을의 유래

하회마을은 풍산류씨 세거지로 풍산류씨는 풍산읍 상리에 살고 있었으나 가세가 크게 늘어 새로운 터를 구하게 되었다. 7세 전서공 류종혜는 3년을 구산 끝에 풍수에 합당하고 물길에 잠기지 않는 높은 땅을 구매하여 정착하게 된 것으로 이곳에는 폐절 터가 있었다고 한다.

이 마을의 핵심 건물인 양진당은 2년간 적선하고 3년간 각고의 노력 끝에 류종혜가

양진당을 완성하였다. 양진당을 지은 후 화산의 남쪽 기슭 거묵실골에 처음 터를 잡고 살던 김해허씨와 화산의 북쪽 기슭 행개골에 살던 광주안씨는 마을을 떠나게 되었다. 류종혜가 명당을 잡은 덕분에 13세에 출생한 인물이 격암 류운룡 선생과 서애 류성룡 선생이다. 현달한 인물이 지속적으로 발현하여 명문거족이 되고 집성촌을 이루었으며 입향하여 문과 22명, 무과 5명, 사마시 70여 명의 인물을 배출하였다.

(2) 풍수지리

안동 하회마을은 풍수지리적으로 매우 길한 명당으로 평가된다. 소스에 따르면, 하회마을은 대한민국 양택陽宅 중에서도 가장 유명하고 역사적인 명당 중 하나다. 하회마을의 풍수적 특징은 다음과 같다.

- **위치 및 물길:** 하회마을은 풍천면 하회동에 위치하며, 낙동강이 좌선左旋하여 금성수金城水를 이루어 마을을 둘러싸고 흐른다. 풍수에서는 물을 재물로 보며, 물이 흩어지거나 빠른 속도로 흘러나가는 것을 피하고, 모이거나 감싸안는 형태를 길하게 여긴다. 낙동강의 이러한 흐름은 마을의 재물이 단속되어 쌓이는 길한 형상으로 해석된다.
- **용맥산맥의 흐름:** 태백산太白山의 우맥右脈이 구룡산九龍山에 이르러 분맥分脈하고, 이후 문주산文珠山, 대봉산大鳳山, 검무산劍舞山을 거쳐 평지로 살포시 흘러온다. 산은 평지로 내려오면서 점점 부드러워지는데 이것을 박환이라고 한다. 기운의 변화와 재탄생을 의미하며, 좋은 용맥의 중요한 특징이다.

  이 용맥은 갈전동과 도양동을 지나 낙동강에 이르러 화산花山을 세우고, 동북艮寅 방위로 내려와 좌우로 작은 평야를 형성한다. 이러한 형태를 평사락수형平砂落誰形이라고 한다.
- **국세局勢 형성:** 하회마을은 좋은 방향에서 물이 들어오며, 산과 물이 사방을 성곽처럼 둘러싸 호위하는 것을 의미하며, 명당에 기가 모이게 한다.
- **수구水口와 외부 지형:** 물이 빠져나가는 수구水口에는 큰 바위 암벽인 화표한문華表捍門이 형성되어 물이 빠져나가는 곳을 잘 막고 있다. 수구가 좁고 닫혀 있는 것은 재물이 빠져나가지 않도록 하여 길하게 본다. 낙동강이 현무玄武 방향, 즉 혈의 후방에서부터 와서 왕왕금성수汪汪金城水를 이루고 있다. 수백 리에 걸친 내룡來龍과 대강大江, 산수가 조화롭게 어우러져 대국大局을 결실하였다. 물이 용맥을 따르는 것은 기氣의 행함을 증명하며, 산과 물이 서로 유정하게 감싸는 것이 중요하다.

- **주변 산봉우리**砂**의 기세:** 마을의 북쪽亥方에는 검무산劍舞山이 높이 솟아 있고, 남동巽巳, 정남丙午, 서남丁未 방위에 삼화봉三火峰이 연달아 솟아 천개지축인작지세天開地縮人爵之勢, 즉 하늘이 열리고 땅이 수축하여 인물이 크게 발복할 기세를 보인다. 또한, 사방巽辛辰庚에 삼길육수봉三吉六秀峰들이 수려하게 솟아 있다. 길하고 수려한 산봉우리길사는 해당 장소의 발복에 긍정적인 영향을 미친다.

  이러한 풍수적 요소들이 복합적으로 작용하여 하회마을은 희대稀代의 대국大局을 이루었으니 문무장상文武將相, 현재賢才가 많이 배출되는 곳이며, 부귀공명富貴功名이 천하일품天下一品인 땅으로 평가된다. 즉 하회마을은 인물 배출과 재물의 번영을 모두 이룰 수 있는 최상급의 명당으로 해석된다.

- **주변 산봉우리**砂**의 기세:** 하회마을은 물에 떠 있는 배 모양의 행주형行舟形이며, 연꽃 모양의 연화부수형蓮花浮水形이다. 따라서 배가 가라앉을 것을 염려하여 우물을 함부로 파지 않으며, 연꽃처럼 산 쪽보다는 물가 쪽이 번창한다고 한다.

- **비보 풍수:** 만송림과 부용대 만송정은 겸암 류운룡이 강 건너 부용대의 살기를 방어할 목적으로 소나무 1만 그루를 강가에 조성한 비보 숲이다. 하회마을의 북촌에서 바라보면 낙동강의 대강수가 나가는 물길이 보이고, 또한 부용대의 바위가 노출되어 험상궂게 마을을 째려보는 형상이다. 풍수지리는 산형의 모양을 보고 내재된 기운을 판단하는 학문으로 흉상이니 흉살을 발산하고 충살을 받아 땅이 매년 파이고 있다. 비보로 만송림을 조성하여 지기의 설기를 막아 주고 부용대 충살로부터 방어를 하는 한편 북서풍을 막아 주는 역할도 한다.

부용대와 만송림

(2025년 촬영)

(3) 최고의 명당인 양진당과 하회마을 건물별 풍수적 특성

하회마을을 4등분하여 분석하여 보면, 좌측 경사면인 남쪽은 낙동강 대강수가 들어오는 득수처가 되고, 우측 경사면인 북쪽 지역은 대강수가 출수하는 수구가 보이고 부용대의 살기와 북서풍이 침범하는 지역이 된다. 삼신당을 중심으로 좌우로 분석하여 보면 후면은 산의 배背로 행도하는 과룡으로 지기가 머물지 못하고, 산신당 전면 지역은 용이 산을 올라 정지 안정을 취하고 완만한 경사를 이룬 곳으로 면面에 해당하며, 용구에서 지기를 분출하는 곳에 국을 이룬 곳에 양진당 종택이 위치한다.

삼신당은 마을의 중심에 위치하고 화산 중턱의 상당서낭당, 중당국사당, 하당삼신당이라 하며 입향할 때에 심은 600년 된 은행나무가 있으며, 하회별신굿 탈놀이가 시작된 곳이다. 삼신당은 입체 봉을 이루어 하회마을의 현무봉으로 지기를 공급하는 역할을 하며 삼신당의 지맥을 따라 각각 자연의 향으로 건축되어 있다. 양진당은 종택으로 7세 류종혜가 하회마을에 최초로 지은 집이다. 양진당 종택은 삼신당을 배산으로 하여 충효당 능선을 청룡으로 삼고 작천댁 능선을 백호로 삼았으며, 큰물이 둘러 감싸는 곳을 중심으로 좌향을 결정하였다.

양진당 입암고택　(2021년 촬영)

삼정승의 기운이 서린 마늘봉　(2021년 촬영)

충효당은 류성룡의 종택으로 17세기에 지어졌다. 의성 만취당의 외가에서 출생하고 17세까지 양진당에서 거주하고 분가 터는 수해를 당하여 없어졌다고 하며, 영모각 인근으로 추정되고 있다. 선생은 낙향하여 부용대 아래 옥연정사에서 『징비록』을 완성하였다. 풍산현에 있는 초가집에서 생을 마감하였고, 충효당은 손자와 제자들이 학덕을 기리기 위하여 지은 집이다. 충효당은 청룡의 측면이 되고 영모각 인근이 산진처山盡處가 되며 수침을 우려하여 높은 곳으로 건축하였을 것으로 추정된다. 영모각이 집터였다면 귀인봉이 안대案對가 되었을 것이다.

삼신당　(2021년 촬영)

충효당

『징비록』을 집필한 옥연정사　(2025년 촬영)

병산서원과 만대루　(2025년 촬영)

　전통 마을의 특징은 풍수적으로 산을 등지고 물을 바라보고 흘러오는 산줄기는 힘차고 수려한 봉우리가 이어지고 있다. 물길이 굽이돌아 감싸니 국이 열리고 터전이 너그럽다. 이런 곳은 인정이 푸근하고 복력이 크며 부귀의 터전이 된다. 후천적 환경으로 집성촌에서 어릴 적부터 예의범절을 배우고 올바른 가치관을 가진 인물로 동량지재로 성장한다.

(4) 추천 여행 코스

　서애 류성룡이 『징비록』을 집필한 옥연정사, 서애 류성룡의 병산서원, 류성룡의 외갓집인 만취당, 부용대와 만송림을 걸어서 다니는 것을 추천한다. 특히 병산서원에서 산을 넘어 마을로 내려온 추억은 길이 남는다.

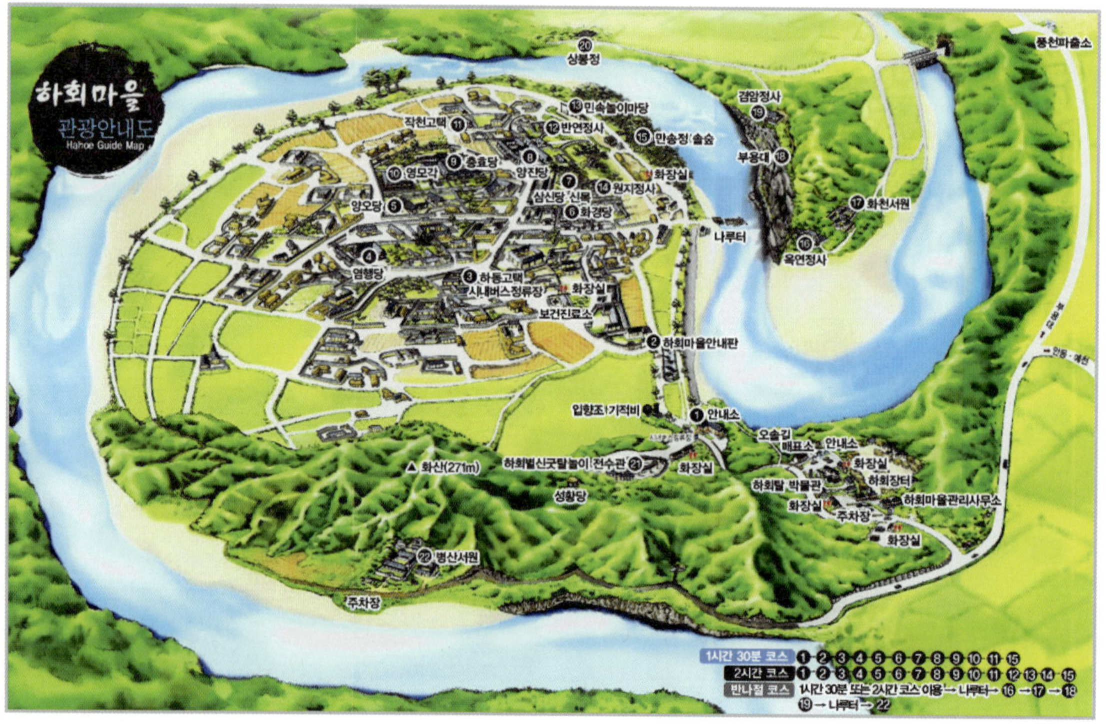

2. 경주 양동마을: 영남 4대 길지

주소 : 경북 경주시 강동면 양동리 <중요민속문화자료 제189호>

(1) 마을의 유래

양동良洞마을은 경상북도 경주시 강동면에 위치한 조선 시대의 대표적인 반촌班村이자 동족 마을이다. 월성손씨와 여강이씨가 함께 살면서 마을을 이루었으며, 600여 년의 역사를 지닌 전통 가옥들이 잘 보존되어 있다. 1984년 12월 20일 대한민국의 국가민속문화재 제189호로 지정되었고, 2010년 7월 31일 브라질 브라질리아에서 열린 유네스코

경주 양동마을　(2025년 촬영)

세계유산위원회WHC 제34차 회의에서 안동 하회마을과 함께 유네스코 세계문화유산으로 등재되었으며, 2013년 유네스코 세계문화유산협약 선포 40주년 기념 세계 최고의 모범 유산The Best Model Case으로 선정되었다. 양동마을은 1992년에 영국의 찰스 황태자가, 하회마을의 경우엔 1999년에 엘리자베스 여왕이 각각 방문해 화제가 되기도 했다.

양동마을은 한국에서 가장 역사가 오래되고 규모가 크며, 그 원형이 가장 잘 보존된 조선 시대 양반 씨족 마을로 문묘 종사와 종묘 배향을 동시에 이룬 재상이며 영남학파의 선구자인 성리학자 회재 이언적 선생을 배출한 6대 국반國班 여주이씨광산김씨, 반남박씨, 은진송씨, 덕수이씨, 진보이씨가 6대 국반와, 이조판서와 우참찬을 지내고 청백리에 녹선된 우재 손중돈 선생을 배출한 명문 도반道班 경주손씨 양성이 서로 협동하고 경쟁하며 600여 년의 역사를 이어왔다. 영남 남인의 구심점 역할을 하면서 문과 26명, 무과 14명, 사마 76명으로 과거 급제자가 총 116명에 달했으며, 이 밖에도 수많은 학자와 충절대의 명장, 독립운동가를 배출하면서 그 명성을 이어 나가고 있다.

　　조선 중기부터 조선 사회와 중앙 정계를 지배한 사림들 중에서 매우 앞선 시기인 세조 5년1459년에 이 마을의 손소 공이 문과에 급제하고 중앙 정치 무대에 진출하여 이시애의 난을 진압할 때 공을 세워 적개공신 2등에 책훈되고, 여러 관직을 거쳐 안동부사가 되고 계림군에 봉해졌다. 기근으로부터 백성을 구휼하고 청렴결백하여 목민관의 모범이 되었다. 양동마을은 선생이 청송 안덕에서 처가 동내로 이사와 입향조가 된다. 이어서 그의 둘째 아들인 손중돈 선생이 성종 20년1489년에 문과에 급제하여 이조판서, 우참찬 등 40여 년 동안 요직을 두루 거치고 청백리에 올랐다.

입향조 손소 묘소　　(2024년 촬영)

이언적과 부모 묘　　(2024년 촬영)

　　대유학자이자 경세가인 문원공 회재 이언적 선생은 성리학의 이기철학을 이황에 앞서 최초로 이론적 체계를 세우고 조선조 성리학의 기초를 다짐으로써 영남학파의 창시자가 되어 이황에게 영향을 주는 등 해동부자라 불리고 동방 5현의 한 분으로 추앙을 받았고, 전국의 향교와 20여 개소의 서원에 배향되기도 했다. 따라서 3명의 정승 중 2명이 태어났으므로 1명이 더 태어날 것이라고 산실을 애지중지하고 있다.

　　국가지정문화재로 지정된 기와집의 수는 전국 최다로 이를 포함하여 국보 1점, 보물 4점, 국가민속문화재 12점, 경상북도지정문화재 8점 등 도합 25점의 지정문화재를 보유하고 있다. 한국에는 7개소의 국가 지정 전통 마을이 있으나 마을의 역사와 규모 및 보존 상태, 문화재의 수와 전통성 및 가치, 그리고 뛰어난 건축과 조경 양식, 아름다운 자연환경과 때묻지 않은 향토성 등의 면에서 한국에서 가장 우수한 가치를 지닌 마을로 평가받고 있다.

(2) 풍수지리

　양동마을은 경주손씨와 여강이씨의 씨족 집성촌으로 외손이 발복하는 마을로 전해 내려오고 있다. 역사적으로 이광호-유복하-손소-이번으로 가세가 외손으로 이어졌기 때문인데, 풍수지리에서 백호 작국으로 백호가 강하면 외손 발복지라고도 한다. 마을은 형국으로 물자형勿字形이라고 하며 산 능선으로 따라 15세기에서 17세기 후반에 지은 건물로 높은 곳에는 배산임수로 양반층이 사는 고택이 위치하고 낮은 곳에는 외거 노비들이 사는 초가집이 배치되어 있다. 경주 양동마을은 물자형勿字形으로 알려졌다. 이때 '물勿' 자는 임신한 개가 새끼를 낳은 형태와 닮았다. 충직忠直과 다산多産을 의미한다. 이게 쭉쭉 뻗은 형태의 '물勿' 자와 어우러지면서 인재가 많이 난다고 해석된다. '물勿' 자에서 획이 각기 안쪽으로 돌며 힘 있게 뻗쳐져 있는 곳이 명당이다.

　마을의 주산인 설창산163m은 비학지맥의 도움산383m에서 남진하는 산줄기로 산이 일어나고 기세 있게 북에서 남으로 달리면서 청룡 백호의 팔을 벌려 마을을 감싸고 있다. 우백호 쪽으로는 기계천이 마을 뒤를 감싸고 좌청룡 쪽으로는 장태골 계곡물이 마을 앞으로 지나간다. 마을 앞의 성주봉은 설창산의 좌측 산줄기가 독립하여 대미산130m을 좌우로 팔을 벌리는 모습인데, 성주봉은 우측 팔의 팔꿈치에 해당하므로 마을에서 볼 때는 청룡이 등을 돌리고 강을 따라서 달아나는 모습이다. 따라서 자녀들이 고향을 떠나 출세하는 것으로 해석된다. 또한, 형산강과 지천은 유기물을 실어 나르고 안강 들판은 터전이 넓으니 복력이 광대하고 물산이 풍부하며 대강수를 따라 공급하니 수운이 발달

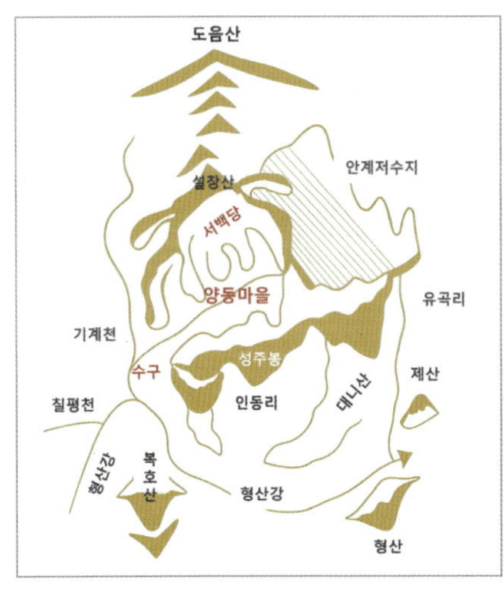

물자형 양동마을

양동마을 국세

되어 물자가 풍부하여 수관재물水管財物의 땅이 된다.

사신사砂는 환경으로 길러지는 인물의 모습으로 문필봉인 성주봉이 있어 문관이 태어날 자리이고, 수水는 환경으로 의식주로 생활하는 재물로 계간수와 기계천으로 외화내빈으로 대외적으로는 부자이나 대내적으로는 풍성하지 않은 모습이다. 사수砂水는 풍수에너지로 자손의 형태 모양으로 응함을 보는 것인데 양동마을은 필사적으로 성주봉을 차지하려 다투는 형상으로 두 문중이 경쟁하는 모습과 같다.

(3) 양동마을 건물별 풍수적 특성

양동마을은 격식이 높은 살림집, 사당, 정자, 정사, 서원, 서당 등 역사적인 건축물들을 전국에서 가장 많이 보유하고 있다. 마을 내의 노거수는 600여 년의 오랜 역사를 증명해 준다. 입향기인 15~16세기까지 거슬러 올라가는 오래된 건축물들이 남아 있다. 마을의 종가인 서백당은 15세기에 건립됐다. 이 종가는 한국 주거 건축 역사상 가장 오래된 예에 속한다. 마을 내의 다른 건축물들도 17세기 이후에 지어진 것들로 수

서백당에서 바라본 성주봉 (2022년 촬영)

백 년에 걸친 마을의 역사를 잘 보여 주고 있다. 양동마을에서 보물로 지정된 가옥은 4건향단, 관가정, 무첨당, 독락당이다. 민속자료로 지정된 건축물은 12건이다. 유교 건축 중에서 옥산서원은 각각 사적으로 지정돼 있다.

터의 역사를 살펴보면 송첨종택이 먼저 짓고 이어 관가정, 무첨당, 향단 순서로 지은 것으로 보인다. 풍수상 길지를 보는 안목은 같았을 것으로 보이나, 용을 등지고 맑은 물을 거느리고 수구 관쇄가 잘된 곳은 송첨종택과 무첨당으로 평가된다.

- **송첨종택**: 안골의 높은 산중턱에 조선 초기에 입향조 손소가 1459년세조5에 지은 건물로 송첨종택이라 하고 사랑채 당호는 서백당이다. 서백당은 삼현선생지지三賢先生之地로 세 사람의 현인이 태어날 길지로 알려져 있다. 이곳에서 손소의 아들 우참찬 손중돈. 사위 이번의 아들 좌찬성 이언적이 태어나고 한 명의 현인을 더 기다리고 있다. 현판의 와식窩息은 사상혈 중 와혈로 본 듯하다.

설창산에서 낙맥하여 과협을 이루고 이내 비룡으로 솟구쳐 입수정에서 90도 회전하여 횡룡으로 입수하고 있다. 건물 뒤 담장에서 용을 살펴보면 감나무 부근에서 육후처를 이루고 용이 좌우로 나뉘어 좌측 현릉사는 향나무를 지나 전면을 감싸고 우측 현릉사는 장독대를 지나 전면을 감싸고 있으니 대와혈大窩穴이다.

건물의 중심은 혈의 중심을 거하고 안채의 대문은 환경 에너지 섭취에 유리한 득수처에 내었다. 사랑채는 안채와 분리되게 중앙에 내었는데 풍수 에너지가 내명당인 마당에 모여 살기를 털어내고 사랑채에 공급하게 설계하였다. 음용하는 물길은 안골 우수가 되며 청룡이 긴밀하지 못하여 수구의 관쇄가 부족하다. 정면으로 바라보이는 안산은 등을 지고 무첨당으로 가는 산으로 인식하여 차선책으로 우측으로 틀어 안산과 조산을 일치시켜 굽어지는 부분으로 향을 정하였다. 서백당의 수미한 사격은 성주봉으로 성주봉은 귀인이 앉아 있는 모습의 귀인단좌격貴人端坐格이다. 현달한 인물이 출하는 탐랑목성의 아름다운 기운을 끌어들이려 담장을 낮게 쌓았다. 대혈장을 점하였지만 안산이 반배하고 성주봉의 모습이 무첨당에서 바라보는 모습보다 빼어나지 못한 아쉬움이 있다.

- **무첨당**: 무첨당은 조상에게 욕됨이 없게 한다는 당호로 물봉골 남쪽 산기슭에 1540년대 지은 이언적의 본가로 여강이씨의 대종가가 있는 별당으로 사랑채가 된다. 이언적1491~1553년, 성종22~명종8은 조선 전기의 문신으로 성리학자이며 정치적으로는 사림에 속한다. 본관은 여강, 초명은 적이었으나 중종의 명으로 언적이 되었고 자는 복고, 호는 회재이다.

어머니 경주손씨는 외조부 성주목사 손소의 따님이고, 우찬성 손중돈이 외삼촌이 된다. 1500년연산군6 10세에 부친 이번을 여의어 흥해군 도음산에 장사 지내고 외삼촌 손중돈이 양육하였다. 성장 과정에 외가의 영향이 컸을 것으로 보이며, 경주손씨는 외손이 발복을 받았다고 애석하게 생각한다.

무첨당 (2022년 촬영)

무첨당에서 바라본 성주봉 (2022년 촬영)

1514년중종9 문과에 급제하여 이조정랑으로 벼슬길에 나가고, 1527년중종22 세자시강원문학이 되어 인종을 가르쳤다. 형조판서 등을 거쳐 1545년명종1 좌찬성이 되었다. 학문적으로 성리학을 정립하여 이황에게 계승하고『회재집』등의 많은 저서를 남겼다. 배위 함양박씨 사이에는 손이 없어 사촌 동생 이통의 셋째아들, 즉 5촌 조카 이응인을 양자로 들이고 무첨당과 사당을 넘겨주었다. 친자는 25세에 경주주학 교관으로 있을 때 기생과 낳은 이전인이 있었는데, 강계로 유배 갔을 때 7년간 봉양하고 시묘살이도 하였다고 한다.

무첨당은 주룡은 서백당의 안산으로 양동마을의 가운데 능선이 된다. 과협에서 솟구쳐 입체봉을 이루고 횡으로 입수를 하고 있는데 횡락으로 보아야 할 것이다. 횡룡입수橫龍入首는 인물보다 재물이 강한 특성이 있고, 장자나 장손보다는 지손이나 서자의 발복이 강한 특성이 있는 것으로 알려져 있다. 입수정과 가까우니 횡락으로 보아야 하고 전순이 투구 형으로 맺혀 있으며 안산은 일자문성一字文星 안으로 귀격이다. 물봉골 우수가 조당을 적시고 청룡의 어깨가 반듯하고 가까이 시립하고 수구가 긴밀하여 하수를 거두고 있다.

무첨당은 향을 일자문성으로 하고 안채의 향은 귀인단좌형인 성주봉의 수미한 기운을 집안으로 들어와 자손이 번성하기를 기원한 것으로 보이는데 입수가 기울어졌다. 무첨당이 서백당보다 입수와 청룡 주작과 사격 및 보국이 아름다워 격이 높은 양택의 터로 평가한다.

향단   (2022년 촬영)

향단에서 바라본 성주봉   (2022년 촬영)

- **향단**香壇 : 회재 이언적이 경상감사로 있을 때 1540년대 지어 전임하면서 동생 농재 이언괄에게 물려주어 여강이씨 향단파의 파종가가 되었다. 몸체는 월月자. 행랑채는 일─ 자로 용用 자를 이룬 건물로 풍수상 길수를 사용하여 해와 달, 음양이 화합하여 귀인이 출현하기를 기원하였다. 대문을 득수처에 내고 성주봉의 기운을 집안으로 끌어들이기 위해 안채가 외부에 노출되는 않게 설계되었다.

기계천을 따라 내려온 산줄기가 물봉동산을 이루고 좌우로 갈라진 능선의 좌출맥의 산진처에 지은 건물이다. 탐랑 목성체성주봉와 무곡 금성체호명산의 중앙으로 좌향을 정하였고, 물길은 장태골 좌수도우로 조당을 감싸지 못하고 비스듬히 달아나니 수구가 열려 있다. 이를 보완하려 안채와 대문은 성주봉을 바라보게 좌향을 정하니 횡수국을 이루었지만, 호명산의 간룡이 반배하여 수구가 열려 있다. 그나마 다행인 것은 1971년 안계 저수지가 생기면서 마을로 부의 원천인 대량의 물이 끊임없이 내려올 수 있는 환경으로 바뀐 점이다.

- **관가정**觀稼亭 : 곡식이 자라는 모습을 보듯 자손들이 성장하는 모습을 본다는 뜻으로 손중돈1463~1529년은 김종직의 문인으로 1489년 식년문과 병과로 급제하여 이조판서를 거쳐 우찬찬에 이르렀고 청백리로 녹선되었다. 차남 우재 손중돈이 분가하여 살던 집으로 마을 입구에 위치하고 안강뜰 조망에 중점을 둔 고택이다. 안채는 ㅁ자 사랑채는 ─자형으로 붙여 전체적으로 정丁자형 건물이 된다. 건물의 중앙으로 문을 내고 중문과 사주문을 일직선으로 내어 내부가 노출되고 충살冲殺을 받는 곳으로써 상대적으로 좋지 않다.

관가정   (2022년 촬영)

관가정에서 바라보이는 수구와 금성체

청백리 우재 손중돈이 분가하여 살던 집으로 기계천을 따라 내려온 산줄기가 물봉동산을 이루고 좌우로 갈라진 능선의 우출맥의 산이 끝나는 곳에 지은 건물이다. 용이 분벽을 이루면 하나는 혈을 맺고 하나는 호종사가 하수를 거두어야 하는데, 용의 정신은 호종사로 보아야 할 것이다.

우선 우측에서 보호하는 백호가 없어 우측이 공결하고 노출되어 풍살風殺이 우려된다. 안산은 호명산으로 무곡 금성체의 노적봉이 아름답게 보이나 자세히 살펴보면 산이 달아나고 인동마을을 감싸는 능선이 된다. 안산의 뒤통수가 보이고 장태골 계산수는 좌수가 비스듬히 달아나고 수구가 열려 있으니 아쉽다. 풍수 고전에 의하면, 산이 달아나고 물이 흩어지면 사람이 떠나고 재물이 나가는 모자라는 땅으로 보았다. 안산이 등지고 산수 동거하면 사회의 도움을 받기 어렵다고 하였다. 선흉후길先凶後吉의 땅으로 전면이 열려 있어 거두는 것보다 나가는 것이 많은 터의 특성을 가지고 있어 안주인이 살림을 야무지게 살아야 가문이 유지될 것으로 생각된다.

마을 앞이 뻥 뚫려 있는데 비보숲도 없이 몇 그루만 남은 당산나무와 초등학교만이 수구막이 역할을 하고 있으며 물길이 90도로 급하게 우측으로 방향을 바꾸고 있다. 물이 이렇게 방향을 바꾸는 것은 성주봉에서 지맥이 뻗어 내려 초등학교를 지나 서쪽으로 이어져 있다는 뜻이다. 풍수에서 귀하게 여기는 역수逆水의 형태다. 이런 물을 거슬러 주는 산줄기 하나가 마을의 생기 누설을 막아 주는 것이다. 조선 후기 지리서『택리지』에서는 다음과 같이 '역수'의 중요성을 강조하고 있다.

"들판에는 수구[川口]가 굳게 닫힌 곳을 찾기 어려우니 거슬러 흘러드는 물이 있어야 한다."

또한, 600년 된 마을 입구에 정자나무와 수구막이 숲이 없다는 것은 정상적인 상태가 아니다. 세월이 흐르면서 어느 시점에 사라진 것이다. 의심이 가는 가장 유력한 시기는 일제강점기 때다. 일제강점기 동안 우리 국토는 많은 훼손과 왜곡을 겪어야 했으며, 양동마을 또한 예외일 수 없었을 것이다. 1910년경 초등학교가 설립되기 이전의 고지도를 보면 예전의 도로와 물길이 일치함을 알 수 있다. 따라서 비보숲을 설치하고 출입구의 방향을 물길에 맞게 바꾸고, 학교와 전사관을 고층화하여 비보함과 동시에 유교문화진흥원으로 확대하는 것을 제안해 본다.

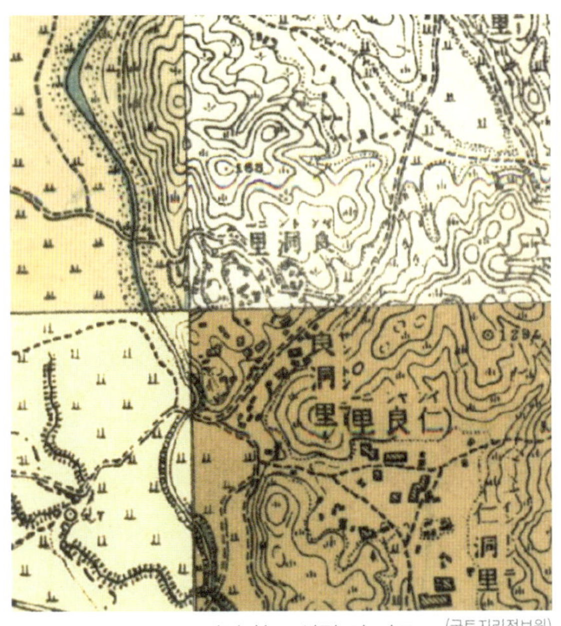

1910년경 학교 설립 전 지도 ^(국토지리정보원)

양동초등학교 교가

1910년대, 마을과 서원의 한가운데를 통과하기로 된 경동선 철도를 온 고을이 반대하여 우여곡절 끝에 서원과 마을을 우회시켰다. 1913년 9월 25일 양동초등학교도 설립되었다. 이것 또한 주민 증언에 따르면, 최초에는 학교뿐만 아니라 각종 관공서와 시장도 같이 설치할 계획이었으나 주민들의 반대로 학교만 설립되었다고 한다. 그 과정에서 마을의 수구막이 숲이 훼손되고 사라졌을 개연성이 높다. 이때 학교 부지의 방향이 더 문제되었다. 학교를 남향으로 짓다 보니 교사校舍와 수구막이 숲의 방향이 일치되어 훼손 정도가 더 심했던 것이다.

이후 초등학교는 1990년 쯤에 최초의 남향에서 동향으로 변경되었다. 이때의 변경 이유가 남향의 교사校舍가 마을의 '물勿' 자 형국에 가로획을 추가해 '혈血' 자 형국을 만드는 모양이 되어 불길하다는 것이었다.

(4) 추천 여행 코스

양동마을 주변에는 옥산서원, 독락당, 동강서원, 회재 이언적 묘소, 경주시, 영일만, 호미곶 등 다양한 문화재들이 있다.

3. 안동 내앞마을

주소: 경북 안동시 임하면 천전리 일대

(1) 마을의 유래

경북독립운동기념관이 있는 안동 내앞마을은 600여 년의 전통을 간직한 의성김씨 집성촌으로, 독립운동과 유교 문화의 중심지이자 고택과 숲, 다양한 문화유산이 어우러진 지역이다. '내앞'이라는 지명은 천전, 즉 반변천 앞의 마을이라는 뜻으로 천전마을川前理, 내앞마을이다. 전형적인 배산임수의 형태를 지닌 이 마을은 이중환의 『택리지』에서 삼남 지역 4대 길지 중 한 곳이라 했다. 마을 곳곳에 400년이 넘는 고택과 전통 가옥이 보존되어 있으며, 조선 시대 학자 학봉 김성일, '만주벌 호랑이'로 독립운동가 김동삼 선생의 생가와, 일가를 데리고 만주로 망명한 김대락 선생의 고

안동 내앞마을   (2025년 촬영)

택인 백하구려白下舊廬, 경상북도 기념물 137호이 남아 있다. 내압마을 및 인근에는 다양한 전통 가옥까치구멍집, 겹집 등과 고택이 산재해 있어 민속 건축 연구에도 중요한 가치를 가진다. 국내에서 가장 오래된 자연보호 운동의 산실이며, 전통 마을과 어우러진 동양화 같은 풍경을 감상할 수 있다. 봄이 되면 마을 안이 화사한 매화로 수놓아져 장관을 이루어 매화도 보고 잠시 쉬었다 가는 여행객들도 많다.

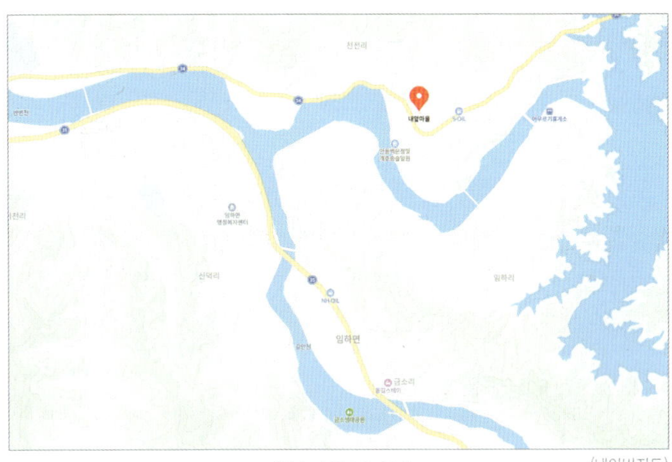

내압마을의 산수 (네이버지도)

　이름이 동일한 전남 광양 내압마을은 대표적인 장수 마을로서 과거에는 내압마을과 외압마을을 합쳐 압척이라 불렀는데, 섬진강이 침식돼 만을 형성된 곳에 오리가 많이 살고 있어 그렇게 불렀다고 한다. 옛 어르신들은 섬진강에서 바라볼 때 내압마을이 안쪽에 있으므로 '안 월채', 외압마을은 섬진강 쪽으로 튀어나왔으므로 '바깥 월채'라고 불렀다고 한다.

(2) 풍수지리

　안동 시내에서 반변천을 따라 동쪽으로 12㎞ 남짓 떨어져 있는 임하면 천전리 내앞마을은 나지막한 야산을 배경으로 처마를 맞댄 웅장한 고가들이 남쪽을 향해 자리 잡고 있다. 마을 앞쪽엔 넓은 들과 울창한 소나무 숲, 그 너머로 임하 보조댐, 그리고 물 건너에는 백운정白雲亭이라 불리는 정자가 있다. 내압마을은 풍수지리상 완사명월형浣紗明月形, 밝은 달빛 아래 비단을 펼친 형국으로 명당이어서 세상을 다스릴 귀인들이 끊임없이 배출되는 곳이다. 완사명월형은 마을이 평탄하게 펼쳐진 들판과 완만한 구릉, 그리고 인근의 내성천과 숲이 어우러져 조화를 이루는 지형임을 의미한다. 마을 남쪽 호수변을 따라 길게 늘어선 400년생 소나무 숲인 개호숲開湖林이 이 자리 잡고 있어, 마을을 감싸는 보호막 역할과 함께 풍수적으로도 생기와 기운을 머금는 역할을 한다고 여겨진다. 마을 숲은 숲 자체만으로도 귀중한 문화재다. 내가 마을 숲에 큰 관심을 두는 것은 숲이 역사적으로 재난을 방지하는 데 큰 역할을 담당하고 있기 때문이다.

내압마을의 지형   (네이버지도)

내압마을의 산수   (네이버지도)

전통적으로 풍수에서는 **배산임수**背山臨水, 즉 뒤로는 산을 두고 앞으로는 물을 두는 입지를 명당으로 보는데, 내압마을 역시 이러한 조건을 충족한다. 마을 뒤편에는 낮은 구릉이, 앞쪽에는 내성천이 흐르며, 숲과 들판이 조화를 이루고 있다. 내압마을의 입지를 보면, 태조산인 청량산 줄기가 임하댐을 만나 멈춘 곳에 보이지 않는 암공수인 안동댐을 등지고, 임하리 너른 들판을 둘러싼 주왕산 끝자락을 조안산으로 삼아 옥대수 자리에 자리 잡았으니 산과 물의 기운이 모두 매우 큰 터이다. 따라서 인물들의 기개도 매우 클 것이다.

산맥 체계를 살펴보면, 낙동정맥의 무명봉에서 갈라진 산줄기가 남서진하여 덕산봉 690m을 이루고, 좌로는 반변천, 우로는 낙동강의 호종을 받으며 법흥교에 이르는 도상 74km의 산줄기를 덕산 지맥이라고 한다. 북으로 달린 산줄기는 청량산 870m을 이루고 남으로 내달린 산줄기는 영남의 4대 길지인 내앞마을을 이룬다. 또한, 마을 우측의 수구에는 개호송이 가득한 섬이 물을 막고 제방이 형성되어 있으니 맑은 물이 항상 멈추어 있어 부자의 기운이 가득하다. 마을 앞에는 바람과 물의 피해를 막는 개호송 비보숲이 건재하고 있으니 터가 더욱 편안해졌다.

마을 숲은 우리나라 전통 풍수 사상인 비보풍수裨補風水다. 비보풍수의 '비보'는 '부족한 것을 보완하다'는 뜻이다. 우리나라에는 비보풍수에 따라 거의 마을마다 숲을 조성했다. 그러나 오랜 시간이 지나면서 사라진 마을 숲이 적지 않다. 마을 숲이 사라진 이유는 마을마다 다르지만, 크게 보면 산업화 과정에서 마을 앞의 길을 넓히거나 고속도로를 만드는 과정에서 사라졌다. 우리나라에 마을 숲이 어느 정도 있었는지를 가장 잘 보여 주는 사료는 일제강점기 조선총독부가 간행한 『조선의 임수』다. 마을 숲은 비보적 기능에

따라 성황림·호안림·방풍림·어부림·보해림 등으로 나뉜다. 전국에는 성황림城隍林이 적지 않은데, 강원 원주 신림면 성남리 성황림천연기념물이 유명하다. 서낭신을 모신 성황림은 토지신과 함께 마을을 수호하는 전통 신앙이다.

호안림湖岸林은 강변이나 하천변에 나무를 심어 홍수를 막고 농경지와 마을을 보호하려는 풍수적 목적에서 조성한 것이다. 내앞마을 개호습은 호안림이다. 경남 함양의 상림천연기념물 제154호은 우리나라 최초로 신라 시대 최치원이 조성한 인공림이자 호안림이다. 전남 담양의 관방제림천연기념물 제366호, 경북 안동 하회마을의 만송정숲천연기념물 제473호도 아주 귀한 문화재다. 지금은 사라져 알 수 없는 양동마을의 비보숲도 호안림이다.

방풍림防風林은 바람을 막는 풍수적 목적에서 조성한 것으로 해풍을 막는 해안방풍림과 내륙의 바람이나 홍수를 막는 내륙 방풍림으로 나눌 수 있다. 해안 방풍림은 전남 완도군 보길면 예송리에 있는 상록수림천연기념물 제40호은 대표적이다. 내륙 방풍림은 경북 포항시 흥해읍 북송리 북천수천연기념물 제468호와 경북 예천 금당실마을 송림천연기념물 제469호이 대표적이다.

어부림魚付林은 물고기에게 살기 좋은 조건을 만들어 주고자 물가에 나무를 심은 숲이다. 경남 남해군 삼동면 물건리의 물건방조어부림勿巾防潮·천연기념물 제150호이 유명하다. 이곳 어부림은 바닷바람을 막아 주는 방풍림 역할도 겸하고 있다.

보해림補害林의 보해는 마을의 지형적인 결함을 보완하려고 조성한 숲으로서, 한국 특유의 비보풍수와 가장 잘 어울리는 숲이다. 보해림은 전남 함평군 대동면의 줄나무천연기념물 제108호가 대표적이다. 줄나무는 향교 근처에 사는 느티나무·팽나무·개서어나무 등을 의미한다. 이곳 나무는 향교 앞의 산이 뾰족뾰족한 암반으로 불기운火氣을 많이 가지고 있어서 그 기운을 누르기 위해 심었지만 바닷바람을 막는 방풍림 역할도 겸한다.

(3) 건물별 풍수적 특성

내앞마을에는 김진을 불천위로 모시는 종갓집인 의성김씨 종택보물을 중심으로 귀봉종택, 백하구려, 제산종택, 추파고택, 백인재 등 많은 고택이 남아 있으며, 후학들을 양성하던 기산서당, 운곡서당, 우곡초당 등이 남아 있다. 마을 앞 반변천에는 마을 사람들이 치수治水를 위해 조성한 소나무 숲이 있고 건너편에는 백운정이란 정자를 갖추고 있다.

내앞마을의 대표 가문은 의성김씨 대종가로서, 청계 김진1500~1580을 불천위로 모신

다. 그의 다섯 아들 중에 셋은 문과에, 둘은 소과에 급제, 사람들은 청계 김진의 집을 일컬어 '다섯 아들이 급제한 집'이라는 뜻으로 '오자등과택五子登科宅'이라고 불렀다. 김진의 넷째 아들인 학봉 김성일을 비롯해 내앞의 의성김씨 가운데 문과에 급제한 사람이 24명, 생원이나 진사에 나간 사람이 64명에 이른 것을 큰 자랑으로 삼았다.

이런 가풍 때문인지 청계의 손자인 운천 김통金涌은 임진왜란 때 의병을 일으켜 활약했다. 대종가의 바로 옆에 있는 소종가는 바로 운천을 불천위로 모시는 집이다. 또한, 구한말 애국 계몽기에는 마을의 교육기관이었던 가산서당을 협동학교로 만들어 외세에 맞설 학문을 가르쳤다. 그 설립자인 김동삼을 비롯하여 많은 애국지사가 독립운동과 조국 광복에 일생을 바친 독립운동 가문으로 유명하다.

이 집안에는 네 가지 보물이 전해진다. 경순왕 옥피리, 문장검, 연하침, 매죽연 등 네 가지로 이 중 문장검은 일제 때 잃어버려 지금은 세 가지만 남아 있다. 옥피리와 문장검은 의성김씨 시조 김석이 아버지인 경순왕으로부터 물려받은 것이라고 한다. 경순왕은 원래 청색과 황색 두 피리를 만들었는데, 청색은 김석에게 물려주고, 황색 피리는 지금 경주박물관에 보관되어 있다. 문장검 역시 경순왕이 김석에게 물려준 칼이다. 연하침은 오래 묵어 돌처럼 단단해진 향나무로 만든 목침으로 길이가 60㎝쯤 된다. 매죽연은 명나라 황제로부터 받아온 벼루로 길이가 34㎝ 너비가 22㎝ 크기로 매화와 대나무로 조각되어 있다. 네 가지 가보 외에 보물484호로 지정돼 있는 『호종일기』 3책이 있다.

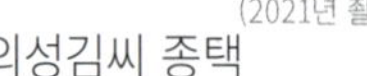
(2021년 촬영)
의성김씨 종택

(최길호)
의성김씨 종택 국세도

　　내앞마을은 한국 독립운동사에서 '성지'라 부를 만하다. 경북독립기념관이 자리한 내앞마을은 독립유공자를 25명이나 배출한 항일 독립운동사의 요람이다. 독립운동을 위해 만주로 떠난 사람이 100여 가구 1,000여 명에 이른다. '만주벌 호랑이'로 불린 일송 김동삼, 해방 직후 남북연석회의 임시의장을 맡았던 김형식, 일제강점기에 처음으로 문중 단위 망명길에 오른 백하 김대락이 모두 이곳 출신이다. 이 마을은 독립운동에 앞장서다가 결정적으로 꺾이고 잊혀 간 전통 마을이다. 한 마을 사람들이 독립운동을 이 마을처럼 오랫동안 펼친 경우도 드물다. 현재 이곳 내앞 천전1리에는 의성김씨를 비롯해 100여 가구 730여 명의 주민이 거주하고 있다.

　　의성김씨 종택의 풍수지리를 자세히 살펴보자. 이하 은사이신 최길호교수님의 풍수견해를 싣는다.

의성김씨 종택의 용맥　(2021년 촬영)

의성김씨 종택의 입수룡

종택 후면에서 바라본 주작

수구의 비보섬

① 용맥의 역량

의성김씨 종택은 청량산870m을 이루고 남으로 내달린 산줄기의 내앞마을 중심에 입지하고 있다. 입수정에서 우출맥의 집중적인 지기를 공급받고 있는 곳에 종택이 위치한다. 따라서 용맥의 역량이 매우 크다. 다만, 종택 후면의 입수룡으로 넓게 펴져 들어오고 있으나 경사가 급한 것이 흠이다.

② 사신사 분석

집 뒤의 현무봉에서 용의 진행 과정을 분석하여 보면, 분벽룡으로 우출룡은 마을의 백호를 이루고 수구를 이루는데 단축하여 수구가 열려 있다. 좌출룡은 2개의 입체봉을 이루고, 세 번째 입수정으로 들어오는 과정은 우출룡으로 진행을 하며 고택 후면의 입수정에서 좌출룡은 물길을 거슬러 올라 면으로 마을을 유정하게 감싸고 만송헌 방향으로 진행한다. 우출룡은 분벽지에서 몸통을 상하좌우로 흔들면서 바로 낙맥하여 용이 그치는 곳에 종택이 위치하니 입수룡이 된다.

청룡은 덕산지맥 멀리서 달려온 산이니 응축력이 부족하다. 주작은 멀리서 다가와 절을 하는 모습이니 당배 안산으로 매우 귀하며 어진 부인을 들이는 모습이다. 삼당을 갖추고 청룡의 계간수는 옥대수로 유정하게 마을을 적셔 주고, 반변천의 대강수는 멀리 빠져나가는 무정한 모습이다. 국세는 둥글어 천기가 내려오니天降下臨 양기가 충만하여 생육하기 좋은 환경이 조성되는 것이다.

③ 혈장 분석

집으로 들어오는 생기 에너지 탱크인 입수정에서 좌측 청룡맥은 면으로 넓게 펼쳐 간접적으로 지기를 마을에 공급하는 반면, 우측 백호맥은 종택에 집중적으로 지기를 공급하고 있다. 종택은 배산임수 지형에 주건물인 안채에 중심점을 두었다. 조선 시대 길지의 특징은 용이 먼 곳에서 내려와 산이 그치고, 사신사는 주변보다 특출하고 아름다우며, 물길은 수량이 풍부하고, 내수는 마을을 궁수로 감싸여야 하고, 큰 물길은 반궁수 지역인 곳이 많은데 농경사회에는 농토가 산업의 기반으로 모래와 유기물을 실어 날라 수확량이 많기 때문일 것이다.

④ 건물의 가상

　건물의 가상은 배산임수 지형에 배산으로 전후보다는 횡으로 건축을 하여 온전한 지기를 받는다고 보기는 어렵다. 또한, 건물을 산에 바짝 붙여서 지음으로써 급경사를 이루고 있으므로 산사태 등 여러 가지 해가 있다. 양택은 산이나 정원의 경사 각도는 30도 이하가 이상적이다. 이처럼 입수룡이 경사가 급하여 자손들이 성질이 급할 것으로 보인다.

　진입로를 보면, 집의 중앙으로 바로 진입하도록 배치하여 직충살을 받는 모습이고, 대문을 가운데 설치하여 내부로 들어가는 공기가 정화되어 생기로 변환하는 마당이 없어 기를 교란하는 상으로 건강이 우려된다. 사랑채가 우측으로 있는 것으로 보아 전면 마당에 행랑채가 별도로 있고 대문이 우측에 있을 것으로 보이나, 전반적으로 건물을 종으로 설계하여 안채는 내부 영역 사랑채는 외부 영역으로 구별하고 대문은 좌수가 강하니, 풍수 에너지의 원활한 공급을 위하여 대문을 좌측으로 내어야 풍수지리에 적합한 구조가 된다.

⑤ 수구 분석

　수구에 댐을 막아 물이 머물도록 가두고, 자연 비보섬이 유속을 늦추고, 장풍을 하고 있다. 따라서 임하댐 상류에서 지속적으로 흘러내리는 맑은 물이 오래 머물러 있으니 부가 넘칠 것이다. 또한, 수림을 조성하여 장풍을 하고 있다. 주작은 유정한데 다가오니 처가와 아랫사람 복도 많고, 재물은 늘어나 매년 전답을 사들이는 모습이다. 결론적으로 산이 귀하고 맑은 물을 거느려 복은 장구할 것으로 보인다.

　기타 다른 가옥들은 의성 종가와 유사하나 약간 역량이 떨어질 뿐 대동소이하므로 성세한 분석은 생략한다. 내앞마을에는 광복회와 공동으로 구한말 협동학교에서 민족 교육을 전개하고, 상해 국민대표회의 의장으로 활약하신 독립운동가 일송—松 김동삼 선생 생가터가 있다. 그는 "내가 조국에 끼친 바 없으니, 죽은 뒤 유해나마 적 치하에 매장하지 말고 화장하여 강산에 뿌려 달라."라고 했다. 서대문형무소에서 옥고를 치르던 중, 1937년 4월 13일 옥중에서 순국하였고 유골은 선생의 유언에 따라 한강에 뿌려졌다.

　백하구려白下舊廬는 백하 김대락 선생이 살았던 고택으로 구한말인 1885년에 지어진 집이다. 건물의 앞면은 8칸으로 사랑채 4칸, 문간채 4칸으로 되어 있다. 안채는 넓은 대청마루를 중심으로 방과 부엌 등이 배치되어 있다.

김동삼 선생의 생가   (2025년 촬영)

김대락 선생의 고택인 백하구려   (2025년 촬영)

그는 1907년에 사랑채를 확장하여 이 지역 최초의 근대식 학교인 협동학교를 개교하였다. 일본에 나라를 빼앗긴 1910년에 만주로 갔으며, 독립 자금 마련을 위해 사랑채까지 팔았다고 한다. 현재의 사랑채 건물 일부는 다른 곳에 있던 건물을 옮긴 것이라 한다. 현재는 문화재 및 국가 보훈 시설로 지정되어 있다.

(4) 추천 여행 코스

지례예술촌, 안동 하회마을, 병산서원, 옥연정사, 무섬마을, 봉정사, 부석사, 소수서원, 영주 선비촌, 희방사 및 희방폭포, 안동댐, 낙강물길공원, 안동 임청각, 도산서원, 안동향교 등 다양한 문화유산이 시내와 인근에 분포한다. 전통 음식헛제삿밥, 간고등어과 한옥 체험, 민속놀이 등도 경험할 수 있다.

4. 봉화 닭실마을: 영남의 4대 길지

주소: 경북 봉화군 봉화읍 유곡리 963번지 일대

(1) 마을의 유래

봉화 닭실마을의 권벌은 조선 중기의 문신으로 본관은 안동, 자는 중희, 호는 충재로 1507년중종2 문과에 급제하여 예조참판에 되었다. 닭실마을은 권벌의 5대조가 일군

마을로 1519년중종14 기묘사화에 파직되어 1521년중종16 파평윤씨 터전에 입향하여 세거지에 형성하였는데, 외가마을에 정착한 것으로 보인다. 1533년중종28 복직되고 1545년인종 원년 우찬성이 되고 명종의 원상에 임명되었다. 동년 을사사화에 연루되어 탄핵을 받아 파면되고 1547년명종2 양재역 벽서 사건으로 모함을 받아 삭주에서 세상을 떠났다. 기개 있는 선비로 시호는 충정이고 『충재문집』이 있다.

봉화 닭실마을　(2021년 촬영)

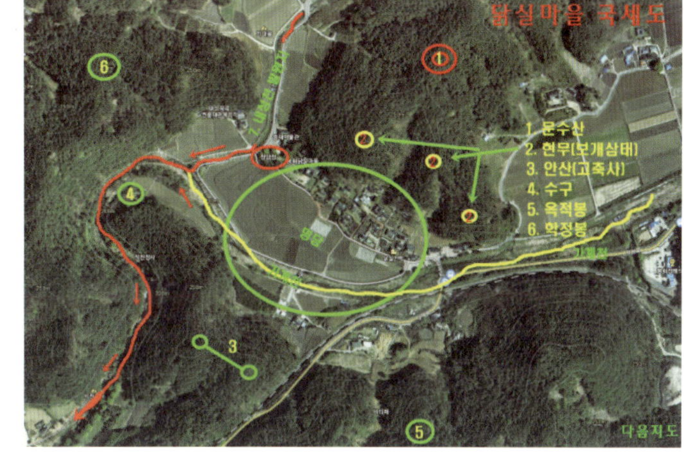

마을의 산수　(최길호)

(2) 풍수지리

안동 하회마을은 밖에서는 안 보일 정도로 꽉 막혀 있었으나 도로가 나면서 마을로 바람길이 생겨 버렸다.

주산　(2021년 촬영)

안산　(2021년 촬영)

- **주산과 국세:** 이중환의 『택리지』에서 언급한 영남 4대 길지 중 양동마을, 하회마을, 내앞마을로 대부분 산이 끝나고 대강수가 감싸는 득수국得水局에 위치하는 반면, 닭실마을은 유일하게 산이 감싸는 장풍국藏風局의 깊은 곳에 위치한다.

문수산 자락이 오직 닭실마을만을 위해 멀리서 달려와 멈추니 지기가 쌓이고 국이 둥글어 생기가 충만한 땅이 된다. 용호는 좌우에서 호종하여 시립하고 청룡본신 안산을 얻었다. 보개 삼태봉 주산은 특립하고 안산은 고축사가 수미하며 좌우의 옥적봉과 학정봉은 현달한 인물이 출할 것을 예견한다.

닭실마을 내룡맥의 주산은 문수산1,272m으로 문수산 자락에서 서남진한 산줄기가 현무봉을 이루고 동막천과 가계천이 합수를 하니 산은 정지 안정을 취하는 곳에 닭실마을이 위치한다. 서쪽의 백운령이 암탉을 닮은 지형이고 문수지맥에서 우측으로 갈라져 내려온 옥적봉281m은 신선이 옥통소를 불었다는 옥적봉이 수탉이 활개를 치는 형상이라고 하여 금닭이 알을 품는 금계포란형金鷄抱卵形이 된다.

닭실마을의 국세를 이루는 외청룡은 문수산 자락이 옥적봉을 이루고 과협을 건너뛰어 안산을 이루어 마을의 앞을 장막을 두르고 수구에 이른다. 외백호는 선달산1,236m에서 달려와 응방산을 이루고 마을의 오른편을 병풍처럼 두르고 가계 천과 동막천이 합수하여 좁은 석천계곡으로 빠져나가는데, 수구는 매우 좁다. 풍수 고서에 의하면, 명당은 만 마를 거두고 수구는 불통주不通舟로 배가 드나들지 못하도록 좁아야 한다고 하였으니 이곳을 이르는 말일 것이다.

- **현무봉과 주작:** 입구에서 마을을 바라보면 뒷산의 모습이 봉우리가 세 개인 삼태봉을 이루고 있다. 고서에 삼태란 귀한 사격으로 3개의 봉우리가 연이어 병풍처럼 친 것으로 금체의 3개의 봉우리가 이어진 것을 보개삼태寶蓋三台. 토체 3개를 관개冠蓋라 하며 목체 3개를 화개華蓋라 하고 품자 모습을 품자삼태品字三台라 한다. 뒷산인 주산이 삼태 봉을 이루면 가문에서 삼 정승의 현달한 인물이 태어나 명문가를 이루고 전면인 주작에 삼태 봉이 있으면 정승과 교류하는 특출한 인물이 태어난다고 알려져 있는데, 닭실마을은 보개삼태寶蓋三台가 된다. 실제로 고축사를 정면으로 바라보고 있는 권세연 의병장 생가에서 많은 인물이 배출되었다. 권세연 의병장 생가는 상해임시정부 국무령을 지낸 석주 이상용 선생의 외가이다. 알봉과 고축사가 정대를

갖추니 이곳에서 대과 급제자가 5명이 나왔다고 한다.

- **안산:** 안산은 옥적봉에서 과협을 건너뛰어 횡조로 마을의 전면을 두룬산으로 그 모습이 좌우로 길고 가운데는 평평하고 양편에는 높으니 정승과 교류한다는 고축사가 된다. 건물의 대부분은 알봉을 배산으로 고위 관직에 오르기를 기원하며 고축사 안산에 향을 정하였는데, 그래서인지 이 마을에서만 대과 급제자만 15명이 나왔다고 한다. 마을을 옥대로 두르고 있는 물길은 좌수인 가계천으로서 문수산의 계간수가 되고. 우측을 흐르는 물줄기는 동막천으로 선달산1,236m에서 발현하여 내성천을 이루며 문수지맥을 호종하여 109.5km를 달려 삼강 주막에서 낙동강과 합류한다. 영남의 인물은 대부분 문수지맥에서 태어났으니, 지령인걸로 문수산은 신령스러운 산임에 틀림없다.

- **수구인 석천계곡:** 유곡리 닭실마을을 진입하는 유일한 통로인 석천계곡은 청암정과 명승 60호로 지정되고 충재 권벌의 장자인 권동보가 지은 석천정사가 있다. 석천계곡은 풍수에서는 마을에서 쓰고 난 물을 흘려보내는 수구라고 하며, 장풍과 공기의 정화기능도 함께 수행한다. 또한, 좌우에 문처럼 서 있는 바위를 한문이라고 하고, 물가에 걸쳐 있는 바위를 화표, 물속에 금수형의 바위를 북신이라고 하는데 국내의 살기를 막고 양기의 설기를 방지하여 주는 역할을 한다. 또한, 수구의 바위에는 중국 황하의 지주산砥柱山처럼 거대한 물을 가로막다는 중류지주 中流砥柱의 글씨가 새겨져 있다. 아마 권벌 자신을 상징화는 뜻으로 새겼을 것이다. '황하黃河 중류의 지주산'은 난세에도 의연하게 절개를 지키는 인물 또는 그러한 행위, 역경逆境에 굴하지 않는 튼튼한 힘이나 인물人物을 상징하는 말로 쓰인다. 우리나라에도 선지의 지조를 상징하는 지중중류비가 전국 곳곳에 있다.

수구와 석천정사 　(2021년 촬영)

수구바위와 돌다리 　(2021년 촬영)

삼문협대패 앞 황하에 있는 석주 중류지주 　(위키피디아)

야은 길재사당의 지주중류비 　(2024년 촬영)

여기서 잠깐 중류지주中流砥柱의 어원을 알아보자. 이 단어는 『수경주水經注』, 『안자춘추晏子春秋』 등에 보인다. 『수경주』 하수河水편에는 지주산砥柱山에 대한 다음과 같은 대목이 실려 있다.

"황하의 물길은 갈라져 흐르며, 지주산을 감싸고 지나는데, 산이 물 가운데 솟아 있어, 그 모습이 마치 기둥과 같으므로, 사람들은 이를 지주라고 부른다河水分流, 包山而過, 山見水中, 若柱然, 故曰砥柱也."

황하黃河가 삼문협三門峽을 지나면 그 물줄기는 동쪽 아래로 내몰아치게 되는데, 마치 만 마리의 말들처럼 지주산으로 향한다고 한다. 전설에 따르면, 4천여 년 전, 대우大禹는 치수를 하면서 황하의 흐름을 막는 이 지주산의 양쪽을 헐어내고, 황하의 물길이 산의 양쪽으로 흐르도록 하였다. 이렇다 보니, 지주산은 그 일부가 뚫어지기는 하였지만, 마치 돌기둥처럼 우뚝 솟아 급류의 충격에도 조금도 흔들리지 않고 그 위풍을 드러내고 있었다.

지주砥柱는 황하 중류에 있는 산 이름이다. 『수경주水經注』에 따르면, 우禹 임금이 치

수治水를 할 때 산언덕이 물을 가로막고 있었기 때문에 산의 좌우를 파냈다. 이렇게 해서 강물은 산의 양쪽으로 갈려 흘러가게 되었는데, 그 산의 모습이 물속에 기둥처럼 솟아 있었으므로 지주라고 부르게 되었다는 것이다.

춘추시대 제齊나라 경공景公의 수하에 공손접公孫接과 전개강田開疆, 고야자古冶子라는 3명의 용사가 있었다. 이들은 경공의 충복이었으나 조정의 기강에 해를 끼칠 정도로 오만무례하게 행동하였다. 그래서 재상인 안영은 이들을 제거할 목적으로 2개의 복숭아를 놓고 3명 가운데 공을 더 많이 세운 사람에게 상으로 준다고 하였다.

이때 고야자는 예전에 경공을 모시고 황하를 건널 때 괴물 같은 자라가 나타나 수레를 끄는 말을 물고 지주산이 있는 중류로 도망친以入砥柱之中流 일을 거론하면서, 자신이 쫓아가 괴물을 죽이고 말을 되찾아 왔노라고 공을 내세웠다. 이 고사는 『안자춘추』에 실려 있으며, 이도살삼사二桃殺三士2개의 복숭아로 3명의 용사를 죽이다라는 고사성어의 전거典據가 된다.

여기서 유래하여 중류지주는 황하의 격류 속에서도 흔들리지 않고 우뚝 솟아 있는 지주산처럼 난세나 역경 속에서도 지조와 절개를 잃지 않는 의연한 인물 또는 그러한 행동을 뜻하게 되었다.

(3) 건물별 풍수적 특성

- **충재의 종택과 청암정:** 종택은 양반가의 전통 가옥으로 우측에는 사당이 있다. 보개 삼태봉의 우측 봉우리 아래 위치하고 배산 임수로 건축하였다. 생기의 주 출입구인 대문을 고축사에 향을 정하였다. 좌와 향이 국세의 중심을 벗어나 수구에 치우쳐 온전히 생기를 받기가 어려울 것이다. 또한, 청암정의 바위는 물길을 거두는 하수사로 보아야 할 것이다. 종택의 우측에는 충재와 청암정이 있다. 청암정은 거북 모양의 바위 등짝에 지은 정자로 1526년중종21 건립하였다. 청암정을 처음 지을 때는 온돌방이었고 둘레에 연못이 없었으나, 온돌방에 불을 때면 바위가 소리 내고 울어 아궁이를 막고 바위 주변을 파내어 연못을 만들고 신탄新灘이라는 수로를 만들어 거북 바위에 물을 대고 있다. 종택과 청암정이 연결되는 담장이 허하다고 느꼈는지 토담을 설치하였는데 연못과 토담은 풍수비보로 보아야 한다. 청암정 현판은 남명 조식의 글씨이고 청암수석은 미수 허목의 마지막 글씨라고 한다.

- **마을의 주택과 가상**: 충재의 후손들이 분가하여 산림을 차린 주택으로 현무봉의 2차봉과 3차봉 사이에 배산으로 집중적으로 배치되어 있다. 대문을 득수 처에 내고 고축사 안산을 바라보며 좌향을 정하여 신령스러운 기운이 집으로 들어와 자손들이 등과하기를 기원하였다. 현무봉과 안산이 마주하는 조응권에 들어온 주택은 자손이 번성하고, 조응권에서 벗어난 주택은 발전이 지지부진하며, 조응권에 있다 하더라도 계곡에 들어 있는 주택은 어려움을 겪었을 것이다.

충재고택과 청암정(하수사 역할)　(2021년 촬영)

석주 이상용 선생의 외가　(2021년 촬영)

(4) 추천 여행 코스

삼계서원은 1588년 건립되어 충재 권벌을 모신 서원으로, 조선 시대 사림의 정신과 교육 문화를 엿볼 수 있는 장소이다. 서원 건축과 사액서원의 전통을 직접 느낄 수 있다. 500년 전통의 한과를 직접 만들어 보는 전통 한과 체험 프로그램이 운영되어, 가족 단위나 외국인 관광객에게 봉화의 전통문화를 오감으로 느낄 수 있는 특별한 경험을 제공한다. 춘향전의 실제 인물인 성이성 생가도 인근에 있다. 백두대간수목원, 정자생활문화관, 청량산, 미슐랭 경관 드라이브길, 분천 산타마을, 목재문화체험장 등이 있다.

5. 영주 무섬마을

주소: 경북 영주시 문수면 수도리

(1) 무섬마을의 유래

무섬마을은 나를 네 번 놀라게 했다. 첫 번째는 외나무다리와 풍광에 놀라고, 두 번째는 용맥과 청룡이 상대적으로 약함에 놀라고, 세 번째는 그럼에도 불구하고 입지에 최선을 다하고 전통을 이어감에 놀라고, 마지막으로 집의 위치에 따라 인심에 크게 차이가 나는 점에 놀랐다.

영주 무섬마을의 지명 유래는 마을의 독특한 지형에서 비롯된다. 내성천이 마을의 삼면을 감싸듯 흐르는 모습이 마치 물 위에 떠 있는 섬과 같다고 하여, 처음에는 수도리水

영주 무섬마을   (2025년 촬영)

무섬마을 외나무다리   (2025년 촬영)

島里 또는 물섬마을이라고 불렀다. 이후 발음이 변해 '무섬'이 되었고, 이 이름이 현재까지 사용되고 있다. 또한, 무섬마을의 옛 이름은 섬계剡溪다. 이는 마을의 모습이 중국의 안도라는 선비가 살았던 '섬계'라는 곳의 지형과 비슷하다고 하여 붙여진 이름이다. 실제로 마을을 개척한 반남 박씨 박수는 이 경관이 중국 섬계와 닮았다 하여 '섬계'라 불렀고, 당호도 '섬계당'이라 하였다. 이후 '섬계'와 '무섬'이라는 명칭이 함께 쓰이다가 100여 년 전부터는 '무섬'이라는 이름이 정착되었다.

무섬마을의 역사는 1666년으로 거슬러 올라간다. 마을을 개척한 입향조 반남박씨 박수 선생은 병자호란 이후 충절의 마음으로 은둔 군자의 삶을 실천하고자 1666년 만죽재 고택을 건립하고 터를 잡았다. 그 후 입향조 박수 선생의 증손녀 사위 선성김씨 김대 선

생이 처가에 자리를 잡고 지금까지 양성이 집성촌을 이루고 살며 수백 년의 역사와 전통을 가지고 있다.

입향조의 입향 정신을 따라 애국 충절의 선비정신이 선대로부터 이어져 내려와 일제강점기에는 아도서숙을 통하여 마을 청년들이 항일운동을 하였으며, 많은 독립운동가를 배출한 마을이다. 선비들의 계모임 섬계계회는 만죽재 고택에서 시작되어 현재까지 약 300년간 계속 이어지고 있다.

무섬마을 집집마다 부녀들의 내방가사집이 전해지고 있다. 무섬마을에 대한 전설이 있다. 입향조 박수 선생의 부친이 직접 만죽재 고택으로 이거하기로 하였으나, 둘째 자제인 박수 선생에게 만죽재를 물려주면 자손이 흥한다는 꿈을 세 번이나 꾸게 되어 박수 선생이 이거하게 되었다고 한다. 특별히 만죽재 고택은 한터 한집에서 박수 선생으로부터 13대 350년간 적자 장손이 거주하고 있다. 병자호란과 당쟁의 피해를 목도한 박수 선생께서 유훈으로 자손들이 벼슬길에 나가지 말 것을 당부하였다는 설도 있다. 그래서인지 후손들이 관직을 멀리 하였다고 한다.

또한, 김대 선생의 전설이 있다. 김대 선생이 과거를 보러 상경하는 중에 꿈속에서 과거를 보면 출세는 하겠으나 과거를 포기하고 초야 살면 자손이 융성할 것이라는 말을 듣고서 과거를 포기하고 낙향하여 수신제가에 힘썼다고 한다.

30년 전까지 마을과 외부를 이어주던 유일한 통로인 외나무다리가 마을의 대표 상징물로서 역사를 대변하고 있다. 외나무다리는 옛날에는 농사하러 가는 외나무다리, 외지로 가는 외나무다리, 학교로 가는 외나무다리 모두 세 곳이 있었으나 현재는 두 곳이 복원되어 있다. 특별히 외나무다리를 건너 시집와서 죽으면 외나무다리를 통해 상여로 나간다고 하여 외나무다리는 무섬마을에서 특별한 의미를 지니고 있다. 외나무다리가 놓인 무섬마을 백사장은 그 어느 백사장보다 맑고 고와서 유네스코 등록 신청을 준비 중에 있다.

무섬마을에는 사당이 없었다. 수해가 날 수 있는 지형으로 대부분 사랑채 가까운 곳에 조상의 위패를 모시는 감실龕室을 두어 수해가 나도 빨리 위패를 보호할 수 있기 때문에 그렇게 하였다고 한다.

(2) 풍수지리

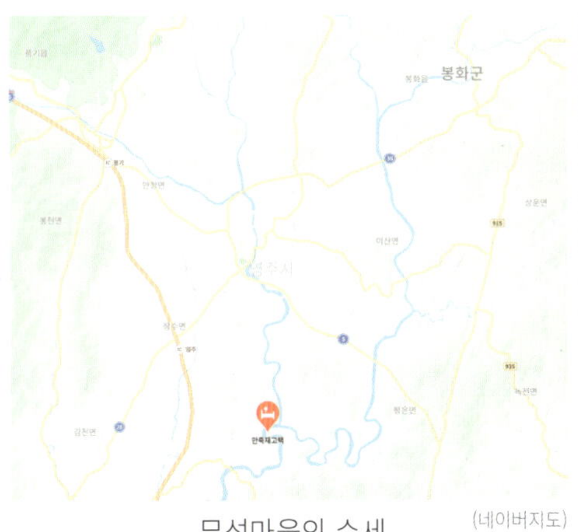

무섬마을의 수세 (네이버지도)

무섬마을의 산세 (최길호/네이버지도)

무섬마을은 태백산에서 봉화군을 지나 영주호에서 내려오는 내성천과 소백산에서 영주시를 거쳐서 내려온 서천이 만나서 태극 모양으로 돌아나가는 형세가 산태극 수태극의 형상으로 마치 물 위에 떠 있는 섬과 같다고 하여 무섬이라고 불리고 있으며, 대표적인 물돌이 마을이다. 풍수지리학으로 보면 전형적인 배산임수 형태이다.

무섬마을은 문수지맥에 자리 잡았다. 문수지맥은 백두대간의 옥돌봉1,242m에서 갈라져 나부산330m에서 내성천과 낙동강이 삼강나루에서 합류하는데, 좌로는 낙동강이 우로는 내성천이 양쪽으로 흐른다. 무섬마을은 대강수가 삼면을 감싸니 형국론으로는 배가 물 위에 떠 있는 행주형行舟形 또는 연꽃이 물 위에 떠 있는 모습과 닮았다고 하여 연화부수형蓮花浮水形 명당 마을이다.

물길이 삼면을 감싸고 흐르는 마을은 안동 하회마을, 예천 회룡포, 영주 무섬마을이 있는데 발복의 근원을 살펴보면 극명하게 차이가 난다. 즉 산의 역량인 용세의 차이가 이를 증명한다. 안동 하회마을이 용이라면, 무섬마을은 뱀, 회룡포는 지렁이에 비견할 만큼 마을 주산의 열량이 차이가 난다.

무섬마을의 주산은 문수지맥의 갈미봉548.5m에서 북서쪽으로 진행한 산줄기로 동에서 서쪽으로 진행하고 있다. 마을의 뒷산인 현무봉에 올라 용맥의 진행 과정을 살펴보면 문평로 과협에서 솟구쳐 오른 용맥은 균형을 이루어 좌우로 분리되어 청룡백호를 이룬다.

전체적으로 평가하자면, 물의 역량은 매우 강하고, 그에 비해 갈미봉에서 가느다랗게 내려오는 마을 주산의 역량은 약하며, 문평로에 의해 과협처도 더욱 약해졌다. 그리고 마을로 내려오는 용맥이 물을 거슬러 올라가면 좋은데, 아쉽게도 물이 흐르는 방향으로 산도 따라 돌아섰다. 따라서 물을 거두는 하수사인 청룡이 약하나 커다란 부를 축적하기는 어려울 것으로 판단된다. 이러한 영향으로 외나무다리를 중심으로 상류 쪽이 하류 쪽보다 풍수적으로는 더 좋다고 볼 수 있다. 용맥의 역량으로만 보자면 물을 거슬러 올라가는 탄산리 쪽의 용맥이 더욱 강하다고 할 것이다.

(3) 건물별 풍수적 특성

350년의 역사를 지닌 무섬마을은 마을 전체가 국가지정문화재 제278호이다. 그중 만죽재 고택과 해우당 고택을 비롯한 9개 가옥이 경북 문화재 자료 및 경북 민속자료로 지정되어 있으며, 역사가 100년이 넘는 가옥도 16채나 남아 있어 조상들의 자취와 숨결을 그대로 느낄 수 있다. 특히 고택과 정자들이 옛 모습 그대로 보존돼 고풍스런 옛 향취를 풍기고 있으며, 경북 북부 지역의 전형적인 양반집 구조인 'ㅁ'자형 전통 가옥이 늘어서 있다. 2013년에 마을 전체가 국가 중요민속문화재 제278호로 지정되었다.

40여 채의 고택 중 30여 채가 조선 후기의 사대부 가옥이다. 반남박씨 입향시조 박수가 지은 만죽재晚竹齋, 선성김씨 도사 김낙풍이 지은 해우당海愚堂 등 마을 전체가 2013년 국가 지정 중요민속문화재민속마을로 지정되었다. 특히 무섬 주민들이 일제강점기에 세운 아도서숙은 1933년 일제에 의해 강제로 폐숙될 때까지 주민 계몽과 민족 교육을 했던 독립운동의 본거지로 5명의 독립유공자를 배출한 곳이다. 무섬마을을 살펴보면 용에

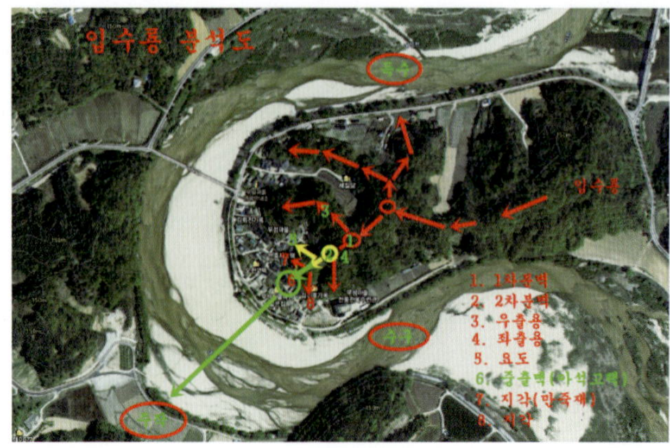
입수룡 분석도 ⁽최길호/네이버지도⁾

반남반씨 입향조 만죽재 ⁽2025년 촬영⁾

의지하여 배산임수로 건축하였다. 그러나 산진처에 지은 고택은 기와집이 되고, 계곡이나 산진처를 벗어나 지은 집은 초가집으로 분별이 가능하니 참으로 신기한 일이다.

　우출용은 만죽재 및 아석我石 김덕진 가옥의 입수룡이 된다. 용맥을 답사하여 보면 분벽지에서 3~4절을 기복으로 포를 이루고 입수를 하는데 용이 포로 입체봉을 이루고 입수를 하면 특출한 인물이 태어난다고 한다. 대표적인 것이 이황 선생의 선조 진성이씨 시조 묘를 표준으로 삼을 만하다. 아석고택의 후면 현무봉에 이른 용은 우측에서 요도를 내밀어 주용을 좌측으로 회전하고 이어 좌측에서 지각이 받쳐 주고 좌우측에서 정지지각이 현무정을 지탱하여 주니 현무가 똑바르다. 현무봉 아래 묘역은 길지를 점하였지만 좌향은 안산을 벗어나 있다. 아석고택을 전면에서 바라보면, 현무봉이 높게 솟지 못하여 천기 에너지는 강하나 지기 에너지는 약하다.

내성천과 안산의 모습　(2025년 촬영)

내성천 수구의 모습　(2025년 촬영)

　물길은 서천이 내성천과 합류하여 무섬마을을 옥대수로 감싸고 무섬자료관으로 빠져나가며, 주작은 백두대간에서 분지하여 서천의 호종을 받고 달려온 남박산이 되니 내성천을 경계로 대국을 이룬 모습이다. 건축의 좌향은 자연의 향이 우선이지만, 남향이 가장 좋고 동향이 차선이며, 서향집은 쇠퇴하는 기로 피가 마른다고 하여 꺼린다. 무섬마을은 대부분 동으로 산을 등지고 서향이나 서남향을 하고 있어 자세히 살펴보니, 봉우리 하나를 차지하려 다투는 모습이 양동마을의 성주봉을 차지하려 다투는 모습과 매우 유사하다. 당배주작을 얻고 삼태봉을 이루었지만 좌우에 비하여 중앙의 봉우리가 낮지만 아름다운 형상으로 이곳을 차지할 수밖에 없는 자연적 한계가 있다.

아석(我石) 김덕진 가옥   (2025년 촬영)

해우당   (2025년 촬영)

아도서숙   (2025년 촬영)

오헌고택   (2025년 촬영)

　　반남박씨潘南朴氏 오헌고택吾軒古宅은 고려 반남현 호장을 지낸 박응주朴應珠의 후손이다. 5세 박상충朴尙衷, 1332~1375은 목은牧隱 이색李穡의 문하생으로 공민왕 때 문과에 급제하여 예조정랑과 판전교시사 등을 역임하였다. 문정공의 시호를 받았고 반남 선생이라 불렸다. 박상충의 아들 박은朴訔, 1370~1422은 조선 개국 후 이방원의 난에 공을 세워 익대동덕좌명공신 3등으로 반남군에 봉해졌다가 금천부원군으로 다시 봉해졌고, 이후 태종 때 우의정과 좌의정에 올랐다. 박상충과 아들 박은이 정계에서 두각을 드러내면서 반남 박씨는 조선 전기에 명문가로 명성을 떨치게 되었다. 오헌고택은 박제연과 그 후손들이 대대로 살았던 집으로, 1934년 중수되었고 2004년 보수하였다. 현재 한옥 스테이가 가능하다.

　박은의 증손 박숙朴礐, 1444~1526은 능성 구씨綾城具氏 안동 입향조 구익명具益命의 사위가 되어 서울에서 안동으로 이거하면서 처가가 있는 모사골 남쪽인 나주골에 정착하였다. 박숙의 장남 박침朴琛, 1465~1549과 셋째 박형朴珩은 16세기 초에 안동에서 영주로 이거하면서 영주 문수면 월호리와 영주 두서에 정착하였다. 이후 여러 대를 내려가서 17세기 중반 박수朴檖 대에 이르러 반남 박씨가 영주 무섬[水島]마을에 비로소 입향하였다. 박수는 1666년현종 7 강 건너 서쪽에 있는 원암머름에서 무섬으로 옮겨 새로운 터전을 마련하였다. 그가 바로 박제연의 6대 조이다.

　해우당 고택은 이상적인 장풍국의 □형 고택의 전형이다. 양택지는 산을 등지고 물을 마주하는 배산임수背山臨水, 앞이 낮고 뒤가 높은 전저후고前低後高, 입구가 좁고 안쪽이 넓은 전착후관前搾後寬이 되어야 하고, 앞쪽이 동적이고 뒤쪽은 정적인 전동후정前動後靜이 되어야 한다. 문은 물의 상류인 득수처에 내어야 하며, 현무와 안산의 응기점과 청룡과 백호의 응축점이 십자가 모양으로 교차하는 터가 가장 이상적이고, 풍수바람과 물 에너지를 집안으로 끌어들여야 생기로운 터가 된다. 또한, 양택의 터는 안채에 빛을 잘 받아들이기 위해 북반구 중위도에서는 건물과 마당과의 터의 각도가 30도가 가장 이상적이다.

　안산은 부인, 재물, 사회성, 측근으로 분류하여 나와 대칭하고 조력하는 역할을 하는데, 그렇다면 안산을 정면으로 차지한 고택은 어디일까? 필자의 견해로는 입향조 만죽재 고택은 간룡이 아닌 지각에 건축하여 강한 지기를 공급받기는 어려울 것으로 판단된다. 그럼에도 불구하고 중심맥의 안쪽을 택한 것은 역한 청룡 하수사를 고려한 것으로써 현명한 판단이라고 생각된다. 따라서 만죽재는 벼슬보다 재물을 취한 주택이다.

　반면, 아석 김덕진 가옥과 위당 김광옥 가옥이 중심축이 된다. 김덕진 가옥과 김광옥 가옥의 중심축을 집중 분석하여 보면, 음용할 수 있는 계간수인 내수가 우측에서 죄로 흐르고, 지기를 감싸는 대강수가 있으며, 궁수의 중앙에 해당하여 건너편의 논밭에서 내려오는 창판수를 얻고 보국의 응기 점으로 양기가 충만한 터가 된다. 그래서인지 마을의 주거 형태를 분석하여 보면 박씨보다 김씨가 번성한 것을 볼 수 있다. 그러나 아쉬운 것은 보국의 중심을 차지하였으나, 청룡 하수사가 약하여 물을 거두는 힘이 약한 것이다. 용세가 부족하고 입체봉이 특립하지 못하며 안산 또한 특별히 솟지 못하고 특별한 형상을 이루지 못한 것이 후손들이 살아가는 데 지대한 영향을 끼쳤을 것이다. 결론적으로 두 가옥은 재물보다 벼슬을 취한 주택이다.

(4) 추천 여행 코스

봉정사, 부석사, 희방사, 소수서원, 회룡포, 하회마을, 금계리 십승지 등이 있다.

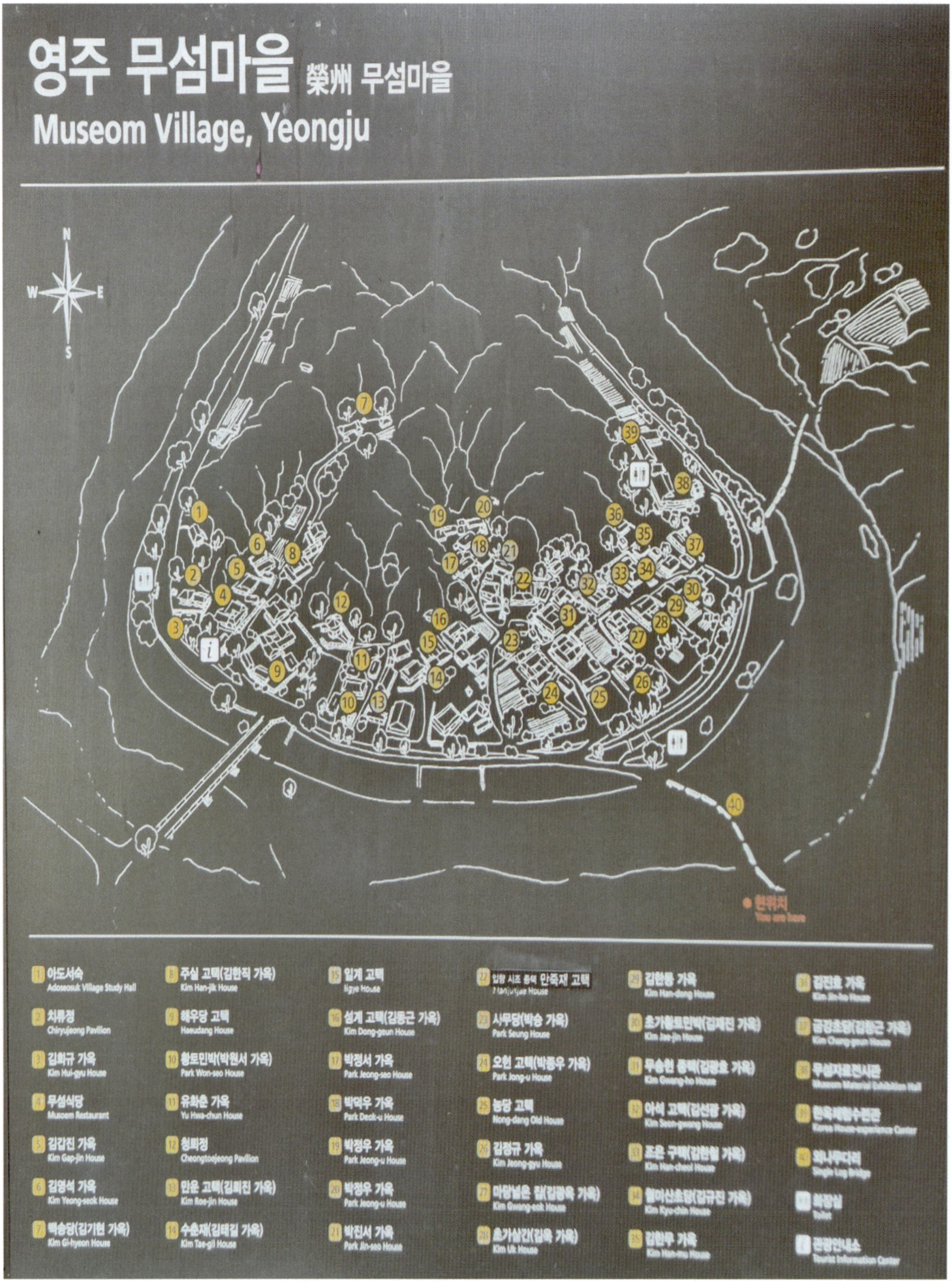

6. 구례의 4대 양택 명당

　전남 구례에는 운조루, 곡전재, 쌍산재, 사성암이 있고 4명의 성인을 배출한 예절과 깨달음의 고장이다. 이중환은 『택리지』에서 다음과 같이 언급했다.

　"임실에서 구례까지 섬진강을 따라 이름난 마을, 경치가 뛰어난 곳, 큰 촌락이 많다. 하지만 오로지 구만촌 九灣村만이 뛰어난 경치와, 비옥한 토지, 뱃길과 생선과 소금을 통해 이익을 얻을 수 있어서 가장 살만한 곳이다."

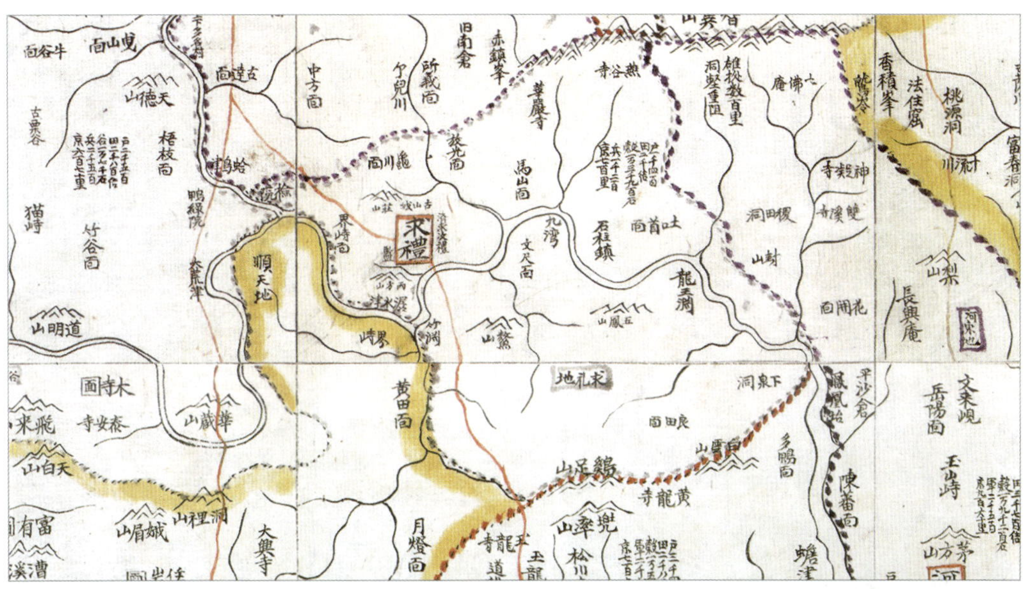

『청구요람』 구례 구만지역과 현대 지형-고지도 한가운데가 구만(九灣)이다. (2025년 촬영)

(1) 귀만와(歸晩窩) 고택과 운조루(雲鳥樓)

사랑채 전경　(2025년 촬영)

운조루 전경　(2025년 촬영)

운조루 산도

운조루 설계도

　귀만와 고택은 우리에게 정자명인 운조루로 더 알려져 있다. 국가민속문화재 제8호인 운조루 고택은 1776년영조52 낙안군수를 지낸 류이주가 지은 건물이다. 운조루는 큰 사랑채의 이름으로 구름 속에 새처럼 숨어 사는 집이라는 뜻을 가지고 있다. 풍수지리설에 따르면, 집터가 금반지가 땅에 떨어진 모습의 금환낙지金環落地 형세로 남한의 3대 길지의 하나라고 알려져 있다. 운조루가 있는 오미동五美洞은 본디 백동白洞이라 부르던 곳이다. 풍수상으로 앵무새가 버드나무에 둥지를 튼 형국의 유지앵소柳枝鶯巢라고 말하기도 하고, 금구몰니金龜沒泥라고도 말한다.

　대구 사람인 류이주가 전설로 전해 오던 금환낙지의 명당에 매료되어 은퇴하면 이곳에 머물 것을 결정하고 착공하여 7년이라는 세월 동안 건축하였다고 한다. 터를 조성하는 과정에서 돌거북이 나와 대대로 보관하여 왔으나, 최근 어느 사악한 양상군자에게 도난당하였다. 처음에는 99칸으로 지었다가 화재 등으로 일부가 소실되어 현재는 2007년 문화재청의 실측 조사에 따르면 63칸이 보존되고 있다.

　이 고택은 一자형 행랑채, ㄷ자형 안채, ㅜ자형 행랑채 등이 그대로 보존되어 있으며, 사당과 연당, 가빈터도 남아 있는데 이는 조선 시대 상류층 주택의 특징을 보여 주는 것으로 1771년 류이주가 고향 안동에서 보고 살았던 집의 형식을 살려 지은 것으로 추정된다. 현재도 90대의 종부와 둘째 아들이 종택을 지키고 있다.

주산인 병풍산의 모습　(2025년 촬영)

안산과 주작조산의 모습　(2025년 촬영)

풍수적으로 살펴보자. 백두대간이 지리산 노고단 정상에 이르러 그중 한줄기가 남진하여 형제봉872.9m, 월령봉819.5m을 지나 마을의 진산鎭山인 병풍산을 들어 올린다. 병풍산의 모습은 초가지붕처럼 평평한 녹존 토성체이고, 산수를 살펴보면 주룡은 용두리 방향으로 나아가니 사도리와 오미리를 경계 지으며 외백호를 이룬다. 외청룡은 문수제 건너편 봉예산612m이 되며, 전면을 가려 주는 안산은 저 멀리 섬진강 건너편 오봉산으로 하고, 조산은 계족산702.8m이 된다. 전주작인 계족산의 응기 작용이 부족하여, 주산인 병풍산의 산줄기가 응축하여 바로 멈추지 못하고 평지로 길고 펑퍼짐하게 늘어지고 말았다. 전주작이 멀어서 명당이 평탄하지 못하며 명당이 넓게 퍼져서 거두어들이는 것보다 흩어지는 성질이 강하다.

더욱이 국세는 크지만 백호 능선은 곡전제로 가는 산줄기가 되며, 경지 정리로 원형은 알 수 없지만 가까운 안산은 없는 모습이다. 따라서 섬진강의 빠져나가는 물길이 보인다. 운조루 터의 지형·지세는 뒤는 높고 앞은 트여 있으며 우측은 높고 좌측은 낮으니, 용호 안의 물원진수과 섬진강은 우측에서 청룡 쪽인 좌측으로 흐르며 수구가 열려 있다. 비보 풍수로 고택 문앞에 인공 연못을 조성하고 물이 빠져나가는 방향과 반대 방형으로 인공 수로를 만들어 토지천의 물길을 끌어들여 인공적으로 역수국을 만들어서 지기가 오래 머물도록 비보를 하였다. 인공 연못으로 부족하였던지 운조루의 가상은 안채를 배산임수로 짓고 전저후고의 형태이며, 안산과 조산이 멀고 계족산의 뾰족뾰족한 화기가 우려되어 행랑채를 좌우로 길게 배치하고, 집 앞에 연못을 조성하고, 솟을대문에 호랑이 뼈를 걸어 놓은 것도 비보의 산물이다. 운조루는 완벽한 길지가 아니라 결함이 있은 터가 된다. 풍수상 완벽한 길지는 없는 것으로 비보를 하고 가상도 주위 환경에 적합하게 보태고 덜어 내어 사람이 살만한 좋은 터로 고쳐 쓴 것이다.

그러므로 집주인도 경상도에서 대대로 벌어온 돈을 아낌없이 나누어 주고 정작 본인은 청렴하게 살았다. 현재의 후손도 마찬가지 삶을 살고 있어 뜻있는 사람들의 후원이 적극적으로 필요한 시점이다. 이러한 정신은 배고픈 사람은 누구나 뒤주를 열 수 있다는 타인능해他人能解와 무료 차 대접에도 묻어나 있다.

타인능해 쌀독

주인의 찻상

수많은 사람이 명당에 살면 부귀영화를 누릴 것으로 여겨 고향을 등지고 명당을 찾아 왔지만, 실제 부귀와는 거리가 먼 것으로 여겨진다. 이쯤에서 양택의 3대 길지와 지역과 영남의 4대 길지를 비교하여 보자.

항목	영남 4대 길지	구례 3대 길지
국세	장풍국, 득수국 혼재, 작고 긴밀	득수국, 크고 퍼짐
후현무	높이 솟고 뚜렷	멀고 낮음
전주작	뚜렷하고 수려	멀고 특별하지 않음
청룡백호	가까이서 둘러쌈	멀고 큼
수세	대강수, 계간수	대강수만 있음
명당	좁아 특정 성씨만 거주	들판이 매우 큼, 소통 활발
발복	입향하여 벌족을 이룸	소부소귀
성씨별	외가 처가와 관련, 집성촌	외지인 집단 거주, 타성박이

(2) 곡전재(穀田齋)

마산면 사도리의 좌청룡 건너편에 있는 토지면 오미리에는 금구몰니형金龜沒泥形, 운조루 아래 들판 한가운데에 금환락지형金環落地形 곡전재가 자리 잡고 있다. 곡전재는 산자락에서 어느 정도 떨어진 들판에 볼록한 형태로 생긴 터이므로 섬진강을 따라 생긴

곡전재 후경　(2025년 촬영)

곡전재 연못　(2025년 촬영)

바람길 선상에 놓이게 됐고, 이를 차단하기 위해 2.5m에 달하는 돌담을 둘러치고 뒷담에는 울창한 대나무숲을 만들었다. 이것은 집 뒷산에서 호시탐탐 집안을 노리고 있는 규봉窺峰, 도둑 봉우리으로부터 집을 철저히 보호하기 위해 대로19번 국도에서 집으로 이어지는 진입로를 내지 않고 곡전재 옆 담장길을 따라 드나들었다. 집안을 드나드는 사람들이 뒷산 규봉과 마주치는 것을 피하기 위한 풍수적 조치다. 또한, 곡전재는 바람으로 인해 저택이 너무 건조해지는 것을 방지하기 위해 담장을 집 처마까지 높게 올리고, 바람이 들어오는 집안 동쪽에 연못을 만들어 대문 앞까지 물길을 내었다.

　이러한 금환낙지 또는 금반형은 전국 여러 곳에 있다. 경남 산청군 시천면 천평마을도 금환락지의 전형을 보여 주는 곳으로 꼽힌다. 시천면은 주변이 산으로 둘러싸인 곳으로, 지리산 계곡에서 흘러내리는 시천천이 중앙을 가로지르고 있는 분지 지형이다. 용인에는 이동면 화산리에 금반형이 있다. 보리마을 북쪽에 있는 산위에 금반형이 있는데 금반향으로도 불리고 있다. 또 경기 여주시 흥천면 외사리의 금반형은 복지관 뒤편 마을로 금소반의 모양을 하고 있어 집터로는 천하제일 명당이라고 한다. 풍수지리서를 보면 금반형 모양을 그림으로 그리고 다음과 같은 설명을 덧붙이고 있다. '平面太陽生窩者 穴居中心或居 盤角以金果玉臺美人的案'이라고 되어 있고, 끝에 '先富後貴之穴'이라고 덧붙여져 있다. 이를 풀이하면 평면 태양혈로 우묵하게 생긴 와혈窩穴로 혈 가운데 살면 쟁반의 테두리가 금과옥대의 아미사 모양이다. 이런 곳에 살면 먼저 부자가 되고 후에 귀하게 된다는 뜻이다.

기록에 의하면, 여주와 이천에 걸쳐 있는 원적산 기슭 일대에는 대대손손 부귀영화를 누릴 수 있는 금반형지의 명당이 있다고 한다. 이곳을 찾아 집을 짓고 살면 36명의 대장군과 정승이 날 것이고, 또한, 36 성씨가 살만한 땅이라 하여 조선 시대부터 이 금반형지를 찾고자 서울, 충청, 경상, 전라 등지의 명문가들이 대거 몰려와 마을을 형성하였다고 한다. 여주 금반형에는 전설과 비결이 전해 온다. 비결秘訣에 의하면 '원적족립 앵무삼라 圓寂簇立 鸚鵡森羅 풍변찰거래 택리관향배風邊察去來 澤裡觀向背'라 하였고, 이 글귀를 해독하면 금반형지를 찾을 수 있다고 한다.

임진왜란 때 조선으로 원정을 왔던 명나라 사령관 이여송李如松이 왜군을 물리치려고 고양군까지 왔는데, 그때 금반형에 대한 비기秘記를 알고 있었다. 이여송의 지리 담당 참모 두사충이 외사리 일대를 풍수지리가 좋다고 극찬했다. 그래서 이여송은 외사리 지형을 그린 다음, 자손들과 외손들에게 나눠 주면서 명나라는 금방 망하니까 나라가 망하게 되어 중국에서 살 수 없거든 조선 땅 여기를 찾아가라고 했다.

기록에 의하면, 이여송의 외손 중에 왕상서라는 이가 두사충을 데리고 금반형을 찾아 뱃길로 여주로 와서 여주에서 다시 외사리로 들어왔다. 흥천면 신건리에 두무재흥천중학교가 있는 언덕에서 두사충이 원적산 아래 외사리 쪽을 건너다보고 금반형을 찾았다고 좋아서 춤을 췄다고 한다. 두사충은 왕거사와 같이 외사리에 집터를 잡아 놓고 자기 아들에게 이러이러한데 살 만하겠냐고 물었더니 그 아들이 마음이 없다고 하여 마음이 없으면 그냥 가자고 해서 돌아갔다는 이야기가 전해 온다.

이러한 금환락지나 금반형이라는 말이 예로부터 전해 오고 있어 많은 사람이 금환락지 명당터를 찾아서 집을 지어 오고 있다. 그러나 어느 곳이 진짜인지는 아무도 모른다.

(2) 쌍산재(雙山齋)

쌍산재가 있는 사도리沙圖里는 한국 풍수의 비조로 불리는 도선국사道詵國師, 827~898가 15세에 머리를 깎고 지리산에 들어가 글공부를 할 때 어떤 사람이 모래를 모아 풍수지리 원리를 가르쳐 주었다는 곳이다. 당시 사도리는 섬진강 물이 드나들어 모래밭을 이루고 있었는데 도선이 이 모래로 산수지리의 그림을 배웠다고 해서 '사도리'가 되었다고 전해 온다. 이 마을은 80세 이상의 노인이 많이 사는 '장수 마을'로 샘물이 좋기로 이름나 있다. 구만들과 경계를 짓는 '배치재'를 '배틀재' 또는 '배들이재'라고 부르는 데서

쌍산재 전경　(한국일보)

진응수 당몰샘　(2025년 촬영)

옛날 섬진강에 배가 드나들 적에도 하사동네 곁 '배들이 재' 밑에 배를 댔음을 알 수 있다. 사도리의 청룡 하수사에 해당하는 용두리龍頭里에는 이곳이 금환낙지라고 믿는 사람들의 집들과 묘소가 즐비하다.

구례읍 마산면 사도리 상사마을에 위치한 쌍산재는 전형적인 초승달형 명당이다. 지리산 노고단에서 곧게 흘러내린 산줄기가 형제봉907.6m－월령봉819.5m을 지나 넓은 들판 건너편 구례에서 하동 쪽으로 흘러가는 섬진강을 목전에 두고 양쪽으로 갈라지면서 용두리로 좌청룡을 길게 뻗은 천혜의 명당에 상사마을과 하사마을이 위치하고, 그 명당의 중심에 쌍산재가 있다.

쌍산재의 안채는 노고단에서 내려온 기가 뭉친 혈장에 자리 잡았고, 혈을 이루고 난 여기餘氣가 안채 10여 미터 앞에서 당몰샘으로 변하였다. 이와 같이 혈 앞에 여기가 만들어 준 샘을 진응수眞應水라고 하며, 진응수는 대명당의 증거가 된다. 제대로 된 진응수는 물이 맑고 수량이 사시사철 일정하면서 물맛이 좋아야 히며, 겨울에는 따뜻하고, 여름에는 시원해야 하는데, 당몰샘은 진응수로서의 조건을 모두 갖추었다. 실제로 수많은 사람들이 매일같이 받아 가는 당몰샘 물은 예로부터 물맛이 좋기로 유명했다.

(3) 사성암

주소: 전남 구례군 문척면 죽마리 산7-1

사성암 전경 (2025년 촬영)

주산인 오산 (2025년 촬영)

사성암은 자라 등처럼 생긴 오산 정상 부근 절벽을 활용하여 지은 사찰로 화엄사를 창건한 인도 승려 연기조사가 세웠다고 한다. 처음에는 오산사라고 부르다가 의상, 원효, 도선, 진각국사 등의 4명의 고승이 수도하여 사성암으로 고쳐 불렀다. 성인이 수도하던 곳이니 사성암은 지리산에서 수도하는 도인들이 하산하는 과정에 필히 답사하는 장소로 알려져 있다.

사성암 주변에는 우뚝 솟은 기암괴석이 많고 그중에서 풍월대, 신선대, 소원바위 등 12비경이 빼어나 명승 제11호로 지정되어 있다. 사성암에서 북쪽으로 내려다보이는 섬진강 건너편 사도리에는 도선국사가 지리산 도인으로부터 풍수지리를 전수받았다는 모래사장의 전설이 전해지고 있다.

이제 사성암의 풍수지리를 살펴보자. 사성암은 호남정맥의 갈마봉656m에서 갈라져서 북진한 산줄기가 자라 등처럼 생긴 오산鼇山 542m에 이르러 대강수인 섬진강을 거슬러 올라가다가 평지에 우뚝 솟아 보성강을 만나 산이 끝나는 산진처에 위치한다. 주작은 갈미봉496.6m이 되고, 청룡은 별봉산614.4m, 백호는 계족산702.8m 등의 고산준령이 멀리서 감싸니 고산에 장풍국을 이루었다. 백두대간의 장안산1,237m이 갈라져 호남정맥을 이루고, 크게 원을 그리며 백두대간의 지리산과 마주하니 품 안의 계간수는 보성강과 섬진강에 모여 오산을 옥대수로 감싸니 산태극 수태극을 이루었다. 특히 섬진강 물이 멀리서 임실, 남원으로부터 구불구불 구곡수로 들어오니 길수가 된다.

사성암 산왕전 (2025년 촬영)

구례 사도리 (2025년 촬영)

석질을 살펴보면 좌우로 형성되어 있어 유리광전에 있는 마애불은 용의 측면에 음각한 것이고, 지장전이 유리광전보다 안정된 터가 된다. 사성암에서 산왕전이 용구에서 지기를 분출하는 곳으로 가장 상격의 길지로서 회룡고조혈이 된다. 이곳은 특별하게 산신을 모신 건물을 각閣이 아닌 전殿으로 격을 가장 높인 것을 보니 특별한 의미가 있어 보인다. 참고로 건물의 위상은 기능과 역할에 따라 높은 것부터 낮은 순으로 전당합각제헌루정殿堂閤閣齋軒樓亭 가운데 한 글자를 따서 붙인다.

산왕전의 입수룡을 살펴보면 용의 중심에 위치하고 입수가 반듯하다. 또한, 고산이면서 명당을 갖추고 좌우 용호가 둘러싸고 있어 바람을 갈무리하고 있다. 산왕전에서 전방을 조망하면 비단을 펼쳐 놓은 듯한 구례 들판과 섬진강이 내려다보이니 마음이 푸근하여 오래 머물고 싶어진다.

(4) 추천 여행 코스

화엄사, 천은사, 칠불사, 쌍계사, 악양면, 청학동, 옥룡사지, 곡성 태안사 등이 있다.

7. 영양 주실마을

주소: 경북 영양군 일월면 주곡리

(1) 마을의 유래

주실마을은 400년 역사의 전통 한양조씨 집성촌이다. 하늘에서 내려다본 전경이 배 모양이라 하며 산골 등짝이 서로 맞닿아 이루어진 마을이라 하여 주실注室 또는 주곡注谷이라 부른다. 이 마을은 특히 시인 조지훈의 고향으로 잘 알려져 있으며, 지훈문학관, 시인의 숲, 지훈시공원 등이 있다. 그의 종가인 호은종택과 옥천종택, 월록서당, 만곡정사 등 다수의 고택과 서당, 문화유산이 보존되어 있다. 마을의 기원은 원래 1519년 기묘사화로 인해 조광조의 후손들이 흩어졌고, 인조 7년1629 호은공 조전이 이곳

주실마을 측경　(2025년 촬영)

주실마을 전경　(2025년 촬영)

에 정착하면서 한양조씨 집성촌이 형성되었다. 마을 사람들은 '재산, 사람, 문장은 빌리지 않는다'는 '삼불차三不借' 가훈을 지키며 학문을 중시하는 전통을 이어왔다.

주실마을은 전형적인 양반 가옥 구조와 전통 한옥이 잘 보존되어 있으며, 마을 입구에는 2008년 전국에서 가장 아름다운 숲으로 선정된 주실마을 숲이 있다. 자연환경은 일월산, 울련산, 금장산 등에 둘러싸인 깊은 계곡에 위치해 있으며, 마을 앞을 흐르는 실개천과 울창한 숲이 어우러져 있다. 주실마을은 전통 한옥과 숲, 문학적 유산이 어우러진 대표적인 문학 마을로, 조용한 산골의 정취와 함께 한국 근현대사의 숨결을 느낄 수 있는 곳이다.

(2) 풍수지리

해와 달의 산인 일월산1218m은 해에 해당하는 일자봉과 달에 해당하는 월자봉 두 봉우리를 가지고 있다. 그중 일자봉의 한 줄기가 남쪽으로 힘차게 뻗어 내려오다가 주실마을 뒤에서 야트막한 세 개의 봉우리를 솟구쳐 놓았다. 이 세 봉우리 중 북쪽에 있는 맨 위 봉우리 끝에는 만곡정사晚谷精舍가 자리 잡고 있고, 주봉인 둘째 봉우리 끝에는 호은종택壺隱宗宅과 옥천종택玉川宗宅이, 맨 아래 봉우리 밑에는 월록서당月麓書堂이 자리 잡고 있다. 주실마을은 호리병 형국 또는 행주형이라 한다. 옛날부터 마을 전체를 통틀어 우물이 오직 하나뿐인데 주실이 배 모양의 지형인 행주형行舟形이라 우물을 파면 배가 침몰할 것이며, 인물이 안 나온다고 생각해 우물이 하나밖에 없는 것도 특징이다.

주실마을 풍수형국도

또한, 마을 입구에 조성되어 있는 숲이 '2008년도 올해 아름다운 숲'에 선정됐다. 이 마을 숲은 전형적인 비보림이자 수구막이 숲으로 수령 100년의 소나무와 250여 년의 아름드리 느티나무, 느릅나무 등이 울창한 숲을 이루고 있어 풍수상 단점을 보완하고 있다. 가운데 가장 높은 흰 건물은 콘크리트 교회가 마을과 전혀 조화를 이루지 못하고 독불장군처럼 우뚝 서 있다.

주실마을 원경 (2025년 촬영)

주실마을 비보숲 (네이버지도)

(3) 건물별 풍수적 특성

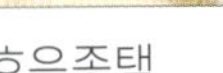

호은종택   (2025년 촬영)

문필봉 홍림산   (2025년 촬영)

호은종택壺隱宗宅은 입향조 호은공 조전이 지은 집이다. 조지훈 시인의 생가로, 조선 인조 때 지어진 口자형 한옥이다. 이 집에서 손자 덕순이 장원급제하였다. 헌영·애영·지훈을 비롯하여 한말 의병장 조승기 등 많은 인물이 태어났다. 호은종택이 자리 잡은 지맥은 영양 지방의 명산인 일월산에서 흘러 내려온 맥으로 주실에서 일월산까지 능선을 타면 12km 정도 거리로 주실에 도달한 지맥은 야트막한 3개의 봉우리로 응결되는데, 그 가운데 봉우리 밑 부분에 이 마을의 중심 고택인 호은종택이 자리 잡고 있다. 구전에 의하면, 호은공이 매방산에 올라가 매를 날려 매가 날아가다가 앉은 자리에 집터를 잡았다는 일화가 있다. 호은종택은 와혈의 형상을 띠고 있으며, 대문을 등지고 정면을 바라보면 아주 인상적인 봉우리 하나가 있다. 바로 홍림산이라고 불리는 삼각형 문필봉文筆峰이 호은종택의 안산에 해당된다. 그 옆에는 연적봉硯滴峰, 그 뒤편에는 노적봉露積峰이 자리하고 있다. 이것은 마치 봉황이 날갯짓하는 모습과 같다. 풍수지리에서는 문필봉이 정면에 있으면 학자가 많이 나오며, 문필봉이 안산으로 자리 잡고 있는 지역에서 장기간 거주하면 그 기운을 받아 사람도 역시 문필가나 학자가 된다고 한다.

이를 뒷받침하듯 경북의 영산 일월산의 지맥을 이어받아 절묘하게 들어앉은 주실은 14명의 박사를 배출하는 등 문인·학자를 많이 배출한 마을로도 유명하다. 370여 년을 지켜 내려온 호은종택에서 조지훈이 태어났고, 호은종택 바로 뒤에 있던 집에서 조동걸 교수, 그 오른쪽 편에 있는 집에서 조동원 교수, 문필봉의 붓끝 모양이 선명하게 바라다 보이는 노계고택에서 조동일 교수가 태어났다.

　　입향조인 조전의 묘소는 상원리 소재 해발 380m 정도 되는 고지에 위치한다. 여기에는 다음과 같은 전설이 전해 온다. 영양문화원 발간 『내고장 전통 가꾸기』에 의하면, '오필의 딸이 친정 부친이 별세하자 오씨 문중에서는 평소에 잡아둔 명산名山 터를 장지로 정하고 장례 전일에 광내壙內, 시체가 놓이는 무덤의 구덩이 부분를 하여 두었는데, 이를 알아차린 딸이 남몰래 밤새도록 광내한 곳에 물을 날라다 부었다. 다음 날 오씨 상가에서 상여가 장지에 도착하여 보니 광내한 곳에 물이 가득 고여 있으므로 이곳은 터가 나쁜 곳이라 하여 수척數尺 위에 다시 광내를 하여 장례를 치렀다.

　　그로부터 수년이 지난 후 조씨 가문에 출가한 오씨 딸은 남편이 죽자 친정에 가서 적당한 장지가 없으니 친정아버지 묘지 아래 묻도록 해 달라고 애원하였다. 우는 동생을 가련히 여긴 친정 오빠들이 승낙하자, 오씨 딸은 오씨 문중에서 처음 광내한 곳에다 남편의 묘를 썼다.

옥녀직기형(玉女織機形)의 천하 대명당인 사위 조원 부부 묘소　　(매일신문 2023-06-29)

　그후 오씨 문중에서는 출가한 오씨 딸의 간교한 계략으로 명산 터를 빼앗긴 것으로 알고 분통해 하였다. 이로 인해 양성은 서로 원한을 갖고 마을 앞 내川을 건너는 징검다리를 따로 만들어 다니게 되었다고 하며, 오씨들이 다니던 길을 '오계나들', 조씨들이 다니던 길을 '조계나들'이라 부르게 되었다'고 한다. 1970년대 상원교가 개통되고 나무다리가 없어짐으로써 자연스럽게 '오계나들, 조계나들'이라는 전설 또한 잊혀지게 되었고, 현재에는 옛날이야기로 치부하며 두 집안은 서로 잘 지낸다고 한다.

(4) 추천 여행 코스

　영양의 국보인 봉감모전오층석탑, 송하자연미륵불, 청계정, 선바위관광지, 영양서석지, 음식디미방의 장계향 영양 두들마을 등이 있다.

8. 아산 외암마을 外巖里

주소: 충남 아산시 송악면 외암리

(1) 마을의 유래

　마을의 형성 과정을 살펴보자. 외암마을은 약 500년 전부터 마을이 형성되었으며, 조선 13대 임금인 명종 때 장사랑을 지낸 이정李貞, 1511~1583이 이주해 오면서 예안이씨 집성촌이 되었다. 이정은 안동 풍산의 충효당에서 태어났다. 이후 이정의 후손들이 번성하고 많은 인재를 배출하면서 점차 양반촌의 모습을 갖추게 되었다. 특히 이정의 6대손인

외암마을 전경　(농업인신문 2023.01.13)

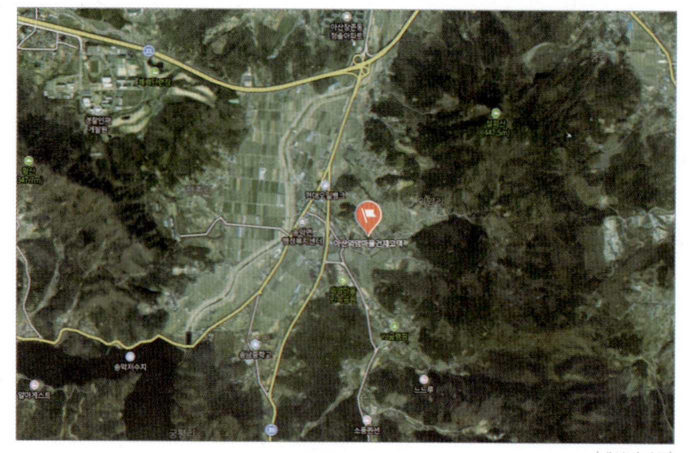

마을의 산수 (네이버지도)

이간李柬, 1677 ~ 1727이 자신의 호를 '외암巍巖'이라 짓고, 마을 이름도 '외암'이라 부르게 되었다. 외암마을의 첫 주인은 평택 진씨였으나, 진한평의 사위인 이사종이 이곳에 정착하면서 예안이씨가 본격적으로 마을의 주류가 되었다. 이후 예안이씨 온양파가 번창하여 오늘날까지 이어지고 있다.

'외암'이라는 마을 이름의 두 번째 설은 지리적·기능적 유래설이 있다. 마을 서쪽에 '역말'驛馬, 역참의 말이 있었는데, 조선 초기부터 시흥역이 설치되어 있었고, 외암마을은 이 시흥역의 말을 먹이던 곳이어서 '오양골'로 불렸다고 한다. 이 '오야'에서 '외암'이라는 이름이 유래했다는 추정도 있다.

문화적 특성을 보면, 외암마을은 충청 고유 양반가의 고택, 초가, 돌담5.3km, 전통 정원 등이 잘 보존되어 있고, 마을의 가옥들은 주인의 관직명이나 출신지명을 따라 참판댁, 병사댁 등으로 불린다. 또한, 설화산 계곡에서 흘러내리는 물을 마을 연못이나 방화수로 이용하는 등 풍수와 자연환경을 조화롭게 활용하였다

(2) 풍수지리

외암마을은 광덕산 줄기인 설화산447.5m을 주산으로 하여 봉수산535.2m, 황산347.7m으로 둘러싸인 분지에 서남향으로 자리 잡았다. 물길은 궁평리 송악저수지에서 출발한 외암천 물이 마을 앞을 지나 배방산에서 흘러 내려온 물과 만나 예산에서 곡교천과 합류하여 서해로 빠져나간다.

먼저 산의 역량을 보자. 금북정맥이 충남 아산의 봉수산535m에 이르러 우측으로 가지를 뻗어 광덕산을 이룬다. 상하좌우로 흔들며 광덕산을 지난 용은 좌우로 갈라지는데, 우측 산은 망경산601m. 태화산451m. 청룡산149m으로 진행하고, 좌측 산은 설화산448m을 들어 올리는데 주봉에서 남서진한 산줄기가 된다. 입수룡의 형태는 설화산 정상에서 북쪽 사면은 맹사성고택이 되고 남서쪽 사면으로 내려오는 산줄기에서 봉우리가 차츰 낮아져

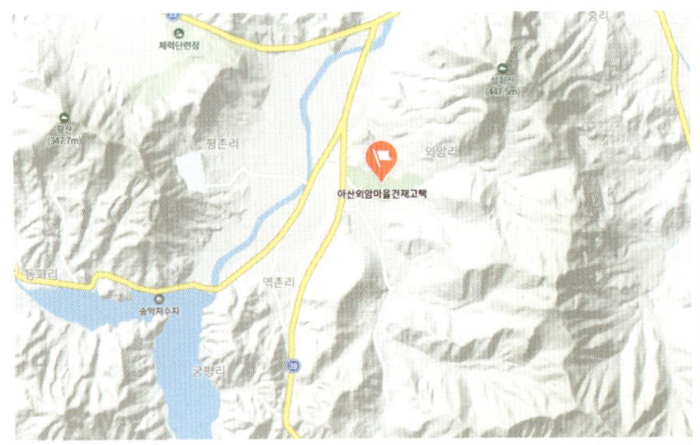

외암마을 지형 · 지세 (네이버지도)

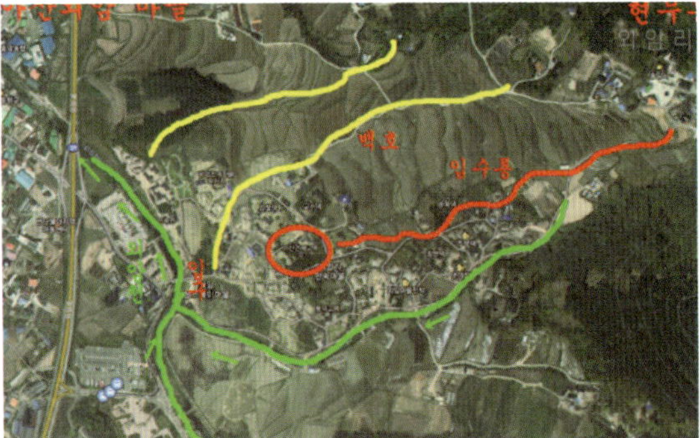

외암마을 국세도 (최길호/네이버지도)

진산인 설화산과 대문 방향 (2025년 촬영)

청룡수와 안산 (2025년 촬영)

기복하며 달리던 산 능선이 논밭을 지나 외암천이 가로막으니 외암마을이 형성되었다.

뒷산인 설화산을 바라보면 기세 있게 달리던 용이 땅속으로 종적을 감추고 내려오다 이내 머리를 내밀어 반계천외암천 물가에서 물을 마시는 모습이다. 이를 갈룡음수형渴龍陰水形이라 한다.

주민들은 마을의 앞을 감싸고 흐르는 개천을 반계천외암천이라고 부른다. 반계磐溪란 마을 입구에 너럭바위가 있어 붙여진 이름이다. 바위의 기능은 지기가 새어 나가는 것을 막아 주고 부자 마을에 나타나는 특징이 되기도 한다. 다리를 건너 마을로 진입하면 가운데에 돌담길이 조성되어 옛 정취를 느끼게 하고, 사대부 건물과 초가집이 어울려 정겨운 느낌이 든다. 그러나 가운데 도로는 통행에 편리한 기능도 있지만 좌우의 주민들의 갈등을 유발하기도 한다.

전후좌우 사신사를 살펴보자. 입수룡의 뒤는 설화산이 든든히 받쳐주어 북풍한설을 막아 주니 햇볕이 항상 밝에 비친다. 마을의 용액은 평지룡으로 논밭인 저지대를 가로질러 오

다가 살짝 모습을 드러낸 용을 잠룡입수潛龍入首이다. 따라서 이러한 잠용의 터에서 사람들의 삶은 드러내지 않고 살면서 소리 소문 없이 강하고 또한 길흉이 반복되는 경향이 있다.

좌청룡은 외암천에 가로막혀 외부에서 외청룡이 대신하여 주는데 뭔가 모르게 다가오지 않고 머뭇거리며 먼발치에서 멈추어서 있는 느낌이다. 우백호는 가까이에서 마을을 감싸며 마을 입구에까지 다가와 응축하고 있어 외부에서 들어오는 입구가 좁고 외백호는 외부에서 층층이 감싸고 있어 물이 빠져나가지 못하도록 틀어막는 관쇄가 주밀하다. 물길은 청룡수인 설화산 계간수溪澗水와 강당골 계간수가 다리 부근에서 합류하여 옥대수로 환포하고 온양천과 합류하며, 온양천은 마을 인근에서 반궁수反弓水로 다가오니 내수는 환포하고 외수는 반궁수가 되는데, 이는 외부의 지형이 높은 곳에서 낮은 곳으로 경사를 이루는 것으로 자연히 마을 앞의 논밭에서 흘러 내려오는 창판수倉板水로서 부를 창조하는 최고로 좋은 물이 된다.

전체적으로 정리하면, 마을 뒤의 진산鎭山은 두 팔을 벌려 넓은 양택지를 이루고, 우백호가 좌측에서 내려오는 물길을 거두어들이고, 조산 및 안산인 황산348m이 전면에서 정면으로 다가와 공손히 서서 주인을 맞이하는 모습이다. 마을에서 내려오는 내당수는 우백호가 거두고, 마을 앞의 중당은 거수가 되며, 온양천이 반궁수로 흐르고, 건너편의 대당이 창판수로 흐르며, 사방 팔면의 산이 정면으로 유정하게 상대하니 조수국朝水局인 부자의 터로 판단된다.

외암마을은 500여 년의 양택 터로 매우 뛰어난 길지로 보이지만, 특출한 인물이 출하지 못한 이유는 무엇일까? 그 원인은 청룡이 약하고 입수정이 없고 뒤가 낮아지기의 공급이 원활하지 못하다. 설화산의 입수룡을 답사하여 보면, 마을 후면의 송암사에서 확인이 가능하다. 내청룡이 짧고 평지룡이며 외청룡이 다가오지 못하였다. 즉 입수룡이 약하고 백호는 강하나 청룡은 약하다. 결론적으로 재물운은 강하지만 벼슬운이 약한 것이 외암마을이 가진 풍수적 한계로 보인다.

여기서 잠깐 외암마을과 하회마을의 풍수를 비교해 보자. 두 마을의 특징은 굴러온 돌이 박힌 돌을 빼고 마을의 주인이 되었다는 것이고, 또 하나는 하회마을은 수많은 영웅호걸을 배출하였지만, 외암마을은 특출한 인물을 배출하지 못하였다는 것이다. 진산을 보면, 하회마을은 화산328m, 외암마을은 설화산448m으로 두 마을 모두 용맥의 역량이 강하다. 물길을 보면, 하회마을은 낙동강의 대강수가 S자로 감싸고 흐르고 외암마을은 내수인 외암천과 외수인 온양천으로 흐르므로, 두 마을 모두 좌에서 우로 시계 방향으로 흐른다. 도로를 보면, 하회마을은 용맥을 따라 뒤에서 마을로 들어가야 하고, 외암마을은 전면에 다리를 건너 수구처를 지나가야 진입이 가능하니, 두 마을 모두 수구의 관쇄가 유정하다. 과협은 두 마을 모두 용맥이 논밭을 건너 잠룡 입수하였으므로 인성이 유사하다. 입수정을 보면, 하회마을은 삼신당 느티나무 부근에 봉우리가 솟아 입체가 되어 마을의 중심에서 사방으로 지기를 강력하게 공급하므로 용맥에 따라 집집마다 건물과 대문의 방향이 다르다. 반면 외암마을은 고택 후면에 솟은 봉우리가 없고 현무와 멀어서 지기의 공급이 약하지만 한 방향으로 지기가 공급되므로, 물을 거두어들이고 좋은 안산을 끌어들이도록 일정한 방향으로 건물과 대문을 배치하고 있다.

(3) 건물별 풍수적 특성

외암마을의 고택들은 한결같이 물이 오는 상류 방향의 득수처得水處에 문을 내었다. 좌향 결정, 대문의 설치 등 풍수지리를 적용한 것으로 보인다.

외암마을 중심 건물은 건재고택建齋古宅 이다. 건재고택이라고 부르게 된 것은 이간의 증조할아버지인 영암군수를 지낸 이상익李相翼, 1848~1897, 호는 建齋이 1869년 현재의 모습으로 지은 고택이기 때문이다. 건재고택은 자연이 주어진 황산348M으로 향하고 있다. 따라서 건재고택은 설화산의 현무는 왕성하지만 고택 후면에 입수정이 약한 게 흠이다. 조상의 기운을 받고 조당朝堂의 물길이 모이고 우백호의 수구 관쇄가 유정하니 재물이 풍족할 것이다.

건재고택 (2025년 촬영)

건재고택의 안산인 황산 (2025년 촬영)

또한, 마을 동쪽에 중요 민속자료 195호인 참판댁이 있다. 구한말 규장각 직학사를 지 낸 퇴호退湖居士 이정렬李貞烈, 1868~1950이 고종으로부터 하사받은 집이다. 이정렬은 외암 이간의 5대손으로 이조참판에 이르렀다 하여 참판댁이라 부른다. 명성왕후의 이모가 이 정렬의 할머니다. 큰아들이 거주하는 '큰 참판댁'과 작은 작은 아들이 거주하는 '작은 참 판댁'이 낮은 담을 사이에 두고 배치되어 있다. 사랑채 공간과 안채 공간 사이에 담을 두 어 내외를 구분하는 유학적 덕목을 실천하고 있다. 탁 트인 대청마루 대신 사랑채와 안 채 전면에 툇마루를 두고, 대청 전면에는 분합문을 설치하여 햇빛과 찬바람은 막고 여름 철에는 시원함을 누리고자 한 선조의 지혜가 돋보인다.

참판댁은 면잠산170m을 향하고 있다. 면잠산을 바라다보이는 곳의 초가들도 수려한 봉우리의 기운이 집으로 들어오기를 기원하여 향을 삼았다. 따라서 참판댁은 좌향이 설 화산을 벗어나니 지기의 공급이 부족하고, 우백호가 비어 있어 거수를 못하니 무정하다. 다만, 전면의 봉우리가 아름다우니 명예는 있을 것이다.

외암마을에는 많은 기와집과 초가집이 있다. 외암마을을 답사하여 풍수상 가장 안정 적으로 지은 집을 찾아보기 바란다. 이 집은 돌담집으로 용맥의 기운을 타고, 배산임수 전저후고 형태이고, ㄱ자로 집을 지어 청룡수를 거수하고, 득수처에 문을 내고, 전면에 는 물길이 돌아나가며, 주작이 정면으로 다가온다.

참판댁 큰댁 안채　　(2025년 촬영)

참판댁의 안산인 면장산　　(2025년 촬영)

(4) 추천 여행 코스

용담사, 아산용궁댁, 아산맹씨행단, 현충사, 이순신 장군 묘소, 윤보선 대통령 묘소, 장영실과학관, 신창향교, 추사고택, 광덕사, 마곡사, 영인산 자연휴양림 등이 있다.

9. 고성 왕곡마을

주소: 강원 고성군 죽왕면 오봉리

(1) 마을의 유래

왕곡마을은 고려 말 새로운 왕조 조선을 섬기기를 거부하고 두문동에 들어가 절개를 지켰던 고려의 충신들을 가리키는 두문동 72현 중 한 명인 함부열咸傅烈 1360~1410이 조선 건국에 반대하여 인근 간성 지역으로 낙향한 것이 시초다. 고려 보문각 제학을 지낸 함승경咸承慶은 함부림咸傅霖과 함부열咸傅說 두 아들이 있었다. 형인 함부림은 이성계를 도와 개국공신 3등에 올랐지만, 고려 말 예부상서와 홍문관 박사를 지낸 아우 함부열은 공양왕이 원주로 추방당하자 은밀히 뒤따라가 2년간 모셨다. 그러다 왕이 다시 유배되자 간성으로 거처를 옮겨 생을 마감하였다.

왕곡마을 조망   (한국학중앙연구원)

왕곡마을 전경   (2024년 촬영)

형 함부림은 조선 건국에 공을 세워 개국공신 3등에 책봉되고 대사헌과 형조판서를 역임하였다. 반면 동생 함부열은 두 임금을 섬길 수 없다고 하여 유배 가는 고려의 마지막 왕 공양왕을 따라 간성읍 금수리로 낙향하였다. 공양왕은 1392년 7월 원주로 유배되었다가 8월 공양군으로 강등되어 간성현재의 고성으로 옮겼다. 그리고 1394년 3월 삼척 궁촌리로 이배移配하였다. 같은 해 4월에 동래현령 김가행 등이 역모를 도모한 사건을 계기로 중추원부사 정남진鄭南晉과 함께 함부열의 형인 형조전서 함부림咸傅霖이 사약을 들고 삼척에 내려왔다.

양근함씨 집안에 전해지는 이야기에 의하면, 이때 동생 함부열이 형 함부림에게 부탁하여 공양왕의 아들과 다른 왕족들만 죽이고 공양왕은 간성으로 피신시킬 것을 간청하였다. 그러나 함부림은 조정의 명령을 거역할 수 없다며 간성으로 피신한 공양왕을 자객을 보내 죽였다. 함부열은 공양왕의 시신을 금수리 수타사 근처에 있는 고성산 서쪽 기슭에 매장하였다. 이후 함부열은 죽을 때 유언하기를 공양왕 무덤 아래 자신을 묻고 자신의 묘에 제사를 지내기 전에 위쪽 공양왕 무덤에 축문이 없는 제사를 지내라고 하였다. 공양왕의 무덤이 알려지면 후손들이 다칠 것을 염려한 것이다. 함부열의 후손들이 1983년 함부열의 묘역을 정비할 때 함부열의 묘 위쪽에 회판이 발견되었다. 이에 문중에서 이 묘가 공양왕의 무덤임을 확신하여 봉분을 만들고 매년 함부열의 제사에 앞서 왕의 제사를 모시고 있다.

형 함부림은 본관을 바꾸어 강릉 함씨의 시조가 되고, 동생 함부열은 양근 함씨를 그대로 계승하여 양근 함씨의 중시조가 되었다. 함부열의 손자 함영근이 간성읍에서 이곳 왕곡마을에 정착한 이후 함씨 후손들이 대대로 이곳에서 생활해 왔다. 이후 왕곡마을에는 강릉최씨가 이주해 와서 양근함씨와 강릉최씨의 집성촌을 이루며 600년 세월을 정주해 온 전통 있는 마을이다. 마을은 임진왜란 때 폐허가 되었다가, 이후 150여 년에 걸쳐 다시 형성되었다. 14세기경부터 강릉함씨, 강릉최씨, 용궁김씨 등이 모여 집성촌을 이루었고, 현재도 함씨·최씨·진씨 등이 주를 이루며 다양한 성씨가 거주하고 있다.

‘왕곡旺谷’이라는 이름은 마을이 다섯 개의 산오봉산, 두백산, 공모산, 순방산, 제공산으로 둘러싸인 계곡에 위치해 있어 ‘번성하는 골짜기’라는 뜻에서 붙여졌다. 왕곡마을은 해안에서 내륙으로 약 1.5km 떨어진 분지형 마을로, 19세기 전후에 지어진 기와집과 초가집 50여 채가 전통 한옥의 형태로 남아 있다. 강원도 북부 특유의 양통집 구조부엌에 외양간이 붙은 ㄱ자형 집와 겨울철 적설과 추위에 대응한 건축 양식이 특징이다. 왕곡마을은 이러한 가치를 인정받아 2000년 1월 7일 국가 민속문화유산으로 지정되었다.

(2) 풍수지리

함부열의 손자 함영근이 최종적으로 은신처로 자리 잡은 왕곡마을도 오지 중의 오지요, 산으로 둘러싸인 오목한 분지형인 십승지지의 요건에 해당한다. 왕곡마을은 오음산五音山, 285m을 주산으로 하여 오른쪽으로 진방산唇防山, 제공산濟孔山, 172m, 좌쪽으로 두백산頭伯山, 251m, 공모산拱帽山, 125m, 전면에 호근산湖近山, 103m 등 5개의 목성체 및

마을 앞에서 바라본 사신사 (국토정보플렛폼)

마을 안산 쪽의 개방된 수구 (강원고성군청)

금성체 산봉우리로 둘러싸여 있는 분지형 마을로서 병화불입지지兵火不入之地의 명당으로 알려져 있다. 풍수지리적으로 동쪽에 동해바다, 남동쪽에 송지호가 있는 지형적인 특성 때문에 지난 수백 년간 전란과 화마의 피해가 없었던 길지 중의 길지로 평가받는다.

특히 왕곡마을은 유선형의 배 모양, 즉 행주형行舟形의 지형이다. 송지호에서 왕곡마을을 바라보면 유선형의 배가 동해바다와 송지호를 거쳐 마을로 들어오는 모습의 길지 형상을 보인다. 이러한 방주형의 길지는 물에 떠 있는 배의 형국이어서 구멍을 뚫으면 배가 가라앉기 때문에 한때 마을에는 우물이 없었다고 전한다. 우물이 없었던 시기에는 샘물을 이용하였고, 근대에 와서 우물을 사용하였다.

풍수적으로 보면 분지형 마을은 최고 길지吉地에 속한다. 목성 및 금성체의 주산과 안산, 청룡과 백호 사방의 봉우리들이 서로 조응照應하며 생기를 응축하고 물이 마을을 가로지르니 바람도 갈무리되고 생기도 물을 만나 멎으며 음양이 조화된다. 따라서 마을은 절개와 충효 정신이 강할 것으로 판단된다. 이를 증명하듯이 왕곡마을은 효孝의 마을로도 유명하다. 왕곡마을에는 효자비孝子碑 6기가 2채의 효자각에 모셔져 있다. 마을 입구 언덕 위에 자리한 효자각에는 함성욱咸成郁을 비롯한 4대 5효자비가 있다.

왕곡마을도 동해안 바닷가와 마을 사이에 산과 송지호가 있어 마을이 깊게 은폐되고 바다의 해풍으로부터 보호를 받는다. 그래서 이러한 곳은 은둔지로서 최적의 조건을 갖추었다. 따라서 전쟁과 화재의 피해도 없었다. 19세기 말에는 동학東學의 활동과 관련이 깊다. 동학의 2대 교주였던 최시형崔時亨이 1889년 이곳에 머물며 포교 활동을 하였고,

1894년 동학혁명 당시에는 관군을 피해 함일순 가옥에서 지내며 전력을 재정비한 것으로 알려져 있다. 이를 기념하기 위해 마을 입구에는 '동학의 빛 왕곡마을'이라는 기념비가 세워져 있다.

다만, 아쉬운 것은 들어오는 물은 적고 마을 앞으로 수구가 열려 있고 길게 경사가 져서 물이 계속 길게 빠져나가므로 부를 축적하기에는 부족한 터다. 이러한 물길을 문 앞에 발을 쳐 놓은 모양과 같이 물이 빠져나간다고 하여 권렴수捲簾水라고 한다. 그나마 송지호에서 물이 모이므로 처음에는 재산이 빠져나가지만 후손으로 갈수록 점차 부가 축적되는 선흉후길先凶後吉의 터로 해석된다. 또한, 청룡보다 백호의 세력이 강하므로 여성들이 살림을 이끌어 갈 것으로 판단된다. 이러한 점을 비보하기 위해 마을 앞에 연못을 조성하였으나 더 적극적인 방법으로 키가 높은 사철 비보림을 조성하여 마을과 오가는 사람들의 쉼터로 활용할 것을 제안해 본다.

(3) 건물별 풍수적 특성

왕곡마을 폐쇄적 북방식 가옥 (2025년 촬영)

왕곡마을의 주택 (2025년 촬영)

왕곡마을은 중요민속문화재 제235호로 중앙의 개울을 따라 이어져 있는 마을 안길을 중심으로 산을 등지고 있고, 그 내부에 50여 가구의 가옥들이 자연스럽게 자리 잡고 있는 형태이다. 가옥과 가옥 사이에는 비교적 넓은 텃밭이 있어서 이를 경계로 가옥들이 분산 배치되어 있는 것이 특징이다. 왕곡마을은 본채를 기준으로 기와집이 20여 채, 초가집이 30여 채가 있으며, 행랑채와 부속채 등은 대부분 초가지붕이며, 본채 중 유일하게 1채가 청석지붕돌너와집으로 구성되어 있다.

왕곡마을 가옥은 폐쇄적인 북방 주택이다. 왕곡마을의 가옥 구조는 'ㄱ'자형으로 안방, 도장방, 사랑방, 마루, 부엌이 한 건물 내에 수용되어 있으며, 부엌에 외양간이 붙어 있는 함경도·강원도·경상북도 북부 지방에서 볼 수 있는 전형적인 양통집 구조이다. 양통집 구조는 겨울이 춥고 긴 산간 지방에서의 생활에 편리하도록 구성된 것으로 겹집 구조라고도 한다. 방 뒤에 방이 있으며, 대청마루가 없는 것이 특징이다.

왕곡마을 한옥은 개방적인 앞마당과 폐쇄적인 뒷마당이 특징이다. 마을 안길과 바로 연결되는 앞마당은 가족의 공동 작업 공간 역할을 하면서 타인에게 개방적이다. 대부분 대문이 없으며, 따라서 앞쪽에는 담장도 만들지 않았다. 겨울철 바람과 눈이 많은 이 지역의 특성을 고려한 것인데, 충분한 일사량을 확보하는 한편, 많은 적설량으로 인한 외부와의 고립을 방지하기 위한 대책이다. 굴뚝 모양도 항아리를 엎어 두어 온기가 집안으로 퍼지도록 보온에도 적합한 구조로 만들었다.

반면 비교적 높은 담으로 둘러싸인 뒷마당은 여인들의 공간으로 비개방적이다. 뒷마당은 보이지 않고 지붕만 보여 여인들의 활동 공간을 배려한 구조이다. 부엌에서 통하는 뒷마당은 여성들의 공간으로서 외부의 시선 차단과 겨울의 북서풍을 막기 위해 비교적 높은 담장을 만들었으며, 일부에서는 산죽山竹을 이용하여 시설하기도 하였다.

(4) 추천 여행 코스

고성 해변에는 수많은 해수욕장과 관동팔경이 있다. 또한, 금강산 건봉사, 고성 화암사와 신선대, 고성 통일전망대, 고성 어명기고택, 설악산 관광지, 강릉 관광지 등이 있다.

10. 함안 고려동高麗洞

주소: 경남 함안군 산인면 모곡리 580

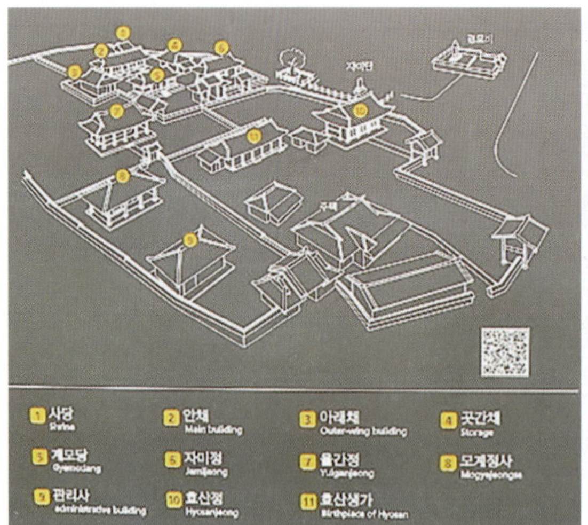

고려동 유적지 조감도

고려동 유적지

(네이버지도)

(1) 마을의 유래

퇴계 이황 선생도 즐겨 찾던 함안 고려동高麗洞은 경상남도 함안군 산인면 모곡리에 위치한 마을로, 고려 말 두문동 72현 중의 한 분인 충신 모은茅隱 이오李午 선생의 절의와 후손들의 충절이 600여 년간 이어져 온 유서 깊은 곳이다. 고려 말 성균관 진사였던 이오 선생은 고려가 멸망하고 조선이 건국되자, 고려에 대한 충절을 지키기 위해 벼슬을 단념하고 이곳에 은거하였다. 그는 은거지 주위에 담을 쌓고, 담 밖은 조선의 땅이지만 담안은 고려 유민의 거주지임을 선언하며 '고려동학高麗洞壑'이라는 비석을 세웠다. 마을 이름도 이로부터 고려동고려의 마을, 혹은 장내동牆內洞, 담안의 마을이라 불리게 되었다. 고려동 앞 9만 9,000여㎡의 고려 전답田畓에서 생산되는 것으로 자급자족하고 조선의 음식은 입도 대지 않았다.

이오 선생은 재령인載寧人이며 성균관 진사로 고려 사재령司宰令 이일선李日善의 아들이다. 어려서부터 뜻이 크고 뛰어난 기개가 있었고 세속에 구속을 받지 않았으며, 일찍이 포은圃隱 정몽주, 목은牧隱 이색李穡의 문하에 있으면서 학문에 독실해 당시의 학자들로

부터 존경을 받았다. 고려가 망하자 함안의 충절 모은茅隱도 처음엔 두문동으로 들어갔으나 만은晩隱 홍재洪載, 금은琴隱 조열趙悅과 함께 남쪽으로 내려갈 것을 결심하였다. 이오 선생은 함안 땅 모곡茅谷에 이르러 자미화紫薇花가 만발한 곳을 보고는 길지로 생각하여 평생 살 곳으로 정하였다. 일명 배롱나무라 부르는 자미화는 여름철이면 백일 동안 꽃을 피우므로 백일홍이라고도 하는데, 그 모습이 한결같은 선비의 일편단심을 상징하기에 선비들이 집안에 즐겨 심었던 나무다. 만은晩隱 홍재洪載 선생은 합천 가회면의 운구대雲衢臺에 은거하고, 금은琴隱 조열趙悅 선생은 군북면 원북리 어계고택에 은거한다. 사람들은 모은, 만은, 금은의 세 분을 영남 삼은三隱이라 불렀다.

　이오 선생은 담 안에 우물을 파고 논밭을 일구어 자급자족의 터전을 마련했다. 후손들에게도 새 왕조에서 벼슬하지 말 것과 자신의 신주를 다른 곳으로 옮기지 말 것을 유언으로 남겼다. 이오 선생의 후손들은 19대 600여 년 동안 이곳을 떠나지 않고 살아오며, 고려 유민으로서의 정체성과 선조의 유산을 지켜왔다. 벼슬보다는 자녀 교육과 학덕, 절의를 중시해 많은 인재를 배출하였다.

　모은 선생이 이곳에 와서 나라를 잃은 고신孤臣이 부국扶國하지 못한 마음을 한으로 씻으며 숲속에 자미화[百日紅]가 만발滿發한 것을 보고 아침저녁으로 거닐면서 시구詩句를 읊으면서 자신의 슬픈 회포를 달래던 자미단紫薇壇과 순조純祖 33년1833에 선생의 14세 후손인 유호有顥가 창건한 자미정紫薇亭이 있다. 지금도 마을에는 백일홍과 온갖 꽃들이 만발하고 종부님과 후손들이 집을 가꾸며 인정 깊게 살아가고 있다.

滄溟夜夜迎孤月창명야야영고월　밤마다 바다에서 뜨는 외로운 달을 맞이하면서
杞鞠年年闢小畦기국년년벽소휴　해마다 구기자 국화 심을 작은 밭을 개간하네
回首未逢堯舜世회수미봉요순세　머리를 돌려봐도 요순시대는 만날 수 없으니
甘心不讓牧樵儕감심불양목초제　목동과 나무꾼 동무됨을 만족하게 여기네

또 영남 삼은이 단구丹邱 김후金後 金厚와 함께 한 구절씩 지은 시詩가 전한다.

幽篁園裏數叢花유황원리수총화　깊은 대밭 속 대여섯 떨기 꽃이
潤色山村寂寞家윤색산촌적막가　산촌 적막한 집에 색을 더하고

入室更看樽有酒입실갱간준유주　방안 술동이에 술 있는 걸 보니

宦情從此薄於紗환정종차박어사　벼슬하고 싶은 마음이 사라지네

　　두문동서원杜門洞書院은 개성직할시 개풍군 광덕면 만수산 두문동에 소재하며, 고려가 멸망하고 조선이 건국되자 끝까지 출사出仕하지 않고 충절을 지킨 고려의 충유신忠遺臣 두문동 72인 및 고려 말 충신을 모신 서원이다. 현재 두문동 72인의 성명은 모두 전하지는 않고 임선미林先味, 조의생曺義生, 성사제成思齊, 박문수朴門壽, 민만부閔安富, 김충한金충漢, 이의李倚등 55명의 성명이 전하고 있다. 구전口傳에 의하면 조선이 건국되자 임선미 등 72인이 모두 이곳에 들어와서 마을 동쪽과 서쪽에 문을 세우고 빗장을 걸어 놓고 문 밖으로 나가지 않은 것에 유래되었다고 한다. 태조는 고려 유신들을 회유하기 위하여 경덕궁에서 친히 과장科場을 열었으나 모두 응하지 않고 경덕궁 앞 고개를 넘어가 버려 그 고개를 부조현不朝峴이라 하고, 부조현 북쪽에 관을 걸어 놓고 넘어갔다 하여 이를 괘관현掛冠峴이라 불렀다고 한다.

　　1740년영조 16 영조가 개성을 행행行幸할 때 부조현의 유래를 듣고 비석을 세워 주었다 하며, 그 뒤 임신미, 조의생 등의 가승家乘을 통하여 이 고사가 정조에 알려져 1783년정조 7 개성의 성균관에 표절사表節祠를 세워 추모하였다. 이를 근거로 1934년 개성에 세운 두문동서원은 임선미의 후손 임하영林河永이 주동이 되어 창건하였는데, 고려 말 불사이군不事二君의 대의大義를 위하여 순절한 임선미를 비롯 72인 및 정몽주, 이색 등 절의를 지킨 고려 말 충신 119위를 모선 서원이다. 즉 이 서원에는 표절실表節室에 순절殉節, 항절抗節, 정절靖節의 3반三班으로 나누어 제현을 봉안하고 있는데, 선생은 항절반에 봉안되었다. 또 함안의 인구서원仁衢書院에서도 향사享司하고 있다. 한편, 두문동서원은 두문동 이외의 제현도 모시고 있는데, 조열 선생은 항절실 항절반에, 홍재 선생은 정절실 정절반에 봉안되셨으며, 2012년「두문동서원지」중 선생에 관한 부분을 초역抄譯한 책이 나와 그 충절이 더 널리 알려지게 되었다.

　　표절실 순절반表節室殉節班에는 박문수朴門壽: 竹山人외 16위,

　　표절실 항절반表節室抗節班에는 김충한金忠漢: 慶州人외 30위,

　　표절실 정절반表節室靖節班에는 배상지裵尙志: 興海人외 6위,

순절실 순절반殉節室殉節班에는 정몽주鄭夢周: 延日人와 10위,

항절실 항절반抗節室抗節班에는 이색李穡: 韓山人와 32위,

정절실 정절반靖範室靖節班에는 김주金澍: 善山人와 20위 등을 봉안하고 있다.

(2) 풍수지리

고려동 국세도

(국토정보플랫폼, 필자 작도)

함안 고려동은 풍수적으로 황금 닭이 알을 품은 형상으로 금계포란형金鷄抱卵形 명당이다. 마을의 진산鎭山인 자양산紫陽山, 401.6m은 신산천을 거슬러 올라 마을을 감싸는 좌청룡과 우백호를 날개처럼 펼치고 살아 움직이는 듯한 생기를 품고 있다. 금성체의 안산과 수성체의 조산화계산이 마을 중심을 포근히 감싸고 있다. 이 형국은 후손 번창과 재물, 평안을 상징한다. 마을 앞에는 신산천이 마을을 반쯤 감싸고 구불구불 흘러 함양읍으로 빠져나간다. 이는 전통적 명당의 조건인 '배산임수背山臨水'를 갖춘 입지로, 산이 뒤를 든든히 하고 물이 앞을 흐르며 마을에 생기를 더한다. 마을 오른쪽으로 길게 뻗은 우백호는 마을 안에서 흘러 나가는 물과 마을의 들판 건너편으로 흐르는 물이 빠져나가지

못하도록 막는 하수사 역할을 한다. 따라서 고려동은 부자의 터이다. 이러한 곳에 자리 잡은 것은 벼슬은 포기했으니 밥을 굶지 말라는 선현들의 지혜가 담겨 있다.

고려동은 산과 물, 들판이 어우러진 전형적인 전통 마을 입지로, 풍수의 원리를 철저히 반영해 터를 잡았다. 마을을 감싸는 산줄기와 흐르는 물, 그리고 담장과 정원은 자연과의 조화를 중시한 풍수관이 잘 드러난다.

(3) 건물별 풍수적 특성

함안 고려동은 고려 왕조에 대한 충절과 절의를 상징하는 마을로, 조선 건국 이후에도 고려 유민의 정체성을 지키며 살아온 후손들의 역사가 고스란히 남아 있다. 담장, 비석, 종택, 전답 등 유적과 함께 600여 년간 이어진 선비정신이 오늘날까지 전해지는 귀중한 전통 마을이다. 고려동의 주요 유적은 고려동학표비高麗洞壑表碑, 고려동 담장, 고려종택高麗宗宅, 자미단紫微壇, 자미정, 율간정, 복정 등이 있다. 1982년 경상남도 기념물 제56호로 지정되었으며, 2018년 명칭이 '함안 고려동 유적지'로 변경되었다. 마을에는 현재도 재령

고려동 마을 종택   (2025년 촬영)

경도단   (2025년 촬영)

북정 우물   (2025년 촬영)

매봉 안산   (2025년 촬영)

이씨 후손 약 30여 호가 살고 있다. 이곳의 보호수인 배롱나무자미화는 이오 선생의 충절을 상징하는 꽃으로 전해진다. 복정에는 전설이 내려온다. 모은의 현손부孫婦 여주이씨가 몸이 아픈 시어머니를 위해 지극 정성 기도하자 전복이 나왔다고 하는 복정鰒井이 있다. 이 복정은 600년 전 모은 선생이 파서 사용한 것으로 어떤 가뭄에도 물이 마르지 않는다.

고려동 종택고택은 남서향간좌곤향, 艮坐坤向으로 배치되어 있다. 이는 부자가 많이 나는 좌향으로 알려져 있으며, 마을의 안쪽에 비스듬히 앉혀져 있다. 이는 마을의 안산매봉을 정면으로 두지 않고, 천적인 매를 피하는 풍수적 배려에서 비롯된다. 자미정紫薇亭 뒤뜰에 위치한 연못은 일반적으로 집 앞에 두는 것과 달리, 뒤뜰에 배치되어 있다. 이는 매봉안산으로부터 혈穴, 명당자리을 보호하는 비보책 裨補策으로, 재물과 후손의 번창을 지키기 위한 풍수적 장치다. 마을 뒷산의 경도단에는 퇴계 선생이 지었다는 '삼우대三友臺'라는 시가 있다.

(4) 추천 여행 코스

무기연당, 무산사, 함안향교, 무진정, 홍포서원, 서산서원, 황곡서원, 어계고택, 말이산 고분군, 조홍제 생가, 의령 지수마을, 진주 숭산마을 등이 있다.

11. 산청 남사예담촌

주소: 경남 산청군 단성면 남사리

(1) 마을의 유래

남사예담촌은 이순신 장군이 백의종군 길에 묵었던 니사재로도 유명하다. 남사예담촌의 유래는 약 700년 전 고려 말로 거슬러 올라간다. 이 마을은 경상남도 산청군 단성면 남사리에 위치한 전통 한옥 마을로, 오랜 세월 동안 선비의 고장으로

사랑나무　　　　　　　　(2024년 촬영)

유림독립기념관 (2024년 촬영)

명성을 쌓아 왔다. 남사예담촌에 가장 먼저 정착한 성씨는 고려 말 진양하씨였으며, 이후 성주이씨, 밀양박씨, 전주최씨 등 다양한 성씨가 모여 살면서 집성촌이 아닌 다성多姓 마을로 발전했다. 여러 양반 가문이 경제력을 바탕으로 전통과 문화를 유지하며, 수백 년간 선비정신과 학문의 명맥을 이어 왔다. '예담촌'이라는 이름은 '옛담 마을'이라는 뜻으로, 담장 너머로 전해지는 선비의 기상과 예절을 닮아 가자는 의미도 함께 담고 있다. 실제로 마을 곳곳에는 고즈넉한 흙 돌담길과 전통 한옥이 잘 보존되어 있으며, 이 담장길은 문화재로도 지정되어 있다.

이 마을에서는 고려 말 문인 강회백, 조선 세종 때 영의정을 지낸 문효공 하연, 태조 이성계의 사위이자 개국공신인 경무공 이제, 구한말 유림 독립운동가 면우 곽종석, 국악계의 거장 기산 박헌봉 등 수많은 인물이 배출되었다. 이러한 역사적 배경에 힘입어 마을에는 유학자들의 3·1운동이라 일컫는 파리장서 유림독립기념관이 있다.또한 마을에는 600년 넘게 보존된 감나무가 있다. 이 감나무는 문효공 하연이 어머니께 홍시를 드리려고 심었다고 한다. 또 원정공 하즙이 심은 700년 수령의 매화나무, 남녀노소의 인증샷 장소인 부부 회화나무 등 유서 깊은 나무와 고가古家, 정사精舍, 사당 등 다양한 문화유산이 남아 있다.

남사예담촌은 현재도 실제 주민들이 거주하는 살아 있는 한옥 마을로, 한국에서 가장 아름다운 마을 1호로 지정되었으며, 다양한 전통문화 체험과 관광 자원으로 주목받고 있다. 이 마을은 당일 구경보다는 숙박하며 천천히 둘러볼 것을 추천한다.

(2) 풍수지리

마을 전체를 조망할 수 있는 관산점은 남학정이다. 남사예담촌은 지리산 초입, 니구산과 사수泗水가 마을을 감싸는 반달형 지형에 자리 잡고 있다. 이는 풍수적으로도 명당으로 여겨지며, 산과 물이 어우러진 천혜의 자연환경 덕분에 예로부터 인재가 많이 배출된 곳으로 알려져 있다.

남사예담촌의 풍수 형국도

(국토정보플랫폼, 필자 작도)

망해산 수구에서 바라본 남사예담촌 국세

(대한민국정책브리핑, 2006.05.09)

　이 마을은 지리산 초입에 위치해 있으며, 산과 물길이 만들어 놓은 반달 모양의 지형을 가지고 있다. 이러한 지형은 마을의 운세가 보름달처럼 유지되도록 하기 위한 풍수지리적 고려에서 비롯되었다. 보름달은 곧 기울지만, 반달은 보름달로 발전하는 모습을 담고 있기 때문이다. 이러한 예는 경주 반월성에도 있다.

　남사예담촌은 백두대간의 지리산 천왕봉1915m에서 출발한 웅석지맥이다. 경남 산청군 웅석봉1099m에서 갈라진 두 개의 산줄기가 남강과 덕천강을 끼고 남진하여 마을을 남북으로 둘러싸고 멈추었다. 우측 산줄기는 백운산515.9m이 남진하여 석당산291.2m을

지나 구비구비 상하좌우로 꿈틀거리며 동북으로 연어처럼 진주 남강을 힘차게 거슬러 오르다가 회룡고조형回龍顧祖形으로 마을의 주산을 이룬다. 좌측 산줄기는 석대산535.8m이 남진하여 입석리, 사월리를 거쳐 하나는 계속 남진하여 망해봉257.8m에 이르러 마을의 수구사 역할을 하고, 다른 하나는 머리를 돌려 서진하여 소괴산239.2m을 거쳐 니구산尼邱山, 공자의 고향인 곡부의 산 이름에서 따온 산 이름에 이르러 마을의 안산과 조산을 이루며 마을을 엄마처럼 다정하게 껴안는다.

마을 앞에는 남사천이 옥대수로 마을을 감싸고 좌측에서 우측으로 돌아 진주 남강으로 합류한다. 물이 나가는 곳에는 큰 산들이 겹겹이 막아서고 있어 좋은 기운을 막아 주고 물을 얻어 길한 기운을 받으려는 전통적인 풍수지리의 원칙과 부합한다. 더욱 좋은 것은 마을 뒤 주산 너머에 흐르는 대강수인 진주 남강의 암공수가 있다는 것이다. 주변의 산 모양을 살펴보면 대부분 부를 상징하는 금성체로 이루어져 있다. 남사예담촌은 자연과 인간의 조화를 중시하는 풍수지리 원칙에 따라 형성된 전통 한옥 마을로, 오늘날에도 그 가치를 잘 보존하고 있다. 참으로 아쉬운 점은 최근 마을의 생기 공급처인 진산의 본줄기를 반토막 내어 고속도로를 뚫은 것이다. 풍수와 자연환경을 무시하고 경제성만 따지는 누군가의 기획에 경악을 금치 못한다. 마을의 임장에서 보자면 교수형에 비유될 일이다.

남사마을은 지리산 천왕봉에서 이어진 산줄기와 그 사이를 흐르는 남사천이 서로 어울려 마치 산태극 수태극 모양을 이루고 있다. 서쪽의 니구산尼丘山의 산줄기가 북쪽으로 이어져 있으며, 남쪽으로는 당산堂山이 동쪽으로 뻗어 그 사이에 마을이 자리하고 있다. 이 모양새를 두고 니구산은 수룡의 머리가 되고 당산은 암룡의 꼬리가 되어 한쌍의 암수 용이 서로 머리와 꼬리를 무는 모습으로 쌍룡교구형雙龍交遘形으로 해석한다. 또한, 암룡과 수룡이 마주하는 배 부분에 마을이 자리하고 있는 셈이다. 이처럼 암룡과 수룡이 서로 배를 맞대고 꼬리를 무는 모습은, 곧 암수의 결합을 의미하는 것이어서 다산과 풍요를 상징하는 생산적인 의미를 내포하고 있다고 해석할 수 있다.

또 남사천이 마을을 휘감아 도는 모양을 두고 초승달형[初月形], 행주형行舟形 등에 비유되기도 한다. 남사천과 함께 마을 남쪽 당산堂山의 산자락이 마을 안쪽으로 파고들어 있어 마을은 마치 초승달 모양을 하고 있는 것처럼 보인다. 우리 속담에 "달도 차면 기운다."라는 말이 있다. 곧 세상의 온갖 일은 한 번 성하면 한 번은 쇠한다는 뜻으로 부귀와 영화도 오래 가지 않는다는 뜻을 담고 있다. 이 때문에 사람들은 남사마을 가운데 초승

달 안쪽으로 파고든 부분은 아무것도 채우지 않은 채 집이나 건물을 짓지 못하도록 하였다. 불과 몇 년 전까지만 해도 이곳은 마을 공동 소유의 논이었는데, 외지인이 이를 사들여 음식점을 내려고 했지만, 동네 주민들이 이를 막았다고 한다. 달이 차서 기운다는 것은, 곧 마을 공동의 운명이 달린 문제였기 때문이다.

(3) 건물별 풍수적 특성

　마을 입구에는 입향조인 김정의 행적과 개촌開村 300년을 기념하는 비석이 세워져 있다. 마을에는 다양한 나무와 전통 건축물이 조화를 이루며, 각 가옥은 문화재로 지정되어 있어 그 역사적 가치와 함께 풍수지리적 배치가 잘 보존되고 있다. 예를 들어, 사양정사는 사수, 즉 공자의 학문을 연마하는 집이라는 뜻으로, 마을의 학문적 분위기와 풍수지리적 배치가 결합된 건축물이다.

　마을의 중심 가옥은 이씨고가, 최씨고가와 사양정사이다. 이들은 ㅁ자 모양으로 모두 주산의 용액 중심에 자리 잡고 있으며, 대문을 주산 쪽으로 내었다.

(4) 추천 여행 코스

　동의보감촌, 전구형왕릉, 황매산 군립공원, 환아정, 단성향교, 문익점 면화 시배지, 산천제, 덕천서원, 반야사, 진양호, 촉석루 등이 있다.

12. 솥바위와 부자 마을

(1) 부자 마을의 유래

대한민국 3대 대기업의 뿌리가 된 솥바위鼎巖의 전설과 지명 유래를 살펴보자. 솥바위는 경상남도 의령군 남강변 정암루 아래에 위치한 바위로, 그 모양이 다리가 3개 달린 솥을 닮았다고 하여 붙여진 이름이다. 바위의 일부가 남강 물 위에 솥처럼 드러나 있어 '솥바위'라 불리며, 이 바위가 있는 마을도 '정암리'로 불린다.

의령 솥바위   (2025년 촬영)

부자 마을의 유래는 조선 시대 한 도사가 솥바위를 지나며 "이 바위를 중심으로 반경 20리 안에는 큰 부자가 나온다."라고 예언한 데서 시작된다. 이 전설에 따라 솥바위 일대는 '부자 기운이 흐르는 곳', '대한민국 부자 1번지'로 불리게 되었다. 실제로 이 지역에서는 삼성 창업주 이병철, LG 창업주 구인회, 효성 창업주 조홍제 등 한국을 대

(구) 지수초등학교와 부자 소나무   (2025년 촬영)

표하는 대기업 창업주들이 태어났으며, 이로 인해 전설이 더욱 현실성을 얻게 되었다. 실제로 3명의 창업자 생가는 솥바위에서 모두 20리 정도 거리에 있다.

부자의 상징 솥바위는 풍수적으로도 재물의 기운이 모이는 명당으로 여겨진다. 남강의 물이 솥바위를 감싸며 천천히 흐르는 모습이 '재물이 쌓이는 구조'로 해석된다. 바위 신앙의 오랜 전통과 함께, 솥 안에 쌀밥이 가득한 모습이 부귀의 상징으로 여겨진 것도 이 전설에 힘을 실었다. 의령군은 이러한 전설을 바탕으로 '대한민국 부자 1번지'라는 브랜드를 만들고, 부자 축제리치리치 페스티벌와 관광 자원 개발에 힘쓰고 있다.

솥바위에는 소원을 비는 원형 동판이 설치되어 있으며, 많은 사람이 이곳을 찾아 부와 건강, 행운을 기원한다. 축제 기간에는 솥바위로 직접 건너는 다리가 설치되어 더욱 많은 방문객이 찾는다. 솥바위와 그 주변 마을은 한국 경제를 이끈 거부巨富들의 탄생지로, 창업과 입시를 앞둔 이들에게 희망의 장소로 자리매김하고 있다. 의령 솥바위 부자마을의 유래는 조선 시대 전설과 실제 대기업 창업주들의 탄생이 맞물려, 풍수와 민간 신앙, 현대적 상징이 어우러진 독특한 마을 이야기로 이어진다. 솥바위는 지금도 '부자 기운'의 명소로 많은 사람의 방문과 소망을 받고 있다.

(2) 풍수지리

백두대간은 횡석산, 대봉산을 지나 지리산 웅석지맥으로 남진하여 내려가다가 진양호 아래에서 손을 바꾼 낙남정맥은 동북 방향으로 거슬러 올라간다. 이러한 산의 진행에 따라 황석산부터 지리산에 이르기까지 남으로 흘러내린 모든 골짜기의 물이 함양군, 산청군을 지나 진양호에 모인다. 이 물은 다시 속도를 줄이며 동진하여 가다가, 부자 마을인 숭산마을, 덕촌마을, 장내마을을 적시며 솥바위와 탑바위를 만나 더욱 느려진다. 이렇게 흘

솥바위 부자 마을의 국세

(네이버지도,필자 작성)

러온 남강물은 함안군 장암리 용화산 부근에서, 태백산 황지연못에서부터 발원하여 경상남북도의 모든 골짜기 물을 모아서 북에서부터 흘러 내려오는 대강수인 낙동강과 합류한다. 이 물을 낙남정맥이 모두 마시겠다고 배짱 좋게 막아선 것이다. 부자 마을은 크게 보면 백두대간을 자루로 삼고 낙남정맥을 바가지로 삼아 경상북도에서 모이는 남강과 낙동강에서 바다로 흘러가는 모든 물을 한꺼번에 퍼올리는 모습과 유사하여, 황금 국자로 물을 퍼올리는 금작득수형金勺得水形으로 명명하고자 한다. 다만, 아쉬운 것은 국자에 구멍이 뚫린 것이다. 풍수 고전에서는 한 바가지의 물만 얻을 수 있어도 밥을 굶지 않는다고 했다. 하물며 이렇게 큰물을 거두어들이고 있으니 그 부유함은 헤아릴 수 없을 것이다.

(3) 삼성 이병철 생가의 풍수

삼성그룹의 창업자인 호암 이병철1910~1987 회장 생가는 경남 의령군 정곡면 호암길 22-4에 입지한다. 호암의 조부 이홍석이 1851년 대지면적 1,907㎡578평에 전통 한옥으로 지은 집이다. 이병철은 이곳에서 아버지 이찬우와 어머니 권재림 사이의 2남 1녀 중 막내로 태어났다. 본관은 경주이며 16대조가 연산군 때 사화를 피해 이곳으로 낙향한 이후 대대로 이곳에 터전을 이루며 살았다. 6대조가 정3품인 통정대부 품계를 받는 등 유학자 집안이며, 천석지기 농토를 소유한 대지주 집안이었다.

호암은 어려서 조부가 세운 서당에서『천자문』,『사서삼경』,『논어』등을 배웠다. 10세 때인 1919년 진주 지수공립보통학교 3학년으로 편입하였다. 학교까지 22km로 어린 이병

이병철 생가 (2025년 촬영)

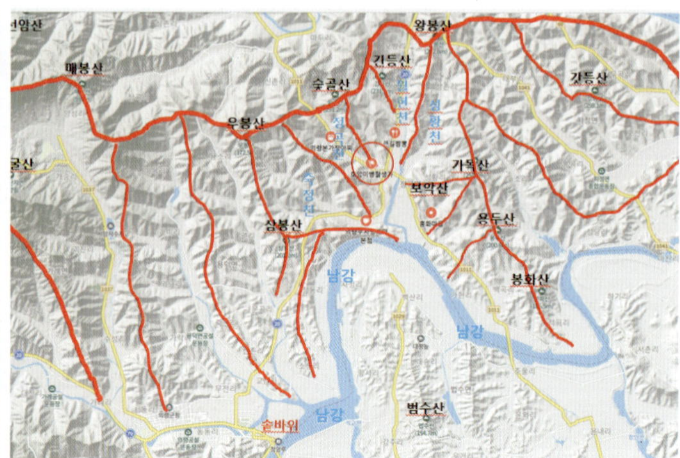

이병철 생가의 국세 (네이버지도, 필자 작성)

철이 걸어가기에는 너무 멀었으므로 만석꾼인 허씨 집안으로 시집간 누나 집에서 숙식하면서 학교를 다녔다. 이것이 부자 인연의 시작이었다. 지수면 승산리 마을 중앙에 위치한 지수보통학교는 인근에서 처음 생긴 신식 학교였다. 호암은 LG 창업주인 구인회와 만나 친구가 되나 1년 후 어머니 친정이 있는 경성의 수송공립보통학교로 전학을 갔다. 중동중학교를 졸업한 그는 1926년 박두을 여사와 결혼하여 생가 건너편으로 분가하였다.

1929년 와세다대학교 정치경제학과에 입학하였으나 유학 생활에 회의를 느끼고 1931년 자퇴하고 귀국하였다. 고향에 돌아온 그는 무위도식하며 노름판에 빠지기도 하는 등 세월을 보냈다. 어느 날 문득 정신을 차리고 자신의 사업 구상을 토대로 1936년 아버지로부터 300석의 재산을 물려받아 마산에서 정미소를 차렸으나 얼마 안 가 빈털터리가 되고 말았다. 그 뒤 1938년 29세 때 3만 원의 자본금으로 대구 수동에서 삼성상회를 열고 청과류와 어물 등을 도소매하고 중국에도 수출하였다. 이후 사업이 날로 번창하여 오늘날의 글로벌 기업인 삼성의 발판을 마련하였다.

호암 이병철 생가를 풍수지리 기본 이론인 용혈사수향龍穴砂水向으로 살펴보자. 풍수적으로 호암 생가 마을의 물이 빠져나가는 것을 막아 주는 산이 탑바위가 있는 호랑이 모양의 산이니, 호암의 호는 우연이 아닌 듯하다. 첫째, 용은 직선거리로 72.5㎞ 떨어진 백두대간 남덕유산1507m에서부터 남쪽으로 내려와서 남강과 황강 사이로 이어진 대간룡이 의령의 태조산이라 할 수 있는 매봉산597m을 세웠다. 그리고 중조산인 우봉산372.5m과 소조산이자 주산인 숯골산291.2m을 거치며 기운이 순화된다. 숯골산에서 동남쪽으로 뻗은 산줄기 하나가 남강을 향해 힘차게 내려오다 정곡천과 월현천이 합수하는 곳에서 멈추었다.

둘째, 남덕유산에서부터 용맥을 따라 전달된 생기가 모인 혈穴은 생가 안채의 우물진응수 앞에 있는 방이다. 사랑채 앞에도 우물이 있다. 안채 우물은 집안룡이고, 사랑채 우물은 대외룡이다. 사시사철 마르지 않는 우물이 집 앞에 있다는 것은 혈의 증거다. 왜냐면 땅속에서 용맥 양쪽으로 흘러온 원진수가 집 뒤에서는 갈라진 후 앞에서는 합수되었다는 것을 의미한다. 이 집터는 혈의 사상인 와겸유돌窩鉗乳突 중 새둥지 모양의 와혈에 해당되며, 주로 부자 터에 해당한다. 이 집터를 봉황포란형鳳凰抱卵形으로 본 것인지 집안 뒤에는 대나무를 심고, 양옆에는 벽오동을 심었다. 대나무 열매와 벽오동은 봉황의 먹이를 상징한다.

셋째, 사신사砂는 뒷산인 현무봉이 병풍처럼 감싸고 있다. 좌청룡과 우백호가 매우 가까이서 감싸고 있다. 특히 좌청룡 담장 쪽에는 기기묘묘한 형상을 띤 바위가 있어 생기가 밖으로 새는 것을 막아 주고 있다. 이 바위는 부자를 상징하는 차곡차곡 쌓아 놓은 쌀가마니, 시루떡, 거북, 두꺼비, 밭전田 자 등 다양한 모양으로 보이는 상징적 스토리텔링이 추가되어 재미를 더해 주고 있다. 또한, 주변 산이 가까이서 감싸고 있으면 기가 조금도 흩어지지 않는다. 그만큼 혈의 역량이 커진다는 뜻이고 발복도 오랫동안 유지된다. 사신사砂에서 중요한 것은 산들의 모양이다. 주변에 귀인봉이 있으면 귀인이 나고, 장군봉이 있으면 장군이 나며, 노적봉이 있으면 부자가 난다고 본다. 이병철 회장 생가가 부자 터라고 하는 것은 주변 산들이 둥굴둥글하여 곡식을 쌓은 노적가리처럼 생겼기 때문이다.

좌청룡 복바위 (2025년 촬영)

노적봉 안산 (2025년 촬영)

넷째, 수水인 물길을 보면, 우선 집 앞 골목이 작은 개천이다. 지금은 복개를 했지만 풍수에서는 물로 본다. 이 개천으로 인해 길지의 조건인 배산임수 지형을 이루었다. 좌측에서는 월현천, 우측에서는 정곡천의 물들이 흘러와 모두 마을 앞에서 모였다가 남강으로 흘러가는데 구불구불 곡강의 형태다. 특히 송지천은 남강 직전 수구에서 거대한 호랑이 모양의 바위산虎岩이 물을 빠져나가지 못하도록 막고 있어 하는 수 없이 직각으로 꺾어서 나간다. 풍수지리에서 물은 재물을 관장하는 수관재물水管財物이므로 이곳이 부자 터가 되는 또 하나의 이유다.

호랑이 모양의 산과 수구 관쇄   (네이버지도, 필자 작성)

다섯째, 향向은 집 정면이 향한 곳을 말한다. 이곳은 사방이 산으로 둘러싸여 있지만 햇볕과 달빛, 별빛이 잘 들도록 하늘이 열려 있다. 하늘이 열려야 천지의 생기 순환이 잘 이루어져 건강한 터가 된다. 향은 경관을 관장하기도 하는데 앞산이 둥글둥글 부자의 기운을 띤 금성체들로 수려하다, 특히 집 정면으로 보이는 안산 모양이 중요한데 노적봉이다. 이 노적봉은 다른 집에서 보면 그렇게 아름다운 모습이 아니다. 따라서 좋은 집은 주변 산이 바르게 보이는 법이다.

(4) 구인회 일가의 승산마을 풍수

승산마을의 지명은 조선 초기에는 숭어산리에서 조선 후기에는 용봉리龍鳳里라고 불렸다고 하는데, 봉황과 깊은 관련이 있는 듯하다. 지금도 좌청룡 끝자락에 용봉리가 남아 있다. 봉황은 신성한 동물로 오동나무에서 잠을 자고 대나무 열매를 먹는다고 한다. 지금도 마을 뒷산에는 대나무 숲이 울창하게 조성되어 있고 지수초교 인근에는 오동나무 군락지가 있었다고 하며, 마을 입구에 서 있는 목성체의 산이 대나무 모양이다. 마을은 새둥지 모양으로 형국으로 봉황과 관련 있는 명당을 봉황포란형, 비봉귀소형이라고 하며 귀한 인물이 태어나는 대명당이 된다.

　승산마을은 김해 허씨의 세거지로 입향조는 11대조1400년대 허문손으로 길지를 찾아 입향한 것으로 알려져 있다. 능성 구씨의 입향조는 구인회 7대조인 구반으로 결혼하여 처갓집 동네에 정착한 것으로 보인다. 김해 허씨는 지신정 허준, 차남 효주 허만정 대에 이르러 부를 가장 많이 축척하였다. 독립군 자금을 대고 주민들에게 토지를 무상으로 주었으며 교육 사업에도 공헌하였다. 능성 구씨는 조선 중기 이후에 번성한 가문으로 16대 인조의 외가인헌왕후로 조부 구연호는 문과에 급제하여 사간원 정언을 지내는 등 지속적으로 벼슬은 지낸 가문이다. 구인회가 사업을 한다고 하자 허만정은 삼남 허준구를 참여시키면서 허씨는 재물이 성하니 경영은 학문이 발달한 구씨에게 맡기라고 당부하였다고 한다.

　승산마을은 낙남정맥이 남강을 거두며 역행하다가 여항산으로 가는 도중에 북으로 머리를 돌려 오봉산 – 괘방산 – 심방산에 이르러 남강이라는 큰물을 만나자 지수천이라는 계간수 쪽으로 몸을 뒤집어 회룡고조혈로 방어산을 바라보며 편안하게 둥지를 틀었다. 오봉산에 갈라진 다른 한 줄기는 동으로 백이산에 이르러 평지로 길게 머리를 드리우며 군북면에서 멀리 금강을 바라보며 바람에 둥지가 흔들릴까 걱정하며 조심스럽게 둥지를 틀고 앞쪽으로 긴 다리를 쭉 뻗었다.

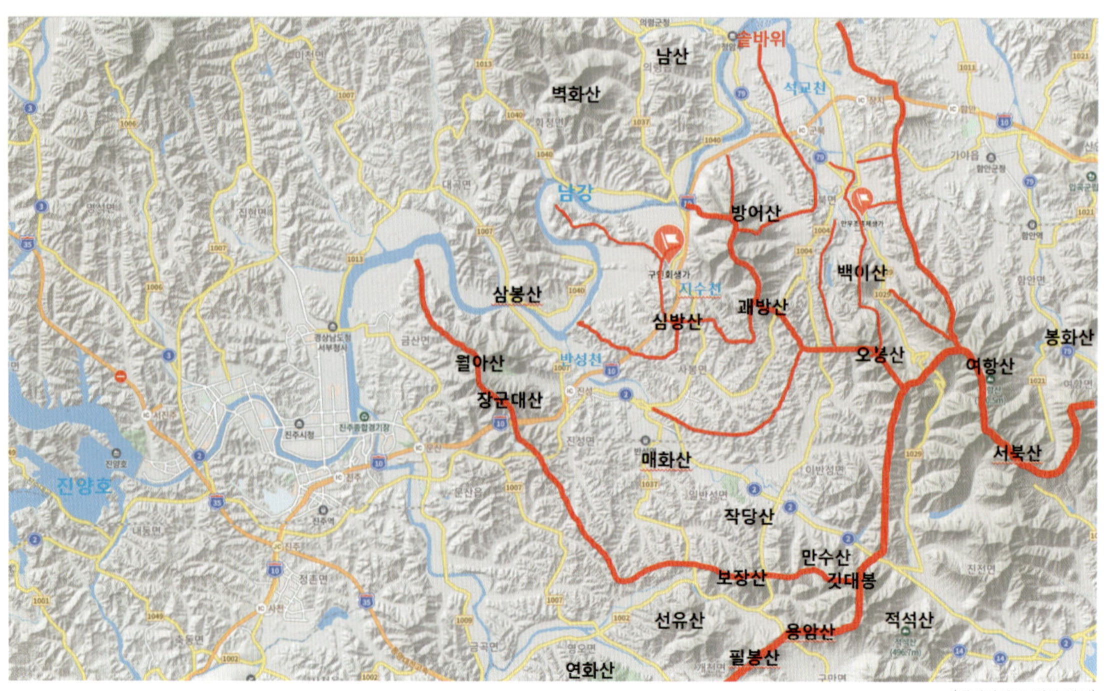

승산마을과 군북면 덕촌마을의 풍수 국세도

(네이버지도, 필자 작성)

승산마을은 부자 마을 1번지이다. 경남 진주시 지수면 승산리에 위치한 지수초등학교는 우리나라 4대 재벌 창업주들이 다닌 학교로 유명하다. 삼성그룹 호암 이병철 1910~1987, LG그룹 연암 구인회1907~1969, 효성그룹 만우 조홍제1906~1984, GS그룹 허정구1911~1999 회장이다. 이 중 구인회와 허정구는 승산마을 출신이다. 반면에 이병철은 의령, 조홍제는 함안 출신으로 당시 신식 교육을 가르치는 학교가 없어서 이곳으로 유학을 온 것이다. 이들은 나이는 다르지만 학교는 비슷한 시기에 다녔다. 그 인연으로 나중에 사업도 같이 하게 되는데, 이병철·구인회·허정구 세 별이 모였다고 하여 회사 이름을 삼성三星으로 지었다고 한다.

승산마을 전경 (더경남뉴스 2022.03.11)

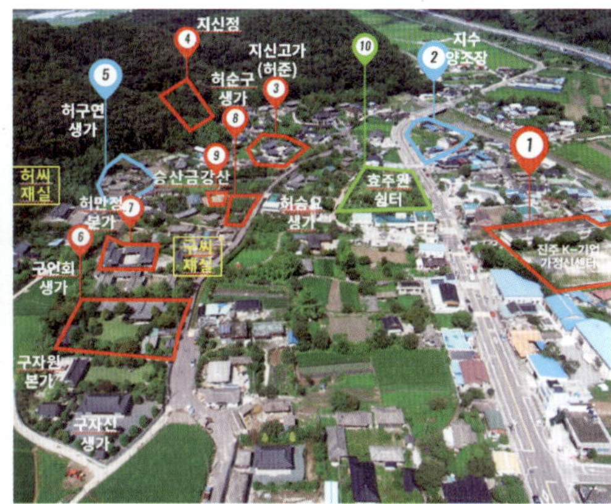

지수마을 주요 건물 (2025년 필자 작성)

승산리는 김해 허씨들이 대대로 터를 이루고 살아왔던 마을이다. 조선 초기인 1400년대 11세조인 허문손이 지수에 입향하였다. 재물이 모인다는 부자 터를 찾아온 것이다. 그래서인지 후손 중에 만석꾼, 오천석꾼, 천석꾼 등 부자가 부지기수로 나왔다. 구한말에 허씨들의 재산을 모두 합하면 3만 석이 넘었다고 한다. 그중에 만석꾼 부자가 지신정止愼亭 허준1844~1932이고, 그 아들이 효주 허만정1897~1952이다. 이들은 만석꾼답게 사회에 도덕적 의무를 다하였다. 허준은 가난한 농민들에게 200평씩의 땅을 나누어 주었는데 공짜로 주지 않았다. 마을 앞 방어산에서 돌을 가져오는 사람에게만 주었다. '무노동 무임금'의 실천이라는 사람도 있지만, 농민들의 자존심을 헤아리는 마음이었다고 본다. 이렇게 가져온 돌은 마을 길 닦고 담장 쌓는 데 쓰였고 일부는 아직도 남아 있다. 이것이 지수마을 금강산이다.

지수마을 금강산 (2025년 촬영)

허순구 집터에서 바라본 마을 진산 (2025년 촬영)

허만정은 안희제와 함께 백산상회를 세워 상해임시정부에 독립 자금을 지원하였고, 진주에 일신여고지금의 진주여고를 세워 여성 교육에도 앞장섰다. 1923년 진주에서 백정들이 신분 차별 철폐 운동을 벌일 때 이를 지원하기도 했다. 해방 후 좌·우익이 첨예하게 대립할 때는 중간에서 서로를 설득해 살상이 없도록 하였다. 이 일은 6·25때 빨치산들이 지수면을 해치지 않는 계기가 되었다. 그에게는 허정구·허학구·허준구·허신구·허완구·허승효·허동수·허승표·허승조 등 8명의 아들이 있었다. 장남 허정구는 이병철이 삼성을 세울 때 같이 참여하여 초대 삼성물산 사장을 지냈다.

해방 후 육촌지간인 허만식의 사위 구인회가 사업을 한다고 하자, 그의 사업 수완을 알아보고 자금 지원을 아끼지 않았다. 이때 3남 허준구를 경영에 참여시켰는데 허준구의 아들이 GS그룹 허창수 회장이다. 허만종은 자손들에게 "허씨는 재물이 성하고, 구씨는 학문이 성하여 벼슬하는 사람이 많으니, 경영은 구씨 집안이 알아서 하고 너희는 돕는 일에만 충실하라."라고 하였다고 한다. 이 때문에 구씨와 허씨는 서로를 역지사지易地思之로 대하며 불협화음 없이 잘 지낼 수가 있었다.

능성 구씨들이 승산리에 입향한 것은 구인회의 7대조인 구반이 조선 숙종 36년1710 허씨 집안에 장가를 오면서부터다. 그의 선조들은 대대로 경기도 양주에서 세거하는 문인 집안이었다. 전하는 말에 의하면, 구반의 부친인 구문유가 고령현감으로 있으면서 과거급제 동기인 김해부사를 만나러 가는 길에 허씨 집안에서 하룻밤 유숙하게 되었다. 주인과 손님이 술잔을 나누다 말이 통하자 서로 사돈 맺기를 약조하였다. 이때부터 구씨와 허씨는 대대로 겹사돈을 맺으며 좋은 관계를 유지해 왔다. 능성 구씨들 역시 승산마을에 터를 잡은 후 크게 번창하였다. 구인회의 조부 구연호는 문과 급제하여 홍문관 교리와 사간원 정언을 지냈다. 구인회는 허만정과 동업하여 락희樂喜, Lucky주식회사를 설립하며 오늘날의 LG그룹 모태가 되었다. 이처럼 오랫동안 허씨와 구씨 모두가 번창한 것은 승산마을의 풍수와 관련이 있다.

　승산마을의 형국을 풍수적으로 해석해 보면 반월형半月形 또는 비봉귀소형飛鳳歸巢形이다. 반월형은 지속적인 발전을 의미하고, 비봉귀소형은 수컷 봉황이 둥지로 먹이를 수시로 물고 온 부귀가 장구할 것이다. 다만, 아쉬운 점은 좌청룡이 마을을 벗어나자마자 물을 따라 반배하듯 달아난 것을 보면, 자식들은 멀리 고향을 떠나 출세할 것으로 해석된다. 지수智水면 승산勝山은 '지혜로운 물'과 '빼어난 산'을 가진 마을이란 뜻이다. '산은 인물을 키우고 물은 재물을 늘려 준다'는 풍수 격언과 부합한다.

　물길을 보면, 괘방산–방어산–심방산의 품 안의 계간수가 모여 지수천과 내천을 이루고 승산마을을 횡류하여 수구산인 좌청룡 옥봉에 막혀 머뭇거리다 남강과 합류한다. 대강수인 남강은 외부에서 감싸 주고 실개천은 음용수로 맑은 물을 공급해 준다. 마을은 국자 모양으로 들어오는 곳은 많고 물이 나가는 곳은 한 곳으로 수구 관쇄가 긴밀하다. 국세가 좌우로 길으니 횡수국이며 계간수가 모여 융취수를 이루니 사방의 산수가 모여드는 광취명당廣聚明堂으로 보아야 한다.

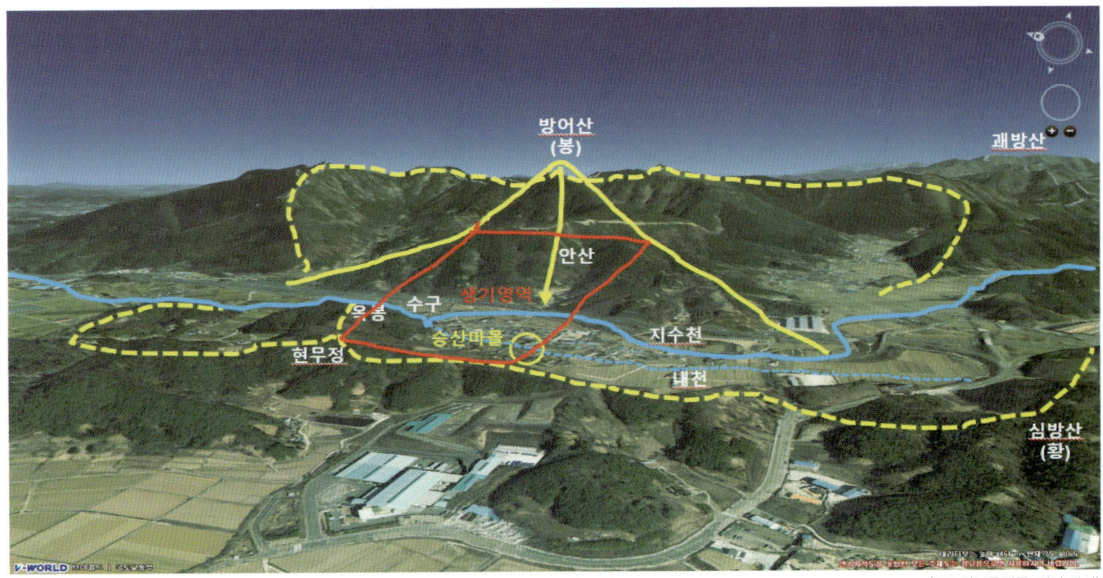

비봉귀소형 승산마을 풍수 형국

(국토정보플랫폼, 필자 작성)

승산마을의 핵심 건물인 허만정 분가 터승산리 361번지를 중심으로 분석해 보자. 마을의 진산은 암컷 봉새雌凰가 먹이를 물고 오는 수컷을 기다리며 둥지를 틀고 있는 토성체의 평평한 산등성이를 이룬 모습으로, 날아드는 수컷 봉새雄鳳의 머리를 정면으로 바라보고 있다. 또한, 생가 뒤에는 뒷산으로 이어진 희미한 맥이 과협으로 이어져 있고, 과협이 끝난 생가 시작점에는 약간 솟은 생기 탱크인 입수도두가 있고 그곳에는 대나무가 빽빽하게 심어져 있다. 평평한 뒷산에도 이집 뒤에만 둥그런 금성체 봉우리가 봉황의 이마처럼 솟아 있다. 그리고 집 앞 담장 밑에는 진응수 우물이 지금도 맑게 솟아나고 있다. 생가의 좌측 담장을 계속 따라 가면 창강정을 지나 마을 실채천에 이르기까지 약간 높고 개천 앞으로 볼록하게 튀어나온 것을 확인할 수 있다. 이것이 집에서 볼 때 마을의 물을 거두는 좌청룡 하수사이다. 허만정 생가 인근에 허선구, 구인회, 구자원, 구자신 생가가 모여 있다. 사산사와 사격을 자세히 살펴보면, 승산마을의 뒷산은 토형체의 평평한 모습이다. 구인회 생가는 토형체를 이루기 전에 나온 산자락으로 마을의 백호 자락이 되고 허만정 본가 터는 토체의 중앙에서 나온 중출맥이 되며, 허씨 지신고가 터는 토체의 맨 앞의 산자락으로 마을의 청룡 자락이 된다.

숭산마을 터의 상류 쪽 절반은 비어 있고 대부분의 고택은 구자신 생가 아래쪽에 물을 거두어들이는 쪽으로만 지어져 있고, 마을 전체의 좌청룡 끝자락보다 앞쪽으로 나아가지 않은 곳에 입지하였다. 이것은 날아오는 봉황의 날개가 감사는 영역 내에만 집을 지은 것으로서 참으로 현명한 마을 어르신들의 지혜가 엿보인다.

입수룡의 형태는 횡룡입수横龍入首로 토체의 몸체에서 금체의 입체 봉을 이루고 토생금을 생생하며 급하게 낙맥하여 실개천을 만나 멈춘 곳에 허씨의 세거지가 집중된 것으로 보아 입향하여 터전을 삼은 것으로 보인다. 횡룡입수는 인물보다는 재물이 강한 특성이 있고 재물수인 우수만 먹고 있는 형상이다. 입수룡이 현무 봉으로 오는 과정을 분석해 보면 양편에서 충살冲殺을 받아 역룡의 모습이고 용이 물 따라 내려가니 이향룡離鄕龍으로 풍수 고전에는 고향을 떠나 출세한다고 하였다.

주작인 안산, 조산은 방어산의 좌측 능선이 승산마을 방향으로 차츰 몸을 낮추어 정면으로 내려오며 먼저 조산을 이루고, 이어 봉우리가 세 개인 삼태봉 안산을 이루고 있는데 허씨의 고택은 대부분 삼태봉의 중앙으로 좌향을 정하고 있다. 고서에 의하면, 삼태봉 주산이나 안산을 만나면 삼부자가 등과를 한다고 알려져 있어 매우 귀하게 여긴다.

물은 우백호 쪽에서 좌청룡 쪽으로 흐르므로 백호가 없어도 무방하다고 알려져 있지만, 내측을 감아 주는 청룡이 없거나 약하여 인물을 기르는 데 어려움이 있을 것이다.

마을에서 바라보면 수구 방향으로 목체의 수미한 귀인봉이 나란히 서있는데 주산이나 국의 중심에 있지 않고 수구에 있는 것이 특이하고 재벌의 탄생과 관련이 있을 것이다.

청룡 수구 방향 금성, 목성산의 모습 ^(2025년 촬영)

만석꾼 안산인 삼태봉의 모습 ^(2025년 촬영)

구인회 회장 생가_{승산리 365번지 일대}를 보자. 홍문관 교리인 조부 구연호께서 낙향하여 살던 집터로 구인회 회장을 비롯하여 구자경, 구자신쿠쿠 회장, 구본무 생가로 토성체로 입수룡이 급하게 낙맥하여 은맥으로 입수한 것으로 보이고 득수 처에 대문을 내었다. 안산은 삼태봉 중 우측으로 향을 하고 있으니 온전한 주작의 기운을 받는다고 보기는 어렵고, 남해고속도로 공사로 파괴되어 나쁜 영향을 받았을 것이다. 현무와 주작의 에너지 존의 경계에 걸쳐 있는 모습으로 LG가의 고택은 뒤가 공허하며 천전협으로 입수가 멀다. 은맥이나 입수가 멀면 길흉이 반복되는 경향이 있다.

허준 생가인 지신고가_{승산리 239번지}를 보자. 허만종, 허만정, 허만옥의 생가로 토성체의 산에서 나온 봉우리가 금성체를 이루고 입수룡이 낙맥하여 입맥의 근거가 있다. 안산은 삼태봉의 가운데 봉우리로 좌향을 정하니 현무와 주작이 조응 관계에 있다. 문은 남향으로 내어 조래 창판수가 들어오고 재물이 쌓이지만 청룡 에너지 존에 위치하여 인물을 기르는 데 장애가 있다.

이병철 누님이 시집간 허순구 집터_{승산리 242번지}를 보자. 만석꾼 집터와 우측 담장을 사이에 두고 있다. 현무와 안산의 에너지 존에 위치하며 입수가 멀다. 마당 우측에 우물이 있는데 물은 지기를 막아 주는 역할을 하므로 풍수를 모르면 샘물이 솟는 윗부분이 명당이니 잘 살펴보아야 한다. 마당 한가운데에 우물을 파면 공극이 생겨 지기가 설기되는 현상이 발생하므로 주의해야 한다.

허창수 GS그룹 생가_{승산리 355번지}는 배산임수로 현무와 안산의 에너지 존에 위치하나 삼태봉 중앙으로 좌향을 정하였다. 명사와 교류하고 국가와 사회에 도움을 받는 상이다. 양택 가상으로 골목 끝에 있는 집은 흉으로 보기도 한다.

작은 승지 허만진 만석꾼 집터_{승산리 243번지}는 배산임수로 토형체의 산에서 나온 봉우리가 금성체를 이루고, 입수룡이 낙맥하여 포를 이루니 입맥 근거가 확실하고 땅이 솟아 있다. 안산의 삼태봉으로 좌향을 정하고 물이 좌측으로 흘러 안정된 터로 여겨진다.

(5) 조홍제 생가의 풍수

조홍제는 경제인으로 효성그룹 창업주이며 본관은 함안, 아호는 만우이다. 한학에 조예가 깊고 부농인 조용돈의 장남으로 태어났다. 중앙고등학교 다니다 6·10 만세에 참여하여 퇴학을 당하고, 일본에 유학하여 법정대학교 경제학부를 졸업하였다. 1942년 정미업을 운영하고 1948년 이병철과 삼성물산을 공동으로 설립하였다. 1957년 삼성에서 세운 효성물산을 1962년부터 독립하여 독자 경영에 나서게 되었고 타이어, 피혁, 나일론, 중공업 등으로 사업을 확장하여 2019년 재벌 순위 22위 효성그룹과 38위 한국타이어그룹으로 성장시켰다.

조홍제 생가_{함안군 동촌리 1129}는 낙남정맥이 여항산을 가기 전에 오봉산에서 백아산으로 가면서 멈추어 들판 한가운데 둥지를 튼 비봉야소형_{飛鳳野巢形}이다. 지형의 특성상 산도 달아나고 물도 산을 따라 달아나는 산수 동거 지역에 둥지를 트니 바람 잘 날 없다. 다행인 것은 군북면사무소 쪽으로 쭉 뻗은 산줄기가 두 다리처럼 바람을 막아 주고 물을 거두는 역할을 하고 있다. 또한, 이 지역의 물길 상류에는 특이하게도 저수지가 20여 개로 매우 많아 끊임없이 물을 공급해 주고 있다. 풍수에서 물은 재물에 관련된다.

승산마을 국세　(국토정보플랫폼, 필자 작성)

　좌측으로는 명관천 우측으로는 석교천이 흐르고 있다. 생가는 군북역을 중심으로 마을 북단 끝에 위치하고 용맥은 평지룡으로 성황당 부근까지 진행하고 생가에는 은맥으로 입수하고 산이 끝나는 곳에 남향을 하고 있어 앞은 높고 뒤는 낮다.

　마을의 진산인 백이산의 계간수가 들판으로 다가오고 좌우의 명관천과 석교천의 수량이 풍부하고 전면에서 합류하여 지기를 막아 주니 처음에는 흉하지만 나중에는 길한 터전이 될 것으로 보인다. 집터와 주택은 남고 북저의 지형으로 북향을 하여야 하나 양기를 취하기 위하여 남향으로 대문을 산 쪽으로 내어 지어져 있다. 반 배산임수의 지형으로 뒤가 낮고 공허하여 기댈 언덕이 없어 뒤로 넘어지는 모양이니, 형제간의 반목 및 부하들로 부터 하극상이 우려된다.

　숨어서 오는 은맥으로 입수하여 지기의 공급이 원활치 않다. 은맥의 특성은 거주하는 사람이 살아가면서 기복이 있는 것으로 알려져 있다. 물길은 집터를 산 쪽으로 내었으니 조래 창판수로 다가오지만, 터보다 높으니 집이나 묘 앞으로 물이 쏟아져 내리는 발면수潑面水라고 한다. 고서에서 발면수가 있으면 처음은 흥하나 나중에는 절손한다고 기록되어 있다. 산에 도로를 개설하여 뒤는 물길이고 앞에는 높은 산이 있는 주택이 이에 해당한다.

조홍제 생가 원경 (2025년 촬영)

안채에서 본 백이산 (2025년 촬영)

(6) 추천 여행 코스

주변의 진주 촉석루, 의령 곽재우 생가, 함안 서산서원 등 명소가 너무 많으므로 따로 명기하지 않는다.

승산마을 문화 지도 (경상국립대학교)

제 2 장

부자 되는 현장 풍수

2.1 터가 사람에게 끼치는 영향

1. 집터나 묘지의 부위별 작용

인걸은 지령이라고 했다. 사람의 됨됨이를 알려면 태어나고 자란 산천을 보면 금방 알 수 있다. 바람과 물은 이미 땅의 이치를 알고 있다. 풍수의 터를 분석할 때 산의 기세와 함께 사신사인 좌청룡, 우백호, 전주작, 후현무의 상태를 따진다. 이하 터가 사람에게 미치는 영향을 알아보자.

사신사	상징	장부	사회
현무(玄武)	지혜(智)	콩팥, 방광, 자궁	조상, 우두머리, 기획력, 조직력, 추진력
주작(朱雀)	예경(禮)	심장, 소장	부인, 부하, 파트너, 재물창고, 사회활동
청룡(靑龍)	인덕(仁)	간, 쓸개	아들, 관직(문관, 판사), 기획력
백호(白虎)	의리(義)	폐, 대장	딸, 관직(군경, 검사, 사회 치안), 재테크
혈장(穴場)	믿음(信)	위, 비장	자신, 신뢰

1) 지혜로운 사람이 나오는 터현무가 좋음

집 뒤에 있는 주산이나 마을 뒤에 있는 진산이나 묘소 뒤에 있는 현무봉이라 한다. 이러한 터의 뒷산을 통틀어서 현무玄武로 분류할 수 있으며, 이들이 품질이 좋고 나쁨에 따라 미치는 영향은 동일한 원리가 적용된다. 좋은 현무는 강건한 세력을 지닌 산의 기운이 매우 아름답고秀美 바로 서고正突 부드러워야溫和 한다. 좋은 산을 등지고 맑은 물을 거느리는 터에 사는 사람과 자손은 지혜롭다. 논산 명재고택, 안동 의성김씨 종택, 괴산 홍범식 고가 등이 대표적인 예이다.

(1) 논산 명재고택

충청남도 논산시 노성면 교촌리 306번지에 위치하는 가옥은 조선 시대 소론의 영수 윤증 선생의 호를 따서 명재고택이라고 불리고 있다. 명재고택은 조선 후기 유학의 거두들이 이 마을에 모여서 조선 정치를 논한 터이며, 대대로 문과 출세자가 나왔다. 이러한 배경에는 윤씨 종중의 종학당宗學堂이라는 명문 사학이 크게 작용하였다.

문성공 윤증 선생은 파평윤씨이며 조선 후기의 학자로1629~1714, 인조7~숙종40 우암 송시열과의 갈등으로 인해 집권 세력인 서인이 노론과 소론으로 갈라지는 결정적 영향을 끼쳤다. 분당의 계기는 윤증 부친의 묘갈문을 비판적으로 써 준 송시열 선생과의 갈등 때문이었다.

명재고택을 풍수적으로 분석해 보자. 명재고택의 백호인 서쪽에는 노성향교가 있고, 청룡인 동쪽에는 우암 송시열 선생이 주도하던 노론의 집결지인 궐리사가 있다. 용의 진행 형태를 살펴보면, 첫 번째 봉우리인 옥리봉에서 분리된 우측 가지가 고택의 외백호가 되고, 두 번째 봉우리에서 나누어진 가지가 노성향교의 입수룡이 되며, 세 번째 봉우리에서 나누어진 좌측 가지가 명재고택의 내청룡이 된다. 세번째 봉우리에서 두 갈래로 나누어진분벽 좌측 산줄기는 내청룡이 되고 우측 산줄기는 명재고택의 입수룡이 된다.

충남 논산 명재고택

(2024년 촬영/필자 작도)

뒷산을 바라보면 둥근 봉우리를 가진 무곡금성체武曲金星體라고 하고, 안산에 해당하는 능선이 책상처럼 평평하여 일자문성안一字文星案으로 보아 선인독서형仙人讀書形이라고 한다. 한편에서는 둥근 뒷산 봉우리를 옥녀로 보고 일자문성안을 거문고로 보아 마치 미인이 거문고를 타는 것과 같은 모양이라고 하여 옥녀탄금형玉女彈琴形 명당으로 불린다.

이 터는 전형적인 배산임수背山臨水의 지형이고, 산줄기가 집 뒤로 넓게 들어온다. 중국 청대에 맹천기는 『설심부변와정해』에서 '이른바 양택지는 일편으로, 음택지는 일선으로 온다所謂陽地一片 陰地一線者是也'라고 하면서 양택지는 음택과 달리 한 줄기 선이 아니라 산이 평평하게 부채처럼 펼쳐 내려오면서 넓어야 한다고 했다. 내청룡과 노성향교의 백호가 팔짱을 끼듯이 교차하여 수구막이가 되니 입구는 좁고 내부가 넓은 전착후관前窄後寬의 모습이며, 좌수左水가 혈전을 감싸고 외수外水가 모여 구불구불 지현굴곡之玄屈曲으로 노성천으로 흘러가고 있다. 또한, 마을 입구인 수구에는 연못을 설치하여 지기가 빠져나가는 것을 막고, 사랑채 앞의 원진수元辰水 우물은 이곳이 명당임을 입증하여 준다.

명재고택이 먼저 자리를 잡고 노성향교는 노성면 송당리에 있었으나, 1700년경 현재의 위치로 이전한 것으로 알려져 있다. 이곳을 답사하면 반드시 다녀가야 하는 곳이 있는데 종학당과 유봉영당이다. 종학당은 파평윤씨의 후손들의 학업 증진을 위해 사용한 요즘의 기숙학원으로서 가문의 정보력으로 쪽집게 과외를 시킨 대표적인 곳이다. 유봉영당은 윤증의 영정影幀을 모시고 봄·가을로 제사를 올리는 사당이다. 영당의 이름을 유봉으로 정한 까닭은 이곳의 지명이자 윤증의 호가 유봉이기 때문이다. 1642년인조 20에 금산에서 아버지 윤선거를 비롯하여 유계와 권시, 김집, 송시열 등에게서 배웠다. 윤증은 벼슬에 뜻을 두지 않아 조정에서 여러 차례 벼슬을 내렸으나 나가지 않았고 성리학에 전념하였고 특히 예학禮學에 밝았다. 유봉영당은 영당·경승재, 고택 유허지로 구성되어 있다.

종학당과 고택 유허지

(2) 안동 의성김씨 종택

영남 4대 길지인 안동 내앞마을 의성김씨 종택은 퇴계 선생의 수제자인 학봉 김성일 선생이 태어난 곳이다. 의성김씨는 신라 56대 경순왕 넷째 아들 석을 시조로 하며, 고려 태조 왕건이 의성군으로 봉하여 본관이 되었다. 의성김씨 종택은 청계 김진 선생을 불천위로 모시는 대종가로, 집성촌을 이룬 것은 중시조인 청계 김진1500~1580의 조부 김만근이 임하현의 처가인 오씨에게 장가들어 살면서 후손들이 번성한 것으로 보인다.

현재의 건물은 55칸으로 임진왜란 때 불타 없어진 것을 김성일이 북경에 사신으로 다녀오면서 가져온 설계도로 지은 것으로 5명이 과거에 급제하는 오자등과택五子登科宅 또는 육부자등과지처六父子登科之處로 널리 알려져 있다. 다섯 아들 중 셋은 문과에 급제하고 둘은 소과에 급제하고 5명을 교육시킨 김진 선생이 생원이어서 육부자 등과지처가 된 것이다.

이중환은『택리지』에서 내앞마을을 달빛에 비단을 펼쳐 놓은 완사망월형浣紗望月形 또는 배부른 소가 편히 누워 있는 와우형臥牛形으로 평했다. 강 건너 백운정은 후손들의 학문을 연마하는 장소로 현판은 척주동해비를 세운 미수 허목 선생의 글씨다. 집의 중앙에 길을 내고 대문은 다른 곳에 있던 것을 후대에서 고친 것으로 보인다. 선조들의 말씀에 따르면, 종가 사랑채 누마루에 앉아 말이 오가는 것이 보이면 지기가 쇠함이니 이 터를 떠나라고 당부하였다고 전해 온다.

안동 의성김씨 종택

　마을을 풍수적으로 분석해 보자. 낙동정맥 중 덕산지맥이 북으로는 청량산으로 가고 남으로는 내앞마을에서 멈춘다. 현무봉에서 산줄기가 2개로 갈라져 우측 산줄기는 내앞마을의 백호를 수구를 이루는데 백호가 짧아서 수구가 열려 있다. 좌측 산줄기는 2개의 봉우리를 만들고 3번째 마지막 봉우리입수정에서 우측 산줄기가 고택 후면으로 들어온다. 입수정에서 좌측 산줄기는 물길을 거슬러 올라가 넓게 면으로 펼치면서 마을을 감싸고 만송헌 방향으로 진행한다. 입수정에서 우출맥의 집중적인 지기를 공급받고 있는 곳에 종택이 위치한다. 종택 후면의 입수룡으로 넓게 펴져 들어오고 있으나 경사가 급한 것이 흠이다.

　우출룡은 입수정분벽지에서 좌우로 움직이며 바로 내려와 멈춘 곳에 종택이 위치하니 입수룡이 된다. 청룡은 덕산지맥 멀리서 달려온 산이니 응축력이 부족하다. 주작은 멀리서 다가와 절하는 모습이니 당배 안산으로 매우 귀하며 어진 부인을 들이는 모습이다. 삼당을 갖추고 청룡의 계간수는 옥대수로 마을을 감싸 주고 반변천의 큰물은 바람직하지 않은 모양이다. 터의 전체적인 모양[國勢]은 둥글어 천기가 하강하니 양기가 충만하여 생육하기 좋은 환경이 조성되었다. 종택 뒤쪽에서 바라본 주작의 모습은 병풍을 둘러친 듯 아름답게 마을을 감싸고 있다.

안동 의성김씨 종택 (풍수 분석)

(2021년 촬영)

종택은 배산임수 지형에 주건물인 안채에 중심점을 두었다. 조선 시대 길지의 특징은 용이 먼 곳에서 내려와 산이 멈추고, 사신사는 주변보다 특출하고 수려하며, 물길은 수량이 풍부하고 내수는 마을을 옥대수로 감싸여야 한다. 큰 물길은 반궁수 지역인 곳이 많은데 농경사회에는 농토가 산업의 기반으로 모래와 유기물을 실어 날라 수확량이 많기 때문일 것이다.

종택 건물의 모양[家相]은 배산임수 지형에 배산으로 전후보다는 횡으로 건축을 하여 온전한 지기를 받는다고 보기는 어렵다. 또한, 건물을 산에 바짝 지어 급경사를 이루고 있다. 양택은 산이나 정원의 경사 각도는 30도가 이상적이다. 입수가 경사가 급하여 자손들이 성질이 급할 것으로 보인다.

진입로가 주택의 중앙으로 설치되어 있어 직충살直衝殺을 받고, 대문을 가운데 설치하여 내부로 들어가는 공기가 정화되어 생기로 변환하는 완충 공간이 없어 기를 교란하는 동선이므로 가족의 건강이 우려된다. 사랑채가 우측에 있는 것으로 보아 전면 마당에 행랑채가 별도로 있고 대문이 우측에 있었을 것으로 보이나, 전반적으로 건물을 종축 방향으로 설계하여 안채는 내부 영역, 사랑채는 외부 영역으로 구분하였다. 좌측에서 오는 물이 강하므로, 풍수 에너지의 원활한 공급을 위하여 대문은 물이 흘러 들어오는 좌측에 내는 것이 바람직하지만, 대문이 가운데에 있어 아쉬움이 남는다.

안동 의성김씨 종택 (수구와 비보 섬)   (2021년 촬영)

사신사의 특징은 입수룡이 우출룡으로 백호지기를 공급받고, 청룡이 멀어 적장자가 발복을 받기는 어려운 모습이다. 백호가 짧아서 물길이 나가는 수구가 열려 있다. 다행히 비보 섬이 물길의 유속을 느리게 하고, 수림을 조성하여 수구막이 역할을 하고 있다. 주작은 바로 앞에 당배로 있어 귀하니 재물은 늘어나 매년 전답을 사들이는 모습이다. 산이 귀하고 맑은 물을 거느려 복은 장구할 것으로 보인다.

(3) 괴산 홍범식 고가

충청북도 괴산군 괴산읍 동부리 450-1번지에 위치한 괴산 홍범식 고가는 월북 작가 홍명희의 집으로 '괴산 동부리 고가'로 부른다. 홍범식 선생은 조선 말의 문신이자 독립운동가로 본관은 풍산, 자는 성방, 호는 일완―阮이다. 1888년고종25년 진사가 되었고 태인군수를 거쳐 금산군수가 되었다. 재직 시 의병을 간접 지원하였으며, 1910년 일제에 의해 주권이 강탈당하자 목매어 자결하였다. 홍범식 선생과 홍명희는 이곳에서 출생한 것으로 알려져 있다. 가족의 이력을 보면 부친 홍승목1847~1925은 서울에서 출생하였고, 명희는 사회운동가, 소설가이면서 월북하여 부수상의 요직을 거친 것으로 되어 있어 최근에야 괴산군에서 복원하여 관리하고 있다.

괴산 홍범식 고가

(한국문화원연합회)

홍범식 고가를 풍수적으로 분석해 보자. 청룡과 백호는 달아나고 동진천의 물길도 반배하는 형국이며 특출한 문필봉이 홀로 입수하였지만, 도와주는 곳 하나 없이 무정하다. 주산은 국사산415.3m이 되며 개심사 후면에서 현무봉을 일으키고 조그만 살줄기[枝龍] 하나가 고택으로 입수하였다. 국세는 물이 집 앞을 횡으로 지나가는 횡수국橫水局이지만, 동진천이 반궁수로 몰아치고 경사가 급하고 터가 협소하다.

개심사 청룡에서 나온 입수룡은 변화가 없이 일직선으로 나오고 상하좌우 변화가 없고 양편이 경사가 있고 특히 좌측면이 급경사를 이루었다. 생룡生龍의 조건은 물길을 거슬러 올라가야 되는데, 물길 따라 떠내려가는 용은 죽은 사룡死龍이 되었다. 고택 후면에서 입수룡을 살펴보면 정지면의 각도가 60도 전후의 급경사로 보이며 자연의 현상에

의하여 머리가 잘린 모습처럼 되어 있고 험악한 바위가 노출되어 있어 마치 무를 단칼에 베어 놓은 모습이다. 또한, 고택 대문으로 괴산 시내 넘어 골짜기가 직충하는 모습이다.

괴산 홍범식 고가   (한국문화원연합회, 최길호 작도)

　　개심사 후면의 현무봉은 우측으로 기울고 고택을 외면하고 있다. 청룡 능선은 우선 수에 청룡이 거수를 하여야 하나 고추박물관 방향으로 물길 따라 달아나면서 중원대학교의 우측을 감싸주고 있다. 즉 백호 능선은 언뜻 보기에 집터를 감싸는 듯하지만 자세히 살펴보면 지룡이 아닌 요도橈棹이다. 요도는 용을 방향을 변화시켜 주는 반에너지 산줄기로서 이곳에 집이나 묘를 쓰면 하극상의 우려가 있다. 요도의 발생 원인은 개심사에서 출맥한 지룡이 물길을 거슬러 충혼탑 방향으로 진행하기 때문이다. 이 용龍은 권기 묘역의 안산이 되고 수진리의 국을 이루는 능선이 된다. 전주작은 조래수朝來水가 당도하니 재물財物이 많다고 해석된다. 이 터는 꽃잎이 시들어 늘어진 형상이다. 이렇게 된 원인은 안산의 기세가 강하게 밀려와서 용호가 집터를 보호하지 못하고 자기만 살자고 양쪽으로 방향을 틀고 돌아섰으며, 동진천이 반궁수로 할퀴고 지나가니 충살을 받는 고단한 땅이다.

건물의 가상家相을 보자. 음택이나 양택은 생기를 얻으려면 용맥을 타야 하고, 발복이 크려면 좋은 국세局勢를 얻어야 한다. 양택의 국은 비중이 30% 이상을 차지한다. 양택지는 산 사람의 거주 공간으로 천기인 양기를 많이 받아야 하지만, 부귀 겸전하는 길지는 생기가 충만하고 양기를 받는 곳이어야 한다. 국내局內에 있어도 양기만 있고 지기가 없다면 발전이 더디고, 풍수상 흉지에 산다면 망하고 부진한 것은 당연한 이치이다.

양택에서는 가상의 3대 요소를 논한다. 배산임수背山臨水는 지기와 천기의 충화冲和에 목적이 있고, 전저후고前低後高는 배부와 건물의 주종 관계에 영향을 비치며, 전착후관前窄後寬은 터와 건물의 조화에 있으므로 마을이나 주택의 입구는 좁아야 하고 들어서면 넓어야 한다는 의미도 된다.

건물의 배치 기준터잡이을 살펴보자. 뒤에 산을 등지고 수려한 봉우리가 있는 것은 지기를 얻는 것이며, 앞에는 낮고 평평한 땅이 있는 것은 양기를 얻는 데 목적이 있다. 내수는 지기를 수용하고 외수는 조래수로 만궁이 되는 곳, 모래가 쌓이는 곳이 대부분 부자 마을이고 부자 터가 된다. 문은 바람과 물길이 들어오는 득수처에 내어야 원활한 환경 에너지를 공급받을 수 있다. 내명당인 마당에 낙엽이 쌓이고 공기가 쌓이는 곳에 생기가 쌓여 재물이 넘치고 거주자들이 건강하고 장수한다.

건물의 구조갑잡이를 살펴보자. 음택이나 양택의 혈장의 모습은 동일하며 음택의 혈장은 한 줄기로 맺혀야 하고, 양택의 혈장은 넓어야 한다. 음택의 혈장은 초가삼간 이내로 보고 양택의 혈장은 초가삼간 이상으로 커야 많은 사람이 지기를 공유할 수 있는 것으로, 즉 혈장의 크기가 지름 5m 이상이 되어야 양택의 혈장으로 본다.

건물의 형태를 살펴보면 대부분 ㅁ자 구조로 건축하였으며, 조선의 건축 양식은 길상의 숫자의 형태를 즐겨 사용하였고, 흉상의 숫자를 멀리하였다. ㅁ자 구조는 건물을 땅으로 보고 하늘을 둥근 것으로 보아 음양을 충화하는 것이다. 길상의 글자는 건물 평면상으로 日月口井用多也孕吉 등이다. 흉상의 글자는 건물 평면상으로 工尸亡字 등이다.

터와 건물의 조화와 균형이 무엇보다도 중요하다. 터는 음으로 보고 건물은 양으로 보아 건물의 칸수를 양의 숫자인 1, 3, 5, 7, 9로 하였다. 대문은 양으로 보고 정원은 음으로 보아 정원이 조화로워야 한다. 따라서 마당이나 정원이 너무 좁아도 안 좋고 넓어도 안 좋다. 이상적인 황금비율은 1:1.6183:5 정도이다.

결론적으로 입수룡이 참룡이 못 되어 물길도 반궁수反弓水이니 국세가 협소하며 사신

사의 도움을 받을 수 없는 땅으로 바람 잘 날 없다. 입수룡이 경사가 급하여 산살이 우려되므로 산살을 피하려면 경사 각도가 30도 이내여야 하는데, 후면에 창고를 지은 것은 바람직하다. 안채는 건물은 반듯하고 정원도 방정하여 환경 에너지 공급받을 수 있으나 사랑채는 상대적으로 대문이 잘못 내어졌다. 부친 홍승목이 서울에서 태어나고 일설에는 선생이 제월리 산지기 집에서 출생하였다고도 하는데, 홍씨 가문에서 고택에 그리 많이 머물지는 않은 듯하다. 친일 반민족 행위자와 항일 독립운동가, 사회운동가에서 조국을 떠나 월북하여 고위직에 오른 사람들이 혼재하여 태어나 자라고 생활하던 공간이다. 이 땅의 정신은 독룡獨龍이니 독불장군과 같이 고독하게 뻗은 산줄기처럼 어지러운 사람들이 살아가는 터전일 것이다.

(4) 나쁜 현무

나쁜 현무는 산이 아름답지 않고 거만하고 달아나고 삐딱하고 깨지고 거친 것이다. 터의 뒷산이 너무 강하거나 터의 앞이 약하거나 경사가 급하면 예의가 부족한 잔재주꾼이 나온다. 뒤가 허약하고 앞이 높으면 어둔하고, 대세를 거역하는 역성逆性의 매사에 부정적인 자손이 나온다.

나쁜 현무의 예시(병풍산, 한라산, 장가계)

2) 어진[仁] 사람이 나오는 터 청룡이 좋음

윤증고택처럼 터의 뒤 언덕이 단아 후부하면서 그 언덕이 터의 왼쪽 측면인 청룡이 유정하게 감싸고도는 곳에서 태어나거나 살아가는 사람은 어질고 인자한 성품을 소유한다. 도시에서는 건물이 사신사의 역할을 하므로 왼쪽에 일자형 주택이 가로로 놓여 있는 것이 좋다. 청룡이 터를 감싸는 모습을 3단계로 구분하면 시작점에서는 터를 전호纏護, 중간에서는 터의 기운을 육성育成, 마지막에는 터의 기운을 응축凝縮하는 역할을 한다.

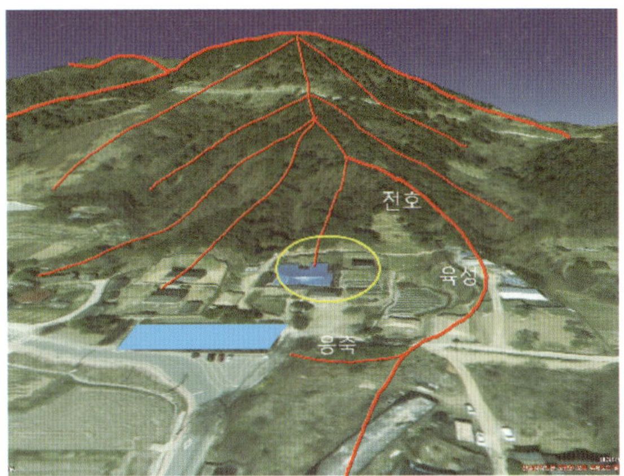
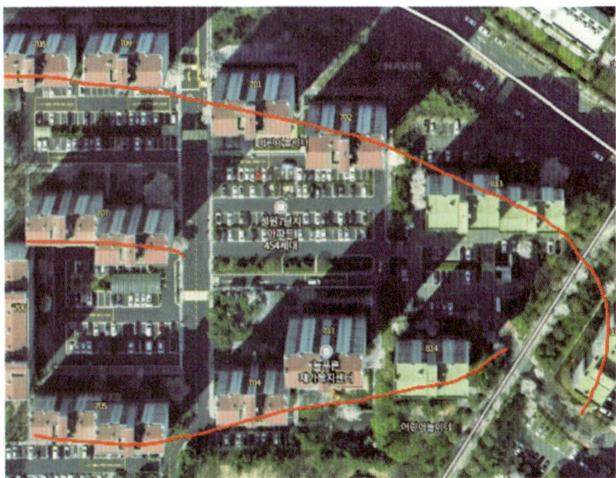

명재고택과 분당 아파트의 청룡

(필자 작도)

3) 예의 바른[禮] 사람이 나오는 터 전순/마당이 좋음

묘지나 집터의 전면이 바르고 평탄한 곳을 말한다. 전면에 주택이 가로로 단정하게 놓여 있어도 좋다. 반면에 터의 앞부분이 불균형, 급경사, 함몰되면 성품이 급하고 경솔하다. 마당 앞쪽이 높이 올라와 있거나 흉한 돌이 놓여 있어도 손윗사람을 몰라보는 경거망동을 한다. 따라서 집이나 묘소를 언덕이 올라가는 쪽을 향해서 등산하듯이 만들면 나쁘다. 만약 앞쪽이 높다면 평탄화하는 것이 좋다.

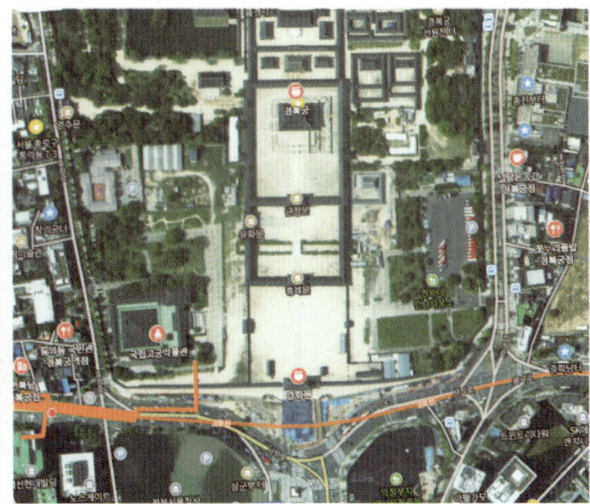

명당이 평탄한 정몽주/이석형 묘소와 경복궁

(필자 작도, 네이버지도)

4) 의로운[義] 사람이 나오는 터 백호가 좋음

터의 백호인 오른쪽 기운이 강건하고 아름다울 때 태어나거나 살아가는 사람은 정의심과 의리가 있다. 반면에 터의 오른쪽이 파손, 함몰, 흉석, 반배하면 그곳에서 출생하거나 거주하는 사람은 의리를 배반한다. 주택이 오른쪽에 가로로 서 있어 언덕 구실을 하면 도움이 된다.

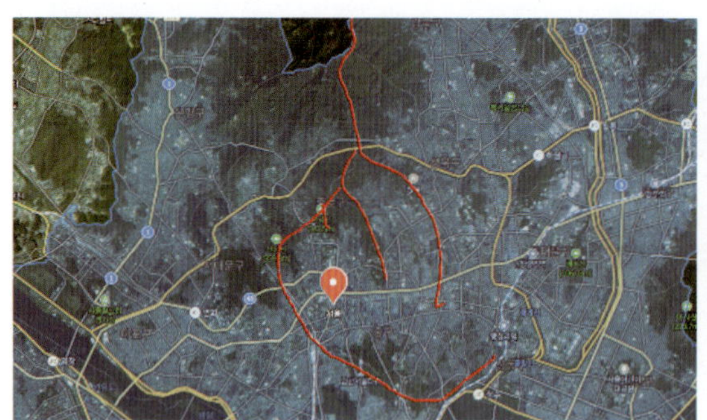

한양도성 백호와 쌍청당의 백호　　　　　　　　　　　　(필자 작도, 촬영)

5) 신의[信]와 의지가 강한 사람이 나오는 터 혈장이나 안채가 좋음

묘터나 집터의 중심부 기운이 원만 융성하여야 신의와 의지가 형성된다. 반면에 터의 중심 부분이 매립지, 골짜기, 웅덩이 등이 있던 곳에서 출생 거주자는 신의가 부족하다. 의지가 부족하여 우울증에 걸리면 질병으로 사망한다. 실제로 조선 시대에 역적의 묘소나 집을 파괴하고 웅덩이를 만들어 후환을 없애고자 하였다. 성석용 묘소, 회현대군 묘소, 내시 김처선의 집터 등이 대표적인 사례다.

(1) 목은 이색 생가

목은 이색 생가는 경북 영덕군 영해면 괴시리 338-2에 있다. 고려 말 문신으로 본관은 한산, 자는 영숙, 호는 목은, 시호는 문정이다. 아버지 도첨의 찬성사 이곡이고 어머니는 요양현군과 함창군부인으로 책봉된 김씨이다. 목은 이색은 1328년충숙완15 영덕군 영해에서 태어났다. 아버지가 원나라 관리로 체류하여 한산에 있는 친가에서 외가로 보내져 출생을 하고 7세가 되던 해까지 외가에서 친가 한산으로 보내졌다. 성장한 후에도 외가에서 보낸 추억이 있으며, 출중한 학문과 소양은 어머니로부터 영향을 받았을 것이다.

　또한, 나옹선사의 고향은 영덕군 창수면 가산리 260번지로 생가터가 복원되어 있고 나옹선사가 창건한 장육사가 있다. 나옹선사는 경기도 양주 회암사에서 깨달음을 얻고 지공, 무학과 함께 우리나라 3대 화상이다. 선생이 여강으로 가다 죽었다는 기록으로 보아 동향인 나옹선사가 있는 여주 신륵사로 가다 살해당한 것으로 판단된다. 태조 이성계의 출사를 종용받았으나 끝내 고사하였다.

목은 이색 생가터

먼저 괴시마을을 풍수적으로 분석해 보자. 괴시마을은 200~300년이 지난 조선 시대 전통 가옥이 잘 보존되어 있고 고려 시대 대유학자 이색 선생의 탄생지로 더 유명하다. 원래 지명은 호지촌濠池村이었으나 목은 이색 선생이 중국 원나라 사신으로 다녀와 고향인 이곳이 중국의 괴시槐市와 비슷하여 괴시라고 부르면서 마을의 명칭이 바뀌었다. 1260년경 함창김씨가 처음 터를 잡고 뒤에 수안김씨, 영해신씨를 거쳐 1630년인조8년경 영양남씨가 이주하면서 현재는 영양남씨의 세거지가 되었다. 남씨의 시조 남민은 당나라에서 신라로 귀화하여 고려 시대에 영양, 의령, 고성으로 분관이 되었다. 가장 번성한 가문은 조선 개국의 혁명에 성공한 의령의 남재 가문이다. 영양남씨는 조선 시대 문과 급제자 26명. 무과 급제자 13명을 배출하였다.

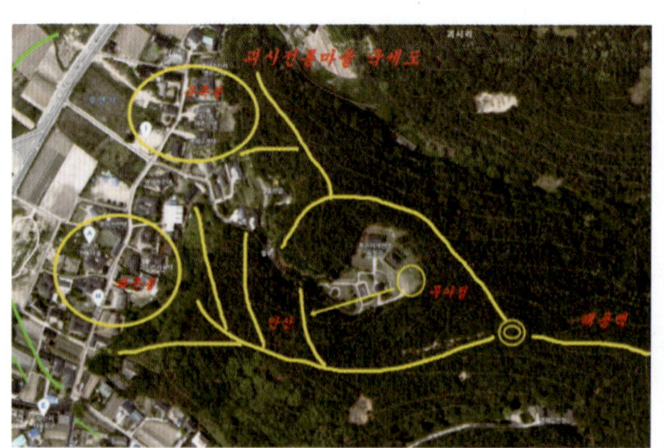

괴시리 전통 마을 국세   (네이버지도, 필자 작도)

이색 생가터를 풍수지리적으로 분석해 보자. 생가터는 하늘에서 보면 마치 선비가 한양을 향해서 홀을 들고 있는 모습으로서 모든 물을 받아먹는 터이다. 선인집홀형仙人執笏形으로 명명하고 싶다. 상류에는 나옹선사 생가터가 있다.

낙동정맥은 태백의 구봉산에서 부산 다대포 몰운대에 이르는 산줄기로 370km에 이르는데 그중 가지 하나가 영양의 포도산748m, 봉화산285.8m, 망일봉을 거쳐 대진항의 상대산183.6m에서 멈춘다. 낙동정맥을 따라 남진하다 북으로 원을 그리며 돌아온 산을 바라보는 형태로 회룡고조형回龍顧祖形에 속한다. 현무는 포도산이고 주작은 칠보산이 되며 보물이 일곱 개가 있어 지어진 이름이다.

괴시리는 동해안을 따라 북으로 거슬러 올라가는 대소산−망일봉−망일봉에서 서쪽으로 뻗은 산 능선으로 영해평야를 바라보고 동고서저東高西低의 지형·지세를 이루고,

북에서 남으로 내려오는 포도산과 칠보산에서 나오는 물줄기가 합하여 송천을 이루어 코든 물이 괴시마을로 모여든다. 송천이 횡수국으로 괴시마을을 둥글게 감싸안으니 산은 머물고 지기는 응결되어 토색은 밝고 천기가 비추니 항상 밝은 기운이 마을에 머물고 있다. 그러나 현무봉이 약하고 우측 능선인 백호가 물길에 쓸려가는 모습으로 거수巨水가 부실하여 그 많은 물을 대부분 흘려보낸다. 영해평야를 품은 괴시마을이 대국이 되려면 대진해수욕장의 뒷산인 상대산이 대진해수욕장 쪽으로 방향을 틀어야 했다. 상대산에는 한때 삼성그룹 비운의 황태자 이맹희 회장의 별장이 있던 곳이다.

(국토정보플랫폼)
목은 이색 생가터 국세

(2025년 촬영)
영해평야 너머로 보이는 안산과 조산

망일봉에서 서쪽으로 뻗은 산줄기는 괴시마을에 이르기 전에 현무봉을 일으키고 용이 나뉘는 곳에 선생의 생가터무가정가 있다. 좌측 능선과 우측 능선이 마을로 들어오는 봉우리 아래에 주거 지역이 밀집되어 있으며, 고택의 위치도 대부분 이곳에 위치한다. 좀 더 하류 쪽에 국세가 좋은 곳이 있으나 반궁수 지역이어서 주거지로 선택하지 않은 것으로 보인다.

예전에는 장가서랑를 간 후 처갓집에서 5~10년을 살다 본가로 귀가하는 것이 일반적인 관습이었다. 생가는 괴시마을의 안쪽 중턱에 위치하며 입구는 좁고 안으로 들어가면 관평하고 너그럽다. 산 능선이 하나로 오다 집 뒤에서 둘로 나누었기 때문인데 생가터는 탐랑 목성체의 봉우리망일봉 아래 가운데서 산줄기가 나와 평평한 터를 이룬 곳에 생가가 있던 무가정 터가 된다. 처녀가 다리를 꼬고 있는 형태로 사상혈로는 와혈窩穴이고 와중상현이 되며 청룡과 백호가 긴밀하게 수구를 막아 관쇄가 잘되고 청룡 능선의 가운데 부근이 안산이 된다.

백호 능선에 치우친 부근이 생가터라고 표지석이 있는데, 풍살을 방지하려면 오히려 정자가 있는 곳이 지기가 안정된 곳으로 보인다. 수구에 하늘과 땅을 알리는 연못을 조성하여 지기의 설기를 방지하고 있어 천장지비天藏地秘란 이런 곳이구나 하는 감탄사가 절로 나온다. 풍수의 영향은 음택과 양택으로 나뉘며, 음택은 지속적으로 지기를 공급받으므로 영향이 양택보다 크다. 양택의 영향은 잉태, 출생, 거주지, 생활의 터전으로 분류하며 잉태 출생의 비중이 크다.

괴시마을이 위치한 곳은 생가터에서 보면 좌측은 청룡 끝자락이고 우측은 백호 끝자락에 해당하는 것이다. 풍수에서 중출맥에 자리 잡으면 인물과 재물, 자손이 골고루 발전하고, 청룡 자락에 자리 잡으면 인물은 있으나 재물이 부족하고, 백호 자락에 자리 잡으면 재물은 있으나 인물은 부족한 경향이 있다. 또한, 마을이나 산천의 출입구 부근은 물이 빠져나가는 물길 바람길로 발전을 기대할 수 없는 곳으로 해석한다.

(2) 성석용 묘소

성석용은 자녀 3남을 두었는데, 큰아들 성달생成達生은 공조판서, 판중추원사로 시호는 양혜襄惠이고, 둘째 아들 성개成槪는 경기관찰사, 병조참판이며, 셋째 아들 성허成栩는 예조참의를 지냈다. 그러나 1456년에 성삼문, 박팽년 등이 단종의 복위를 꾀하다가 실패하여 일어난 병자사화丙子士禍 때에 사육신 사건으로 인하여 가문이 멸문지화를 당했다. 파주시 법원읍 금곡리 관모봉 아래성부터, 성깃터 묻혀 있는 성달생은 조선 최초로 이루어진 무과시험에 장원으로 합격하여 세종조에 육진 개척 등에 많은 공을 세운 인물이다. 그럼에도 불구하고 아들성승 장군과 손자성삼문가 병자사화에 연루되어 역신의 아버지, 할아버지로 시신을 추탈당하고, 묘소마저 파헤쳐 평토하여 묘 수호도 못 한 채 수백 년을 실전되어 내려오게 된다. 이때 성승 장군의 네 명의 아들 성삼문, 성삼빙, 성삼고, 성삼성과 손자 셋이 모두 죽음을 당하였다. 충숙이라는 시호를 받은 성승 장군의 묘소는 노량진 사육신 묘역 안에 '성씨의 묘'라고 쓴 작은 비석이 세워진 두 개의 묘가 있다. 성삼문 선생 유허비는 충남 홍성군 홍북읍 노은리에 있다.

그러다가 300여 년이 지나서야 신원되어 비석과 석물들을 찾아내어 오늘날과 같은 모양을 찾게 되었다. 오랜 세월의 풍파에 문적이 끊기어 묘소마저 실전失傳되었으므로, 광복 후 양혜공 성달생 묘 아래에 우참찬 성증胜과 한성판관 성삼석三錫 부자의 단壇을 만들어 모셨다.

성석용 가족묘와 노량진 성승 장군 묘소

(2025년 촬영)

(3) 회안대군 묘소

회안대군묘懷安大君墓는 조선 태조의 넷째 아들 이방간李芳幹의 묘로서 전주시 금상동 59-5 법사산에 위치하며 잣나무로 둘러싸여 있다. 제1차 왕자의 난 당시에는 정안대군 측에 가담하여 정사공신定社功臣에 책봉되었다. 그 후 정안대군이 그를 죽이려 한다고 보고 제2차 왕자의 난을 주도했으나 실패하였다. 그 후 수많은 신하의 모함에도 불구하고 이방원은 차마 형인 이방간을 죽이지 않고 황해도 토산현으로 유배를 보냈다. 이방간은 그 후 자원하여 성향姓鄕인 전주 북쪽 전라북도 완주군 봉동읍鳳東邑 구만리九萬里 천내川內 부락에서 은거하다가 태조대왕이 승하하였을 때 복상服喪하지 못하였음을 애통하게 여겨 다시는 한강漢江을 건너가지 않을 것을 맹세하였으며 자손들에게도 전주에 살도록 유언하였다. 이처럼 회안대군은 전주에 머물러 살기 원했으나 형님에 대한 정분이 남다른 태종대왕은 특사를 보내어 상경케 함으로써 한양으로 돌아오던 중 1420년세종 2 3월 9일 향년 57세로 충남 은진恩津에서 생을 마쳤다. 조정에서 이 소식을 들은 태종대왕은 슬퍼한 나머지 음식을 멀리하고 조정의 회의와 장터를 3일간 정휴케 했다. 아울러 대군의 봉작을 복원시키고 곡식과 면직물을 후히 내렸으며, 예관禮官을 보내어 조의와 제사를 지내게 했다. 그리고 지사地師 세 명을 파견, 전주 동쪽 법사산法史山 을좌원乙坐原에 예장하니 그곳이 대군의 만년 유택이 되었다.

묘의 형태는 조선 시대의 일반적 형태와 달리, 태인의 정극인 묘처럼 부부 묘가 상하로 되어 있는데, 아래의 묘가 부인 김포금씨의 묘이며, 위의 묘가 회안대군 이방간의 묘이다. 이 자리가 군왕지지君王之地라 하여 지기가 흐르는 곳에 뜸을 떠 버렸다는 것은 유명한 이야기가 전해 오며, 지금도 뜸을 뜬 자리가 남아 있다. 절단된 산줄기 아래로 덕진 3터널이 지나가고 있다. 1972년부터 회안대군파종회장 종구鍾龜는 1987년에 광감재曠感齋와 선산 구릉지에 위토답 1만여 평을 개간 착공, 위토답은 당년에 개간 영농하였고, 광감재 재실 중건공사는 1992년에 준공하였다.

전주 회안대군묘

(2023년 촬영)

(4) 김처선의 집터

연산군 때 세종시 전의면 출신 김처선金處善이라는 내시가 있었다. 김처선은 세종대왕 때 내시가 되었고, 연산군까지 일곱 분의 임금을 직접 섬겼으며 최고 벼슬인 상선을 역임하였다. 연산군이 그의 생모 폐비 윤씨와 관련된 사람들을 모두 죽이고, 폭정이 심해지자 김처선은 연산군에게 다음과 같이 말하였다. "전하, 이 늙은 놈이 일곱 분의 임금을 섬겼고 경서와 사서를 대강 통했는데 고금에 전하와 같이 행동하는 임금은 없었습니다. 이제부터라도 백성을 생각하여 바른 정치를 펴시옵소서."라고 하자 연산군은 분노에 차서 활을 들어 그의 가슴을 쏘았고, 칼로 팔과 다리를 잘랐다. 김처선이 죽었지만, 연산군의 분노는 그치지 않았다.

연산군은 처선處善이라는 이름을 가진 사람들의 이름을 모두 바꾸게 했다. 그뿐만 아니라 모든 공문서에 처處를 쓰지 못하게 했다. 경북 봉화군 닭실마을의 권벌沖齋 權橃, 1478~1548이라는 사람이 27세에 과거에 급제했다. 그런데 어느 날 과거 급제를 취소한다는 문서를 받는다. 이유는 과거 답안지에 처處 자가 들어 있다는 것이다. 권벌은 여러 경로를 통해 김처선이 사망하기 전에 본 과거의 답안임을 소청하여 다시 회복할 수 있었다.

연산군은 늘 흥청興淸들과 함께 가무를 즐기며 놀았다. 그중 제일 좋아하는 춤이 처용무處容舞였다. 그가 김처선을 얼마나 미워했던지 가장 즐겼던 처용무도 풍두무豐頭舞로 바꿨다. 24절기의 하나인 처서處暑도 그의 분노에서 벗어날 수 없었다. 처서가 여름이 지나 더위도 가시고 선선한 가을을 맞이하게 된다는 의미로 아주 오래전부터 전해 내려온 절기임에도 불구하고, 조徂 자로 고쳐 더위가 간다는 의미의 조서徂暑로 바꾸었다. 처서도 이렇게 수난을 겪은 세월이 있었다. 물론 중종반정 이후에 원래대로 복귀되었다. 세종시 전의면 동교리에 있는 김처선의 집은 헐어 버리고 그 자리에 물을 끌어와 못을 만들었다. 연산군이 김처선이란 이름을 지우기 위한 처절한 조치였다. 지금 세종시에 있는 그의 집터는 들풀만 무성할 뿐이다.

김처선의 집이 있던 세종시 전의면 동교리

(유튜브 KBS 한국사전)

6) 기획력이 뛰어난 터

묘터나 집터의 후면의 산줄기가 강하고 힘차게 들어와야 한다. 또한, 터의 뒤가 반듯하고 균형이 유지되어야 한다. 반면에 골짜기가 생기거나 파인 곳, 물길 등은 나쁘다. 파괴되거나 험한 바위가 있거나 급경사이면 성격이 모나고 정신질환이나 형제간 싸움이 있다. 집터 뒤의 산이 급경사인지 판단은 경사도 30도 이상을 기준으로 한다. 따라서 경사가 30도 이상이라면 집터를 좀 더 앞으로 나와서 정해야 한다. 마운틴뷰가 좋다고 절벽에 가까이 붙이는 것은 좋지 않다.

(1) 용인 흥국생명 연수원

　용인 흥국생명 연수원은 남향으로 훌륭한 위치에 자리를 잡았으나 현무와 백호의 산줄기를 깨고 바위를 노출시켜 건물을 기대어 지었으니, 좁은 터에 건축 공간을 넓히려는 마음은 이해가 되나 소탐대실이 되어 안타까운 일이다.

용인 흥국생명 연수원

(국토정보플랫폼, 전자대전)

(2) 안성 덕봉서원

　안성 덕봉서원德峰書院은 아름다운 금성체를 현무정으로 삼고 다른 들판을 향하였으니 학문은 뛰어나지만 안산과 조산이 멀어 효과가 늦게 나타날 땅이다. 더구나 최근 정면 안산에 석산을 개발하여 바위가 노출되었으니 안타깝다.

안성 덕봉서원과 해주오씨 선산의 주산인 고성산

(2023년 촬영)

　경기도 안성 덕봉서원의 풍수와 인물을 살펴보자. 덕봉서원은 1695년숙종21 오두인의 충절과 덕행을 기리기 위해 창건하여 위패를 모신 곳이다. 덕봉이라는 사액과 덕봉사당이라 쓰인 편액은 숙종이 하사한 것이다. 덕봉서원의 사당은 입수룡의 중심 맥에 자리를 잘 잡았다. 중수 과정을 거쳐 1871년고종8 흥선대원군의 서원 철폐령에도 훼철되지 않은 서원이다.

　오두인은 본관은 해주, 자는 원징, 호는 양곡으로 해주오씨 정무공파의 중흥조가 된다. 고조 오수억, 증조 오정방생부 오수천, 조부 오사겸, 부친 오숙생부 오상이며, 정부인 여흥민씨 사이에 큰아들 오관주가 있고, 계배 원주김씨 사이에 차자 오정주가 있으며, 삼배 상주황씨 사이에 오태주, 오진주, 오이주 삼남을 두었다. 그중에서 오태주가 현종의 3녀인 명안공주와 혼인하여 부마가 되었으며, 자손이 없어 오진주의 아들 대제학인 오원을 양자로 들였다.

　오두인은 1648년인조26 진사시에 장원으로 합격하고 다음 해 별시문과에 장원으로 급제하였으며, 1650년효종1 지평으로 관직에 나갔다. 1679년숙종5 공조참판으로 사은부사가 되어 명나라에 다녀왔고, 1680년 공조판서에 올랐다. 정치적으로는 노론으로 기사사화에 인현왕후가 폐위되자 박태보, 이세화와 함께 반대하는 상소를 올려 국문을 받고 의주로 유배 도중 파주에서 객사하였다. 그해 복관되었고 시호는 충정이다.

　덕봉서원은 한남정맥의 용인 문수봉403m에서 북진하는 산줄기는 앵자지맥을 이루고 남진하는 산줄기는 쌍령산502m을 들어올리고 행도하여 거문 토성체의 진산인 고성산298m을 일으키고 물과 들판을 만나 멈춘 곳에 덕뫼마을이 자리 잡았다. 덕뫼마을은 고성산의 동쪽 사면에 위치하고 고삼저수지에서 발원하는 물길이 한천을 이루고 안성천과 합류하니 수량이 풍부하고, 거시적인 모습保局은 쌍령지맥과 안성 읍내를 이루는 보개산 산줄기의 간룡이 수구에서 만나 물이 모여드니 대국을 이루었다.

　덕봉서원은 바리봉을 배산으로 북고남저의 지형·지세로 한천을 경계로 내당과 외당으로 나뉜다. 진산인 고성산298m의 좌측으로 갈라진 산줄기가 행진하여 무곡 금성체의 둥근 봉우리를 이룬다. 그 모습이 형국론으로는 장군이 진지에 앉아 있는 모습을 닮아 장군대좌형將軍大座이고, 들판이 넓고 비옥하여 명당리라는 마을과 명당리 왕갈비탕 식당이 있다. 한천 건너 대덕산의 본래 모습은 북이나 천마사의 형태였을 것으로 유추하여 본다.

회룡고조형 산줄기와 덕봉서원에서 바라본 명당과 주작의 모습　　(네이버지도, 2023년 촬영)

　또한, 덕봉서원 뒷산은 종을 엎어 놓은 복종형이다. 고서에 복종형의 산을 얻으면 장원급제하는 자손이 나오고, 전쟁에 나가 공을 세워 정승에 오르는 인물이 나온다고 알려져 있다. 물은 좌측에서 우측으로 돌아나가니 청룡이 나가는 물을 거둔다. 들판 멀리 보이는 주작은 대덕산이 되나 석산 개발로 파괴되어 흉한 모습이다.

　양택 풍수의 지형·지세와 터의 조건을 살펴보자. 지세는 넓고 평평하고 명당은 전면이 넓고 커야 한다. 주작은 단아하게 감싸야 하고 깨지거나 흉함이 없어야 한다. 집터는 용호가 좌우에서 둘러싸고, 좌향이 정방으로 반듯하고 제자리에 위치하여야 한다. 좌는 기댈 언덕이 있고 물길은 허리를 두르고 수구는 감춰져야 한다. 입수룡이 왕성하여 지기가 응결되고 보국이 둥글어야 천기를 흡입하여 생기로운 터가 된다. 이러한 기준으로 볼 때, 덕봉서원은 완벽한 양택의 터의 조건을 갖추었지만, 앞에 있는 주작인 대덕산이 파쇄되어 아쉬움이 남는다.

　주작의 기능은 현무와 음양 교배로 응기를 하여야 하고 용의 기를 혈장에 모아 주는 역할을 한다. 아울러 주작은 자손이 살아가는 모습으로 사회성과 예경을 관장하며 부부 관계 또는 재물을 보기도 한다. 서원은 조선 시대 교육기관으로 이곳에서 강학을 받는다면 주산의 에너지가 강하고 명당이 광대하여 충효를 지닌 훌륭한 인물이 나올 것이다.

(3) 오두인 묘

오두인 묘역의 입수룡과 파구　(2023년 촬영)

　　오두인 묘소는 거문 토성체의 중출맥으로 돌혈로 알려진 생부 오상 묘역으로 가는 산줄기에서 좌측으로 갈라진 능선 상부에 역장으로 묘역이 조성되어 있다. 묘역 아래에는 오경운과 심씨 할머니 묘가 있고, 끝자락에는 포출맥으로 양아버지인 관찰사 오숙 묘가 위치한다. 용격은 용척의 옆구리에서 나오고 주작이 멀어 산수 동거하고 수구가 열려 있으며 무기력하니 용의 균형을 유지하는 지각성 지룡으로 보인다. 풍수 고전에 의하면, 입수룡은 간룡이 되어야 하고, 용호는 지룡이 되어야 한다고 한다. 따라서 입수룡이 지룡이고 용호가 간룡이 되면 주객이 뒤바뀐 격격이 된다. 따라서 백호는 간룡이 되고 오상 묘로 가는 과룡처가 되며, 수량이 많은 청룡수가 객수가 되어 오정방 묘역을 환포하니 당문파로 계수즉지에 불리하다.

7) 조직력이 뛰어난 터 혈장의 균형

　　터의 전후좌우 균형과 안정을 유지하고 지속적으로 중심부에 에너지를 공급하여야 한다. 즉 전후의 입수와 전순 또는 주산과 안산, 좌우의 선익 또는 청룡과 백호가 균형을 이루어야 한다. 반대로 뒷산과 앞산이 균형과 조화가 안 되면 종적인 조직을 만드는 데 약하다. 주변과 조화가 안 되는 터에 오래 거주하면 편견을 갖고 치밀함이 부족하여 실패를 부른다. 남양주 한확 묘소는 모란반개형牡丹半開形으로서 혈장의 균형이 잘 맞는 편이다.

남양주 한확 묘소   (2024년 촬영)

8) 창의력이 뛰어난 터 입수룡 발달

터의 뒤에서 내려오는 입수룡이 풍만하고 활발할 때 창의력이 뛰어난 인재가 나온다. 터의 뒷면에 정돌한 바위가 줄지어 있으면 재능 있는 자손판검사/CEO 등이 나오고, 두뇌 활동과 창의력이 발달된다. 터의 앞쪽에 맑은 물이 감아 돌면 발전이 배가된다. 목은 이색 생가터나 아산 명재고택이 이에 해당한다.

9) 추진력이 뛰어난 터 입수룡 강건

추진력은 입수룡의 기운이 들어오는 자리가 강건 웅대한 곳에서 형성된다. 터의 뒤에서 공급받는 기운은 일의 추진 능력을 배가하고, 터의 전면에서 공급받는 기운은 일을 잘 마무리하는 능력을 배가한다. 터의 후면에 큰 건물은 도움이 되지만, 터 앞에 내 집보다 큰 건물은 추진력을 방해한다. 이런 경우 소심하거나 자린고비가 되기 쉽다. 안동 의성김씨 종택은 입수룡이 강건하고, 충남 서천군 기산면 광암리 산 8번지에 있는 이색 부친인 이곡 묘소는 안산이 둥근 종 모양으로 뛰어나므로 마무리가 좋다.

이색 부친 이곡 선생 묘소   (2025년 촬영)

　이곡 선생 묘소의 풍수를 분석해 보자. 한마디로 한산이씨 묘역 중 이곡 선생 묘역이 가장 길지로 보인다. 이곡 선생은 이색의 부친으로 고려 시대 경학의 대가로 명성이 높았다. 1332년 충숙왕 때, 35세에 원나라의 정동성 향시에 합격하고 다음 해 제과전시에 합격하여 한산이씨의 발복의 발판을 만들었다. 우사원이랑의 관직을 지냈고 고려에서 한산군에 봉하여졌다. 부자가 모두 원의 과거에 급제한 인물로 한산이씨의 중흥조로 알려진 묘역으로 부인 함창김씨와 합장묘이다. 전체적인 형상은 게 모양의 해복혈蟹伏穴이다.

이곡 선생 묘소 국세 (네이버지도)

　묘소는 금북정맥이 큰 강을 만나 멈추는 산진처 명당에 자리 잡고 있다. 한산면의 진산인 건지산160m을 오르기 전 우측으로 뻗은 가지 하나가 어성산154.2m으로 향하는 중간 지점에 묘역이 위치한다. 입수룡은 횡룡입수이고 어성산이 안산이 된다. 횡룡입수에는 귀성이나 낙산이 있어야 하는데, 귀성鬼星이 뚜렷하고 건지산이 낙산樂山이 된다. 귀성에는 중앙에 당배귀사가 있어야 하고, 양편에 귀사가 있어야 혈장이 흔들리지 않고 정돌하다. 양편의 귀사를 효순귀라고 한다.

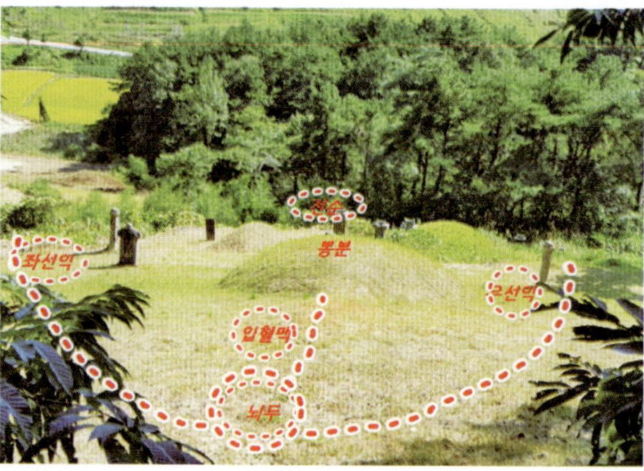

귀사와 입수룡

(2025년 촬영)

　용의 입수를 살펴보면 소원봉이 형성되어 있는데 이는 큰 봉우리와 맞먹는 생기를 저장한 귀한 사격이다. 기의 저장 탱크인 입수정이 강건하고, 혈장으로 들어오는 입혈맥이 미세하게 보이며, 좌우 선익이 겹겹이 돌 줄로 늘어서 있고, 양편에서 요사가 선익을 지탱하여 주고 있다. 전순이 후부하고 양관사가 혈장을 지탱하여 주니 생기가 물샐틈없이 저장되어 있는 형태이다.

　물길은 내수는 좌측에서 우측으로 흐르고, 외수는 반대로 우측에서 좌측으로 감싸고 흐른다. 또한, 청룡과 백호가 교차하는 지점에 연못을 만들어 생기가 빠져나가는 것을 막아주고 있다. 청룡과 백호가 가까이 마주하고, 소명당과 내외명당이 반듯하고, 국세가 긴밀하고, 혈장이 정돌하니 효과가 빨리 나타나는 속발지지이다.

입혈맥 비위와 비보 연못

(2025년 촬영)

관쇄가 주밀하고 외래 안산이 새색시처럼 살포시 치마를 펼치고 다가오는 모습의 보기 드문 명당이다. 안산은 외부에서 다가오는 당배 안산이 가장 안정적인 국세와 혈장을 형성하는데 복종형으로 몸체는 살찌고 머리는 둥글다. 횡룡입수는 큰아들보다는 작은 아들의 발복이 크고 인물보다는 재물이 왕성한 것으로 알려져 있다. 입수룡도 우측 용을 취하였고 백호가 둥글게 청룡은 거두어들인 모습이고, 작은 아들의 지손枝孫 발복이 왕성할 것으로 보인다. 청룡 능선의 묘역이 이를 증명하는 듯하다. 묘역의 위쪽에도 생지가 있지만 이곳의 혈장과 용맥이 강하여 취한 듯하다.

이윤경 묘

(2025년 촬영, 네이버지도)

한산이씨 시조 이윤경 묘는 한산이씨의 발복의 근원으로 알려져 있다. 이곳은 이곡 묘소의 뒷산인 건지산 아래에 있으며, 원래 관아터이고 청룡 자락의 한산면사무소는 이곳에서 이전한 것이라고 하는데, 석탑의 역사를 추적하여 보면 관아가 절터를 뺏은 것으로 추정된다.

다음으로 충남 한산에 있는 이색 선생의 묘소를 분석해 보자. 이색 선생은 아버지 이곡과 어머니 함창김씨 사이에서 1328년 이곳에서 태어났다. 아버지 이곡은 서천 한산면 출신으로 한산이씨 시조 윤경의 6세손이다. 아버지를 13세에 여의고 어떠한 연유에서 이곳에 흘러 들어오게 되었다. 이색 선생은 1328년 괴시마을에서 태어나 두 살까지 외갓집에서 자라고 아버지를 따라 서천 한산으로 오게 되었다. 1354년 원나라 제과회시에 1등으로 합격하고 전시에 2등으로 합격하여 부자가 원나라에서 합격하여 한산이씨가 명문가의 반열에 오르는 계기가 되었으며, 예문관 대제학을 지냈다. 학문적으로는 고려 말 유학 사상의 기틀을 마련하였고, 정치적으로 고려 말의 개혁에 힘써 고려에 충절을 지키고 교육적으로는 권근, 김종직, 정도전, 맹사성 등 수많은 학자를 배출하였으며 고려의

삼은三隱 중 선생을 최고로 기린다. 태조 이성계가 내린 벼슬을 일체 거절하고 여주의 남한강에서 조선의 개국 후 4년1396년 향년 69세에 제자인 정도전과 조준에 의하여 독살되었다는 설이 있다. 선생이 여주 신륵사를 가게 된 것은 나옹선사가 인근 창수면 동향으로 마지막 모습을 보기 위함이다.

이색 선생 묘역은 서천군 한산면에 있는 건지산 뒤편의 기린봉 아래 문헌서원 원내에 있다. 사상혈 중 유혈乳穴이며 무학대사가 소점한 것으로 기린하전형麒麟下田形으로 알려져 있다.

기린하전형의 이색 선생 묘소

(네이버지도, 2025년 촬영)

10) 근면성이 뛰어난 터 백호＋안산 좋음

근면성은 터의 오른쪽 백호 부분과 앞면 안산 부분이 튼튼한 곳에서 발달한다. 아파트는 거실에서 베란다를 바라보았을 때 터의 오른쪽에 해당한다. 주택은 오른쪽 옆 부분에 능선이나 다른 주택이 가로로 있고, 오른쪽 앞부분이 내 집보다 낮은 건물들로 막혀 있어도 백호가 살찐 것으로 해석한다. 주택은 오른쪽 옆이 두툼하게 발달하면 부지런한 자손을 두게 되고, 오른쪽 앞면이 길고 두텁게 살쪄 있으면 성실하고 겸손한 자손을 둔다. 대표적인 곳이 명재고택이다. 만약 터가 한쪽으로 기울어져 있거나 비어 있으면 축대를 쌓거나 언덕, 나무 등으로 보완할 수 있다.

명재고택 경사지 조정 예시

(필자 작도)

11) 협동성이 강한 터 백호+주작 좋음

협동성은 터의 전후좌우 균형이 필수적인 요건이다. 그러므로 터의 균형이 무너지는 만큼 협동심이 파괴된다.

12) 자주성이 발달하는 터 주산/입수

자주성은 사는 집터에 생기가 왕성하게 들어올 때 발달한다. 터의 뒷부분이 산이나 언덕의 지세가 뚜렷하고 단단하면 앞마당 끝부분까지 두텁고 단단하게 만들어 준다. 기가 뭉치면 밑바닥이 암반으로 되어 있어 풍수해에도 손실되지 않는다. 터의 왼쪽 부분이 강건해지면 자주적인 사람이 되고 의타심이 적다. 반대로 주택의 경우 뒤쪽으로 물이 흘러 빠지거나 터 뒤쪽에 골목길이 뚫려 바람이 들어오면 유약한 성격이 되어 소심한 사람이 된다. 대표적인 예가 경북 울진군 기성면 사동리 433번지에 있는 평해황씨 해월종택이다. 해월헌의 현판은 영의정 이산해의 친필이다.

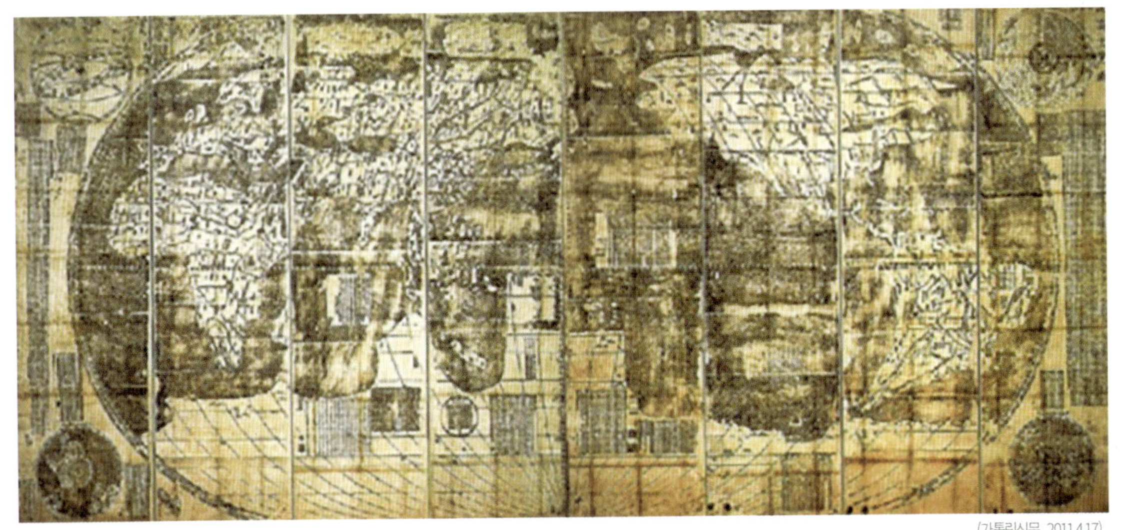

「양의현람도」

(가톨릭신문, 2011.4.17)

해월종택의 풍수지리를 분석해 보자. 황여일은 조선 중기의 문신으로 본관은 평해, 자는 회원, 호는 해월이다. 1585년선조18 별시문과 을과로 급제하여 벼슬길에 나가고 임진왜란 때 권율의 종사관으로 큰 공을 세워 선무원무공신 녹권 2등을 받았다. 1598년선조31 정응태의 무고 사건이 일어나 변무진주사정사:이항복. 부사:이정구 서장관이 되어 명나라를 다녀오고, 명나라에서 신부 마테오 리치의 감수를 받아 세계지도를 제작한 세계 유일본의 「양의현람도兩儀玄覽圖」가 전해진다. 광해군 때 공조참의를 거쳐 이조참판에 증직되었다.

해월종택은 뒷산을 등지고 안채를 중심으로 좌측에는 불천위 제사를 모시는 사당과 해월헌이 있고, 우측에는 방앗간채가 있는데 정자와 사당이 문화재로 지정되어 있다. 낙동정맥에서 갈라진 금장지맥의 현종산418m이 주산이 되며 현종산에서 남동진 한 산줄기가 동해 바닷가에서 탐랑 목성체로 우뚝 솟아 현무를 이룬다.

해월종택의 국세 (네이버지도)

고택의 위치는 좌우로 다리를 벌리고 있으니 비녀 모양인 겸혈鉗穴의 모양이다. 자세히 살펴보면 현무에서 좌우 능선이 혈산을 이루려 경쟁하듯 달려온 것으로 가운데 계곡이 이를 증명한다. 집터는 백호 능선에 위치하는데, 국세를 살펴보면 현무는 멀고, 용호는 경쟁 관계이며, 주작은 청룡 끝에 가려지고 아름답지 못하여 지령인걸은 사회성이 결여될 것이다. 물길은 내수가 조당을 적시지 못하고 비스듬히 빠져나가 불량하고, 외수는 우측에서 좌측으로 옥대수를 이루니 길수가 된다.

사신사를 살펴보면, 백호 너머 외산이 아름답다. 토성체의 산에 모서리가 각이 없으니 녹존토성으로 보아야 하며, 이어진 능선은 일자문성안—字文星案 또는 도지 목성賭地木星이 되고, 가지 끝에는 둥근 금성 봉우리가 걸려 있으니 나무가 흙에 뿌리를 내리고 싱싱한 열매를 맺힌 모습이 연상이 되는데, 외산의 백호가 수려하여 외손 발복지라고도 한다.

고택은 겸체鉗體의 모습이나 갈라져 청룡과 백호 사이에 계곡이 있어 계곡풍이 우려되고, 청룡 쪽의 물이 달아나니 인물을 기르는 데 장애가 있을 것이다. 또한, 입수룡의 경사가 급하여 성격이 급하고, 택향을 남향으로 정하다 보니 골짜기로 뒤가 비어서 재물과 사회성에 문제가 있을 것으로 추정된다. 고택의 화장실 후면을 살펴보면 입수정을 이루고 전면을 살펴보면 안산이 반월형으로 유정하다. 입수정과 안산의 응기점에 연결하여 주택을 건축한다면 최상의 선택이 될 것으로 판단된다.

터를 정함에 있어 선지사의 노심초사한 흔적이 보인다. 그러나 화장실 인근이 더 좋은

터로 판단되므로 이곳에 청룡 능선에 집터를 정하였다면 내수는 우수가 되어 집터를 감싸니 음용수가 되고 외수는 창판수가 되어 재물이 쌓이는 터가 되었을 것이다. 또한, 아름다운 금성체의 둥근 봉우리가 보이는 외백호로 안대를 정한다면 현모양처를 들이고 문무를 겸비한 현달한 자손이 나오고 가문이 번성하며 부귀 겸전할 터로 생각된다.

현재의 건물 배치

(2022년 촬영)

추천 명당 후보지

(2022년 촬영)

13) 효자가 나오는 터 청룡

터의 청룡인 왼쪽 언덕 부분과 마당이 평탄하면 효심이 강한 아들이 나오고, 오른쪽이 평탄하면 효심이 강한 딸이 나온다. 대표적인 곳이 강릉 선교장, 괴시마을과 해월헌이다. 반대로 흉석이 마당에 깔려 있고 웅덩이 인공 연못을 만들어 지형이 일그러지면 반드시 불효자가 나온다. 또한, 마당에 인공 폭포, 지하주차장을 만들면 불효를 부르거나 사고를 당한다.

괴시마을 전경   (2024년 촬영)

강릉 선교장의 풍수지리를 분석해 보자. 강릉의 입향조 효령대군 11대손인 가선대부 이내번1692~1781은 가세가 기울어 충주에서 경포대 주변으로 이주하였다고 한다. 어느 날 족제비를 쫓아 헤매다 보니 족제비는 오간 데 없고 잠시 쉬고 있는데, 사세를 살피니 뒤에는 산이 받쳐 주고 앞에는 개천이 감싸는 대명당 터를 발견하여 이주하게 된 것이라고 한다. 도로가 개설되기 전에는 집 앞이 경포호수로 둘러싸여 배로 다리를 만들어 건넜다고 하여 배다리마을로 부르고, 선교장이라 부르게 되었다.

선교장을 짓고 이사한 후 가세가 크게 번창하여 만석꾼이 되었고, 크게 인심을 베푸니 관동 지역을 오가는 과객이 넘쳤다. 이로 인해 중앙의 고급 정보가 가문을 이어가는 데 결정적 역할을 하였을 것이다. 하루는 조선의 대표적인 청백리인 맹사성이 주막에 묵었는데, 과거 시험을 치르러 가는 선비와 바둑이 인연이 되어 합격시켜 주었다는 일화가 유명하다. 인맥의 중요성은 예나 지금이나 별반 다르지 않다.

옛날 교통수단은 수로가 중심이었고, 시장이 형성되고 사람이 모이니 자연스레 정보가 모여들었다. 조선의 사랑채 운영은 사대부가 묵는 곳과 양반이 묵는 곳으로 분리하여 운영하였다. 사랑방 문화로 인해 중앙과 떨어져 있으면서 인맥을 쌓고 정세를 읽을 수 있었다.

산줄기의 흐름을 살펴보자. 강릉의 동해안 사면을 이루는 산은 백두대간의 곤신봉 1,135m에서 나온 가지가 대궁산을 이룬다. 동쪽으로 내달린 가지는 태장봉110m에서 좌

우로 방향을 틀어 안골마을에 이르러 갈래가 나뉜다. 좌측 능선은 시루봉으로 가고 우측 능선은 선교장으로 이어져 경포호수에서 멈춘다.

　용맥이 선교장에 이르는 과정을 집중적으로 분석하여 보자. 황산사를 지난 산줄기는 과협을 지난 후 금성체의 둥근 봉우리를 만든다. 우측 능선은 선교장 전면으로 진행하여 매표소에 이른다. 좌측 능선은 한옥 체험관 뒤로 내려가 과협을 이루고 이내 솟구쳐 입체봉을 이룬다. 입체봉에서 가지를 내밀어 갑자기 90도로 회전하여 물길을 거슬러 올라가 먼저 안채의 입수룡을 만들고, 이어진 능선은 활래정에 도달하여 여인의 허리춤을 감싸듯 선교장을 감싸 안으니 수구의 관쇄가 잘 되었다. 더구나 입구에 연못을 조성하여 생기가 밖으로 빠져나가는 것을 막았다. 최근에 주산맥을 가로질러 강릉제천선 KTX가 개통되어 아쉬움을 남긴다.

선교장 국세

(네이버지도, 최길호)

국세와 사신사 분석해 보자. 선교장 입구에서 바라보면 겸체로 삼태기 모양이다. 가운데는 과협으로 낮고 좌우측은 높은 지형 지세를 가지고 있다. 국세가 유정한 듯 보이지만 뒤가 낮게 꺼져 중앙이 바람이 들이쳐 갈라지고 양분되는 특성을 가지고 있다. 이를 보완하기 위하여 담을 설치하고 소나무를 심었다.

선교장 전경과 비보 축대   (2025년 촬영)

건물의 가상과 좌향을 살펴보자. 건물은 안채를 중심으로 좌측에 동별당, 우측에 사랑채가 있다. 안채의 후면이 현무정이 되며 입수룡의 중심 맥에 안채를 배치하고, 청룡은 보호 육성 응축을 하니 거수가 잘되고 있다. 백호는 과협에서 입체봉을 향하여 오르막을 오르므로 역이 된다. 백호의 역은 여자나 재물에 문제가 발생할 수 있음을 인지하였는지 열화당 옆에 인위적으로 백호 능선을 만든 것으로 보인다. 최근 전시관을 만든다고 백호 능선 끝자락을 파괴하였고, 이를 비보하기 위하여 호랑이 석상을 설치하였다.

양택의 3요소는 배산임수, 전저후고, 전착후관이다. 즉 뒤에는 나지막한 산이 받쳐 주고 명당은 평평하고 개천이 감싸야 한다. 건물의 뒤는 높고 앞은 낮아야 한다. 지기 에너지를 많이 받으려면 앞은 좁고 뒤는 넓어야 한다. 종합적으로 지기 에너지 존은 현무가 되고, 천기 에너지는 국 안에 위치하여야 하며, 풍수 환경 에너지는 득수처에 문을 내어야 생기가 내부에 모이는 것이다. 건물 입수룡인 청룡 정상에서 바라보면 사방의 물길이 모두 모여든다.

조산과 안산의 조망, 진응수   (2025년 촬영)

　한반도는 사계절이 뚜렷하고 온도 차가 심하여 겨울에 북풍한설을 막아 주는 남향을 선호한다. 양택지나 건물의 배치는 자연이 주어진 향을 버리고 인위적으로 남향으로 건축하는 것이 대세가 되고 있다. 반면에 선교장은 자연이 주어진 지세향으로 간좌 곤향뒤는 북동. 앞은 남서진 풍수지리를 적용한 것으로 보인다. 마당에는 진응수인 우물이 있다.

　명당앞마당과 물길을 살펴보자. 명당은 네모반듯하고 평탄하여야 한다. 4개의 명당四堂을 갖추어야 대명당이라고 할 수 있다. 내명당은 가로로 길고 횡수로 조당 앞을 지나 연못에 모여 경포천으로 흐른다. 중명당은 매표소 부근이 안산이 되니 안산 너머의 물길로 경포천을 따라 전답을 따라 조래 창판수로 길수가 된다. 대당과 외당은 조산과 외양의 물길로 대궁산에서 발현한 물길이 위촌천과 경포천에서 합류하여 경포 생태 저류지에서 모여 머물다 흘러가니 사당의 물길이 모이는 조산 조수가 된다. 선교장의 물길은 어미의 젖줄기인 진응수는 대문 앞 우물이 되며 내당수인 어미의 양수는 연못에서 정화하여 수기를 공급한다.

　종합적으로 볼 때 선교장은 적선지가 필유여경積善之家 必有餘慶의 터다. 겸체의 형태인 국세로 상부에 남향으로 고택을 건립하였다면 용호가 쟁투를 벌이는 상으로 향상 갈등을 겪는 국세가 된다. 그러나 명당을 알아보고 건물의 배치를 남향을 고집하지 않고 자연이 주어진 좌향에 맞게 회룡고조혈로 설정하여 하늘과 땅의 기운을 받고 바람과 물의 환경의 기운이 집으로 모이게 설계한 것은 풍수의 혜안이 밝은 선사가 아니고서는 할 수 없는 것으로 양택 풍수를 공부할 수 있는 최고의 장소다.

　현무봉은 입체를 이루었고 입수룡은 물길을 거슬러 올라가니 생룡으로 인물과 명예가 따른다. 선교장은 대궁산을 바라보니 회룡고조혈이며 강릉의 명주군 왕릉이나 오죽헌

도 회룡고조혈로 보아야 한다. 청룡이 빼어나고 조래 창판수로 재산이 만금같이 쌓이는 모습으로 길지이다. 백호는 역성의 기운이 있고 안산은 반배하니 여자들의 암투, 재물이나 사회성에 문제가 발생할 우려가 있다.

건물의 가상은 가업이 번창하고 식솔이 늘어나니 덧이어 신축하여 앞이 넓어지는 전광의 모습이니 재물이 흩어지는 모습이다. 연못 활래정의 조성은 지기를 멈추게 하고 국내에 수기를 조절하여 생기가 넘치게 한다. 풍수지리에서 명당을 점유하는 것은 덕과 선積德積善을 몸소 실행하는 사람을 하늘에서 내려 주는 것이라고 한다. 활래정의 하일라이트는 단연 초당 독서실일 것이다.

14) 겸손하고 덕망이 있는 터 면적 균형

묘지나 집터의 앞뒤 높낮이가 넓이의 비율이 균형을 이룰 때 겸손하고 양보심이 있는 자손이 나온다. 높낮이는 터의 뒤와 앞이 황금비율인 5:3이 좋고, 넓이는 상하좌우가 균등하여야 한다. 왼쪽 산언덕이 수려하고 유정하면 큰 덕을 지닌다. 대표적인 예가 경주 양동마을이다.

반면에 앞산이 뒷산의 어깨높이보다 높거나 왼쪽 산언덕이 깨지면 정신이상자나 사기꾼이 나온다. 주택은 왼쪽 부분과 앞부분이 눈높이 이상으로 높거나 억누르는 형상이 되면 능압살을 받으므로 거주하는 사람은 방만해지거나 무능해진다.

15) 종합 정리

집터나 묘지의 뒤에는 단아한 봉우리가 있고 지기를 공급받아야 한다. 용맥은 생룡으로 상하좌우로 변화가 있고 좌우 균형이 유지되어야 한다. 터는 전후좌우 균형이 유지되어야 한다. 외부에는 사신사가 있어야 하며, 양택은 주변 건물도 살펴보아야 한다. 물길의 오고감과 사격의 유정 무정을 면밀히 살펴야 한다. 주변 건물의 사파탐충압반단주협射破貪冲壓反端走峽을 살펴야 한다. 바람의 작용으로 음곡 자생풍, 골목 질풍, 빌딩풍 등을 살펴야 한다. 기타 주변의 균형과 조화, 주거 환경인심, 생활 환경직장, 교통, 인프라, 교육 환경학교 등을 고려하여야 한다. 풍수를 모르면 부자가 사는 동네로 가라.

2.2 강남의 양택 명당

1. 간산 절차

1) 양택 간산 절차

먼저 전체적인 산과 물의 흐름인 국세보국를 본다. 이어서 건물의 모양, 주변의 산봉우리와 건물의 모양에 해당하는 사신사를 살핀다. 도로, 물길, 바람의 영향을 살핀다. 좌향을 측정한다. 터의 역사성을 조사한다.

2) 음택 간산 절차

혈을 결지 여부를 분석하려면, 입수취기入首聚氣 및 현무정, 청룡青龍, 백호白虎, 주작朱雀, 명당소명당, 중명당, 대명당, 명당수, 국세局勢, 뇌두腦頭, 입혈맥入穴脈, 청룡선익青龍蟬翼, 백호선익白虎蟬翼, 혈운穴暈 – 사상혈, 혈장의 물길해안수, 하수수, 상수, 혈장의 사격으로 귀사鬼砂, 요사曜砂, 관사官砂, 금사禽砂를 순서대로 살펴야 하며, 이 중에서 하나라도 없으면 완벽한 혈을 맺기가 어렵고 가짜일 가능성이 매우 높다.

2. 봉은사奉恩寺

(1) 봉은사 개요
주소: 서울시 강남구 삼성동 73번지

봉은사는 선종 불교의 대표적인 사찰로 794년원성왕10 신라의 연희국사가 경성사로 창건하였다고 전해지는데, 고려 시대의 기록은 전해지지 않는다. 1498년연산군4 선릉의 능침사찰로 중창하고 1562년명종17 문정왕후가 수도산 아래 현 위치로 옮겨 봉은사奉恩寺

로 개칭하였다. 중종 때는 승과시를 치러 서산대사와 사명대사가 이곳에서 등과하였다고 전해지며, 보우 스님이 주석하였고 전각은 대부분 병란으로 소실되었다.

대웅전 편액은 추사 김정희 선생이 쓴 것이고, 특히 판전 현판은 추사 선생이 죽기 3일 전에 쓴 것이라고 한다. 범종은 장흥사 명동종으로 1392년 주조되어 현 위치로 이전한 것이다. 능침사찰로 지정되어 조선 시대 승유억불 정책에도 폐사 위기를 넘겨 수많은 문화재가 보존되어 있는 유서 깊은 사찰이다. 다래헌은 일반인이 출입할 수 없으므로 종루에서 차를 한 잔 마시기를 권한다.

(2) 풍수지리 분석

서울은 한강을 경계로 남북으로 나뉘는데 강북의 산줄기는 한북정맥이 되고 강남의 산줄기는 한남정맥이 되며 두 개의 큰 산맥이 남북으로 멈춘 곳에 서울시가 형성되어 있다. 삼국 시대에는 한성백제의 수도, 고려 시대에는 남경, 조선 시대에는 수도 한양이었고, 세계적인 도시 대한민국의 수도 서울이 되었다.

산은 물길을 거슬러 올라가야 힘이 강한 용이 된다. 동쪽에서 서쪽으로 흐르는 한강의 큰 물줄기를 남북에서 두 개의 산줄기가 용처럼 서로 경쟁하며 한강을 거슬러 올라가는 모습이다. 북쪽은 북한산-인왕산-남산-응봉을 거쳐 한양대학교에 이르고, 남쪽은 관악산-우면산-매봉산-수도산을 거쳐 압구정동에 이른다. 그 품 안에 강북에는 경복궁이 위치하고 강남에는 봉은사가 위치하며 물을 거슬러 올라가는 역수국을 이룬 터의 공통점이 있는데 북쪽은 청계천, 남쪽은 양재천이 된다.

봉은사를 이루는 산줄기는 한남정맥의 의왕 백운산에서 북으로 달리는 산줄기가 관악지맥을 이루어 한강 이남 일대를 이루는데, 그중 한줄기가 동으로 달려 양재천의 호종을 받아 우면산을 이루고, 탄천과 대강수가 합류하는 곳에 정지 안정을 취하고 용구에서 지기를 분출하니 강남 일대가 된다.

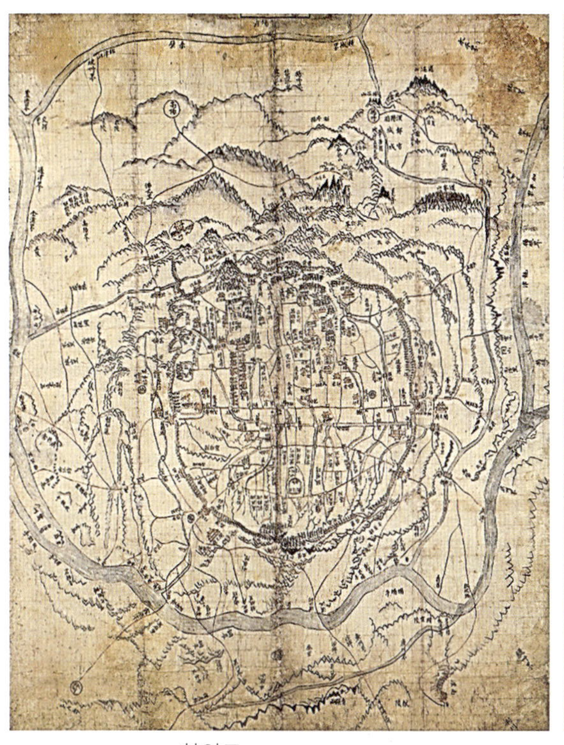

한양도 (강남 포함, 1760년대)

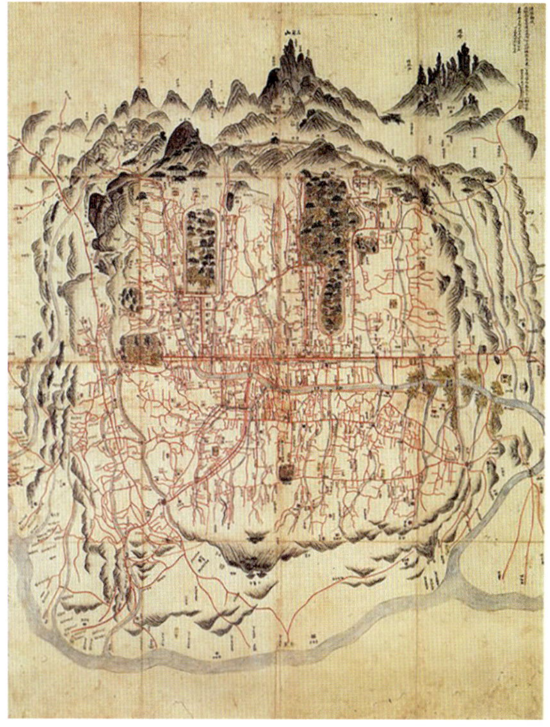

도성도 (강북 지역, 1731년)

　봉은사는 경기고를 경계로 남쪽 사면에 위치하는데, 경기고는 배가 되고 봉은사는 면이 된다. 용의 입수 과정을 살펴보면 현무봉이 뚜렷하게 솟아오르지 않고 용의 옆구리에서 나온 횡룡입수다. 봉은사는 양재천이 환포하고 보국이 관행하며 주작이 아름다워 사회운이 따르니 신도들은 넘쳐날 것으로 보인다. 인물을 관장하는 청룡이 유정하니 공력 있는 스님이 상주하여 포교하여야 사장이 번성할 것인데, 횡룡입수로 용격 이하이거나 수도 정진하지 않는다면 물이 고갈되는 이치와 같이 신도들은 떠나고 말 것이다.

　사신사를 분석하여 보면, 내백호는 운하당 능선이 되고, 외백호는 보우당 능선이 된다. 청룡은 전통문화체험1관에서 갈라진 능선으로 크게 팔을 벌려 진여문까지 이어져 전면을 가려 주고, 대웅전을 감싸는 물은 좌수가 되고, 외수는 우수가 되니 두 물길이 해수관음상에서 모여 사랑하는 여인의 허리춤을 감싼 모습으로 매우 유정하며 보국은 좌우로 길으니 횡수 국이 된다. 입수룡의 행도 과정은 영산전 뒤 탑에서 갈라진 산줄기에서 우측으로 갈라진 능선이 운하당을 이루고 대웅전의 내백호를 이루며 좌측으로 갈라진 능선에는 지장전이 위치하며, 중출맥은 영산전으로 입수를 하고 있다.

봉은사 조망 (네이버지도)

봉은사 전경 (2024년 촬영)

봉은사 대웅전 (2024년 촬영)

봉은사 미륵불 (2024년 촬영)

자세히 분석하여 보니, 용 입수격 중 횡룡입수로 본신룡의 행도는 임자壬子 용이 건해乾亥 신술辛戌로 우선하고, 이어서 좌측에서 우측으로 신술辛戌 건해乾亥로 좌선하여 영신각은 임자壬子로 입수하는데 좌향은 임좌병향壬坐丙向이다. 따라서 지장전, 복극보전과 운하당 맥은 본신룡의 옆구리에서 나왔으니 지룡이 되고 본신룡보다 용격이 낮다. 『지가서地家書』에는 횡룡입수는 인물보다 재물이 강한 것으로 알려져 있다.

용은 지기를 공급하고 보국은 양기를 공급하며 풍수 에너지와 교류하여 생기로운 터를 만드는 것이다. 따라서 지기가 샘물이라면 보국은 물통이 되며 물과 바람은 환경으로 풍수 에너지가 된다.

대웅전 우측 바위를 분석하여 보면 검고 탁하다. 바위나 토질은 맑고 밝고 서기를 띠고 광체가 나야 한다. 입수 바위는 다가오는 특성이 있고, 요도 바위는 석질이 서 있는 특성이 있으며, 지각의 바위는 아래에서 위로 밀어주는 특성이 있는데 누워 있는 형태이니 운하당 능선을 보호하는 지각으로 대웅전의 충살로 보아야 할 것이다.

선지사들은 봉은사를 건립할 때에 보국을 갖추고 지기를 공급하는 입수룡을 기밀 언덕으로 청룡과 내백호 품 안에 대웅전을 중심으로 주요 전각을 세웠고, 나머지는 후대에 세운 건축물임을 알 수 있다. 대웅전은 정혈에 벗어나 있고, 물이 대통에서 떨어지듯 현무수두로 지기가 용맥을 타고 공급하는 곳은 영산전으로 봉은사의 길지는 영산전 인근이 된다.

3. 선릉과 정릉의 풍수

(1) 개요

선릉과 정릉은 조선 9대 임금 성종과 비 정현왕후, 11대 중종의 능묘가 있는 곳이다. 성종1457~1494, 세조3~성종25은 의경세자와 수변 한씨의 둘째 아들로 태어났다. 의경세자의 갑작스런 승하로 예종이 왕위를 승계하였으나 재위 13개월 만에 갑자기 승하는 바람에 형 월산대군을 제치고 조선 9대 왕이 되었다. 종기로 승하한 것으로 알려져 있고 산릉간심사에서 첫째 광평대군묘, 둘째 좌찬성 정역묘, 고양군 관사를 추천하였다. 윤필상 등의 진언으로 연산군이 광평대군의 무덤으로 장지를 조성하라고 명을 내렸다. 윤필상은 호순신의 지리신법에 의거 광평대군묘는 건해좌乾亥坐로 수파장생水破長生으로 흥하지만 임좌병향壬坐丙向을 하면 길하다고 아뢰었다. 광평대군의 묘를 대모산 자락에 이장하고 1495년 4월 6일 묘시에 임좌壬坐로 장사 지내니 선릉이 된다. 호순신의 지리신법은 계룡산 천도를 무산시킨 수법으로서 조선 전후기에 사용했으나, 현대에는 적용하지 않는다.

중종1488~1544, 성종19~중종39은 성종과 정현왕후의 아들로 1494년성종25 진성대군으로 봉해졌다. 1506년연산군12 중종반정에 의하여 이복형 연산군을 폐위하고 11대 왕으로 즉위하였다. 1544년중종39 11월 15일 유시에 창경궁 환경전에서 승하하였다. 초장지는 장경왕후가 있는 희릉 서쪽 능선, 현 예릉철종으로 정릉의 곡장 밖에 묻게 하였다는 기록으로 보아 석물 인근으로 보아야 할 것이다. 계비 문정왕후는 풍수지리상 불길하다는 이유로 승려 보우를 시켜 1562년명종17 현재의 자리로 옮겼다. 문정왕후가 1565년명종20 창덕궁 소덕당에서 승하하자 중종의 무덤 옆을 장지로 정하여 땅을 파는 과정에서 돌이 나와 태릉으로 옮겨가게 된 것이다.

(2) 풍수지리 분석

주산은 우면산 매봉산을 거쳐 한강의 물길을 거슬러 올라가는 수도산이 되고 주작은 구룡산이 된다. 선릉과 정릉은 정현왕후 능을 경계로 좌우로 능역이 나뉘어져 있다. 등산하여 산을 살피는 것은 땅의 마음을 알기 위함이고, 국세를 살피는 것은 하늘의 마음을 알기 위함이다. 용에는 간룡과 지룡이 있고 또한 적서가 있으며, 업드려 있는 용은 어디론가 가는 형세이고, 면을 열고 하늘을 바라보는 곳에 혈장이라는 둥지를 틀 확률이 높다.

천리래룡일석지지千里來龍一席之地로 입수룡은 간룡이어야 하고, 용호는 지룡이어야 하며, 입수룡이 지룡이고 청룡이 간룡이면 역성으로 탁한 인물이 출하고, 백호면 탁한 재물을 가진 인물이 출한다. 또한, 용호가 간룡이고 입수룡이 지룡이면 용호가 더 강하므로 기를 펴지 못하는 자손이 태어나는 것으로 알려져 있다.

선릉(성종)   (2024년 촬영)

정현왕후릉   (2024년 촬영)

정릉(중종)   (2024년 촬영)

능역은 도시 개발로 훼손되어 원형을 알 수 없지만, 정현왕후 능선을 경계로 선릉은 용세가 약하고 백호가 없거나 약하고 청룡은 용세가 강한데, 선릉을 전호 육성 응축을 하기보다 정릉 방향을 넘어가는 산이 된다. 또한, 용척을 바라보면 엎드려 있는 형세로 호종사라기보다 혈장을 이루려 분주한 모습으로 소혈을 맺기도 한다. 정릉에서 간산을 하면 청룡이 없거나 약하고 정현왕후 능선이 백호가 되는데 호종사로 보기가 어렵다. 정현왕후 또한 청룡이 없는 묘가 된다.

선릉을 묘지로 선정하는 과정에서 두 가지 문제점이 있었다. 호순신의 지리신법으로 입수룡이 건혜乾亥이고 수구는 손사巽巳로 수파장생이어서 생방으로 물이 빠져나가 좋지 않다. 광평대군의 아들 영순군이 일찍 죽어 불길하고 주변에 왕족의 무덤이 많다. 선

릉의 청룡은 입수룡보다 용세가 크고 오히려 정릉을 감싸는 모습이니 반배하고 조당을 적시는 우수를 거두지 못하고 있다. 청룡은 인물을 관장하며 달아나면 불효 불충한 자손이 태어난다고 꺼리고 있다.

정릉은 문정왕후가 중종과 장경왕후가 함께 있는 것을 질투하여 봉은사 주지 보우를 시켜 장후 18년이 지난 1562년명종17 선릉 동쪽 언덕에 건좌손향을 천장하였다. 묘를 옮긴 후 이듬해 명종의 아들 순회세자가 18세에 승하하고, 문정왕후는 1565년 3년 후 승하하여 중종의 옆에 묻히지는 못하고 태릉으로 가게 되었다.

정릉은 백호는 강하나 청룡이 없거나 무력하여 인물을 기대하기 어렵다. 그래서인지 명종을 끝으로 적자에서 손이 없어 중종의 후궁 창빈 안씨가 낳은 서자 출신인 선조하성군가 왕위를 승계하는 원인이 된 것으로 사료된다. 위에서 살펴본 바와 같이 선릉과 정릉은 혈산과 용호가 분명하지 않고 보국을 갖추지 못하여 풍수지리상 상지로 보기 어렵고 결함이 많은 능역으로 판단한다.

참고로 호순신의 『지리신법』에서 수론은 24방위를 목국해묘미, 화국인오술, 금국사유축, 수국신자진의 5국으로 분류하고, 12운성으로 양은 시계 방향, 음은 반시계 방향으로 돌려서 물이 길한 방위로 들어와 흉한 방위로 빠져나가면 좋고, 그 반대이면 흉하다는 이론이다. 水(子寅甲辰巽申辛戌), 火(乙丙午壬), 木(艮卯巳), 金(丁酉乾亥), 土(未坤庚癸丑).

4. 삼성동 양택

1) 삼성동 현대사옥 부지

원래 한국전력 부지였던 곳을 삼성과 경쟁 입찰로 거금의 토지 매입비10조 5,500억 원+기여금 3조 원를 들였고 2020~2026년 완공 예정이다. 삼성의 입찰 금액은 4조 6,000억 원이었다. 당초 계획인 105층 569미터에서 50층 260미터 3개동으로 변경하였으나 현재 기반 공사도 완료하지 못하고 원래 설계인 3개 동도 정부와 협의되지 못한 채 시간과 돈만 낭비되고 있는 안타까운 현실이다.

양재천과 탄천이 합류하여 한강으로 흘러 들어가는 곳으로 습지에 위치한 연화부수형 명당이다. 입수룡이 불분명하다. 풍수계에서는 서울의 마지막 노른자위로 평가한다.

건물 설계도에 따르면, 목성체 3개는 보개 삼태봉, 품자 삼태로 상승하는 기운을 상징하는데, 최근 2개 동으로 검토 중이라는 설이 있어 이것마저도 이루어질지 의문이다.

2) 삼성동 무역센터 건물

한국 경제 성장의 상징적인 건물로 용이 승천하는 비룡상천형에 해당한다. 그러나 건물이 바르지 못하고 한쪽으로 기울어져 있어 관재구설이 따르는 상이다. 우면산이 주산이고 횡룡입수로 인물보다는 재물이 왕성한 터이다. 물길은 양재천과 탄천이 합류하여 잠실운동장에서 합류하여 옥대수를 이룬다.

현대사옥 부지   (2025년 촬영)

무역센터 빌딩   (2025년 촬영)

·제3장·

집안을 살리는 엄마 풍수

풍수에서의 여성적 시선과 공간 구조 해석

풍수는 흔히 '배산임수背山臨水'를 기본 원칙으로 삼지만, 여성적 시선에서는 기운의 흐름보다는 기운의 수용이 더욱 중요하게 여겨진다. 여성의 공간은 외부로의 진출보다 내향적인 보호, 기운의 모음, 그리고 생명력의 배양을 중시한다. 전통적으로 안방, 부엌, 마당, 후원과 같은 '내부 공간'은 여성의 손길을 통해 조율되며, 이는 가족의 건강과 운세를 결정짓는 중요한 역할을 해왔다.

사신사四神砂 구조 또한 여성적 시선에서 재해석될 수 있다. 좌청룡과 우백호보다도 여성 공간에서는 현무뒷산의 보호력과 주작앞뜰의 생기력이 중요시된다. 특히 안산案山의 부드러움과 전정前庭의 개방성이 안정된 기운을 형성하는 핵심 조건이 된다. 이처럼 '엄마 풍수'는 풍수를 '통치의 과학'에서 '돌봄의 미학'으로 확장하는 시각을 제시한다. 이는 '기운이 머무는 자리'보다는 '사람이 편히 숨 쉴 자리'를 찾는 일에 중점을 두며, 권력의 높이가 아닌 삶의 온기로 풍수의 중심을 이동시킨다.

엄마 풍수의 위력은 가문과 국가가 어려울 때 비로소 빛을 발한다. 가문이 위기에 처하거나 균형을 잃으면, 우리 어머니들은 남편보다 강하게 일어나 자식과 가문을 지키고 육성하였다. 나라가 어려움에 처할 때도 마찬가지였다.

이 장에서는 이러한 사례를 볼 수 있는 우리의 어머니와 풍수 이야기를 전하고자 한다.

3.1 우리의 어머니상

엄마 풍수를 이해하기 위해서 먼저 한국의 여성상을 떠올려본다. 우리의 강인한 여성상은 여러 가지 모습으로 나타난다. 여기서는 대표적인 4분을 살펴보고자 한다.

1. 신사임당: 여성의 도道를 그려 낸 교육의 풍수

1) 생애

신사임당본명 신인선은 조선 중기 문인, 유학자, 화가, 작가, 시인으로, 율곡 이이의 어머니로 널리 알려져 있다. 강릉 출신이며 본관은 평산이다. 아버지 신명화와 어머니 용인 이씨 사이에서 태어났다. 이원수와 결혼하여 율곡 이이를 포함한 4남 3녀를 두었다. 비록 남편 복은 적었지만, 율곡 이이를 길러낸 어머니로서 한국의 대표적인 어머니상으로 추앙받고 있다.

2) 풍수적 지리 조건

신사임당의 주요 삶의 터전인 오죽헌烏竹軒은 산을 등지고 바다를 향하는 지형으로, 오행으로는 수水가 목木을 생生하는 형국이다. 오죽헌은 뒤의 낮은 현무봉이 주산 역할을 하고, 앞뒤로 흐르는 죽헌천과 경포천이 배산임수 지형을 완성한다. 남서향 집터로 왼쪽 청룡과 오른쪽 백호가 조화를 이루며, 오죽烏竹 식재로 봉황포란형鳳凰抱卵形을 완성했다고 평가된다. 특히 안쪽에서 바깥으로 흐르는 역수逆水 구조는 재물 운에 유리한 기운을 형성한다고 알려져 있다.

3) 여성의 삶과 공간의 연결

신사임당은 그림자리도, 초충도 등, 시, 글씨에 특출한 재능을 보인 여성 예술가이자, '어머니 이상형'으로 여성의 도道를 그려 낸 인물이다. 그녀의 삶터가 곧 아들 율곡 이이의 도학道學의 터가 되었고, 이는 교육의 풍수로 승화되었다고 해석된다.

4) 엄마의 시선으로 재해석한 풍수

'엄마의 시선'으로 볼 때, 여성의 방은 '재능을 품고 물려주는 방母性, 공간'이며, 문을 열면 글방, 문을 닫으면 '내성內省의 장場'이 되는 공간이다. 오죽헌의 몽룡실에서 율곡 이이가 태어났다는 일화는 이곳이 '천기가 내려오는 혈처'로 여겨졌음을 보여 주며, 여성의 공간이 창조적이고 교육적인 기운을 가진다는 점을 시사한다.

강릉 오죽헌　(2025년 촬영)

이율곡 가족 묘소　(2025년 촬영)

● 풍수 용어 정리

오행五行: 만물을 이루는 다섯 가지 요소목, 화, 토, 금, 수

봉황포란형鳳凰抱卵形: 봉황이 알을 품고 있는 형상으로, 매우 길한 명당의 하나

역수逆水: 물이 거슬러 흐르는 형태로, 재물이 쌓이는 길지로 해석되기도 한다.

혈처穴處: 기운이 응집되는 중심 지점, 특히 여기서는 '천기가 내려오는 혈처'

• 핵심 풍수 이론 정리

모성의 공간은 단순히 주거지를 넘어 창작과 교육적 기운을 품는 중요한 풍수적 의미를 가진다. 여성의 방은 내면의 수양과 외부로의 재능 발현이 동시에 이루어지는 공간으로 해석될 수 있다. 현대 주택 설계에 여성 중심의 감성 공간 배치 원칙과 '혈처의 창조적 효과'를 강조하는 가정 풍수 지침을 포함할 필요가 있다.

• 답사 요약

강릉 오죽헌을 방문하여 산을 등지고 바다를 향하는 지형을 직접 느껴보고, 율곡 이이가 태어났다는 몽룡실 주변을 둘러보며 '천기가 내려오는 혈처'의 기운을 상상해 볼 수 있다. 오죽헌에 심어진 오죽烏竹과 주변의 죽헌천, 경포천이 어우러진 풍경을 통해 여성의 재능과 가족 번영의 배경지로 작용한 풍수적 공간이 어떤 모습일지 경험해 볼 수 있다.

2. 허난설헌: 내면의 기氣가 문기文氣로 터져 나온 공간

1) 생애

허난설헌본명 허초희, 허옥혜로도 전함은 한국보다 중국에서 더 유명한 조선 중기의 천재적인 여류 문인, 시인, 화가다. 호는 난설헌 또는 난설재, 자는 경번이다. 강릉 초당동 출신으로, 부친은 허엽, 형제로는 허성, 허봉, 그리고 『홍길동전』의 저자 허균이 있다. 김성립과 결혼했지만 불화가 있었고, 27세의 젊은 나이에 요절했다.

2) 풍수적 지리 조건

허난설헌의 출생지 강릉 초당동은 동해를 바라보며 오대산좌청룡과 설악산우백호이 감싸는 지형이다. 바다와 산맥 사이의 좁은 평지형 지대로, 태백산맥이 좌우로 펼쳐지며 여인의 내면 기운을 끌어당기는 형국이다. 강릉은 북쪽은 현무치악산, 남쪽은 주작동해 구조로 되어 있어, 동향 터에 위치한 가옥이 시인의 감성을 키우는 데 유리했다고 해석된다.

(중앙일보 2023.01.06)

허균 · 허난설헌 생가터

3) 여성의 삶과 공간의 연결

여성의 재능은 바깥으로 뻗어나가기보다는 안채의 담장 너머, 시詩로 발현되었다고 평가된다. 그녀의 시는 내면의 정서와 감정을 문학적으로 표현하며 '여성의 세계'를 드러낸 선구자적 존재로, 조선 후기 여성들의 시문 활동 기반을 형성하는 데 영향을 주었다.

(2021년 촬영)

경기도 광주 묘소

- **엄마의 시선으로 재해석한 풍수**

'엄마의 시선'으로 볼 때, 허난설헌의 공간은 여성의 기운이 외부 산세보다 문밖의 창문, 마당 끝 벼랑에서 터져 나온 곳이다. 그녀의 내면의 기氣가 '문기文氣'로 바뀐 구조로 해석된다. 강릉허씨 고택 내 우물의 물을 마신 여성은 문학적 재능이 깃든다는 '초당 우물 전설'은 '우물 속의 기운水氣'이 시 신경을 깨웠다는 해석으로, 여성의 정신성, 예술성이 외부의 권위보다 내부의 수기水氣와 감성에 밀접하다는 풍수적 시사점을 제공한다.

- **풍수 용어 정리**

수기水氣 : 물의 기운. 감성과 내면 구조와 밀접하다고 해석될 수 있다.

문기文氣 : 문학적 기운

좌청룡, 우백호 : 풍수지리에서 명당을 감싸는 좌우의 산줄기

현무, 주작 : 명당의 뒷산현무과 앞산주작

- **핵심 풍수 이론 정리**

  여성의 정신성과 예술성은 외부의 권위나 큰 산세보다는 내부의 수기물 기운, 즉 감성과 내면 구조와 밀접하게 연관된다. 집터에서 여성의 공간안방, 사랑채 후원의 기운을 별도로 분석하여 공간이 여성에게 주는 정서적, 감정적 효과를 고려하는 감성 풍수 이론의 필요성을 제시한다. 고전 풍수가 가부장 중심 혈맥에 집중된 부분을 보완하여, 여성의 시각에서 공간이 미치는 영향력을 강조한다.

- **답사 요약**

  강릉 초당동에 위치한 허균·허난설헌 생가터를 방문하여 동해를 바라보고 오대산과 설악산이 감싸는 지형을 느껴볼 수 있다. 특히 고택 내 우물초당 우물 주변을 거닐며 허난설헌의 문학적 재능이 발현된 '내부의 수기'와 '여성 문장의 기운을 살리는 바람'에 대해 생각해 볼 수 있다. 이는 여성의 내면 공간이 얼마나 중요한 창작의 터전이 될 수 있는지 보여 준다.

3. 유관순: 내향적 공간에서 터져 나온 항거의 결기

1) 생애

유관순 열사는 1902년 충남 천안 병천면 용두리 출생의 독립운동가다. 이화학당 재학 중 3·1운동에 참여했으며, 고향 병천에서 독립 만세운동을 주도하여 격문을 배포하고 만세운동을 조직했다. 1920년 서대문형무소에서 옥사하며 18세의 짧은 생을 마쳤다.

2) 풍수적 지리 조건

유관순 열사의 출생지인 병천 용두리는 계룡산 기슭이 멀지 않으며, 북쪽이 막히고 남동향으로 트인 배산임수형 지형이다. 병천은 계룡산, 독립기념관, 서산 간의 완만한 기운이 흐르는 곳으로 알려져 있다. 유관순열사기념관 부지는 평지에 자연 언덕과 연못이 조화를 이룬다.

3) 여성의 삶과 공간의 연결

유관순 열사의 '항거'라는 기운은 내부에서 태어나 외부로 퍼져나갔다. 그녀는 일제강점기 초반 3·1운동과 비폭력 저항의 시대를 대표하는 인물로, 3·1정신의 상징이자 항일 여성운동의 대명사로 자리매김했다.

4) 엄마의 시선으로 재해석한 풍수

'엄마의 시선'으로 볼 때, 여성의 결기決氣는 내향적 공간지하 혹은 아궁이에서 터져 나온다고 해석된다. 진입로가 좁고 가파를수록 정신은 더 강하게 발현된다는 점도 흥미로운 풍수적 시각이다. 좁고 어두운 형무소 공간이 그녀의 정신적 저항력으로 승화된 예시는, 가장 불리한 공간에서도 인간 정신이 고양될 수 있음을 보여 주는 교훈을 준다. 병천 만세운동이 고갯마루에서 외쳐졌다는 것은 **'지기地氣의 분출'**로 해석될 수 있다.

유관순 생가

(2024년 촬영)

- **풍수 용어 정리**

  지기地氣: 땅의 기운

  배산임수背山臨水: 산을 등지고 물을 마주하는 전형적인 길지 조건

  고개형: 고갯마루처럼 외부로 뻗어나가는 형태의 지형

- **핵심 풍수 이론 정리**

  여성의 정서와 정신적 저항력이 내부 공간에 응축되어 외부로 강력하게 표출될 수 있다. '**의지의 혈**穴'에 대한 풍수적 구조화 가능성을 연구하여 공간이 개인의 의지와 정신을 어떻게 증폭시키는지 탐구할 필요가 있다. 공간이 불리하더라도 인간의 정신적 역량과 결기가 공간의 기운을 변화시킬 수 있음을 보여 준다.

- **답사 요약**

  충남 천안 병천면 용두리에 위치한 유관순 열사 생가터와 기념관을 방문하여 북쪽이 막히고 남동향으로 트인 배산임수 지형을 관찰해 볼 수 있다. 특히 병천 아우내 장터와 만세고개 등 병천 만세운동이 일어났던 현장을 답사하며, '항거'의 기운이 내향적 공간에서 태어나 외부로 어떻게 퍼져나갔는지 느껴보고, '여성의 결기가 내향적 공간에서 터져 나오는 지기의 분출을 상상해 볼 수 있다. 독립기념관 인근에는 독립운동가의 생가와 유적이 즐비하다.

독립기념관   (홈페이지)

4. 육영수: 바깥을 향한 남편을 받쳐 주는 심장부 공간

1) 생애

육영수 여사는 충청북도 옥천 출생으로, 박정희 전 대통령의 부인이자 제18대 대통령 박근혜의 어머니다. 배화여자고등학교를 졸업하고, 교육자 출신으로 박정희와 결혼한 후 퍼스트레이디 역할을 수행하며 사회복지 및 문화계 발전에 기여했다. '국민 어머니'의 상징이었으나 1974년 피살되었다.

2) 풍수적 지리 조건

육영수 여사의 출생지인 옥천은 금강 수세가 갈라지는 내륙 중심지로, 좌청룡·우백호의 산맥 구조를 가지고 있다. 남쪽에서 북으로 물이 흐르며 포용적인 수세水勢를 형성하는 특징이 있다. 그녀의 묘역은 서울 동작동 국립현충원 내에 '역수형 혈'에 안장되어 있다.

3) 여성의 삶과 공간의 연결

육영수 여사는 교육적, 정치적 내조의 대표적 여성으로, '국민 어머니'로 상징된다. 퍼스트레이디로서 '가정을 지키는 땅의 사람' 역할을 수행했으며, 겉으로는 조용했으나 묘역 위치와 구성은 외향적 기운도 함께 품고 있다고 해석된다. 그녀의 삶은 한국전쟁 이후 국가 재건기, 산업화와 권위주의 정치 시대 속에서 '온화한 이미지'로 국민 통합에 기여한 것으로 평가된다.

4) 엄마의 시선으로 재해석한 풍수

'엄마의 시선'으로 볼 때, 육영수 여사의 공간은 바깥을 향한 남편의 활동을 받쳐 주는 심장부 공간이다. 중심에 있는 땅이 여성의 위치를 표현하며, 이는 여성의 공간적 역할이 '지원자'이자 '중심 가족'으로서 가정의 핵심이라는 점을 강조한다. '조용한 혁명가'로 불리며 국모 이미지를 형성했던 그녀의 삶은 겉보다 안이 단단해야 오랜 지지와 신뢰를 형성한다는 교훈을 준다.

- **풍수 용어 정리**

  수세水勢: 물의 기세, 물의 흐름

  옥대수: 물이 주변을 감싸 안는 듯한 형태로, 기운을 모으고 안정감을 주는 수세

  역수逆水: 물이 거꾸로 흐르는 듯한 형태로, 재물이 쌓이는 길지

- **핵심 풍수 이론 정리**

  여성의 공간은 외부로 향하는 남성적 권력이나 활동을 정서적으로 지지하고 안정시키는 '심장부 공간'으로써 중요한 풍수적 의미를 가진다. 여성의 정서적 기반 터에 대한 분석은 남성적 권력 중심의 풍수를 보완하며, 여성의 내조와 지원 역할이 공간의 기운에 미치는 영향을 강조한다. '겉보다 안이 단단해야 한다'는 교훈처럼 내부 공간의 안정과 조화가 전체 가족의 운세에 긍정적인 영향을 미친다.

- **답사 요약**

  육영수 여사의 출생지인 충북 옥천을 방문하여 금강이 흐르는 내륙 중심지의 지형과 포용적인 수세를 느껴볼 수 있다. 서울 동작동 국립현충원에 위치한 묘역을 찾아 '역수형 혈'의 특징을 살펴보고, '가정을 지키는 땅의 사람'으로서의 육영수 여사의 역할을 떠올리며 여성의 조용한 힘이 공간을 통해 어떻게 발현되었는지'를 생각해 볼 수 있다.

5. 박경리: 고향의 지기地氣에서 피어난 모성 문학의 뿌리

1) 생애

박경리본명 박금는 경남 통영 출신의 대한민국 대표 작가이자 여성 문학의 상징이다. 대하소설 『토지』를 비롯해 『김약국의 딸』, 『불신시대』 등의 대표작을 남겼다. 김동리가 '박경리'라는 필명을 지어 주었으며, 한국전쟁 중 남편 김행도를 잃고 두 딸과 아들 한 명을 키웠다.

원주 박경리문학공원

(2024년 촬영)

2) 풍수적 지리 조건

박경리의 고향인 통영은 바다와 섬이 교차하는 지형으로, 산이 바람을 막고 물이 사방으로 흐르는 특징을 가진다. 항구 도시 통영은 청룡·백호의 산세가 바다에 닿는 곡형으로, 물과 산이 완벽하게 조합된 배산임수 형국이다. 그녀의 묘지는 통영 산양읍 미륵산 기슭 경남 통영시 산양읍 양지농원 내에 위치하며, 바다 조망을 받는 '배수진형 숨은 혈처'로 알려져 있다.

3) 여성의 삶과 공간의 연결

고향 통영의 지형은 '**감싸는 곡선형 기운**'으로, 이는 박경리의 외부로 나아가는 여성문학의 뿌리가 되었다고 해석된다. 그녀의 작품 활동은 통영, 하동, 원주 등 지역의 풍경과 역사를 재현하며, 특히 『토지』는 농민 삶의 정체성과 뿌리를 살린 작품으로 평가받는다. 이는 지역과 여성의 삶을 문학의 중심에 올려놓은 대표적인 사례다.

4) 엄마의 시선으로 재해석한 풍수

'엄마의 시선'으로 볼 때, 토지土地는 곧 모성이다. 굽이치는 땅에서 여성의 삶은 물길을 따라 퍼지는 문장처럼 흘렀다고 해석된다. 박경리가 고향을 떠났다가 50년 만에 돌아왔을 때의 감동은 '고향의 지기地氣 회복'이라는 풍수적 상징성을 지닌다고 볼 수 있다.

고향의 풍수는 단순한 지리적 환경을 넘어 기억, 연대, 치유의 힘을 가진다고 그녀의 삶이 보여 준다.

- **풍수 용어 정리**

  곡형曲形: 곡선 형태를 띠는 지형으로, 부드러운 기운을 나타낸다.

  지기地氣: 땅의 기운

  배수진형背水陣形: 물을 등지고 진을 치는 형태로, 때로는 숨겨진 혈처에 비유되기도 한다.

- **핵심 풍수 이론 정리**

  고향의 지형과 그곳에서 형성된 '감싸는 곡선형 기운'은 여성의 문학적, 창조적 에너지의 근원이 될 수 있다. '토지'가 '모성'과 연결되는 것처럼 땅의 기운은 여성의 삶과 문학적 표현에 깊은 영향을 미친다. 인간의 감정과 기억, 그리고 공동체의 유대가 풍수적 '숨은 혈처'를 형성할 수 있다는 새로운 관점을 제시하며, '문학 풍수'라는 개념으로 확장될 수 있다.

- **답사 요약**

  경상남도 통영의 미륵산 기슭에 위치한 박경리 선생의 묘역을 방문하여 바다와 섬이 어우러진 경치를 감상하며 그녀의 작품 세계의 근원이 된 '감싸는 곡선형 기운'을 느껴볼 수 있다. 통영, 하동, 원주 등『토지』의 주요 배경지를 답사하며, 물과 산이 조화롭게 이루어진 지역들이 어떻게 '사람과 자연이 교감하는 지형'을 이루고 작가의 문학적 영감의 원천이 되었는지 탐색할 수 있다.

하동 박경리문학관　(2024년 촬영)

3.2 가문을 일으킨 할머니들

대전시 대덕구 쌍청당로 17에 쌍청당이 있다. 조선의 여인들은 가문의 자손이 끊기는 것을 가장 큰 죄를 짓는 것으로 여겼다. 그래서인지 명문가의 반열에 오르게 한 가문을 살펴보면 남자들보다 여인들의 역할이 크고 비중이 높았다. 풍수인들은 가문을 명문가 반열에 올려놓은 세 분의 할머니를 지목한다. 첫째는 은진송씨 가문의 고흥류씨 할머니로서 후손 중에서 동춘당 송준길과 우암 송시열을 배출하였다. 둘째는 광산김씨 가문의 양천허씨 할머니로서 후손 중에 사계 김장생, 신독재 김집을 배출하였다. 셋째는 울산김씨 가문의 여흥민씨 할머니 하소 부인으로서 후손 중에 하서 김인후를 배출하였다. 이 중에서 하소 부인은 뒤에서 자세히 다루기로 한다.

1. 은진송씨 발복의 근원

고흥류씨 묘는 은진송씨 문중에서는 할머니가 발복의 근원으로 믿고 있다. 이 묘는 원래 시외가인 회덕황씨 집안의 묘자리였으나, 밤새 물동이로 물을 퍼 묘를 옮기고 그 자리에 자신의 묘를 썼다는 일화로 유명하다. 묘 앞에는 남편인 송극기의 비석과 함께 고흥류씨 할머니의 비석이 나란히 서 있다. 묘역의 조성은 입수룡이 급하게 내려와 멈추는 곳에 점혈하였다. 이럴 경우 입수가 어디냐가 중요한데, 용이 급하게 내려올 때는 용이 멈추는 곳이 입수가 되므로 아래가 혈장이 된다.

고흥류씨 묘소 (2025년 촬영)

송유 묘소 (2025년 촬영)

유씨 부인은 쌍청당 송유의 어머니이다. 그는 고려 말인 1371년_{공민왕 20} 상서를 지낸 호안공_{胡安公} 유준_{柳濬}의 딸로 태어나 일찍이 성균관 진사인 송극기_{宋克己}와 혼인하였으나 약관의 나이에 남편이 세상을 떠나자 22세에 홀몸이 되었다. 청상의 몸으로 유복자 송유와 함께 개성의 친정에 살고 있었으나 가엽게 여긴 친정에서 재혼을 종용하였다. 당시 사회 풍습으로 재혼은 일반적인 일이었다. 얼마 후 풍습대로 친정에서 재혼을 서두르자 한밤중에 네 살 아들 송유를 데리고 500리가 넘는 시가인 이곳 회덕으로 내려왔다. 친정에서 재가를 권하자 시댁으로 행하였는데, 시댁에서 문을 안 열어 주자 삼종지도로 아들 유를 가리키며 수일을 버티자 감동하여 받아 주었다고 한다.

송유 선생은 조상으로부터 물려받은 정신과 물질적 유산이 상당하였던 같다. 일찍이 부모를 여의면 주변에서 개미 떼같이 달려들어 가문과 가정을 망가뜨려 가업이 패망하는 것을 우리는 흔히 볼 수 있는 광경이다. 고흥류씨의 가문을 지키고자 하는 여자의 곧은 품성인 지조와 정조가 없었다면 불가능하였을 것이고, 송유 선생 또한 관직에 연연하지 않고 별당을 지어 지도층과 교류하여 덕망을 쌓아 가문이 번창하는 기틀을 마련하였을 것이다.

그 후 유씨 부인은 시댁에서 시부모를 극진히 모시고, 아들을 훌륭한 선비로 성장시켰다. 그분이 바로 은진송씨의 중시조인 쌍청당_{雙淸堂} 송유_{宋愉, 1389~1446} 선생이다. 쌍청당은 송유 선생의 별당으로, 건물 이름은 송유 선생의 호인 '쌍청_{雙淸}'을 따다 붙였는데 청풍과 명월의 맑은 기상을 마음에 담고자 한 것이라고 한다. 이곳은 은진송씨의 대문 중의 종택이 있고 유가 세종 14년₁₄₃₂에 지은 쌍청당_{雙淸堂}이 있어 가문의 600여 년의 역사를 들려주니 꼭 답사하여 역사의 향기를 체험해 보는 것도 좋을 듯하다. 계족산에서 산능선이 내려와서 멈춘 곳에 대종가의 종택이 위치한다.

　선생은 생전에 그는 효행이 뛰어나 그 소문이 자자했다. 1452년단종 즉위년에 세상을 뜨고 나서 약 200년 후인 1653년효종4에 그의 정절을 기려 나라에서 정려를 내렸다. 송유 선생은 부사정종7품의 벼슬을 그만두고 더 이상 관직에 나아가지 않았다고 한다. 송계종사직공파, 송계사의 아들 송요년목사공파, 송순년정양공파 대에 가문이 번성하기 시작하였다.

　아들 송유가 먼저 죽고 고흥류씨는 82세로 생을 마감하셨다. 송유 묘역은 정혈에 해당하며 직룡입수하여 광명정대한 인물이 출현하고, 우선익은 다소 부족하나 좌선익이 특히 강하다. 송유 선생 아래 묘는 송시열 선생의 부모 묘소이다.

쌍청당 안채인 원일당　(2025년 촬영)

원일당 입수룡　(2025년 촬영)

　이 터에 사는 인물의 됨됨이를 산천이 증명하는 것이 풍수지리의 이치이다. 뒤에서 들어오는 입수룡은 강건하고 두터우니 현량한 인물이 태어나서 자라고, 안산이 멀리서 다가와 머무르니 사회성이 풍부하여 교류하는 인물이 넘쳐나고, 백호 능선이 하수사로 물을 거두니 재물이 만금처럼 쌓여 쓰고도 남았고, 적덕적선積德積善을 몸소 실천하였을 것이다. 태어나고 성장하고 국가에 충성하고 사회에 기여하는 것은 두사부일체, 즉 자연의 형상과 사람이 살아가는 모습은 닮는 것이 풍수지리의 원리라고 하겠다.

　양택의 입수룡은 쌍청당 안채처럼 넓게 퍼져야 사람이 살기에 적합한 터전이 되는 곳이다. 종택이 가장 지기가 왕성한 곳에 위치하고 중앙에 재실을 두어 조상을 모시는 공간으로 삼았고 좌측에 별당인 쌍청당을 두었다. 별당의 기능은 학문을 교류하는 장소의 기능과 정보의 수집의 기능도 수행하였을 것이며, 사대부들의 가문을 지키는 수단으로 삼았을 것이다. 시대가 변하여도 그 명맥이 이어와 부인들이 자식을 훈육하고 재테크를 잘한 집은 노후가 편안한 것을 볼 수 있다.

우리가 살아가는 시대는 하원 갑자로 음기가 강하여 옛날에는 암탉이 울면 집안이 망한다고 하였지만, 요즘 여인들은 암탉이 울면 알을 낳는다고 당당히 주장하는 것을 보니 시대에 따라 음양의 기운이 바뀌는 이치는 한치도 틀림이 없다.

2. 광산김씨 발복의 근원

조선의 3대 명문가는 광산김씨, 달성서씨, 연안이씨를 칭한다. 달성서씨의 고성이씨 할머니는 아들 서성을 배출하였다. 연안이씨의 영일정씨 할머니는 친정아버지 정보의 신후지지를 선점하여 월사 이정구를 비롯하여 3대 대제학 등 이루 헤아릴 수 없이 많은 인물을 배출하였다.

반면에 신후지지나 명당을 내어주고 후회하는 가문이 있다. 이석형 선생의 처인 영일정씨가 친정에서 애를 낳다가 산후통으로 죽자 친정아버지인 정보가 자신의 신후지지를 내어주어 연안이씨가 명문가 반열에 오르는 데 결정적 역할을 하였다. 영일정씨 문중에서는 수백 년이 지난 지금도 이를 애석해하고 있다고 한다.

용인 정몽주, 이석형 묘역 국세도   (2024년 촬영)

정몽주, 이석형 묘소 전경   (2024년 촬영)

　앞에서 대성통곡하는데 뒤에서 훌쩍거리며 눈물을 흘리는 또 다른 가문이 있다. 함양박씨로 본인은 절손지로 알려진 입수에 묘를 쓰고 사위에게 명당을 내어주니 그 묘지의 주인이 광산김씨 대사간을 지낸 김극뉴로 사계 김장생의 고조부가 된다. 전라북도 순창군 인계면 마흘리馬屹里 대마大馬 마을 뒤편 산록에는 조선 8대 명당 중에서도 으뜸이라고 할 만큼 천하명당으로 알려진 말 명당 광산김씨光山金氏 김극뉴金克忸·1436~1496의 묘소가 있다. 김극뉴 묘는 말 명당으로서 천마시풍형이라고 알려져 있다. 천마시풍형의 혈처는 천마의 입이나 코 자리가 진혈처라고 한다. 혈장 당판의 상단에는 그의 장인 함양박씨咸陽朴氏 박예朴隸 부부 합장묘가 자리하고, 바로 아래에는 그의 부인 묘, 그아래에 김극뉴의 묘소가 있다. 이묘가 정혈에 해당한다. 자리는 건좌손향乾坐巽向으로 말 중에서도 백마白馬이다.

　입수룡은 은맥으로 뚜렷하지 않으나 속기처에서 취기를 한 후 김극뉴 묘에서 전순이 마무리가 잘되었고, 좌측 능선은 관사로 지각에 해당하며, 지각에는 혈이 형성되지 않지만 작은 봉우리를 만든다면 소혈은 가능할 것으로 생각된다.

김극뉴 묘소　(2025년 촬영)

김극뉴 묘소 목성체 주산 전경　(2025년 촬영)

당판　(2025년 촬영)

김극뉴 묘소 금성체 안산　(2025년 촬영)

이곳의 산줄기는 호남정맥 강천산584m이 동진하면서 무이산558m을 기봉하고 다시 북쪽으로 뻗어 가다가 성미산589m, 두류봉 사이에서 갈라져 건지산412m으로 내려가는 도중에 두 개의 봉우리를 만든다. 뒤 봉우리를 큰 수리봉, 앞의 말 어깨처럼 생긴 봉우리를 작은 수리봉이라 부르는 용마산龍馬山으로 주산主山이다.

마흘리馬屹里라는 이름도 용마산이 말 같이 생겼다고 하여 붙여진 이름이다. 김극뉴의 묘소는 바로 이 용마산의 남동쪽 자락에 위치하고 있다. 그 형상이 마치 천마가 바람을 가르며 '히히잉' 하고 우는 모습과 같다 하여 천마시풍형天馬嘶風形으로 불린다. 또 천마가 하늘을 향해 뛰어오르는 모습 같기도 하여 천마등공형天馬登空形, 미끈한 몸매의 말이 바람을 맞으며 우는 형상이라 하여 호마시풍형胡馬嘶風形, 목마른 용마가 물을 찾는 형상이라 하여 용마음수형龍馬飲水形 등으로 불리기도 한다.

묘소 아래에는 옆구리에서 툭 튀어나온 듯한 특이한 구릉이 있다. 용맥이 급하게 내려오면 혈穴을 맺기 위해서 이처럼 아래에서 받쳐 주는 역할을 하는 지각이 반드시 붙어 있어야 한다. 당연히 지각과 바위가 확인되었다. 이곳 지각 상단에 김극뉴의 현손 김희金僖의 묘, 그 아래에 둘째 아들인 김소윤金昭胤, 손자 김개金鎧, 맨 아래에는 사위와 딸의 합장묘가 조성되어 있다.

대마마을 입구에서 보이는 주산은 힘이 넘친다. 혈장 또한 깔끔하다. 내청룡이 약한 단점은 있으나 외청룡이 겹겹이 감싸고 있어 약점을 보완해 주고 있다. 상대적으로 백호가 좋은 모습이다. 안산案山은 성좌星座, 즉 별이 내려앉은 모습이다. 이곳은 조산과 주변 사격이 예사롭지 않다. 문필봉文筆峰, 대필사大筆砂, 천마사天馬砂, 부봉사富峰砂 등 수려한 귀사貴砂가 줄을 잇고 있으니, 인물이 줄줄이 나올 수 있는 조건을 갖추었다. 이러한 곳이 대명당이 될 수 있다. 또한, 미방未方에 수려한 목성체가 있는데 이 방위는 예로부터 한림·진사·장원 벼슬을 한다는 방위이다. 이곳 국세에서 가장 특별한 것은 대제학大提學을 연이어 배출할 수 있음을 상징하는 연화문사蓮花紋砂가 있다는 것이다.

김극뉴는 조선 초기의 문신으로 처음에는 음사로 벼슬에 나갔으나 33세에 문과에 병과로 급제한 후 사간원司諫院의 대사간大司諫을 역임하였다. 김문金問과 열녀 양천허씨烈女 陽川許氏의 증손으로 조부는 김철산金鐵山이고, 부친은 좌의정을 지낸 김국광金國光이다. 그의 이름은 아버지가 좌의정 시절 8개월간 혼자 의정부議政府를 맡았는데, 이 점을 부끄럽게 여겨 '너라도 자라서는 이런 부끄러움을 꼭 이겨내라'는 뜻에서 아들의 이름을 지었다고 한다. 이러한 의미를 생각하면 '극뉴克忸'이라고 호칭하는 것이 맞는 것으로 보이나 '뉴'로도 읽을 수 있기 때문에 일반적으로는 '극뉴'이라 한다.

이 묘에 전해 오는 풍수 설화에 의하면, 원래 김극뉴가 묻힌 자리는 그의 장인인 박감찰의 신후지지身後之地, 자신이 죽기 전에 미리 잡아 두는 묏자리였다고 한다. 장인은 삼 형제로 모두 풍수지리에 능통하였는데, 이들은 각자 자신들이 죽으면 묻힐 신후지지를 잡기로 했다고 한다. 그래서 큰형인 박 감찰은 이곳의 말 명당을, 둘째는 임실 갈담의 잉어 명당을, 셋째는 임실 가실마을 앞의 금계포란형을 잡았다고 한다. 나중에 3형제가 현장 확인을 해 보니 큰형인 박 감찰이 잡은 자리가 최고라 평가하였다고 한다.

그런데 박 감찰에게는 외동딸만 있었고 아들이 없었다. 그는 자신의 제사를 받들어 줄 아들이 없으므로 사위가 좋은 자리에 들어가 외손이 번창하면 자신의 제사는 받들어 줄 것이라 믿고 사위에게 자신의 신후지지를 양보하고, 자신은 그 뒤편에 묻혔다고 하는 설이 있고, 또 다른 설화는 박 감찰이 사위에게 양보한 것이 아니라, 이 자리가 아주 좋은 자리임을 안 딸이 꾀를 써서 낚아챘다는 것이다. 박 감찰이 죽어 이 자리에 묻으려고 묘를 쓰기 전날 광중을 파 놓았는데, 그의 딸이 이날 밤 광중에 물을 잔뜩 부어 물이 나오는 흉지凶地처럼 꾸몄기 때문에 할 수 없이 지금의 자리인 뒤로 올렸다고 한다.

어쨌든 이 묘를 쓰고 난 이후 김극뉴의 후손들이 불같이 일어났다고 하니 광산김씨가 조선의 명문가로 발돋움한 계기가 된 곳임은 틀림없다. 조선조 3대 명문가 중의 하나로 꼽히는 광산김씨는 김극뉴의 현손 사계沙溪 김장생金長生, 1548~1631과 그의 아들 김집金集, 1574~1656이 예학禮學을 집대성한 대학자로 사후에 동방 18현東方 18賢에 추앙되어 한 가문에서 부자간에 문묘文廟에 배향配享되었고, 정승 5명, 대제학 7명 등 수많은 인물을 배출하였다.

그렇다면 광산 김문의 번성이 이 말 명당 한 자리만으로 가능했을까? 필자의 판단으로는 이 자리와 더불어 충청남도 논산시 연산면 수락산167m 산록에 있는 손자 김호金鎬 묘소 등 후손들이 잇따라 명당을 취한 덕분으로 명문가의 반열에 오른 것으로 본다. 한 가문이 이른바 명문으로 되기 위해서는 최소한 연이어 3기 이상 또는 한 대 걸쳐 명혈을 얻어야 가능하다. 광산김씨 사계 문중도 이러한 경우이다.

공교롭게도 명혈을 얻은 두 가문은 조선의 3대 명문가의 반열에 올라 추앙을 받고 있고, 후손들이 자부심이 대단하다.

3.3 여류 풍수사 달성서씨 묘역

1. 생애

　세종 때 한글학자인 최항崔恒, 영의정, 문정공의 정경부인 달성서씨는 조선 중기의 명문가 여성으로, 아버지 달천부원군 서미성徐彌性, 외조부 양촌 권근, 대제학 권제의 생질, 문충공 서거정의 누이이자 양촌 권근의 외손녀다. 남편은 영의정을 지낸 태허정 최항이며, 최영린, 최영호 등의 자녀를 두었다. 생몰 연대는 정확히 알려져 있지 않다.

2. 업적

　그녀는 특별히 풍수에 뛰어나 묘지를 직접 선별하고 결정하였다고 한다. 삭녕최씨 대종회에 따르면, 남편과 별도로 외청룡 방향에 본인의 신후지지를 정한 것은, 남편 묘소의 청룡이 역하여 후손이 끊어질 것을 염려하였기 때문이라고 하며, 그녀의 유언에 따라 부부는 따로 묻혔다. 이것은 여성이 공간을 읽고 결단하여 가족의 운명을 조정할 수 있었음을 보여 주는 실증적 사례다. 구체적 문학 스승이나 제자는 알려지지 않으나, 이덕무의 『청장관전서』에서 곽경순과 견줄 만큼 대가라고 기록하고 있다. 태허정 최항 묘역이 절손지지라고 단정한 풍수학적 근거는 무엇이고, 풍수학은 누구에게 배웠는지는 동생 서거정이 천문지리에 능통하였다는 것에서 유추할 수 있을 것이다.

3. 풍수지리

태허정 최항의 부인 묘역은 경기도 광주 퇴촌면 도마리 75번지에 위치하며, 남한산성 자락 남편과 마주 보는 자리에 있다. 이곳은 북악산현무 계열의 맥이 좌청룡과 우백호의 형세로 흐르는 전형적인 배산임수 지형이다. 묘역 주변의 산맥과 바람길이 고려되었으며, 과거에는 청룡, 백호, 안산 그리고 앞의 평야가 맺는 기운이 완벽하게 갖추어져 있었다고 전해진다.

1) 산맥 체계

한남정맥이 용인 어정 선장산349m에 이르러 산이 나뉘어 검단지맥을 이룬다. 검단지맥은 용인의 법화산383m, 불곡산335m, 분당의 진산 영장산414m을 솟구치는데 능선의 좌측 사면은 탄천을 따라 성남시를 이루고 우측 사면은 경안천을 따라 광주시를 이룬다. 잠시 휴식을 취한 능선은 북으로 내달려 광주 검단산536m. 남한산성의 청량산497m. 남한산522m을 이루고 은고개를 건너뛰어 용마산596m을 들어올리고 하남 검단산658m을 솟구친 후 힘을 주체하지 못하여 예봉산과 부딪혀 한강을 경계로 협곡을 이루게 된다.

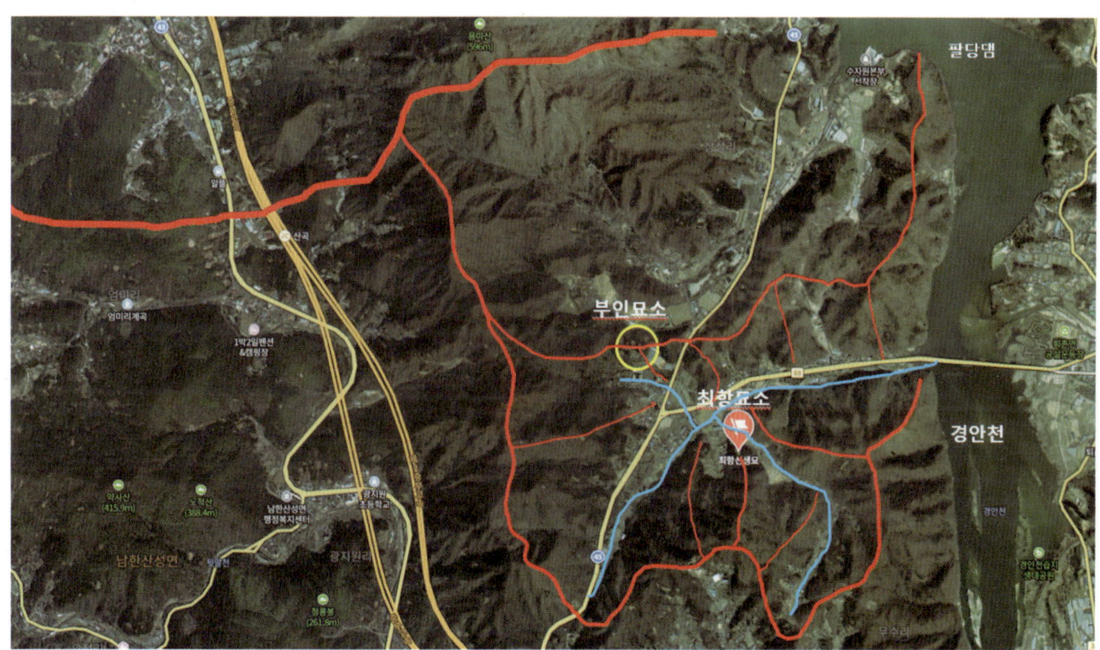

최항선생과 부인묘소
(네이버지도, 필자 작성)

2) 입수룡 분석

용마산596m 정상에서 몸을 남으로 틀어 내려오는 능선이 무명봉250m을 이루어 좌측으로 가지를 뻗어 동진하는 능선이 입수룡이 된다. 묘역의 후면에서 용의 움직임을 살펴보면 생룡으로 강건하고 변화무쌍하며 균형과 질서가 있다. 좌측에서 가지를 두 개를 내밀어 60도 회전하고 직으로 달리니 좌우에는 지각이 균형을 유지하고 있다. 이어 우측에서 가지를 두 개 내밀어 60도로 회전을 반복한 다음 과협을 이룬 후 고개를 들어 오르막에 우측으로 내리는 가지가 대구서씨 부인 묘역을 이룬다. 직진하는 산 능선은 입체를 이룬 후 90도 회전하여 좌우로 지각을 내밀어 보폭을 줄인 다음, 손자 사직공 묘역 앞에서 가쁜 숨을 몰아쉬며 정지 안정을 취하며 좌측에 내미는 가지는 하수사가 되기도 하며 내 몸 안의 청룡이 되기도 한다. 산이 움직이는 모습을 상상하여 보면 용마가 하늘에서 좌우로 S라인으로 몸을 틀어 내려와 사뿐히 내려앉는 모습으로 진귀한 용이다. 물은 재물로 보고 산은 인물을 보는데 후손들이 살아가는 모습은 용을 보고 판단하는 것이다.

횡룡입수 묘소 (2025년 촬영)

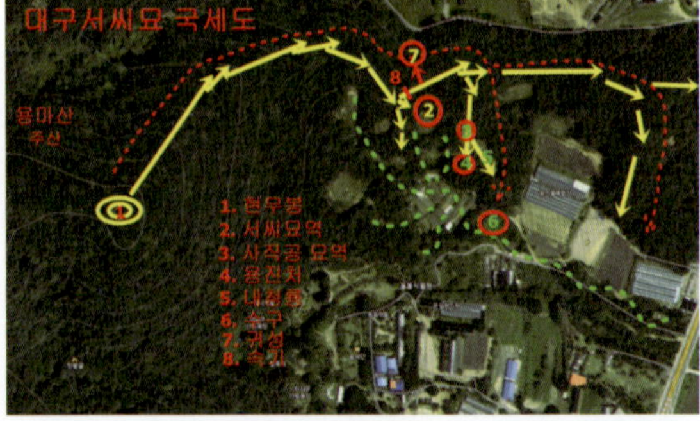

국세도 (최길호)

남편 묘소 방향의 안산과 주작 (2025년 촬영)

백호 허약의 결과 (2025년 촬영)

물길은 우측에서 좌측으로 흘러 음수이니 재물과 관련이 깊고 현무에서 나온 가지가 요대를 이루고 명당은 평탄하다. 청룡은 강하나 백호는 과협으로 골풍이 우려된다. 주작은 외부에서 다가오는 당배로 귀격의 모습이며 복종형의 봉우리가 아닌 조산에 향을 한 것으로 보이는데, 그 원인은 명당이 치우치기 때문일 것이다.

3) 혈장 분석

현무가 좌측에 있으니 측뇌로 횡룡입수의 모습이 된다. 횡룡에는 낙산과 귀성이 있어야 하나 낙산은 유정하지만, 귀성은 확실하지가 않다. 혈장의 전순을 살펴보면 2m 이상 복토를 한 흔적이 보이는데 좌우의 훼손된 부분은 흙을 파내어 발생한 것으로 보인다.

4) 종합

입수룡의 진행 형태는 살아 있는 용의 모습을 보는 듯 생생한 모습으로 상당한 풍수 안목을 갖춘 것으로 인식된다. 우측 어깨가 낮게 꺼져 골풍이 우려되고, 좌측은 담장처럼 반듯하다. 용의 머리가 아닌 용의 배에 묘역이 조성된 것이다. 뒤는 높고 앞이 낮으며 안산이 여의주처럼 둥근 봉우리가 있으니 형국론으로 용이 물을 마시는 갈룡음수형渴龍飲水形으로 볼 수 있으며, 용과 관련이 있으면 혈은 산이 멈추는 곳으로 용구龍口에서 생기를 뿜어내는 곳으로 용의 코, 입, 이마 부근이 좋다.

4. 교훈 및 적용

그녀는 남편의 묘지 선정 과정에 깊이 관여한 풍수사이자, 학문과 풍수에 능함을 당대에 공인을 받아 여성 교육 및 지위 인식 확대의 초기 사례로 평가된다. '엄마의 시선'으로 볼 때, 집안의 혈맥을 잇는 자리는 뒷산보다도 안채와 연결된 작은 정원愛敬堂, 안뜰이 중심이었다. 여성이 앉는 자리가 곧 집안의 기운을 지탱하는 지기地氣의 중심이었다고 해석된다. 그녀는 남편 묘와 별도로 자신의 묘를 '절손絕孫될 혈'이라 판단하여 직접 선정하고 안장지를 조정한 일화는 여성이 공간을 읽고 결단하여 가족의 운명을 조정할 수 있었

음을 보여 주는 실증적 사례로 전해진다.

경기도 광주 퇴촌면 도마리에 위치한 최항 부인의 묘역을 방문하여 남한산성 자락의 지형과 배산임수 형국을 관찰해 볼 수 있다. 묘역에 서서 최항 부인이 '절손될 혈'이라며 남편 묘와 별도 장지를 택한 지혜를 생각하며, 여성의 공간을 보는 직관적인 통찰력을 느껴볼 수 있다. 현대적으로는 주택 설계 시 여성의 직관적 참여를 고려하는 시사점을 얻을 수 있다.

• **풍수 용어 정리**

　혈처穴處: 기운이 응집되는 중심 지점

　사신사四神砂: 좌청룡왼쪽 산줄기, 우백호오른쪽 산줄기, 전주작앞산, 후현무뒷산로 이루어진 풍수적 형국

　지기地氣: 땅의 기운

　배산임수背山臨水: 산을 등지고 물을 마주하는 전형적인 길지 조건

• **핵심 풍수 이론 정리**

　여성의 공간은 외부 산세보다 안뜰 등 내부 공간과 연결되어 집안의 기운을 지탱하는 '지기의 중심'이 될 수 있다. 여성의 직관과 판단이 묘지 등 중요한 공간의 길흉화복에 결정적인 영향을 미칠 수 있음을 보여 준다. 전통 풍수가 '아버지의 시선'으로 권력을 상징하는 자리를 중요시했다면, '엄마의 풍수'는 집안의 안정과 후대의 번영을 위한 '지키기 위한 자리'에 주목한다.

3.4 여류 풍수사 여흥민씨 하소 부인의 묘

1. 생애

　우리 나라의 신라, 고려, 조선조에 걸쳐 공자를 모신 문묘文廟, 성균관에 배향된 인물은 모두 18명이다. 이를 해동 18현이라고도 하는데, 신라의 1 설총薛聰, 2 최치원崔致遠, 고려의 3 회헌晦軒 안향安珦, 후에 裕로 개명, 4 포은圃隱 정몽주鄭夢周, 조선의 5 한훤당寒喧堂 김굉필金肱弼, 6 일두一頭 정여창鄭汝昌, 7 정암靜庵 조광조趙光祖, 8 회재晦齋 이언적李彦迪, 9 퇴계退溪 이황李滉, 10 하서河西 김인후金麟厚, 11 율곡栗谷 이이李珥, 12 우계牛溪 성혼成渾, 13 사계沙溪 김장생金長生, 14 중봉重峯 조헌趙憲, 15 신독재愼獨齋 김집金集, 16 우암尤庵 송시열宋時烈, 17 동춘당同春堂 송준길宋俊吉, 18 현석玄石 박세채朴世采이다. 이 중 호남 출신은 유일하게 하서河西 김인후金麟厚 선생 한 명으로 전남 장성 출신이다. 지금도 장성 사람들은 선비의 고장이라는 강한 자부심을 가지고 있는데, 하서 김인후 선생뿐만 아니라 성리학 6대가의 한 사람인 노사 기정진奇正鎭, 1798~1879년 선생을 배출하였기 때문이다. 하서 선생은 도학道學의 정통을 이은 영수라 할 수 있으며 경기의 김안국, 조광조, 영남의 이언적, 이황, 조식 등이 같은 시대에 사림의 영수였다. 하서 선생과 같은 훌륭한 인물을 배출하고 호남 제일의 명문가로 알려진 울산김씨의 발복은 하서의 5대조 할머니인 여흥민씨麗興閔氏 부인 때문이라고 한다.

　여흥민씨閔氏, 호는 하소 부인荷沼夫人은 한성판윤 민량閔亮의 딸로 1350년경 태어났으며 태종의 비 원경왕후 민비의 사촌이었다. 울산김씨 중시조 김온金穩과 혼인하여 달근, 달원, 달지 세 아들을 두었다. 민씨 일족이 옥사민무구, 민무질 사건로 몰락하자, 세 아들과 함께 장성 황룡면 맥동으로 피신하여 정착하였다. 역경 속에서도 가문의 명맥을 이으려 헌신했고, 후손들의 번영을 위해 탁월한 판단력으로 여러 의사 결정을 주도하였다.

　김온은 고려 우왕 때 등과하여 이성계를 따라 요동 정벌에 참여하여 공을 세웠고, 이성계가 위화도 회군으로 정권을 잡자 이조 좌랑에 올랐으며, 단양군사와 함양군사를 지

냈다. 회군 때와 개국 때의 공으로 정종 2년에는 좌명공신佐命功臣에 책록되어 흥려군興麗君이라고 불리고 여산군麗山君에 봉해졌다. 태종 때 양주목사를 했는데 태종이 왕권 강화를 목적으로 외척을 배척할 때 사촌 처남인 민무구, 민무질 형제의 옥사에 연루되어 죽게 되었다. 남편이 사촌 오빠들과 함께 죽자 민씨 부인은 어린 아들 3형제를 데리고 혈혈단신으로 한양을 떠나 전남 장성군 황룡면 맥동마을로 피신하여 도착하게 된다. 장성에 도착한 민씨 할머니는 산등성이에 올라가 나무로 매를 깎아 만들고 하늘로 날렸다. 그 매가 하늘 높이 날더니 한 자리에 내려앉았다. 구례 화엄사 등 터를 잡을 때는 이처럼 매를 깎아 날렸다는 이야기가 전해 온다. 전체적인 자리를 잡은 다음 그 터 안에서도 바람이 가장 불지 않는 편안한 곳을 선택하는 조상들의 지혜가 드러나는 대목이다. 민씨 할머니는 세 아들을 데리고 매가 앉은 자리에 터를 잡았다. 그리고 그곳에 집을 짓고 살았다. 그곳이 바로 백화정百花亭이다.

장성군 황룡면 맥동마을에 터를 잡은 민씨 할머니는 아들 3형제를 모두 훌륭하게 키웠다. 큰아들 김달근金達根은 좌군부사정左軍副司正을 지냈고, 손자 김률金律은 문과에 급제하여 군수를 하였다. 하서 김인후는 둘째 아들 김달원金達源의 4세손이다. 현대에는 부통령 인촌 김성수, 초대 대법원장 김병로, 삼양그룹 창업주 김연수, 민주당 비대위 대표를 지낸 김종인 등이 직계 후손이 된다. 김온의 후손들은 발복에 발복을 거듭하여 호남의 제일가는 집안이 되었다. 울산김씨는 하나의 터에 1인 1명당의 규칙을 따르고 모든 묘를 거리에 상관하지 않고 명당이면 그곳을 찾아 부친과 모친의 묘를 따로따로 썼다.

2. 업적

멸문 위기의 남편 집안을 장성 땅에 정착시켜 호남 명문가의 기초를 마련하였고, 후대에 수많은 인재 및 하서 김인후 같은 거유를 배출하는 명문가의 근간을 만들었다. 그녀는 무학대사에게 풍수지리와 천문을 배워서 이름을 날렸다고 전해지며, 직접 풍수 명당 복부혈을 찾아 장성 맥동리에 묘자리를 잡았으며, "이 명당에 나를 묻으면 말을 탄 자손이 가득하리라"라는 예언을 남겼다.

  조선 초기 여성으로 드물게 풍수지리서『하소결荷沼訣』을 남겨, 여성의 학문·저술·풍수 활동을 입증하였다. 현존하는『하소결』은 여성 저술로는 매우 이례적인 풍수지리서로, 복부혈 명당의 비밀과 선정 이유, 풍수의 기초 이론 등을 체계적으로 담아내고 있다.

  하소 부인의 예언대로 명정 마을 복부혈에서 대대로 뛰어난 후손과 문화유산이 나왔으며, 가문의 번영이 실제 기록으로 이어졌다. 그녀는 학문과 인격을 중시하는 가풍을 직접 실천했으며, 가문 자녀 교육과 지역사회를 위한 애정과 나눔을 실천하였으며, 멸문의 위기에서 온몸을 바쳐 가문을 구하였다.

필암서원　(한국학호남진흥원)

여흥민씨 할머니 예언　(2025년 촬영)

3. 풍수지리

  전남 장성군 북이면 명정鳴鼎 마을 산37에 가마솥을 엎어 놓은 듯한 지형의 정상에 묘소가 있다. 여흥민씨 하소 부인이 직접 자신의 신후지지身後之地로 선정한 이 묘터는 가마솥을 엎어 놓은 모양의 복부혈覆釜穴로서 우리나라 호남 8대 명당 중 하나로 꼽힌다. 풍수적으로 다리가 셋 달린 가마솥처럼 기운이 모이고 산줄기가 용맥처럼 모이는 비룡입수飛龍入首의 형상을 이루어, 최고의 음택 명당으로 평가된다. 남편 김온은 부인 묘소 옆에 비석으로 단壇을 설치하여 함께하고 있다.

묘역 안조산   (2024년 촬영)

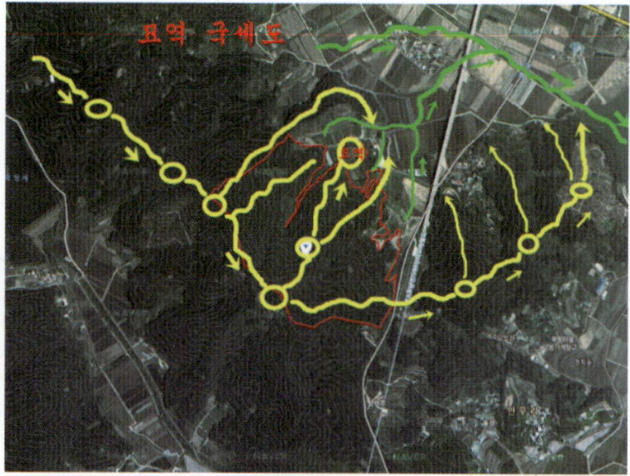

묘역 국세도   (최길호)

복부혈 여흥민씨 묘소   (2024년 촬영)

진응수   (2024년 촬영)

이 묘의 주산은 방장산方丈山, 606m으로 회룡고조혈回龍顧祖穴이다. 호남정맥에서 갈라진 영산기맥의 방장산743m 줄기가 남진하다 안장봉300m를 만든 후 동북으로 머리를 돌려 국세를 이루었으니 분지형 대국을 만들었다.

방장산은 백두산을 출발한 백두대간룡이 전북 장수 육십령을 지나 영취산에서 금남호남정맥을 분맥하고 이 산맥은 다시 진안 마이산을 지난 다음 주화산에서 북으로는 금남정맥을 남으로는 호남정맥으로 분맥한다. 호남정맥은 임실 경각산659.6m과 완주 오봉산513.2m, 정읍 왕자산444.4m, 고당산639.7m, 내장산763.2m을 거쳐 장성 백암산과 담양 추월산, 광주 무등산, 장흥 사자산, 승주 조계산으로 이어져 광양 백운산까지 이어진다. 방장산은 내장산에서 서쪽으로 뻗은 산맥에 있다. 백양사 뒷산인 상왕봉을 거쳐 호남고속도로 하행선 호남터널 좌측 변에 있는 입암산을 태조산太祖山으로 만든다.

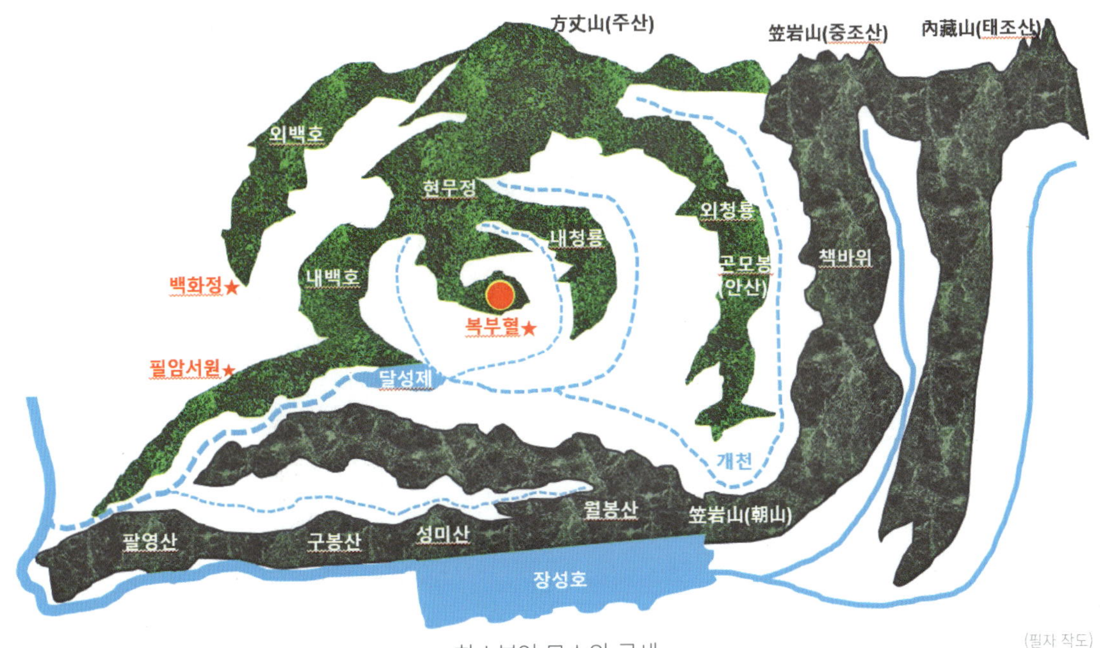

하소부인 묘소의 국세

(필자 작도)

　그리고 일명 장성 갈재라고 불리는 노령에서 크게 과협하여 호남터널 오른쪽에 철모와 같이 생긴 태음 금성체 산형인 방장산方丈山, 733.6m을 제일성봉第一星峰으로 기봉하고 다시 행룡하여 처음으로 높게 솟은 산이 방문산이다. 방문산은 고창의 주산이며 남쪽으로는 전북 고창과 전남 장성, 영광, 함평, 나주, 무안, 목포 유달산까지 이어진다. 방문산에서 동남으로 한 개의 맥을 뻗어 고창에서 백양사 가는 894번 도로 아래로 급락急落하는데 앙고살재 고개에서 보면 그 기세가 장엄하다. 주룡은 청운마을과 만무리를 지나 다시 방향을 바꾸어 자신의 떠나온 태조산인 입암산을 바라보고 가다가 명정마을에서 넓은 들을 만나 행룡을 멈추고 기를 모아 혈을 결지하니 회룡고조혈回龍顧祖穴이 되는 것이다.

　혈의 결지結地 과정을 알기 위해서는 태조산에서 출발한 주룡이 크게 낙맥落脈한 다음 제일성봉第一星峰을 기봉起峰하는데 이 제일성이 탐랑, 거문, 녹존, 문곡, 염정, 무곡, 파군, 좌보, 우필의 구성九星 중 어느 성에 속하느냐에 따라 그 용혈龍穴의 정신과 형태가 결정된다는 이론을 알아야 한다. 제일성에서 다시 출발한 대간룡이 혈을 결지하고자 할 때는 제일성과 똑같은 정신과 형태의 주산을 만들고 여기서 중출맥中出脈으로 내려온 용에서 혈을 결지하는 것이 주혈主穴이 되는 것이다. 민씨 할머니 묘는 마치 가마솥을 엎

어 놓은 것 같은 복부혈覆釜穴인데 태조산인 입암산에서 낙맥하여 갈재에서 과협한 다음, 제일 처음 기봉한 제일성이 방장산으로 커다란 솥이나 종을 엎어 놓은 듯한 무곡 금성체다. 여기서 출맥한 용이 행룡하다가 기봉한 산이 방문산으로 이 모습 역시 방장산과 비슷하다. 방문산에서 내려온 용이 과협과 기복, 박환, 개장, 천심, 굴곡 등 수많은 변화 과정을 해오면서 억센 기를 모두 정제 순화시킨 다음 마지막으로 기를 모으기 위해서 결인속기結咽束氣 후 커다란 혈장穴場을 만들었으니 이 모습이 제일성과 또 주산과 같은 형태의 복부형이다. 혈의 사상四象인 와겸유돌窩鉗乳突 중 돌혈이면서 돌중미와突中微窩로 되어 있다. 작은 산이 모두 기 덩어리로 과히 천하대지라 할 수 있으며 발복이 오랫동안 지속되는 곳이다.

복부혈에는 3개의 솥 받침대가 있어야 하는데, 이를 모두 갖추고 있으며 묘는 엎어 놓은 솥 밑바닥 한가운데 부분에 제대로 들어가 있었다. 혈은 기가 뭉친 것으로 복종형覆鐘形이나 복부혈覆釜穴의 경우 그 정상에 기가 집중된다. 복부혈은 귀貴도 하지만 특히 부富가 큰 혈이다. 풍수지리 고전인 『금낭경』「취류편」에는 형여복부形如覆釜 기전가부其巓可富라 하여 형상이 마치 가마솥을 엎어 놓은 것 같은 모양은 그 정상에 혈이 있고 큰 부자가 된다고 하였다. 혈 앞에 펼쳐진 명당은 광활하면서도 평탄 원만하고 여러 골짜기에서 나온 물들이 모두 이곳으로 모여 달성제 저수지를 만들었다. 내청룡 내백호는 혈을 환포해 주고 외청룡은 회룡고조의 본신 대간룡에서 뻗어 내려온 산줄기로 혈을 넓게 감싸주고 있다. 외백호는 혈을 가깝게 싸주고 있어 이 혈이 장손보다는 지손, 아들보다는 딸, 귀보다는 부가 더 빨리 나올 것 같다는 생각이 들었다. 혈장 아래에는 샘물이 있는데 진응수眞應水로서 대혈지임을 나타내고 있다. 흠이 있다면 안산이 조금 멀고 뚜렷하지 못하며 청룡 백호가 혈 앞까지 완전하게 감싸주지는 못했다. 안산 너머 조산은 입암산으로 석산石山이지만 혈의 조종산祖宗山에 해당되기 때문에 해가 되지는 않는다. 물은 혈좌측에서 득수하여 우측으로 흘러 갑파甲破가 되는데 좌향은 곤좌간향坤坐艮向을 하여 88향법으로 문고소수文庫消水를 하였다. 용진혈적龍眞穴的에 문고소수향은 이른바 녹존유진祿存流盡이면 패금어佩金魚라 하여 필출必出 총명수재聰明秀才한 자손이 출생하여 특출 문장하고 부와 귀를 다한다고 하는 길한 향이다.

후현무와 입수룡   (2024년 촬영)

전주작과 명당   (2024년 촬영)

좌청룡   (2024년 촬영)

우백호   (2024년 촬영)

현무정은 일시 정지하여 생기를 모으고[聚氣], 우측으로 뻗는 산은 내백호를 이루고 묘가 있는 혈장을 만들었다. 국세는 크고 방정하지만 전주작이 너무 멀어 기운을 응축히는 힘이 부족하여 지룡과 요도 지각을 발생하지 못한 채 잘록한 속기처에서 급하게 우뚝 멈추고 기를 응집하여 크고 둥근 가마솥 모양의 몽우리를 만들었다. 속기처에는 좌우 골짜기가 평탄하여야 하며 전후 경사가 일치하고 지각이 보호하여야 풍수해를 입지 않는데 상태가 매우 양호하다.

주작인 안조산은 너무 멀고 수려하지 않으니 혈장의 기운을 밀어 주는 역할이 부족한 모습이다. 안산이 선착하여 혈장을 지탱하여야 현무정과 혈장이 원형으로 만들어지는 것이다. 이런 혈장의 모습에는 생기가 새 나가므로, 재산을 모으는 자손보다는 베푸는

자손이 많이 출생하여야 명성을 얻고 쓰고도 재물이 넘치는 모습이다. 혈장은 층층으로 생기를 응축하여 후부하며, 혈장 뒤에서 2개의 귀사鬼砂가 받쳐 주고, 좌우로 요사가 여러 개 발달되어 있으며, 2개의 관사官砂가 앞에서 혈장을 받쳐 주니 당판이 농구공처럼 둥글둥글하다. 혈의 사상으로 분류하면 돌혈로 복부형이며 돌혈의 형성 요인은 전후좌우에서 지각이 당판을 받쳐 주고 균형을 유지하여야 한다.

내청룡은 현무정에서 나온 가지가 아니고, 현무정 후면에서 나온 가지로 혈장에 다가오지 못하고 속기처 부근에 머물렀으며, 내청룡이 단축하여 혈장 옆구리를 치면, 장자에게 불리하며 낙태, 불의의 사고를 당할 수 있다고 알려져 있다. 외청룡은 주산인 방장산에서 지룡이 나와 혈장을 감싸고 있고 수려하다. 외청룡은 일반적으로 귀인을 만나면 횡재하나 악인을 만나면 횡액을 당하며 외간 남자가 담장 안을 넘겨보는 것으로도 보며 음란한 여인이 있는 것으로도 보는데, 이 묘소의 청룡은 봉우리가 수려하니 사회성이 좋고 교류가 활발하여 사회의 도움을 받는 모습이다. 내청룡과 외청룡 모습으로 혈장을 넘겨보는 모습으로 경계하여야 한다.

백호는 현무정에서 나온 내백호와 행룡하는 과정에서 나온 외백호로 나뉜다. 내백호는 조당까지 길게 환포하여 물길을 거두고 외청룡과 교류하며, 산등성이가 물결처럼 구불구불한 수형체 산으로 형성된 외백호도 지룡을 뻗어 겹겹이 혈장을 보호하고 있으며 물길은 좌수도로로 우측 달성제로 빠져나간다. 외백호가 관쇄가 유정하게 수를 거두어들이며 수구의 금성체 수구는 여자들이 큰소리치는 모습이고, 수성체 수구는 단정한 여인이 대를 이어 출현하여 가문을 번창시키는 모습이다. 수구사는 외백호로 마지막 부분의 거수 여부를 살펴야 하는데, 지룡과 요도를 여부를 보고 수구의 관쇄를 확인하여야 한다.

이 땅의 기운은 백호 작국으로 현명한 여인의 노력으로 가문이 구름처럼 융성할 것이나 백호 뒤의 규봉 두 개는 불길하여 음란한 여인이 남자를 탐하는 모습으로 보기도 한다. 내백호와 외백호로 혈장을 넘겨보고 있다. 좌향의 기본 개념은 좌坐는 장자 손을 보며, 향向은 지손과 차자 자손을, 막내만 있다면 전순 중심과 안산 중심으로 향을 삼기도 한다. 수세는 내수세가 서로 만나 산으로 돌아나가는 지점을 향으로 삼으며, 낙산은 평평한 토형체 안산을 귀하게 본다.

안산이 부실하여 현무정이 부실하고 청룡보다는 백호가 왕성하므로 지손 발복이 클 것으로 보이며, 안산이 먼 데도 혈장이 맺힌 것으로 보아, 농지 정리를 하기 전에는 전순

앞에 동산이나 바위가 있었을 것으로 보인다. 내용호보다 외용호가 왕성하여 담장을 넘겨다보는 모습으로 자손들은 매사에 신중한 처신을 하여야 할 것이다. 좌는 낙산을 의지하여 좌향을 잡아 종손이 흔들리고, 현무정에서 오는 내룡맥이 가지를 많이 발생하여야 하나 부족하고, 묘역 조성은 입수 두뇌에 묘지를 조성한 것으로 보이며, 묘를 쓰고 수대에 내 양자로 대를 이었을 것으로 해석된다. 양자의 근거는 내청룡이 현무정에서 나오지 않고 짧아 혈장에 이르지 못하고, 현무정에서 혈장에 오는 과정에 지룡 요도 지각이 발달하지 못하였다. 입수 두뇌에 용사하면 장손이 무휴하고, 낙산 좌는 양자로 가는 자손을 두게 된다고 하였다. 산곡의 돌혈은 바람을 두려워하므로 좌우 골짜기가 보이지 않게 깊게 파서 시신을 묻는 것이 좋다.

4. 주변 볼거리

장성 필암서원과 백양사, 영광 불갑사와 마라난타사, 정읍 내장사와 금산사, 부안 선운사와 변산 해변, 고창 선운사와 병바위 등이 인근에 있다.

3.5 『음식디미방』의 저자 장계향

장계향 영정

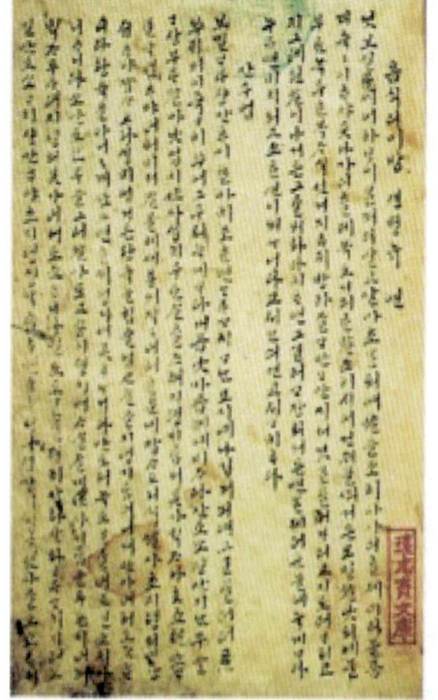

『음식디미방』

1. 생애

장계향張桂香, 1598~1680은 『음식디미방』의 저자로서 자신의 지식과 생활 철학, 실용적 문화 유산을 후대에 남겨, 단순한 가문 내 영향에 그치지 않고 조선 후기 여성 교육·문화의 모델로 평가받고 있다.

본관은 안동장씨이고, 출생지는 경북 안동 검재금계리이다. 퇴계 이황의 학맥을 이은 학자 경당敬堂 장흥효張興孝와 어머니 안동권씨 사이에서 외동딸로 태어났다. 친어머니가 세상을 떠난 뒤, 아버지 장흥효가 재혼하면서 이복동생아들 셋과 딸 하나이 태어났다. 장계향은 당시 출가한 뒤에도 친정의 후사를 잇도록 아버지의 재혼을 신중하게 지원했고, 친가의 새어머니와 이복동생 4남매가 안정을 찾을 수 있도록 살폈다. 아버지가 졸한 뒤에

는 계모와 이복형제들을 데려와 직접 보살피고 집을 마련해 주었으며, 교육까지 세심하게 챙겼다는 기록이 남아 있다.

1617년 재령이씨 가문의 이시명과 결혼하여 슬하에 6남 2녀전처 자녀까지 합쳐 7남 3녀를 두었다. 여중군자女中君子이다. 그녀는 특히 효심이 깊고, 모든 자녀를 공평히 사랑했으며, 남녀 차별이 심한 시대에 학문·시·서예 등 다방면에 뛰어난 성취를 이루었다. 대학자 이현일李玄逸의 어머니로서, 법전 규정에 따라 1689년 정부인貞夫人의 품계를 받았다.

2. 업적

타고난 자질이 풍부하여 시서화詩書畵에 능하였으며, 19세에 석계 이시명의 계실繼室, 첫째 부인이 죽은 뒤 맞은 두 번째 정부인로 들어가 전실前室, 첫째 부인이 남긴 1남 1녀와 자신이 낳은 6남 2녀를 한결같이 현자賢者로 양육하였다. 특히 2남 존재이휘일와 3남 갈암이현일은 '존갈'로 불리면서 조선 시대 경세서의 백미인 『홍범연의』를 편찬하였다. 후손들이 퇴계학파의 적통嫡統을 이어갔으므로, 장계향은 거룩한 어머니이자 진정한 교육자, 퇴계학파의 모범적인 대모代母로 칭송받고 있다. 임진왜란, 정유왜란, 정묘호란, 병자호란으로 피폐해진 민초들의 삶을 집안의 곡식을 풀고 도토리 죽을 쑤어서 구호한 사회사업가의 모습을 보여 주었다. 또한, 성리학에 기초하여 경신敬身과 성인지향, 인간 평등과 애민 등의 사상을 여성으로서 정립하였고, 최초의 한글 조리서인 『음식디미방』을 남겼다. 이 땅의 가장 아름다운 마을의 하나인 경북 영양군 두들마을을 개척한 문화 창조자의 모습도 보였다.

이 같은 장계향의 전인적全人的 인간상은 조선 시대의 많은 뛰어난 여성들과 대비할 때도 특별한 빛을 발한다고 할 것이며, 당대의 여러 문헌에서 '여중군자'로 불렸다. 그러니까 여성으로서 한두 가지 덕성이 아닌 완전한 덕성完德을 갖춘 군자불기君子不器,『논어』위정편 12의 경지에 이르렀음을 인정받은 것이다. 전하는 문학 작품은 많지 않으나 「학발시」, 「성인음」, 「경신음」 등 그의 사상이 녹아 있는 수준 높은 시이며, 특히 「학발시」는 뛰어난 초서체로 남아 있다. 이 밖에 「맹호도」, 「낙화」 등과 같은 그림이 전한다.

대표적인 저서인 『음식디미방飲食知味方』은 표지에는 『규곤시의방閨壼是議方』이라 이

름 붙여졌으며, 내용 첫머리에 한글로 '음식디미방'이라 써 있다. 『음식디미방』은 지은이가 직접 쓴 것이지만 『규곤시의방』은 장씨 남편이나 후손이 품격을 높이기 위해 지어 붙인 것으로 보인다. 약 1670년경, 나이 70세경 집필한 우리나라 최초의 한글 조리서이자, 아시아에서 여성에 의해 쓰인 가장 오래된 한글 요리책으로, 조선 시대 실생활 음식 문화를 알 수 있는 중요한 자료다. 그녀는 단순한 레시피 나열이 아닌, 당시의 음식 문화 전반과 음식에 담긴 철학, 건강, 삶의 지혜 등이 포괄적으로 기록하였다. 예컨대 각종 밥·술·장·떡·두부·고기·어류·채소 등 146종 조리법과 식품 저장법을 제시하고 있으며, 음식 만드는 방식의 원리, 재료 다루는 법 등 실용적 생활 지식을 포함하고 있다.

3. 영양 두들 마을과 갈암종택의 풍수지리

영덕군 인량리에 있는 갈암종택葛庵宗宅은 조선 후기 숙종 때 문신이며 성리학자인 갈암葛庵 이현일李玄逸, 1627~1704 선생의 종가이다. 이현일의 본관은 재령載寧으로 자는 익승翼升, 호는 갈암葛庵, 시호는 문경文敬이다. 인량리 나라골의 자택에서 출생하였으며 할아버지는 의령 현감을 지낸 이함이고 아버지는 석계 이시명이며, 어머니는 『음식디미방飮食知味方, 음식지미방』의 저자인 장계향張桂香이다. 이현일은 이황李滉의 학통을 계승한 대표적인 유림儒林이었으며, 조선 숙종 때 남인의 이론가이자 영남학파의 거두로 손꼽힌다. 숙종 초에 학행學行으로 미수 허목眉叟 許穆 등의 추천을 받고 벼슬에 나아갔으며 예조참판을 거쳐 대사헌을 지냈고 이조판서에 이르렀다. 그는 1704년 10월 안동군 임하면 금소리 금양재사錦陽齋舍에서 병으로 사망했는데, 그의 나이 77세였다. 사후 1705년 안동 금소리 금양 북쪽 기슭에 매장했다가 1706년 안동 남쪽 영해군 신사동 언덕으로 옮겼고, 1832년 인량리 행정杏亭 사향巳向 언덕경상북도 영덕군 창수면 인량리 산38에 정부인과 합장했다.

이 집은 원래 청송군 진보면 광덕리에 있던 것을 임하댐 건설로 1992년 갈암 태실이 있던 지금의 자리로 이전하게 되었다. 건물은 정면 6칸, 측면 4칸 반의 경북 북부 지역의 전통적인 ㅁ자형이다. 팔작 기와집으로, 오른쪽 측면으로 사랑방과 사랑대청이 돌출해 있다.

　원래의 건물은 갈암의 8대손 이수악과 9대손 이회발이 항일 투쟁의 거점으로 활용했던 곳으로 역사성이 있는 종택이다. 또한, 이곳은 영남 북부 지역의 총의병대장이었던 선생의 11대손인 이수악이 항일 구국운동의 거점으로 활용하기도 했던 곳이다. 그래서 지금도 많은 문집과 서적을 소장하고 있으며 영남 유학을 대표하는 곳이다.

인량리　　(2024년 촬영)

갈암종택　　(2024년 촬영)

　장계향 문화의 원산지인 경북 영양군 석보면 원리리에 있는 두들 문화마을에는 장계향문화체험교육원이 있다. 이향지인 갈암종택과 갈암 선생의 묘소가 있는 영양군 인량리는 괴시마을 맞은편에 있는 마을이다. 갈암종택 바로 앞에는 수만 평의 넓은 들황금 들녘이 펼쳐져 있고 그 사이로 송천이 유유히 흐른다.

　두들마을은 산간 지대에 있고, 인량리는 해변가에 있다. 두 마을 모두 큰 산을 배경으로 하고 반월형 지형으로서 앞에 너른 들판과 풍부한 옥대수가 있는 배산임수형으로서, 주변에 금성체와 목성체의 산이 즐비하다.

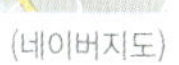

두들마을 국세　　(네이버지도)

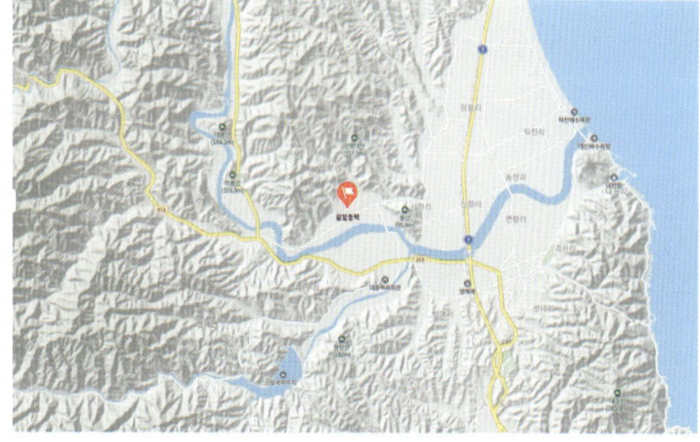

안량리 국세　　(네이버지도)

4. 주변 볼거리

괴시마을, 영일대 전망대, 연오랑 세오녀 테마공원, 일월문화공원, 호미곶 해맞이 광장, 보경사, 포항해변 해수욕장, 숲속미술학교, 영일민속박물관, 오어사, 구룡포 일본인 가옥거리, 문수봉 소금강 전망대 등이 있다.

3.6 여성 유학자 임윤지당의 생가

임윤지당은 은거의 혈穴에서 확장된 철학적 사유의 공간이다.

1. 생애

　　임윤지당任允摯堂, 1721~1793, 본명 임윤지은 조선 후기 영·정조대에 원주에서 살았던 여성 유학자다. 본관은 풍천이며, '윤지당'은 그녀의 당호이다. 함흥판관 임적의 딸이자 저명한 유학자였던 녹문鹿門 임성주, 운호雲湖 임정주任靖周의 여동생이다. 8세 때 부친을 여의고 녹문에게서 『효경孝經』, 『열녀전列女傳』, 『소학』, 사서四書 등의 유교 경전과 사서史書 등을 학습하였다. 윤지당은 19세1739에 원주의 선비 신광유申光裕에게 시집갔다. 결혼한 지 8년 만인 27세에 부군을 사별하고1747, 일생 존심양성하는 공부를 쌓았다. 결혼한 초기에는 가사에 전심하였으나, 남편 신광유와 사별 후 독신으로 살며 일평생 유교 경전과 성리학을 연구하여 우주 자연과 인간에 대한 심오한 원리를 체득하였다. 그리고 부단한 수양과 도덕적 실천으로 높은 인격을 완성하여 달관의 경지에 이르기도 하였다. 그리고 자신이 연구하고 체득한 것을 『윤지당유고允摯堂遺稿』라는 문집으로 남겼다.

　　『윤지당유고允摯堂遺稿』는 2권 1책, 목활자본으로 1796년정조 20 동생 정주靖周가 편집, 간행하였다. 서문은 없고, 권말에 시동생 신광우申光祐와 동생 정주의 발문이 있다. 상편에 전傳 2편, 논論 11편, 발跋 2편, 설說 6편, 하편에 잠箴 4편, 명銘 3편, 찬贊 1편, 제문祭文 3편, 인引 1편, 경의經義 2편, 부록에 언행록言行錄 19조, 유사遺事 16조, 발문跋文 2편申光祐, 任靖周이 수록되어 있다.

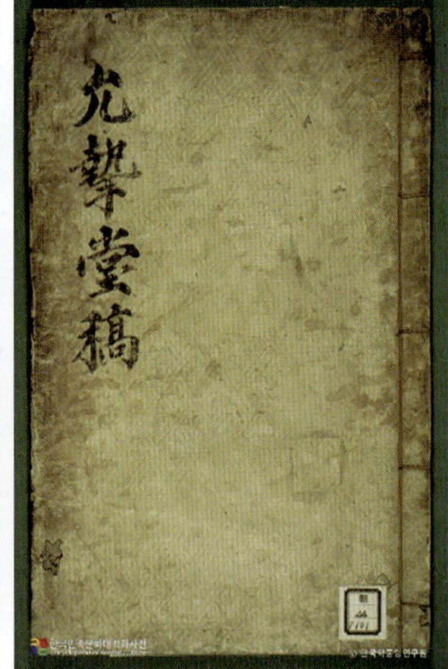

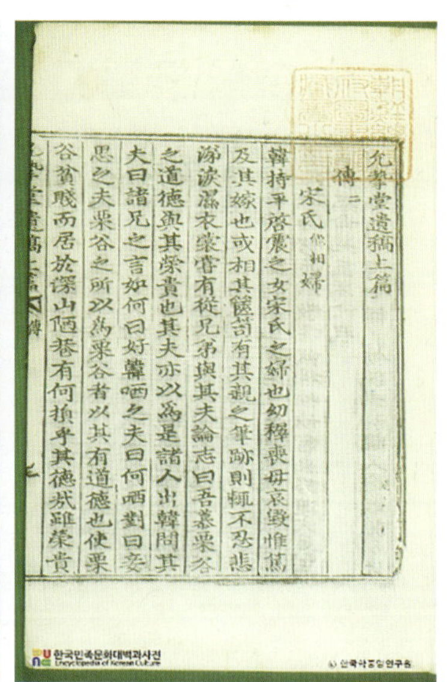

임윤지당 영정 (2025년 촬영)　　　　『윤지당유고』 표지　　　　『윤지당유고』 본문

논 중 「논예양論豫讓」은 지백智伯의 신하 예양豫讓을 비판한 것으로, 지백의 잘못을 사전에 막지 못하고 나라가 망한 뒤에 원수를 갚으려고 한 것은 참된 의사義士가 아니라고 지적하고 사후의 복수는 사전에 예방하는 것만 못 하다고 논하였다. 당시까지 예양의 충절을 높이 평가하던 사상과는 새로운 각도에서 조명한 것이다. 「논사마온공」은 『자치통감資治通鑑』의 저자 사마광司馬光, 1019~1086의 사관을 비판하고 『자치통감강목』을 쓴 주희朱熹를 찬양한 논평인데, 비판 기준을 춘추대의春秋大義에 두어 사마광이 삼국의 정통正統을 위나라魏로 정한 것은 잘못된 것이며, 주희의 촉나라蜀가 정당하다고 주장한 글이다.

「인심도심사단칠정설人心道心四端七情說」은 성性과 심心의 관계를 설명한 것이다. 성이란 마음에 갖추어진 이치이고, 심이란 성에 붙어 있는 그릇이므로 둘이면서 하나라고 주장하고, 심心과 이理, 이理와 기氣의 관계에서 변화 불측한 것은 심心이고 변화 불측하게 하는 것은 이理라고 설명하면서 심성의 분리설을 반대한 글이다.

이밖에도 심성에 관한 문답을 적은 「심성이기설心性理氣說」이 있다. 이 글들은 성리 연구에 참고자료가 된다. 이 책의 초간본은 국립중앙도서관, 서울대학교 규장각한국학연구원, 한국학중앙연구원 장서각 및 개인 소장 등에 완질본이 남아 있다.

• **토막 상식**

예양豫讓 고사를 정리해 보면 다음과 같다. 조양자趙襄子가 지백의 얼굴에 옻칠을 한 후 물을 마시는 그릇으로 사용을 하니 지백의 신하 예양이라는 사람이 이에 원수를 갚고자 하여, 거짓으로 죄인이 되어 비수를 품고 양자의 궁중으로 들어가, 측간에서 벽을 바르는 수리공처럼 위장하여 숨어 있었다. 양자襄子가 측간에 가다가 느낌이 이상해서 수색을 해서 예양을 사로잡으니 좌우의 신하들이 죽이라고 했다. 그렇지만 양자는 "이 사람은 의로운 선비다. 내가 삼가 몸을 피하겠노라."라고 말하며, 석방했다는 고사다.

훗날 예양豫讓이, 또 온몸에 옻칠을 한 후 나병 환자처럼 위장하고, 입에는 뜨거운 숯불덩이를 물고 벙어리가 되어, 거리에서 걸식을 하니, 그의 아내는 그를 알아보지 못하였다. 그의 친구는 그를 알아보고 울며 말하기를, "자네 같은 재주로 조양자의 신하가 되어 그를 섬기면 반드시 가까운 장래에 사랑을 받을 것이니 자네가 하고자 하는 일을 하면, 편하지 않겠는가? 어찌하여 이처럼 스스로 고생을 하는가?" 예양이 말하기를, "옳지 않다, 이미 나는 볼모로 신하가 되었는데, 또 죽음에서 목숨을 구하고자 한다면, 이것은 두 마음을 품는 것이다. 무릇 내가 하고자 하는 것은 매우 어렵지만, 이 일을 하고자 하는 것은 장차 천하 후세에 남의 신하된 자로 두 마음을 품는 자를 부끄럽게 하려는 것이로다." 하루는 양자가 외출할 때 예양이 다리 아래 숨어 있는데, 양자가 다리에 이르니 타고 가던 말이 놀라서 수색을 하여 예양을 붙잡아 마침내 죽였다.

이 고사는 자신의 영달에 연연하지 않고 주군을 위한 충정심과 의리로 목숨을 버린 예양豫讓은 암살자 또는 자객이면서도 지조 있는 선비로 추앙받고 있다. 온 세상이 혼란에 빠져 있던 전국시대에 작은 나라의 신하였던 예양은 "선비는 자기를 알아주는 이를 위해 목숨을 바친다"라는 말을 실천하며 충忠과 의義를 실천한 지조 있는 선비의 모습을 보여 주었다.

오늘날 특히 정치인이나 언론은 정의나 선공후사의 애민 정신은 온데간데없고 사리사욕에 혈안이 되어 입장 바꾸기를 손바닥 뒤집기 하는 듯한 행태들을 보면서, 선민들의 어려움은 더욱 커지고 있다. 이 고사는 오늘날 우리에게 언론의 정론직필正論直筆, 정치인의 선공후사先公後私, 세인들의 의리義理 정신의 부재함에 대해 많은 교훈을 준다. 이것의 뿌리는 성리학 정신을 현대적으로 되살리는 것이다. 최근 재정된 유

교문화진흥법이 조그만 씨앗이 되어 조지훈 시인이 『지조론』에서 주창한 지조 있는 선비志士들이 늘어나기를 바란다.

2. 풍수적 지리 조건

임윤지당의 주 활동지인 원주 지역은 치악산 줄기가 서남으로 뻗어 내리는 지형적 특성을 가진다. 산간 분지 지대로, 사방이 막힌 듯한 형태는 '문장과 정신'이 모이는 지리적 조건을 형성한다. 풍수적으로 '은거의 혈穴'에 해당하는 지역으로 해석되며, 남향 또는 동향 일부 지형에서 태양광 수용과 산 기운 흡수가 균형을 이룬다.

3. 여성의 삶과 공간의 연결

임윤지당은 조선 시대 여성 유학자로서 성리학 내면 수양의 대표 인물이다. 사방이 막힌 듯한 산골에서 그녀의 철학적 사유가 확장되었으며, 이는 여성 유교의 스승이 될 권리를 옹호하고 도덕적 자기 수양, 인간 본성, 우주와 인간에 대한 심오한 사유를 가능하게 했다. 그녀는 남성 중심의 성리학 세계를 여성의 시각에서 확장하고, 여성 교육과 자립의 모델을 제시했다.

4. 엄마의 시선으로 재해석한 풍수

'엄마의 시선'으로 볼 때, 여성의 공부방은 남향보다는 동향을 선호하며, 해가 올라오는 기운을 받아 사유를 열어 주는 공간으로 해석된다. 또한, 태양보다 바람의 흐름을 더

중요시하는 시각은, 고요하고 내적인 공간에서 바람처럼 자유롭게 확장되는 정신적 활동의 중요성을 암시한다. 임윤지당의 삶은 '절묘한 은거 혈처'가 교육 공간으로 활용될 수 있음을 보여 주며, '남녀가 성현의 도를 함께 배울 수 있다'는 교훈을 준다.

- **풍수 용어 정리**

  은거의 혈穴: 세상과 단절하여 조용히 학문이나 수양을 할 수 있는 숨겨진 명당

  산 기운山氣運: 산에서 뻗어 나오는 기운

  분지盆地: 사방이 산으로 둘러싸인, 그릇 모양의 지형

- **핵심 풍수 이론 정리**

  산간 분지 등 '은거의 혈' 형태의 공간은 철학적 사유와 내면 수양을 확장하는 데 매우 유리하다. 여성의 공부방은 동향 등 특정 방향에서 해와 바람의 기운을 받아 사유를 깊게 하고 정신을 맑게 하는 데 도움을 줄 수 있다. 현대 건축 설계에서 교육 공간에 '절묘한 은거 혈처' 개념을 반영하고, 풍수 연구에 '성별 균형' 및 '은둔자 공간' 요소를 추가할 필요가 있음을 시사한다.

- **답사 요약**

  강원도 원주 지역을 방문하여 치악산 줄기가 뻗어 내린 분지 지형을 통해 '문장과 정신'이 모이는 지리를 느껴볼 수 있다. 임윤지당의 생가터추정나 원주 지역의 유사한 산골 공간을 찾아, 사방이 막힌 듯한 곳에서 철학적 사유가 어떻게 확장될 수 있었는지 상상하며 '은자의 삶 속에서 학문을 전파한 모성의 흔적'을 찾아볼 수 있다.

3.7 화경 숙빈 최씨(소령원)

화경 숙빈 최씨소령원은 신분을 넘어선 자식의 기운으로 얻은 후천적 명당이다.

1. 생애

장희빈과 숙빈淑嬪 최씨의 '조선판 사랑과 전쟁' 이야기는 우리에게 익숙하다. 화경 숙빈 최씨1670~1718의 본관은 해주海州이며, 조선 숙종의 후궁이며, 영조의 생모다. 낮은 신분이었으나 아들 영조의 즉위를 통해 왕의 어머니로 추존되었다. 숙종 44년1718 49세로 별세하자, 무덤을 경기도 파주시 광탄면 영장리에 모시고 묘호墓號를 소령원昭寧園이라 하였다.

『영조실록』에 따르면, 숙빈 최씨가 태어난 곳은 여경방 서학동현재의 서울 세종로 일대이다. 서학동은 말 그대로 서부의 학교 서학이 있는 동네로서 여경방에 속한 곳이었다. 영조는 이곳 생가에 숙빈의 아버지 최효원과 외조부 홍계남의 자손이 대대로 살면서 팔지 못하게 했으니 꽤나 중시했음을 알 수 있다. 물론 숙빈 최씨를 위해 별도의 사당 육상궁毓祥宮을 세우고 시호諡號를 올리는 등 추숭 작업을 마무리한 뒤에 뒤늦게 생가 복원을 꾀한 것은 숙빈 최씨를 높이는 과정에서 일어난 일이다. 육상궁이 경복궁의 서북쪽인 북부 순화방에 있었으므로 가까운 거리에 생가를 두고자 한 것일 수도 있기 때문이다.

1936년 장봉선 등이 편찬한 『정읍군지』에 의하면, 숙빈 최씨는 정읍현 태인면에서 일찍이 부모를 잃고 고아로 자랐다고 한다. 그때 인현왕후의 친정아버지 민유중이 영광군수로 임명되어 부임하는 길에 태인의 대각교에서 남루한 소녀를 발견하게 되었다. 민유중의 부인 송씨가 불쌍히 여겨 데려다 키웠고, 인현왕후가 왕비로 간택되어 입궁할 때 대동시켰다고 한다. 다른 설에 의하면, 숙빈의 고향은 전라남도 담양군 창평마을이라고도 한다. 그러나 외할아버지 홍계남洪繼南이 한성 출신이었다고 한다.

인현왕후가 복위된 해1694년 숙종의 특명으로 종2품 숙의淑儀가 되었고, 그해 9월 13

일 연잉군延礽君 금昑을 낳았는데 훗날 조선의 21대 임금인 영조이다. 숙종 21년1695년에 종1품 귀인貴人이 되었고, 숙종 25년1699년에는 단종의 복위 숙종 24년1698년 기념으로 정1품 빈으로 봉해지면서 숙淑이란 휘호를 얻어 숙빈淑嬪이 되었다.

영조는 어머니인 숙빈의 신분 상승을 위해 많은 노력을 하였다. 숙빈을 왕후로 추존하려고 시도하였다가 노론계 예학자들의 강경한 반대로 그 뜻을 이루지 못한 사례만 보더라도 영조는 어머니의 출생과 신분을 상승시키거나 조작하는 데 많은 노력을 한 동시에 수단과 방법을 가리지 않은 것으로 보인다. 숙빈은 역대 후궁과는 달리 많은 존호가 붙여져 있는데 그 이유도 여기에 있다고 볼 수 있다. 영조는 즉위 원년, 어머니 최씨의 사당을 지어 숙빈묘淑嬪廟라 하였고, 영조 20년1744년 육상묘毓祥廟라고 올렸다가 다시 영조 29년1753년 육상궁毓祥宮으로 승격시켰다. 육상궁은 현재 청와대 서쪽에 있는 칠궁에 합사되어 있다. 묘소 또한 영조 20년에 소령묘昭寧墓라고 올렸다가 29년에 소령원昭寧園으로 다시 승격시켰으며, 사당과 무덤에 궁호와 원호를 올릴 때 함께 화경和敬의 시호를 올렸다. 후일 여러 차례에 걸쳐 휘덕안순수복徽德安純綏福의 존호가 더 올려졌다.

소령원   (파주시청)

칠궁   (파주시청)

칠궁七宮은 조선의 왕들을 낳은 친모이지만 왕비에 오르지 못한 후궁 7인의 신위를 모신 곳이다. 영조가 후궁 출신인 모친 숙빈 최씨의 신주를 모신 사당 육상궁을 건립한 이후, 역대 왕 또는 왕으로 추존되는 이의 생모인 후궁의 묘를 옮겨와 합사하게 된 것으로 원래는 1724년영조 원년에 지은 육상궁만 있던 터였으나 1908년순종 2년 연호궁, 저경궁, 대

빈궁, 선희궁, 경우궁이 옮겨왔고 1929년 덕안궁이 들어오면서 7명의 신위를 모시게 되어 칠궁이 되었다. 칠궁 합사는 봉사된 법모와 아울러 사친, 즉 생모에 대한 효를 바탕으로 이루어졌던 것을 알 수 있다.

2. 풍수적 지리 조건

화경 숙빈 최씨의 묘소인 소령원은 경기 파주시 광탄면 소령원길 41-65에 위치하며, 북서풍을 막아 주고 동남향으로 트인 혈처다. 소령원 북쪽의 산세가 보호벽 역할을 하여 풍수적으로 안정적인 지형을 이룬다. 천안 지역은 평야와 언덕이 조화를 이루어 풍수적 혈 터에 해당한다고 평가된다.

3. 여성의 삶과 공간의 연결

화경 숙빈 최씨는 비천한 출신이었음에도 불구하고 아들 영조의 즉위로 인해 지기地氣가 상승된 대표적인 예다. 직접적인 정치 개입은 없었지만, 아들의 즉위를 통해 '후천적 권위 혈맥'을 부여받은 것으로 해석된다. 그녀의 삶은 신분 상승과 왕권 안정의 상징적 사례로 평가된다.

4. '엄마의 시선'으로 재해석한 풍수

'엄마의 시선'으로 볼 때, 화경 숙빈 최씨의 사례는 "신분이 낮아도 자식의 기운이 오르면 지기地氣도 오른다"는 이론을 반영하여 '후천적 명당'으로 재해석될 수 있다. 이는

'사람의 운명은 혈처를 넘어 혈처가 운명을 바꿀 수 있다'는 교훈을 주며, 신분과 혈터가 상호작용하며 삶의 구조를 재설계하는 예시가 된다.

- **풍수 용어 정리**

  혈처穴處: 기운이 응집되는 중심 지점

  후천적 명당: 선천적으로 주어진 명당이 아니라, 개인의 노력이나 후대의 번영을 통해 얻어지는 명당

  지기地氣: 땅의 기운

- **핵심 풍수 이론 정리**

  개인의 사회적 지위나 후대의 번영특히 자식의 기운이 풍수적 공간의 길흉에 영향을 미치거나, 기존의 혈처를 '후천적 명당'으로 변화시킬 수 있다. 풍수에서 혈처의 선정 시 타고난 조건뿐만 아니라 사회문화적 지위 변동, 특히 여성의 '모성적 영향력'이 공간 효과에 미치는 영향을 고려해야 한다. 여성의 '조정자'로서의 역할이 권력의 전이 과정에서 기운의 흐름을 잇는 중요한 요소가 될 수 있다.

- **답사 요약**

  천안에 위치한 소령원을 방문하여 북서풍이 차단되고 동남향으로 트인 혈처의 특징을 관찰해 볼 수 있다. 이곳에서 신분이 낮았음에도 왕의 어머니로 추존된 화경숙빈 최씨의 삶을 떠올리며 '사람의 운명과 혈처가 상호작용하며 삶의 구조를 재설계하는 예'를 경험하고, '자식의 기운이 오르면 지기도 오른다'는 '후천적 명당'의 의미를 되새겨볼 수 있다. 파주 지역의 고령산 보광사, 용미리 마애이불입상, 최자실 목사 기념 공관 등을 답사하며 자식을 위한 어머니의 간절한 기도를 느껴 보기 바란다.

3.8 창경궁의 풍수

창경궁은 여성 왕족들의 은둔과 안식, 그리고 생명력의 공간이다.

1. 개요

창경궁 건설의 주된 목적은 효심을 보여 주기 위함이었다. 세종이 아버지 태종을 위해 수강궁을 지은 것이 시초였고, 1483년 성종은 세 명의 대비정희왕후, 소혜왕후, 안순왕후를 모시기 위해 수강궁을 확장하고 창경궁으로 이름을 바꾸었다. 즉 창경궁은 왕실 어른들을 위한 공간이자 왕의 효심을 상징하는 곳으로 지어졌다.

세자빈과 대비들이 거주하던 궁궐로, 궁중 여성의 생활, 교육, 정치적 조언 공간으로 기능했다. 일제강점기에 '창경원'으로 격하되는 수난을 겪었으나 1983년부터 복원이 시작되었다. 그러나 아직도 핵심 건물인 자경전은 복원되지 않았고, 일제강점기 설치했던 동물원과 놀이시설은 사라졌으나 식물원은 그대로 운영되고 있다.

2. 풍수적 지리 조건

창경궁은 한양의 진산인 북악산의 좌청룡 산줄기가 성균관을 지나 혜화동 운현궁으로 가는 도중에 응봉을 일으키고 남진하여 간 주맥이다. 이 용맥은 종묘에 이르러 청계천을 만나서 멈춘다. 이 용액의 상부에는 창덕궁 비원이 있고, 우백호 쪽에는 창덕궁, 좌청룡 쪽에는 창경궁이 있다. 창경궁은 한양의 가장 동쪽에 있는 정궁으로서 청룡의 출산 기운이 강하다. 전체적으로 지형이 동남쪽으로 살짝 기울어져 있어 물이 동남쪽으로

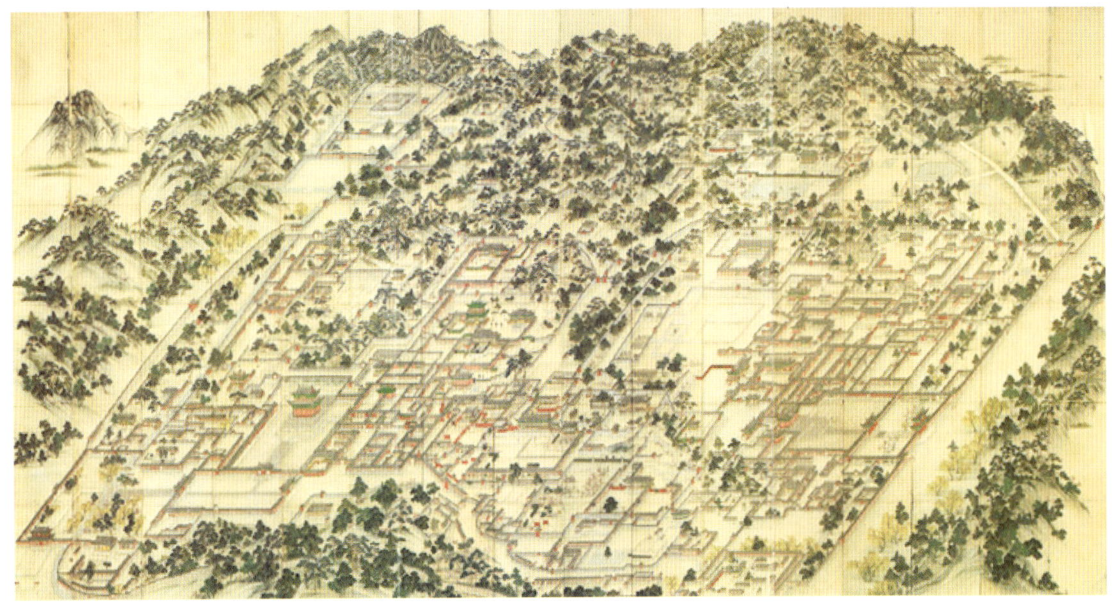

동궐도: 비원, 창덕궁, 창경궁

빠져나가며, 북쪽으로는 창덕궁과 연결된 산세, 동쪽은 낙산으로 이어지는 내청룡, 서쪽은 인왕산 외백호와 맞물려 있다. 자연 경사로 기를 자연스럽게 흘리며, 여성의 활동에 적합한 유순한 곡선 구조를 이룬다. 주변 공간으로는 종묘, 낙산, 성균관, 운현궁 등과 연결되어 여성 왕실 기운이 집중되는 지역이다. 실제로 이곳에서 영조를 비롯한 왕자가 많이 태어났다.

3. 여성의 삶과 공간의 연결

창경궁은 여성 왕족들이 생활한 중심 공간이자 '은둔과 안식'의 자리였다. 조선 중기 후궁과 대비들의 정치적 영향력이 강화되던 시기에 건립되어, 여성의 내면적 권위를 드러내는 대표적인 궁궐로 평가된다.

4. 엄마의 시선으로 재해석한 풍수

‘엄마의 시선’으로 볼 때 창경궁은 남향의 정전정치 공간과 달리 동남향의 태양이 가장 일찍 비추어 생명력이 넘치는 공간에서 여성의 생명력이 뻗어나가는 특징을 가진다. ‘어머니의 풍수는 보이기 위한 자리가 아닌 지키기 위한 자리’라는 교훈을 주며, 정치를 움직이는 공간이 반드시 앞이 아닌 곁에도 존재한다는 점을 시사한다. 여성 중심 공간의 동향 구조가 주는 온화한 기운을 강조하며, 남성 공간과 대비되는 풍수의 정적·음적 구조를 강화할 필요가 있다.

• 풍수 용어 정리

정전正殿: 궁궐의 으뜸 전각으로, 공식 행사가 열리던 정치적 공간

내청룡, 외백호: 안쪽의 청룡산줄기과 바깥쪽의 백호산줄기

유순한 곡선 구조: 부드러운 곡선 형태의 공간 배치로, 안정적이고 온화한 기운을 의미한다.

음적 구조: 음의 기운이 강한 구조로, 여성적이고 내면적인 특성을 가진다.

• 핵심 풍수 이론 정리

여성의 공간은 남성적 권위의 공간인 정전과 달리 동향이나 북향 등 비교적 정적이고 음적인 방향에서 생명력과 내면의 권위를 뻗어나가게 한다. 궁궐의 후원과 같은 ‘은둔과 안식’의 공간이 여성 왕실 구성원들의 삶의 중심이자 힘을 기르는 터전이 될 수 있다. ‘보이기 위한 자리가 아닌 지키기 위한 자리’라는 개념을 통해 여성의 공간이 가족과 혈통의 지속성을 위한 보호적이고 감성적인 기능을 중시함을 보여 준다.

• 답사 요약

서울 창경궁을 방문하여 지반이 살짝 기울어진 특징과 창덕궁–낙산–성곽으로 연결된 지형을 느껴 볼 수 있다. 특히 통명전, 경춘전 등 여성 왕족들이 생활했던 중심 공간을 둘러보며 ‘은둔과 안식’의 자리이자 ‘여성 왕실 기운이 집중된 곳’으로서 창경궁의 풍수적 의미를 탐색하고, 정치를 움직이는 힘이 겉으로 드러나는 곳만 아니라

곁에서도 존재한다는 '엄마의 풍수' 시각을 경험할 수 있다. 특히 정조의 어머니인 혜경궁 홍씨가 머물렀던 자경전 터와 성종 태실은 창경궁의 상징이다.

일제강점기인 1928년 태호와 태지석 등을 고양시 원당동 서삼릉으로 이봉하였다. 서삼릉으로 어태를 옮긴 후 태봉산 정상에 방치되어 있던 석물들을 1930년 5월경 이왕직李王職에 의해서 서울특별시 종로구 와룡동 창경궁 내 양화당 동북쪽 구릉지에 이전하였다. 본래 경기도 광주에 위치하였던 성종대왕 태실 석물과 태실비는 현재 창경궁에 위치해 있는데, 일제강점기 이왕직에서 1928년 옮겨 놓은 것이다. 이왕직李王職은 일제강점기에 조선총독부에서 조선을 침탈하여 대한제국 황족의 재산과 모든 것을 수탈하고 통제하기 위해 만든 기관명이다.

창경궁은 비오는 날에 방문하는 것도 좋다. 땅이 어떻게 기울어져 어느 쪽으로 비가 모이고 흘러나가는지, 각 건물마다 느낌이 어떤지를 보면서 건물의 역할과 주인의 마음을 읽어 보는 것도 좋다.

창경궁 전경   (2024년 촬영)

성종 태실   (2024년 촬영)

제 4 장

풍수지리 용어

4.1 간잡이

　이 책은 전반적으로 양택건축물이나 음택묘지의 터잡이에 관한 것이다. 터잡이란 양택이나 음택의 입지를 결정하는 것이다. 간잡이란 터잡이가 확정된 터에 양택을 배치하거나 음택과 부속 시설물을 조성하는 것을 말한다. 여기서는 건물에 한정하여 기술하기로 한다. 건물에도 관상이 있다. 이것을 가상家相이라고 한다. 건물의 평면 형상과 입면 형상의 기운이 그대로 사람에게 미친다.

1. 평면 가상

　건물의 평면 형상은 동일한 필지 내에서 여러 동이 함께 있는 경우 기운이 모이고 통일되는 형태가 좋다. 좋은 가상은 사방의 물이 마당으로 모이게 배치한 중국의 사수귀당이 있다. 한자로 볼 때 用, 月, 日, 戶, 也 등이 좋고 工, 尸 등의 모양은 좋지 않다.

　건물이 서로 등을 지고 있거나, 서로 마주 보고 있는 배반형은 싸우는 기운이 사람에게 미친다. 건물이 서로 다른 곳을 바라보고 있는 분산형은 분쟁의 기운이 사람에게 미친다. 건물의 가운데가 비어 있는 공동형은 정체되고 구심점이 없이 뿔뿔이 흩어지는 기운이 사람에게 미친다. 건물이 대칭으로 배열된 양분형은 의견이 양분되고 헤어지는 기운이 사람에게 미친다.

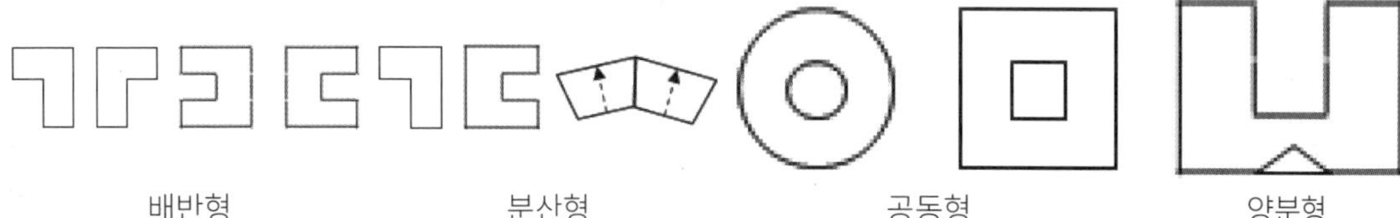

| 배반형 | 분산형 | 공동형 | 양분형 |

(AI 생성)

사수귀당(四水歸堂)

(중앙일보 2017.08.16)

用자의 안동 임청각(臨淸閣)

2. 입면 가상

그림에서 보는 바와 같이 건물의 입면은 안정적인 것이 좋다. 따라서 직사각형으로 안정적인 것이 좋고, 아래쪽에서 위쪽으로 단계적으로 좁아지는 것이 좋다. 다만, 죽순처럼 뾰족하고 길거나, 가분수로 위쪽이 더 크거나, 비대칭의 모양인 경우는 안정되지 않는다. 모서리가 뾰족한 것은 살기를 발산하므로 좋지 않다. 그리고 동일한 크기와 모양의 건물이 연결되어 있는 경우는 기싸움이 일어나므로 거주자에게도 영향을 미친다. 건물의 끝이 갈라진 경우는 분열의 기운이 거주자에게도 영향을 미친다. 건물의 중간에 큰 구멍이 있거나 필로티 구조가 있는 경우는 그 주변에 거주자는 바람의 영향을 받아 건강이 나빠질 수 있다. 건물의 벽면은 안으로 들어간 사각형 구조가 에너지를 흡입하므로 가장 좋고 밖으로 튀어나오거나 매끈한 구조는 발산하므로 좋지 않다.

삼성 태평로빌딩과 한국은행

롯데월드타워

용산구청사

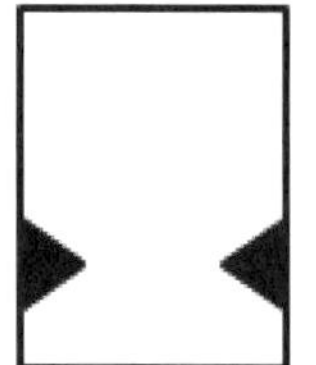

가분수 건물은
주인과 임차인
모두 불행.
아래층은 무난

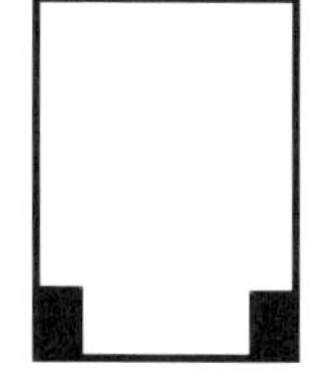

변덕 성격
하부 불안
모두 망함

넘어지고 무력화
양쪽 막아 비보

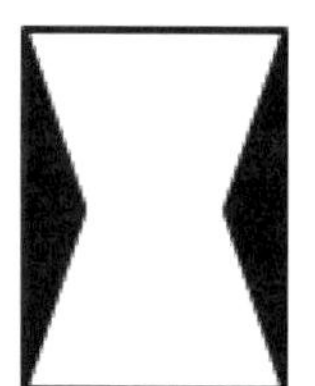

위는 불안정
아래는 안정

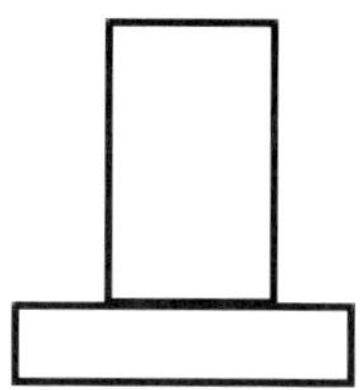

하체 안정
역경 견딤

바람구멍(홍콩)
피난 공간
위층은 흉함

바람구멍 위는
흉함

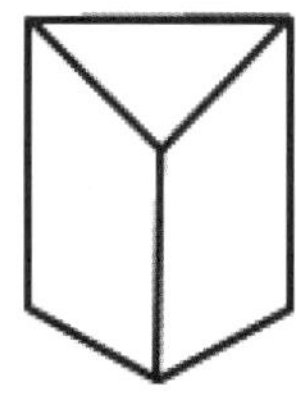

모서리살
모서리
둥글게 비보

살기 난무
주변 건물도 피해

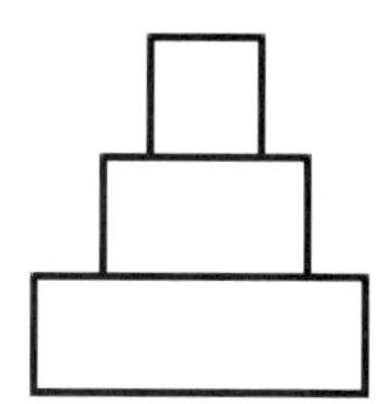

안정, 비효율

분리, 배반, 이별

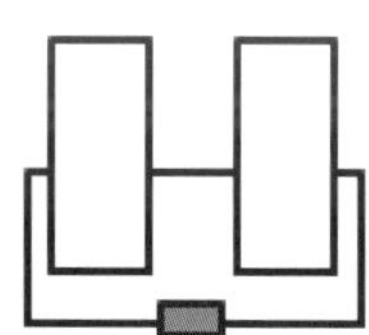

분리, 배반, 이별

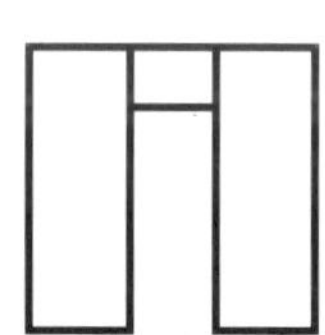

2건물 상부 연결은
분쟁
3건물 상부 연결은
무난

연결부가 중간에
있으면 무난

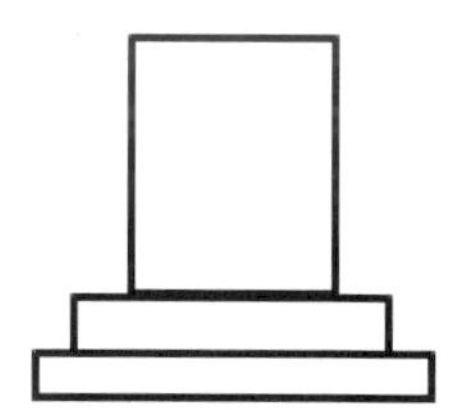

매우 안정
강한 파워

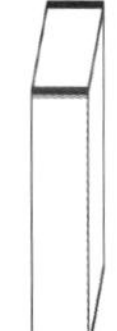

빈약한 건물
전체 불안정

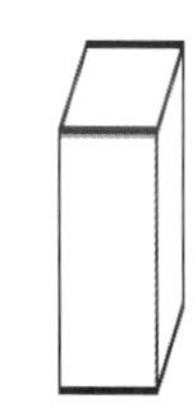

균형, 안정, 인내

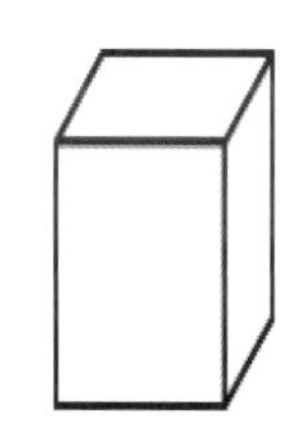

균형, 안정, 인내

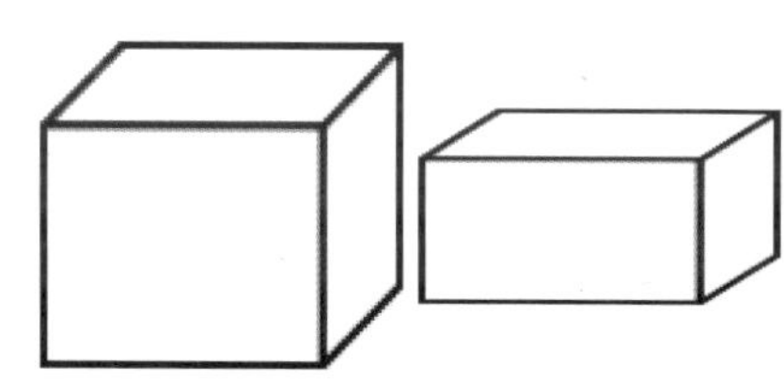

안정형
적절 높이 넓이

안정적이나 낮음
우둔하고 답답함

　주택의 지붕 형태에 따라 에너지가 달라진다. 木형은 진취적이고, 단결력이 있고, 한 가지 일에 몰두한다. 火형은 공격적 기운, 아집, 정신 폭발형이다. 土형은 상부 중심으로 단결하고, 단합, 합심, 신중형이다. 金형은 돔 지붕형으로 이상적 명당, 결집력이 강하다. 水형은 양분형으로 분심, 허세, 허영심이 강하다. 중국형 지붕은 용마루가 처지지 않은 안정적 형태로 가부장적이고 보수형이다. 한국형은 지붕은 웅장하고 가부장적이고 국민은 빈약한 형이다. 벽체가 높은 상향식은 권력 구조형, 국민 기반형이다.

木형
진취력, 단결,
한 가지에 몰두

火형
공격적
아집, 정신 폭발형

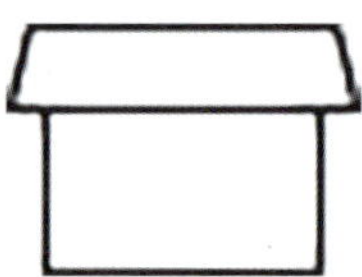

土형,
상부 중심 단결
단합, 합심, 신중형

金형,
돔 지붕형
이상적 명당, 결집

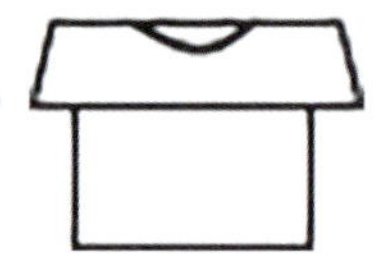

水형
양분형
분심, 허세, 허영

중국형, 용마루가 처지지 않은 안정적
가부장, 보수형

한국형, 지붕이 웅장,
가부장, 국민 빈약형

상향식, 권력 구조형
국민 기반형

4.2 『황제택경』의 오허오실

『황제택경』은 오허오실五虛五實로 길흉을 정하고 있다. 오허五虛에 해당하면 그 집에 사는 사람들은 가난하고 천하게 된다. 반대로 오실五實에 해당하면 그 집에 사는 사람들은 부유하고 귀하게 된다. 이러한 원칙은 자기 과시와 허례허식을 경계하여 검소한 주거생활을 권장하는 윤리적인 효과도 있다.

1. 오허五虛

집은 큰데 사람이 적은 것은 좋지 않다. 예컨대 100평 아파트 5개 방에 부부 2사람만 사는 것은 좋지 않다. 집은 작은데 대문이 지나치게 큰 것은 좋지 않다. 집은 크기에 맞추어 대문을 만드는 것이 좋고, 대문이 지나치게 크면 생기가 새나가고, 너무 작으면 다니기가 불편하다. 담장이 완전하지 못한 것은 좋지 않다. 담장이 허물어져 있거나 없는 것은 생기가 빠져나가고 안전상도 좋지 않다. 요즘 담장을 허무는 유행은 유의할 필요가 있다. 우물과 부엌의 배치가 잘못된 것은 좋지 않다. 안방에서 부엌이나 화장실이 직접 바라보이지 않도록 배치하고, 부득이한 경우에는 중간에 파티션을 설치하는 것이 좋다. 집터는 넓은데 건물이 작으면 좋지 않다. 건물은 양, 마당은 음이므로 음양의 조화가 필요하며, 건물 대 마당의 평면적 비율이 3:5가 이상적이다. 부득이한 경우는 담장을 쳐서 공간을 나누는 것이 좋다. 황금 비율은 1.618:1의 비율을 말한다. 대략 5:3정도다. 황금비는 고대 그리스에서 발견되었고, 가장 조화가 잡힌 비로 신성 비례라고 이름할 정도로 중요시되는 비율이다宅大人少一虛 宅門大內小二虛 墻院不完三虛 井竈不處四虛 宅地多屋少庭院廣五虛.

2. 오실五實

　집에 비해 대문이 작은 것은 좋다. 일반적으로 아파트 규모에 비해 현관문이 작다. 백화점도 백화점 규모에 비하여 문이 작은 편이다. 건물은 작은데 사람이 많이 사는 것이 좋다. 1인당 적합한 평수는 8평 정도다. 따라서 혼자 사는 사람이 너무 넓은 평수에 사는 것은 음기가 넘쳐 건강에 좋지 않다. 담장이 완전한 것이 좋다. 집에 비하여 가축이 많은 집이 좋다. 가축은 양기를 북돋으므로 적절한 애완동물은 도움이 된다. 집안의 물이 동남으로 빠지는 것이 좋다. 중국의 서고동저 지형에 해당하므로 동고서저의 우리나라에는 맞지 않다宅小人多一實 宅大門小二實 墻院完全三實 宅小六畜多四實 宅水溝東南流五實.

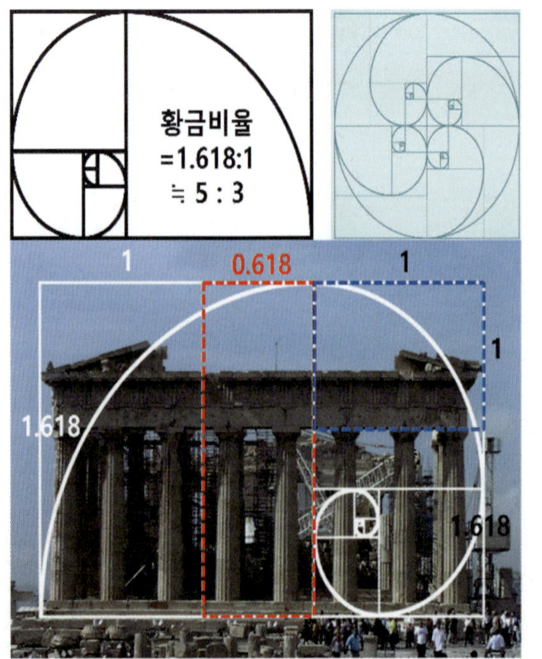

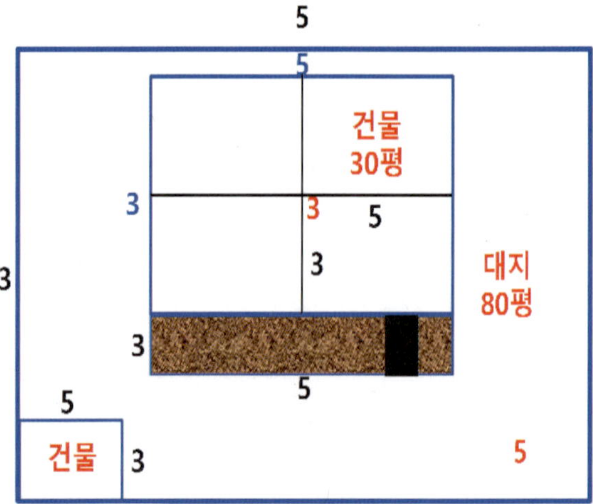

건축의 황금비율

(필자 작도)

4.3 『지리오결(地理五訣)』

풍수風水란 장풍득수藏風得水의 약자이다. 『장서』에 이르기를 "기는 바람을 타면 흩어지고, 물에 닿으면 머문다."라고 하였다. 옛사람들은 기를 모아 흩어지지 않게 하고, 기를 흐르다가 멈춤이 있게 하였으니, 그런 까닭에 그것을 풍수라고 하였다. 풍수는 물을 얻는 것得水이 으뜸이고, 바람을 갈무리藏風은 그다음이다經日氣乘風則散 界水則止. 古人緊之使不散, 行之使有止, 風水. 風水之法, 得水爲上藏風次之." 명明나라 때 교항喬項의 『풍수변風水辨』에서 풍수를 다음과 같이 정의하고 있다. "이른바 風은 그 산세의 부합 여부, 水는 그 지세에 물의 유무를 말하는 것이다." 요컨대 풍수란 공간의 기를 다스리는 학문이고, 풍수지리란 공간의 기를 중심으로 지리를 이해하는 학문이다. 풍수를 세분하면 땅의 지기를 살펴 그에 맞는 용도를 결정하는 이론이고터잡이, 건물의 공간 배치 이론이며간잡이, 공간의 기운을 수정 보완하는 이론이다비보염승.

풍수의 길흉을 논하는 5가지 지표를 지리오결이라고 하며 용혈사수향龍穴砂水向이다. 즉 명당 명혈이란 사람의 가문이 훌륭한 것처럼 용의 역량이 우수하고, 혈터에 생기가 가득차서 얼룩배기 황소가 게으른 울음을 우는 듯 평안하고, 사방의 산이나 건물들이 주위를 편안하게 감싸고, 좋은 물이 적당한 양으로 주위에서 감싸며 휘돌아 나가고, 따뜻한 기운이 항상 넘치도록 좋은 풍수 에너지가 좋은 방향으로 자리 잡은 곳을 말한다.

안동 하회마을

(국민일보 2019-01-03)

1. 간룡법看龍法

용龍이란 산山의 움직임을 강조하여 표현한 것이다. 즉 용龍이란 지기를 운반하고 갈무리하는 산의 다른 표현이다. 양균송의『감룡경』,『의룡경』에서는 책 제목 자체가 용龍을 주제로 할 정도로 풍수의 핵심이 바로 용이다. 양균송은『감룡경』에서 "용을 따라 모든 화복이 생겨난다禍福皆從龍上生."라고 하였다. 단순히 화복뿐만 아니라 산천의 지기가 용을 따라 흐르기 때문에 지기地氣의 유무, 대소, 강약, 생사 혹은 결혈結穴 여부 등이 모두 용의 생사, 장단, 대소, 강약 등에 달려 있다고 보았다. 그러므로 풍수인들은 용龍을 분석하여 길흉을 판단하는 간룡법看龍法을 대단히 중시하였다.

조선 시대 고시 과목인『명산론』에서는 산山을 12가지로 분류하고, 이 가운데 생룡生, 복룡福, 응룡應, 읍룡揖의 4가지를 좋은 용으로, 왕룡枉, 살룡殺, 귀룡鬼, 겁룡劫, 유룡遊, 병룡病, 사룡死, 절룡絶의 8가지를 나쁜 용으로 구분한다.

① **생룡生龍**: 산줄기가 조종산에서 출발하여 크게 엎드리고, 작게 솟고, 살아 있는 뱀이 물을 가르는 것과 같고, 딱다구리가 공중을 나는 것 같이 상하로 기복하여 이어지며, 중심 산줄기의 좌우로 가지를 내뻗으며, 입수入首가 단정하고, 안산이 분명한 것이다.

② **복룡福龍**: 때로는 조종산에서 출발하여 내룡이 약하여 맥을 제대로 내지 못했다 할지라도 앞에 안산을 일으키고 옆으로 다시 산이 있어서 그 측면을 보좌해 주는 것이다.

③ **응룡應龍**: 안산이 없고 좌우 청룡 백호가 감싸안은 것이다.

④ **읍룡揖龍**: 좌우 청룡 백호가 겹겹이 에워싸고 그 모습과 기세가 서로 양보하는 듯하는 것이다. 이상 네 가지 용은 좋은 땅이 된다.

⑤ **왕룡枉龍**: 국세가 협소하고, 용이 좌우로 활짝 개장開帳을 하지 않고, 등을 돌려 달아나려 하고, 혈 안쪽으로 거두어들이지 않고, 혈처 부분은 용을 받아들이지 않는 것이다.

⑥ **살룡殺龍**: 능선의 좌우가 뾰족뾰족하고 날카로운 것이다.

⑦ **귀룡鬼龍**: 가지가 나뉘고 맥이 쪼개어진 것이다.

⑧ **겁룡**劫龍 : 나뉘고 쪼개어진 것이 아주 많은 것이다.

⑨ **유룡**遊龍 : 분리되어 어지럽게 흩어진 용이다.

⑩ **병룡**病龍 : 한쪽으로 기울어지고 무너지고 깨어진 것이다.

⑪ **사룡**死龍 : 구불구불 움직이지 못하고 직선으로 내려온 것이다.

⑫ **절룡**絶龍 : 의지할 곳이 없어 외롭고 힘이 없는 것이다. 이상 여덟 종류의 용을 모두 나쁜 땅이 된다.

또한, 간룡법에서는 용의 종류만 아니라 산줄기가 혈로 어떻게 들어오는지를 판단하는 입수入首, 원래 산줄기의 규모가 얼마나 크고 오행 중 어떤 성격을 가졌는지를 판단하는 용의 출신出身, 바위산이 얼마나 부드럽게 흙산으로 변했는지를 판단하는 박환剝換, 생기가 마지막에 응축하는 과정이 있었는지를 판단하는 과협過峽, 주산맥의 좌우에서 보호하는 산줄기의 상태를 판단하는 호송護送, 산줄기의 방향 전환을 주도하는 요도橈悼, 산줄기의 균형을 유지하는 지각枝脚, 산이 비뚤어져 있는지 바른지를 판단하는 방정旁正, 산의 앞쪽인지 등쪽인지를 판단하는 면배面背 등도 따진다.

2. 정혈법定穴法

1) 혈의 어원과 개념

혈穴은 풍수지리에서 용龍과 함께 가장 중요한 곳이다. 이를 혈지穴地, 혈판穴坂, 당판堂坂이라고도 한다. 음택의 경우 시신을 매장하는 장소이며, 양택의 경우는 건물이 들어서는 곳이다. 혈穴은 구멍, 동굴로서 세 가지 어원론이 있다. 하나는 원시시대 동굴식 주거 형태인 혈거穴居, 둘째는 한의학에서 소우주로서 인체에 흐르는 경락의 주요 자리인 혈穴 자리, 주역의 문구 "아주 옛날에는 사람들이 굴穴과 들野에서 살았는데, 후세에 성인이 그것을 집으로 바꾸었다上古, 穴居而野處 後世聖人 易之以宮室." 『지리정종』「산룡어류편」에 "혈은 용의 기가 뭉친 것이다穴者龍之所結."라고 정의하고 있다. 즉 용맥을 따라 흐르는 지기 혹은 생기가 물을 만나 더 이상 흐르지 못하면 뭉치게 되는데, 이때 전후좌우

주변 산들이 이렇게 뭉친 기운을 흩어지지 않게 하면 그곳이 바로 길지가 되는 것이다. 따라서 길지의 판단 여부는 바로 혈이 형성되었느냐의 여부에 따라 결정되는 것이다. 또한, 『의룡경』에 "혈을 알지 못하면 그 밖의 풍수에 관한 모든 말들이 헛소리일 뿐이다不識穴時總空說."라고 말할 정도로 풍수의 핵심 개념이 바로 혈이다.

2) 혈의 종류

혈의 모양을 혈상穴象이라고 한다. 산과 물의 모양이 무궁무진할지라도 혈의 모습은 주역의 원리에 따라 크게 음혈과 양혈陰陽로 구분되고, 다시 양혈인 와겸窩鉗과 음혈인 유돌乳突의 4가지로 세분되기 때문에 혈의 사상四象이라고도 한다. 볼록한 터인 유혈과 돌혈의 형태는 주로 음택에 많이 있고, 오목한 터인 와혈과 겸혈은 주로 양택에 많이 있다. 그런데 와혈과 겸혈에서 가장 두려운 것이 바로 뒤에서 흘러내리는 임두수淋頭水라는 흉수다. 따라서 주택이나 묘지의 뒤에 골짜기나 물이 흐르는 곳을 유의해야 한다. 『지리정종』「산룡어류편」의 내용을 기준으로 혈의 사상四象을 설명해 보자.

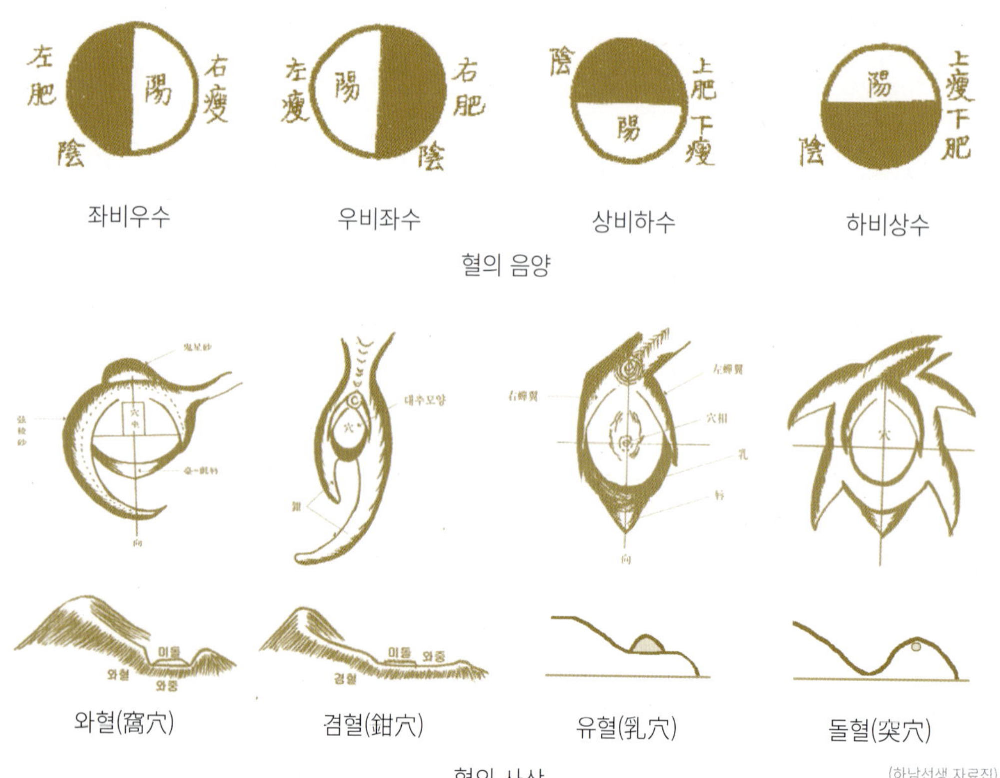

혈의 사상

① **와혈**窩穴: 곧 혈성이 입을 벌리되 둥글게 감싸안으며 이루어진 것이다窩穴者乃穴星開口 曲抱而成. 와혈은 초승달 모양의 현릉사를 갖는다高有弦稜砂. 와혈은 소쿠리 명당이라고 하기도 하고 제비집, 닭집 형상으로 표현하기도 하는데, 혈처 한쪽을 마치 활동처럼 감싸 주는 현릉사弦綾砂가 있어 진짜 와혈이 되지 그렇지 않으면 가짜인 허와虛窩가 된다.

와혈窩穴은 태음太陰의 상이며 크기와 깊이에 따라 계소鷄巢, 닭의 둥지, 과저鍋底, 솥의 밑바닥, 장심掌心, 손바닥 중앙, 선라旋螺, 소라, 금분金盆, 그릇, 하엽荷葉, 연잎 등의 모양이 있다.

② **겸혈**鉗穴: 물건을 사이에 끼고 있는 철과 같은 것으로서 두 다리를 갖추면서 이루어진 것이다鉗者, 夾物之鐵. 兩脚相成者也. 겸혈은 혈 앞을 떠받쳐 주는 낙조사落棗砂를 갖는다金甘有落棗砂. 겸혈은 시골에서는 삼태기 혈이라고도 하는데, 금차金釵, 금비녀, 호랑이 입虎口 등으로 말하기도 한다.

겸혈鉗穴은 소양少陽의 상이며 와혈의 변형된 모양으로, 장단長短과 곡직曲直에 따라 채겸釵鉗, 두 있는 비녀, 호구虎口, 호랑이의 입속, 합곡合谷, 침술에서 엄지손가락과 집게손가락 사이의 혈, 선궁仙宮, 두 가닥 중 하나는 반듯하고 또 하나는 곧은 모양으로 좌선궁과 우선궁으로 구분하고 일명 반룡蟠龍이라고도 한다, 단제單提, 두 가닥 중 하나는 길고 또 하나는 짧은 모양으로 좌단제와 우단제로 구분한다, **쌍비**雙臂, **단고**單股, **궁각**弓脚, **첩지**疊指 등의 모양이 있다.

③ **유혈**乳穴: 그 모습이 젖가슴이나 부레 혹은 닭의 심장과 같다乳穴者, 穴形如乳, 又如魚及蟹, 鷄心. 유혈은 선익사蟬翼砂를 갖는다乳有蟬翼砂. 유혈은 여인의 젖가슴과 모양이 같다는 데서 나온 것인데, 비교적 그 모양이 분명하여 풍수지리의 초보자라도 쉽게 이해할 수 있다.

유혈乳穴은 소음少陰의 상이며 일명 현유혈懸乳穴, 수유혈垂乳穴, 유두혈乳頭穴이라고 부르는 점에서도 모양을 쉽게 짐작할 수 있다. 음택에서 혈의 대부분은 유혈로 되어 있으며, 모양은 구성九星과 결합하여 아주 다양한 형국의 이름이 있다. 유혈에 따른 형국의 예는 많기도 하고 복잡하여 일일이 열거하기 힘들다. 다만, 빈도가 많은 형의 예를 들면 미녀美女, 선인仙人, 기린麒麟, 방해螃蟹, 게, 봉황鳳凰, 금계金鷄, 면우眠牛, 복호伏虎, 낙타駱駝, 호승胡僧 등의 형국이 있다

④ **돌혈**突穴 : 혈성의 정수리를 일으킨 것을 말하는데, 그 모습이 솥단지를 엎어 놓은 것과 같다突穴者 穴星起頂之謂也. 形如覆釜. 이러한 돌혈은 혈장의 네 귀퉁이가 가느다란 산줄기[懸針砂]가 있어야 한다突有懸針砂. 돌혈은 무쇠솥을 엎어 놓은 형상, 바다 위에 거북이가 둥둥 떠 있는 형상 등으로 말하는데, 전라도에선 '돌꽂 명당'이라고도 부른다. 돌꽂이란 돌껏을 말하는데, 삼[大麻]을 잘게 나누어 이을 때 사용하는 도구로써 사각형이다.

돌혈突穴은 태음太陰의 상으로 『장서葬書』에 이르기를 형여복부形如覆釜라고 하였듯이 엎어 놓은 솥의 모양이다. 또한, 『심안지요心眼之要』에서는 계심鷄心, 어포魚泡, 마적馬跡, 아란鵝卵, 표매飄梅, 용주龍珠, 자미紫微, 왕룡旺龍이라고도 부르며, 이에 따른 형국도 다양하여 지주결망蜘蛛結網, 거미가 집을 짓는 모양, 몰니구沒泥龜, 진흙밭의 거북, 금사金梭, 베틀의 북, 마상귀인馬上貴人, 천마음수天馬飮水, 수육방구垂肉蚌口, 노방희주老蚌戲珠, 노방농월老蚌弄月 등의 형국이 있다.

⑤ 정형적인 모습이 아닌 기이한 형태의 **괴혈**怪穴도 궁극적으로 이 사상四象에 귀속되어야 하며, 그렇지 않으면 진혈眞穴이 될 수 없다.

3. 증혈법證穴法

증혈법證穴法이란 혈이 있을 만한 곳을 찾는 방법이다. 끝없이 넓은 산과 들판에서 불과 1~2평 남짓한 혈지를 찾는 것은 매우 어려운 일이다. 입산심수구入山審水口하고 등혈간명당登穴看明堂하라고 했고, 원칠근삼遠七近三하라고 했다. 멀리서 주변 산세와 수세를 살펴 혈이 있을 만한 곳을 예측하고, 그곳을 찾아 들어가는 것이 심혈법이다. 혈을 찾는 방법에는 여러 가지가 있다. 또 사람에 따라 각기 다르다. 그중 대표적인 것을 요약하면 다음과 같다.

① **구성증혈법**九星證穴法 : 주산의 구성九星 형태를 보고 혈의 형태와 결지할 만한 위치를 예측하는 방법이다. 상세한 내용은 구성을 참고하기 바란다.

② **삼세증혈법**三勢證穴法 : 주산의 높고 낮음에 따라 혈의 위치를 찾는 방법이다. 주변

산이 높아 높은 곳에 혈이 있는 것을 천혈天穴, 중간에 있는 것을 인혈人穴, 주변 산이 낮아 혈도 낮은 곳에 맺는 것을 지혈地穴이라 한다.

③ **삼정증혈법**三停證穴法: 주변 산들의 원근고저遠近高低에 따라 혈의 위치를 찾는 방법이다. 주변의 산들이 높고 가까이 있으면 혈은 높은 곳에 있으며, 상정천혈上停天穴이라 한다. 주변 산들이 적당한 높이면 혈도 산 중턱에 있으며, 이를 중정인혈中停人穴이라 한다. 주변 산들이 낮고 멀리 있으면 혈도 산 아래 낮은 곳에 있으며 이를 하정지혈下停地穴이라고 한다.

④ **과협증혈법**過峽證穴法: 과협過峽을 보고 혈의 결지 여부와 위치를 찾는 방법이다. 과협이 튼튼하고 아름다우면 반드시 좋은 혈을 만든다. 깨지고 추악하면 혈을 만들지 못하고, 과협이 바르게 나가면 혈도 바르게 맺는다. 과협이 좌나 우로 곡선으로 나가면 혈도 좌나 우측으로 만든다. 과협이 짧으면 혈은 가까운 곳에 있고, 과협이 길면 혈은 먼 곳에 있다. 과협에서 중요한 것은 흙의 상태다. 만약 과협처에서 홍황자윤紅黃紫潤한 혈토가 나온다면 혈에도 혈토가 있다는 증거다. 혈의 진가眞假 여부도 과협을 보고 판단한다.

⑤ **보국증혈법**保局證穴法: 용혈사수龍穴砂水가 취합된 국局을 보고 혈을 찾는 방법이다. 전후좌우에 있는 산들이 주룡과 혈을 향해 다정하게 감싸 주고 있으면 혈이 맺을 만한 곳이다.

⑥ **안산증혈법**案山證穴法: 혈 앞 안산案山이 수려 단정한 것을 보고 혈을 찾는 방법이다. 안산 맞은편에 있는 용맥에서 혈을 만든다. 안산이 반듯하지 못하고 비틀어지게 보이거나 험하게 보이면 혈을 맺을 수 없다. 안산이 높거나 가까우면 혈은 높은 곳에 있다. 안산이 낮거나 멀리 있으면 혈은 낮은 곳에 있다.

⑦ **명당증혈법**明堂證穴法: 혈 앞 명당明堂이 원만 평탄한가를 보고 혈을 찾는 방법이다. 명당은 평탄 원만하면서 물이나 산이 균형 있게 혈을 감싸 주는 형태라야 한다. 만약 등을 돌려 배반하거나, 감싸 주지 못하고 달아나면 혈을 맺지 못한다. 또 기울거나 좁으면 혈을 만들 수 없다.

(안갑수 그림)

명당증혈법

『인자수지』, 권9, p.61.)
조산증혈법, 사봉특조의 중심

⑧ **조산증혈법**朝山証穴法 : 일종의 균형을 강조하는 것인데, 조산이 가깝고 높으면 높게, 조산이 멀고 낮으면 낮게 조산이 높을 경우 능압凌壓이 두렵고, 낮을 경우 기가 흩어짐이 우려된다는 것이다. 조산의 봉우리가 하나일 경우 그것을 안대案對로 삼는다. 조산의 봉우리가 여럿이 있을 경우 두 개이면 가운데 빈 곳으로 향하고對空, 세 개이면 대중對中하고, 여러 개이면 특이하게 생긴 한두 개를 중심으로 대對를 삼는다. 조산으로 삼을 정대正對가 멀리 있다고 해도 상관할 것이 없다.

⑨ **수세증혈법**水勢證穴法 : 물의 형태를 보고 혈을 찾는 방법이다. 양인 물이 음인 용과 음양 조화를 하여 혈을 맺으려면 서로 감싸 주는 형태를 취해야 한다. 만약 물이 등을 돌리고 배반하면 음양 관계는 이루어지지 않아 혈을 맺을 수 없다. 따라서 혈을 찾고자 할 때는 물이 감싸 주는 안쪽을 선택해야 한다. 여러 골짜기에서 나온 물들이 평탄하고 원만한 명당에 모여 혈을 감싸안아 주어야 길하다. 그리고 나갈 때는 폭이 좁은 수구 한 군데로 천천히 흘러가야 한다. 그러기 위해서는 청룡과 백호 끝이 서로 교차하여 좁게 틀어막거나, 수구에 한문捍門, 화표華表, 북신北辰, 나성羅星 등이 있어 유속을 느리게 해 주면 좋다.

수세증혈좌당
(水勢證穴左堂)

수세증혈우당
(水勢證穴右堂)

조원원혈고
(朝源源穴高)

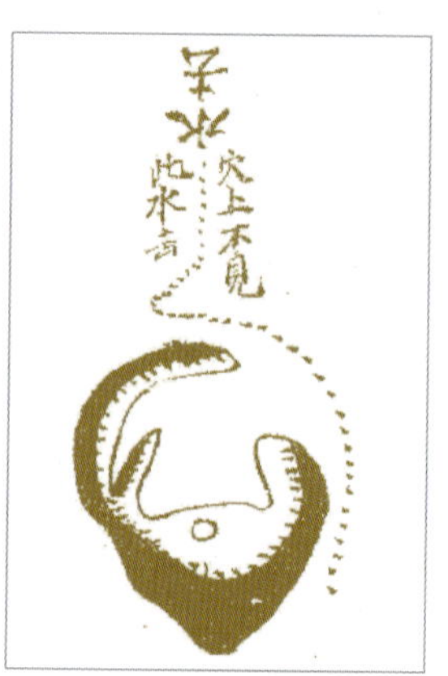

『인자수지』)
수세근혈저
(水勢近穴低)

⑩ **낙산증혈법**樂山證穴法: 낙산樂山을 보고 혈을 찾는 방법이다. 낙산이란 혈 뒤를 받쳐 주고 있는 산이다. 특히 횡룡입수하여 결지하는 혈에는 반드시 낙산이 있어야 한다. 횡룡입수하는 용혈의 경우 혈 뒤가 허약하여 바람을 받기가 쉽다. 지기는 바람을 만나면 흩어지기 때문에 뒤가 허하면 혈을 맺을 수 없다. 낙산은 그 허함을 보완해 주면서 바람을 막아 주는 역할을 한다. 낙산을 보고 혈을 찾을 때는 낙산이 오른쪽에 있으면 혈도 오른쪽에 있다. 왼쪽에 있으면 혈도 왼쪽에 있으므로 낙산과 일치하는 방향에서 찾아야 한다. 또 낙산이 멀리 있으면 혈도 멀리 있고, 가까이 있으면 혈도 가까이 있다. 낙산이 나란히 두 개 있으면 쌍혈을 맺기도 한다.

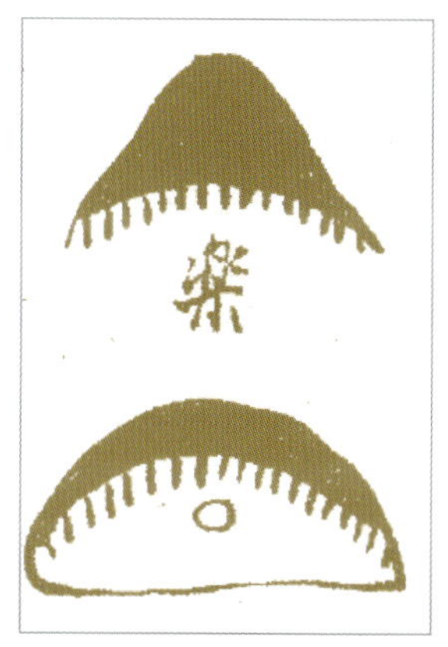

낙중혈중1
(落中穴中1)

낙중혈중2
(落中穴中2)

낙좌혈좌
(落左穴左)

낙우혈우
(落右穴右)

⑪ **귀성증혈법**鬼星證穴法: 주룡의 측면에 붙어 있는 귀성鬼星을 보고 혈의 위치를 찾는 등이 있다. 횡룡입수혈에는 반드시 귀성과 낙산이 있어야 한다. 귀성이 없으면 생기를 모이게 할 수 없다. 귀성이 가운데 있으면 혈도 귀성이 지탱해 주고 밀어 주는 쪽인 가운데에 위치한다. 귀성이 왼쪽에 있으면 혈도 왼쪽에 있으며, 오른쪽에 있으면 혈도 오른쪽에 있다. 또 귀성이 높은 곳에 붙어 있으면 혈도 높은 곳에 위치하고, 낮은 곳에 붙어 있으면 혈도 낮은 곳에 위치한다. 귀성이 나란하게 두 개가 있으면 **효순귀**孝順鬼라 하여 혈은 두 귀 사이 반대쪽에 있다.

혈후귀정중
(穴後鬼正中)

귀좌혈좌
(鬼左穴左)

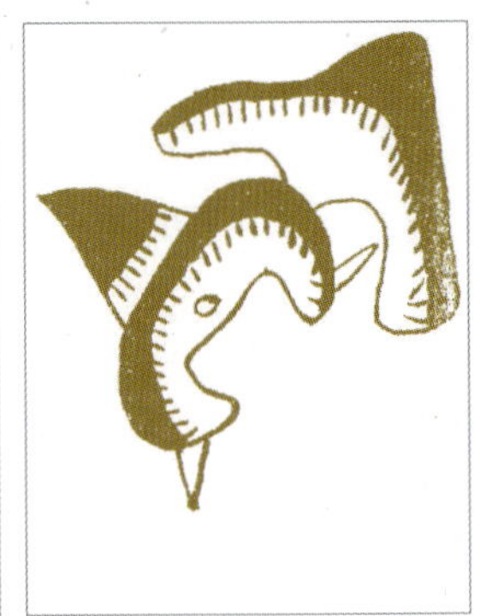

귀우혈우
(鬼右穴右)

양방공포
(兩方拱抱)

(『인자수지』)

⑫ **용호증혈법**龍虎証穴法 : 용호의 세勢의 강도, 고저高低의 정도, 유정무정有情無情을 따진다. 높은 경우 높은 쪽에, 낮은 경우 낮은 쪽에, 유정有情한 곳에 붙여서 자리를 잡는다. 혈의 주변은 안정되어야 한다는 것 강조. 동動:달아나는 것보다는 정靜:머무는 것한 것에 주안점을 둔다.

⑬ **전호증혈법**纏護証穴法 : 전호란 주인主山을 따라 시종侍從하는 하인주변 산을 말한다. 이 시종의 접근 정도에 따라 혈의 위치를 판단하는 것이다. 시종은 변호邊護와 전호纏護로 구분된다.

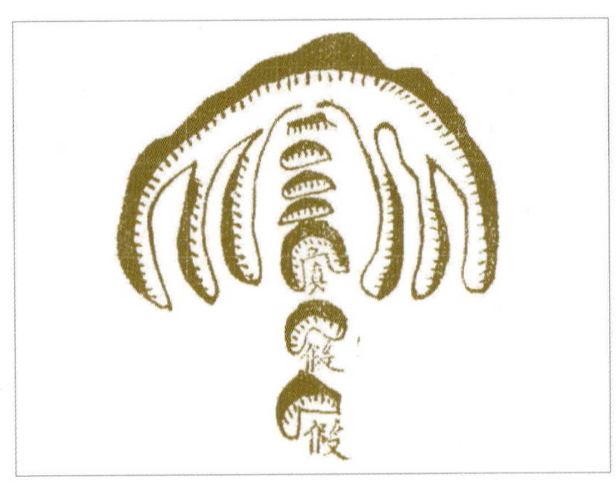

변호(邊護)

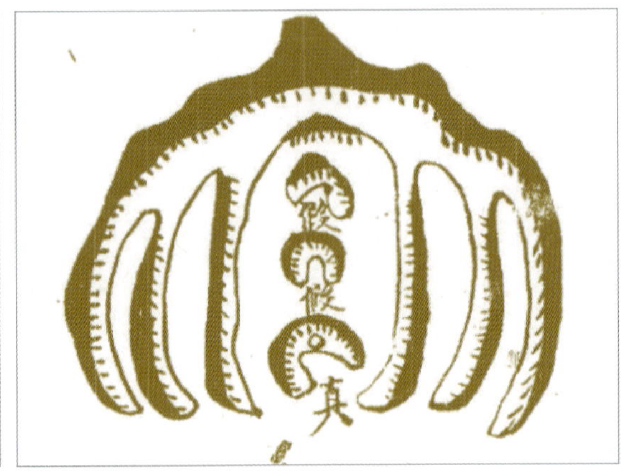

전호(纏護)

(『인자수지』)

⑭ **순전증혈법**脣氈証穴法 : 혈 앞으로 순전이 있음을 확인한다. 횡결전순橫結氈脣과 평탄원정전순平坦圓正氈脣이 있다.

횡결전순(橫結氈脣)   평탄원정전순(平坦圓正氈脣)

(『인자수지』)

⑮ **천심십도증혈법**天心十道証穴法 **/사응등대**四應等對 : 전후좌우를 둘러싸고 있는 나성羅城의 십자 중심十字 中心에 혈이 있다. 후개산後蓋山, 전조산前照山, 양반협이兩畔夾耳한 산이 있어 서로 응하면, 이를 사응四應이라 하고, 서로 공협拱夾할 경우 그곳의 중심이 혈이다.

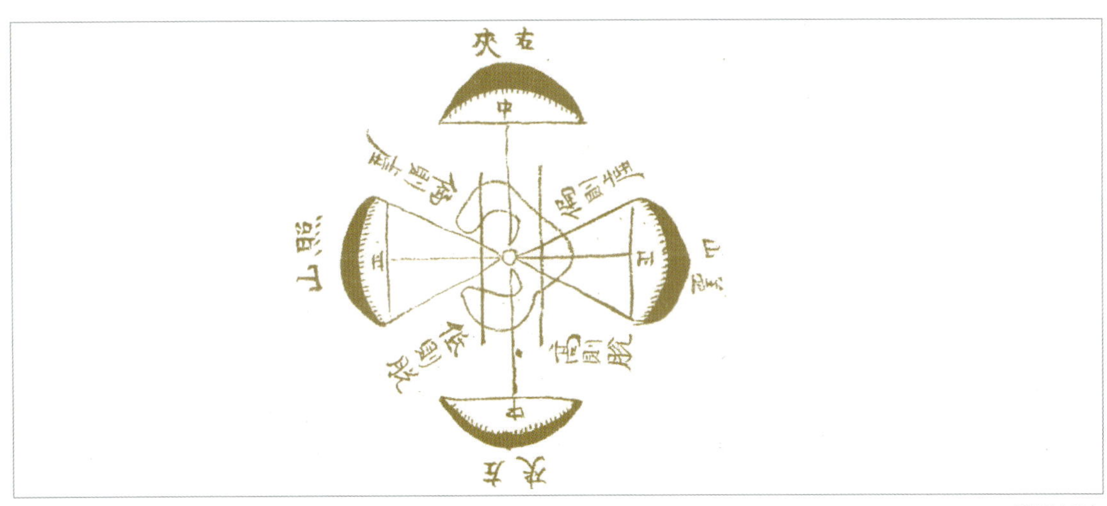

(『인자수지』)

천심십도 1. 길

⑯ 분합증혈법分合証穴法 : 수세증혈법水勢証穴法과 같이 물을 중심으로 혈을 찾는 것으로 물의 분합分合을 본다. 모두 세 번의 분합分合: 물이 나누어지고 합해짐이 있다. 구첨毬簷: 입수도두에서 나누어지고 혈하穴下에서 합해지고, 혈장穴場 위에서 나누어지고 혈장 아래에서 합해지고, 청룡·백호 분수령에서 나누어지고 수구水口에서 합해지는 것合襟水이다.

합금수도(合襟水圖)

『인자수지』, 권11, p.65

4. 정혈법定穴法

혈을 정하고 시신을 안치하는 방법으로 『설심부』의 16도장법倒杖法이 있다. 순장順杖, 역장逆杖, 축장縮杖, 철장綴杖, 개장開杖, 천장穿杖, 이장離杖, 몰장沒杖, 대장對杖, 절장截杖, 돈장頓杖, 범장犯杖, 순겸역장順兼逆杖, 순겸축장順兼縮杖, 역겸순장逆兼順杖, 역겸천장逆兼穿杖이 그것이다.

순장   역장   이장

몰장   절장   대장

『설심부』의 16도장법(倒杖法)

5. 찰사법察砂法

1) 사신사의 개념

사신사는 하늘의 사방 28개 별자리 모양을 본뜬 것이다. 사신 관념四神 觀念은 전설적 짐승인 청룡, 백호, 주작, 현무가 동서남북 혹은 전후좌우 방향을 수호해 준다는 데서 나온 것으로 『여씨춘추呂氏春秋』, 『회남자淮南子』, 『사기史記』, 『논형』 및 기타 위서緯書에

기록이 보인다. 사신을 청룡·백호·주작·현무로 명확히 지칭하여 언급한 최초의 풍수서는 『장서』이다:

"무릇 장사를 지냄에 있어서 왼쪽을 청룡으로, 오른쪽을 백호, 앞으로 주작으로 뒤를 현무로 삼는다. 현무는 머리를 드리운 듯해야 하고, 주작은 날개를 펴 춤을 추듯 해야 하며, 청룡은 꿈틀거리듯 나아가야 하며, 백호는 마치 호랑이 걸터앉아 있는 듯해야 한다. 형세가 이 원칙에 반하면 집안은 망하고 죽임을 당할 것이다夫葬以 左爲靑龍 右爲白虎 前爲朱雀, 後爲玄武. 玄武垂頭, 朱雀翔舞, 靑龍腕誕, 白虎將眠 形勢反此法當被死."

2) 사신사의 기능

사신사는 혈장 주변에서 전호, 육성, 응축함으로써 에너지를 전달하고 바람에 의해 생기가 흩어지는 것을 막는 장풍 역할을 한다. 박시익 박사는 논문에서 다음과 같이 3가지로 정리하고 있다.

"사신사의 기능은 주룡에 있는 혈에 생기를 만드는 것이다. 따라서 혈이나 명당은 사신사에 의해 만들어진다. 그러나 사신사가 있는 곳이 모두 혈이나 명당이 되는 것은 아니다. 혈이나 명당에 생기를 만들기 위해서는 사신사가 바람막이의 기능을 하고 있어야 하며, 곡면 반사경의 기능, 볼록 렌즈의 기능 등 세 가지 기능을 갖추고 있어야 한다."

① 사신사가 바람막이 기능을 해야 하는 이유는 생기가 바람에 의해 만들어지기 때문이다. 강하게 부는 바람은 오히려 기운을 분산시켜 생기가 되지 못한다. 따라서 강한 바람을 순하고 부드럽게 하려면 사신사가 사면에서 불어오는 강한 바람을 약하고 부드러운 바람으로 만들어 주어야 한다. 이처럼 바람을 막고 생기를 만들고 흩어지지 않도록 해 주는 과정을 '장풍藏風'이라고 한다. 청룡과 백호가 있다고 해서 모두 바람을 막아 주는 것은 아니다. 지세에 따라서는 오히려 바람을 더욱 강하게 만들어 생기를 분산시키기도 한다. 용호가 바람막이의 기능을 수행하고 생기를 만들기 위해서는 명당을 앞으로 하여 혈을 마주 바라보고 있어야 하는 동시에, 삼태기 형태와 같이 둥그렇게 원형을 이루어 감싸고 있어야 한다. 용호가 명당을 향해 감싸고 있지 않더라도 명당 쪽을 향해 아름답게 마주 보고만 있어도 바람막이 역할을 수행하는 경우가 많다. 반면, 용호가 명당 쪽에 등을 보이고 있는 경우에는 설

사 둥근 형태를 이루고 있다 하더라도 결코 바람막이의 기능을 수행할 수 없을 뿐만 아니라 오히려 더욱 강한 바람을 일으키게 된다.

② 반사경이란 빛을 반사하는 거울을 말하는데, 이 중에서도 곡면 반사경은 반사면이 곡면을 이루고 있어 빛을 한 점에 집중적으로 모으는 장점이 있다. 자동차의 헤드라이트가 곡면 반사경의 대표적인 경우이다. 일반적으로 산, 나무, 강 등 모든 물체는 자체만의 빛을 가지고 햇빛이나 달빛을 반사한다. 따라서 태양과 달빛이 청룡과 백호에 비추게 되면 그 빛의 일부는 반사된다. 이때 반사된 빛이 한 지점에 모여 하나의 초점을 이루는 경우, 이 초점에는 신비한 기운, 즉 생기가 발생하게 된다. 이처럼 반사경의 초점에 생기가 발생하는 공간을 혈이라고 하며, 혈 주변의 공간을 명당이라고 한다. 여러 종류의 빛이 모이는 공간은 그 빛으로 인해 이름 그대로 명당을 이룬다. 따라서 청룡과 백호가 반사경의 기능을 완전하게 해야 생기가 많아져 명당을 이루게 된다.

③ 또 볼록 렌즈는 분산되어 있는 빛을 하나의 초점에 모음으로써 매우 밝고 뜨겁게 한다. 사신사의 이상적인 형태는 혈을 중심으로 둥글게 감싸고 있는 모양이다. 이 둥근 형태의 청룡 능선은 마치 볼록 렌즈의 둥근 부분과 같은 모양을 하고 있는데, 바로 이 볼록 렌즈 형태의 청룡이 주변에 분산되어 있는 기운을 모아 하나의 초점을 만들게 된다. 이처럼 청룡은 혈의 좌측에서, 백호는 혈의 우측에서, 주작은 혈의 앞에서, 현무는 혈의 뒤에서 각각 볼록 렌즈와 같은 역할을 수행함으로써 네 개의 볼록 렌즈의 공통 초점이 되는 곳이 바로 혈이 되고, 여기에 엄청난 양의 생기가 모이게 되는 것이다.”

6. 심수법 審水法

풍수에서 물의 중요성은 아무리 강조해도 지나치지 않는다. 형세론인가 이기론인가 따라서 수법의 종류가 달라진다. 『장서』, 『청오경』, 『명산론』 등에서는 물을 그 흐름의 모양, 즉 형세론의 관점에서 다루었지만 『지리신법』에서는 물의 흘러오는 곳득수의 방향과 흘러가는 곳수구의 방향 및 내룡의 흘러오는 방향과의 관계를 중시하는 이기론적 관점을 보여 주고 있다. 『지리신법』의 물에 대한 기본 관점은 다음과 같다.

1) 득수법得水法

풍수에서 결정적인 역할을 하는 것이 물이다. 기가 뭉치려면 용을 따라 흘러가는 기氣가 물을 만나 멈추어야 하는데, 이를 『장서』에서는 "기가 물을 만나면 멈춘다界水則止."라고 표현하였으며, 풍수의 법술에서 물을 얻는 것이 가장 중요하다고 할 정도였다風水之法 得水爲上 藏風次之. 이렇게 물이 풍수에서 중요한 의미가 있는 것은 풍수지리의 핵심 이론인 동기감응에 물이 결정적인 역할을 한다고 믿기 때문이다. 풍수 이론 형성에 결정적인 기여를 한 『관자管子』의 「수지水地」편에 다음 문장은 풍수에서 물의 기능과 역할을 대변해 주는 대목이다.

"그러므로 물이란 무엇인가? 만물의 본원이자 모든 생명체의 종실이며, 아름답고 추함, 어질고 어리석음을 생겨나게 하는 것이다. 어떻게 해서 그렇다는 것을 아는가? 제나라의 물길은 시끄럽게 선회한다. 그러므로 그 나라의 백성은 탐욕스럽고 거칠어서 용기를 좋아한다. 초나라의 물길은 고요하고 약해서 맑다. 그러므로 그 나라의 백성은 날래고 과감해서 남을 해치기를 좋아한다. 월나라의 물은 탁하고 무거워 잘 스민다. 그러므로 그 나라의 백성들은 어리석고 질투를 좋아한다. 진秦나라의 물은 쌀뜨물처럼 머물러 있어 침체되고 혼잡하다. 그러므로 그 나라의 백성은 탐욕스럽고 도리에 어긋나며 거짓으로 일을 꾸미기를 좋아한다. 진晉나라의 물은 쓰고 사납고 혼탁하다. 그러므로 적체되어 잘 흐르지 않는다. 그러므로 그 나라의 백성은 남을 속일 마음을 품고 교활하게 아첨하고 이익을 좋아한다. 연나라의 물은 아래에 모여 있어 약하며 침체되어 혼잡하다. 그러므로 그 나라의 백성들은 우둔하고 곧음을 좋아하며 질병을 가벼이 여기고 죽음을 대수롭지 않게 여긴다. 송나라의 물은 가볍고 세며 맑다. 그러므로 그 나라의 백성은 대범하면서 바른 것을 좋아한다."

물맛에 인심과 성격이 달라진다는 관자의 이야기는 바로 풍수적 관념이다. 관자는 물은 청정하기 때문에 악한 것과 더러운 것을 정화시켜 주며, 풍토와 물의 관계가 인간의 성격을 결정한다고 하였는데, 현대적 의미에서 일종의 지리병리학적地理病理學的 관념이며, 풍수지리는 관자의 사상을 그대로 수용하고 있음을 알 수 있다.

언급한 『장서』 이외에 풍수의 고전에서 수水를 다룬 것을 살펴보면 다음과 같다. 『청오경』에서는 "산이 다가들고 물이 돌아들면 곧 귀하게 되고 재물도 풍족해질 것이고, 산은 갇히고

들판 가운데 외로이 서 있는 독산獨山을 말함. 물은 빠져나간다면 왕은 붙잡히고 제후는 망할 것이다山來水回運貴豊財, 山囚水流虜王滅侯."라고 형세론적 관점에서 물을 논하고 있다.

「명산론」 편에서는 풍수를 이루는 주요 두 가지 요소가 바로 산과 물임을 밝혀 물의 중요성을 강조하고 있는데, 그 부분을 소개하면 다음과 같다.

"무릇 음양 두 가지 기가 맺히면 산이 되고, 녹으면 물이 된다. 산과 물이라는 것은 음양의 일컬음이다. 산과 물이 서로 균형을 이루면 음양으로 조화를 이루고, 조화를 이루면 하늘과 땅 사이에 조화로운 기운이 가득 찬다. 산과 물이 서로 만나면 음양으로 모이게 되고, 음양이 모이면 생기가 되는데, 이것을 사람들은 좋은 땅이라고 하는 것이다.

산이 크고 물이 적은 것을 독양獨陽이라 하고, 산이 작고 물이 많은 것을 독음獨陰이라 하며, 산이 기복이 없는 것을 고음孤陰이라 하며, 물이 고요하지 않은 것을 고양孤陽이라 한다. 음양이 조화롭게 만나지 않은 것을 사람들은 나쁜 땅이라고 하는 것이다. 지리라는 것은 산과 물에 관한 것일 뿐이다夫, 二氣融結爲山爲水, 山水者, 陰陽之謂 山水相稱則爲陰陽和, 和則爲沖氣. 山水緊集則爲陰陽會, 會則爲生氣, 謂吉也. 其山大水小爲獨陽, 山小水大爲獨陰 山, 無起伏者爲孤陰. 水, 不沈寂者爲孤陽, 陰陽不和會, 所謂凶也. 地理者山水而已."

한반도 풍수에서 물이 특히 강조되었던 풍수서는 호순신의 『지리신법』이다. 태조 이성계가 도읍지를 계룡산으로 옮기려 할 즈음 하륜이 물의 흐름상 계룡산은 도읍지로 불가능하다는 상소를 올려 도읍지 철회를 이끌어 낸다. 이렇듯 풍수에서 물의 중요성을 강조한 『지리신법』에서는 물을 독립된 장으로 다루고 있다. 그 핵심은 다음과 같다.

"산은 본래 그 성질이 고요한 것이어서 음陰에 속하고, 물의 성질은 움직임이어서 양陽에 속한다. 음은 본체를 담당하고, 양은 변화를 관장한다. 그러므로 음은 체體이고, 양은 용用이기 때문에 길흉화복은 물에서 더 빠르게 나타난다. 대개 산은 사람의 형체와 같고, 물은 사람의 혈맥과 같다. 사람은 형체를 갖고 있는데, 사람의 생장영고生長榮枯는 모두 혈맥에 의존한다. 이 혈맥이 한 몸 사이를 순조롭게 돌아 일정한 궤도가 있어 순조롭고 어그러짐이 없으면, 그 사람은 반드시 편안하고 굳셀 것이고, 일정한 궤도를 거슬러 절도를 잃으면 그 사람은 반드시 병에 걸려 죽을 것이다. 이것은 자연의 이치로써 바꿀 수 없는 길道이다.

그러므로 이 법은 반드시 물의 오고감이 산과 합치되어야 한다. 그런 다음에야 좋은 땅이 될 수 있다. 오국五局의 기氣에 있어서 생하는 기운生, 왕성한 기운旺, 죽은 기운死,

끊긴 기운系絶은 각기 그 정해진 방위가 있다. 무릇 물은 각기 그 좋은 방위에서 흘러 들어와 나쁜 방위로 나가는 것이 좋다. 중략 물의 오고가는 법칙을 잘 살펴보면, 물의 오는 것의 길흉화복은 득수처에서 혈처로 흘러오는 물의 방위가 주관하고, 물의 가는 것의 길흉화복은 혈처에서 수구처로 흘러가는 것의 방위가 주관한다. 물이 길방에서 와서 길방으로 빠져나가면, 처음에는 복을 받다가 마지막에는 재앙을 받는다. 물이 흉방에서 와서 흉방으로 빠져나가면, 처음에는 재앙이 있다가 마지막에는 복을 받는다. 그 오감이 순한 것은 효성과 순종하는 인물을 나오게 하고, 오감이 거스르는 것은 불효와 배반하는 인물을 나오게 한다山靜物而屬陰 水動物而屬陽 陰道體常 陽主變化. 故吉凶禍福見於水者尤夢. 差山如人之形體, 水如人之血脈 人有形體, 生長柱榮, 一資於血脈, 血脈周流於一身之間, 販有度數順而不差, 則其人必康旦强, 逆而失節, 則其人必流 旦亡矣. 此自然之理, 不易之道也. 故是法必欲水之來去與山合, 然後爲吉 五山生旺死絶各有定方. 大率, 欲水各自其吉方來, 凶方去. 중략 推水來去之法, 則來主方來去主向去, 來吉去凶者, 始吉終凶, 來凶去吉者, 始凶終吉, 其來去順者, 乃主孝順 來去逆者, 乃主悼逆."

『지리신법』 수론水論편 『감룡경』과 『의룡경』의 저자 양균송도 물이 기를 멈추게 하여 혈을 맺는 결정적인 요인으로 보는 점에 있어서 『청오경』과 『장서』의 논리를 그대로 수용하고, 거기서 한 걸음 더 나아가 물의 범주를 더욱더 세밀화하여 실제 흐르는 물이 아니더라도 땅보다 한 마디寸만 낮아도 물로 보아 땅을 아주 정교하게 보도록 하였다高水一寸卽是山 低水一寸水回環.

『감룡경』 득수법에서는 물의 흐름[수성(水城): 물(水)의 형세(形勢)], 수류水流, 수량의 규모規模, 수질水質 등을 보고 그 땅의 길흉화복을 논하는 것으로써 술수적으로는 재물, 여자 등과 관련된 길흉화복이 발생한다고 한 득수법에는 형세론과 이기론 두 가지 유파가 있는데, 중국이나 조선에서는 주로 형세론 유파가 주류를 이루며 『지리신법』으로 대표되는 이기론적 득수법도 유행하였다. 해방 이후에는 『지리오결』에 의한 이기론 득수법이 우리나라 술사들 사이에서 수용되고 있으나, 서지학적 고증이 안 된 것일 뿐만 아니라 합리성이 결여되어 있다. 이기론 수법에 대해서 양공구성수법楊公九星水法, 음양산수법陰陽山水法, 사로수법四路水法, 포태수법 등이 있으나 역시 실제적으로 적용이 불가능할 뿐만 아니라, 그 술법의 유래나 체계 역시 불분명하다. 『인자수지』와 『명산론』에서는 명당수와 관

련하여 물의 다양한 흐름세의 종류와 그에 따른 길흉화복을 논하고 있다. 명당수 참고

수법에서는 명당수가 가장 중요하지만, 물의 위치나 규모 또는 맛에 따라 다양한 길흉화복과 밀접한 관계가 있다고 본다. 이에 대해 『인자수지』가 가장 체계적으로 잘 정리하여 놓았으며, 그 뒤를 이어 『탁옥부』가 이를 그대로 수용하여 다시 정리하고 있다. 『인자수지』에서는 물의 위치나 규모海, 江, 川 등에 따른 논의를 수론水論이라는 소주제 아래 21가지를 소개하고 있다.

즉 해조수海潮水, 황하수黃河水, 강수江水, 호수湖水, 계간수溪澗水, 평전수平田水, 구혁수溝洫水, 지당수池塘水, 천지수天池水, 주맥수注脈水, 원두수源頭水, 저여수沮洳水, 천예수泉穢水, 이장수泥漿水, 송룡수送龍水, 건류수乾流水, 합금수合襟水, 극훈수極暈水, 원진수元辰水, 천심수天心水, 진응수眞應水, 녹저수祿儲水가 그것이다. 책에 따라서는 해조수, 계간수, 평전수, 구혁수, 지당수, 천지수, 주맥수, 원두수, 저여수, 천예수, 이장수, 송룡수, 건류수, 힙금수, 원진수, 천심수만을 따로 14수식水式이라 하기도 한다.

또한, 물의 색깔이나 맛 혹은 온도에 따른 길흉화복을 논하기도 한다. 이것은 중국 송대 이전의 풍수서로 알려진 『박산편博山篇』, 「논수論水」에서 다음과 같이 논하고 있다.

"가장 귀한 물[上貴]은 물색은 푸른색[碧]이 맛은 달고[甘], 그 기운은 향기로운 것[香]이다. 중간 정도 좋은 물중귀, 中貴는 물색은 하얗고白, 맛은 맑고淸, 그 기운은 온화한 것溫이다. 하급의 좋은 물하귀, 下貴은 물색은 담담하고淡, 맛은 맵고辛, 그 기운은 조열한 것烈이다. 가장 나쁜 물은 물맛이 시고, 떫고, 밥이 쉰 듯한 냄새가 나는 것으로 이러한 물은 사람을 다치거나 죽게 한다."

이러한 물의 색과 맛에 따른 길흉화복의 구분은 『인자수지』에서 좀 더 체계화하여 천론泉論이란 소주제 아래 14가지 물로 구분하고 있다. 『탁옥부』에서도 그대로 수용하고 있다. 가천嘉泉, 냉장천冷漿泉, 예천醴泉, 탕천湯泉, 광천礦泉, 동천銅泉, 용천湧泉, 천천濺泉, 몰천沒泉, 황천黃泉, 누천漏泉, 냉천冷泉, 용추천龍湫泉, 한포천漢布泉.

2) 수구水口

수구水口라는 용어는 초기 풍수 고전인 『청오경』, 『장서』에는 등장하지 않으나 『감룡경』과 『의룡경』에서는 빈번하게 등장하는데, 결혈 여부를 파악하는 중요한 요소로 꼽힌다. 역시 조선조 풍수학 고시 과목인 '명산론'에서는 수구라는 용어가 한 번 등장할 뿐인데, 이 역시 결혈 여부를 파악할 때 참고 사항으로 언급하고 있다[명당이 허虛하다는 것은 수구가 트여 바람이 들어오는 것을 말한다虛者, 水口當風].

이기론 풍수서 『지리신법』에서도 '수구'라는 용어는 그리 빈번하게 등장하지 않고, 순용을 설명하는 데에서 한 번 언급될 뿐이다[순룡은 흐름을 따라 흘러가는 물이 신에게 조회를 하는 듯해야 한다. 순룡은 흐름을 따라 흘러가는 물이 신에게 조회를 하는 듯하고, 용에 응하여 절을 하는 듯하며, 수구가 막혀 있는 것을 말한다順龍者, 下水朝神, 應龍超損, 水口關鎖].

그러나 『지리신법』은 산의 좌향과 수구와의 각도 관계에 따라 다양한 길흉화복이 발생한다는 것을 핵심 이론으로 하기 때문에 비록 수구라는 용어가 빈번하게 언급되지 않았더라도 수구의 중요성이 강조될 수밖에 없었다. 수구는 명당수가 청룡 백호가 끝나는 부분에서 만나는 지점으로 물의 출구이다. 파구破口, 합수合水 등으로도 불리는데, 내명당과 외명당의 경계 지점이기도 하다. 풍수에서 매우 중시하는 것 가운데 하나가 바로 수구인데, 그 땅의 귀천, 역량의 대소가 모두 수구와 관련이 있기 때문이다. 수구의 구체적 위치는 산세나 산맥이 달리는 방향좀 더 정확히 표현하면 좌청룡, 우백호의 끝부분의 형세에 의해 결정된다. 수구는 혈장과 명당을 경계로 하는 국내局內에서 가장 낮은 지점에 위치한다. 중국의 경우, 지형상 특징이 서고동저西高東低로서 주요 하천의 방향이 서에서 동으로 흐른다. 그러기 때문에 촌락이나 무덤의 물들은 대개 동남, 남, 혹은 동의 세 방향으로 흘러나가는 것이 가장 많다. 그러한 까닭에 손방동남방이 길吉방으로 여겨지기도 한다. 그러나 한국의 경우 동고서저의 지형·지세 때문에 중국과 같은 방향의 수구를 길흉 판단의 기준으로 삼을 수 없다. 그럼에도 불구하고 일부 풍수들이 서출동류西出東流를 선호하고 있다.

수구와 무덤, 구와 마을 혹은 양기陽基와의 거리가 길고 짧음에 따라 명당의 대소 혹은 혈장에 응결된 기의 대소 역량을 파악할 수 있는데, 그 거리가 길면 명당이 넓고, 혈장의 역량이 크다고 말할 수 있다. 수구가 꽉 조여 있지 않고 벌어져 있으면 벌어진 공간을 통해 바람이 드나들어 기를 흩어지게 하기 때문에 수구는 반드시 좌우 청룡 백호로 교쇄交鎖된 것을 이상으로 여긴다.

그렇지 않으면 재물이 빠져나가거나 음란한 사람들이 나온다고 한다. 대개 가난한 마을이 형성되거나 가난한 사람들이 많이 나온다. 만약 수구가 벌어져 있는 경우, 이를 비보裨補하는 다양한 방법이 있는데, 이를 총칭하여 '수구막이수구맥이'라고 한다. 경제적 여유와 정성의 정도에 따라 조잡스러운 돌탑이나, 나무 몇 그루를 심는 방법에서 정교하고도 거대한 탑이나 누각을 짓는 등 그 양태는 다양하다. 수구막이는 마을의 수구 부분에 많이 조성되지만, 무덤에서도 수구막이 조성물들이 나타나기도 한다.

수구를 청룡 백호의 길이에 따라 세 가지로 나뉘기도 한다. 첫째로 청룡이 짧고 백호가 길어 백호가 청룡을 안은 듯한 수구를 음수구陰水口, 둘째로 백호가 짧고 청룡이 길어 청룡이 백호를 둘러싼 듯한 수구를 양수구陽水口라 하고, 끝으로 용호의 길이가 같아서 서로 마주 대한 듯한 수구를 음양합수구陰陽合水口라 한다.

한반도 풍수에서 수구를 가장 중시한 책은 이중환의 『택리지』다. 다음은 『택리지』에서 수구에 대하여 논한 대목이다.

"어떻게 지리를 논하는가? 먼저 수구水口를 보고, 다음은 들판의 형세를, 그다음에는 산의 모양을, 그다음에는 토색土色을, 그다음에는 조산朝山과 조수朝水를 보아라. 무릇 수구가 엉성하고 막히지 않은 곳에서는 비록 좋은 밭 만 이랑과 넓은 집 천 간이 있다 하더라도 다음 세대까지 내려가지 못하고 저절로 흩어 없어진다. 그러므로 집터를 잡으려면 반드시 수구가 꼭 닫힌 듯하고, 그 안에 들이 펼쳐진 곳을 눈여겨보아서 구할 것이다."

마을이나 중·소·대도시 선정에 있어서 수구가 닫혀 있는 것이 중요할 뿐만 아니라 묘지 풍수에서도 중시된다.

3) 수구사

수구사水口砂란 물이 흘러가는 곳의 양쪽[兩岸]의 산을 말한다水口砂者, 水流去處兩岸之山
也. 흔히 청룡 백호의 끝부분, 청룡과 안산의 끝부분, 백호와 안산의 끝부분에 해당된다.
수구사는 그 위치나 재질에 따라 화표華表, 한문罕門, 북신, 나성羅星으로 세분된다.

화표華表는 수구에 물 가운데 높이 솟은 바위를 말하며, 본래 인도에서 도성都城의 각
성문門마다 대화표주大華表柱를 세운 데서 유래由來한 것으로써 우리나라에서 예전에 급
제及第한 사람이 사는 동리 어구에 세우던 솟대가 그와 비슷한 것이다.

한문捍門은 수구 사이에 두 산이 서로 마주 보고 있으면서 마치 문을 지키고 있는 것
처럼 수구를 막아 주면서도 동시에 지켜 주는 것을 말한다捍門山者, 水曰之間兩山對時如門
戶之護拜也. 한문이란 용어는 조선조 주요 풍수학 고시 과목인『청오경』,『장서』,『지리신
법』,『명산론』에는 등장하지 않으나『감룡경』과『설심휘』에는 등장하는데,『감룡경』에
서는 "나성이 성곽처럼 둘러치고 있으면 한문이 생겨난다城廓圍環生罕門."라고 하고 있다.
『인자수지』에서는 비교적 자세한 설명과 함께 가지 종류의 한문이 있음을 소개하고 있
다. 한문은 특이한 사물 모습을 띤 것을 귀하게 여기는데, 해와 달, 기고[備視支], 구사龜
蛇, 사상獅象 등 형상이 있으면 좋은 것으로 보며 왕후王侯, 후비后批, 재상宰相, 장원壯元
등의 명당 발복이 있다고 한다.

북신北辰의 사전적 의미는 북극성北極星을 뜻하는데, 풍수에서는 수구 사이에 가파르
게 우뚝 솟은 바위[峻巖]가 혈처를 향해 문안을 드리는 형상을 말한다. 화표나 한문과 비
슷한 기능을 하는데, 그것이 바위로 생겼다는 점과 높고 크게 솟아 있다는 점 때문에 귀
하게 여기며, 이러한 땅을 만나면 제왕 이상의 인물이 나온다고 한다.

나성羅星이란 수구 사이에 돌이나 흙으로 솟아 있는 것을 말하는데,『감룡경』에서는
"나성의 진정한 묘결을 알고자 하면, 한쪽은 물에, 다른 한쪽은 밭에 걸쳐 있으면서 밭
가운데 골맥이 서로 이어져 있는 것이다欲識羅星眞妙誤, 一邊＊尤水一邊田, 田中有骨脈相連."
돌로 된 것은 최고로 치고, 흙으로 된 것은 그다음이며, 나성羅城 밖에 있어야 귀한 것으
로 친다. 만약 나성羅星이 나성羅城 안에 있으면 불길하여, 병을 키우는[抱養瘻, 포양관]이 되
어 나쁜 땅이 된다고 한다. 즉 나성은 수구를 막아 주는 산의 하나이다.

『의룡경』은 나성에 대해 다음과 같이 적고 있다.

"두 산과 두 물이 하나의 빗장을 만들 때즉 좌우 청룡 백호와 두 물줄기가 합해지는 지점에서 수구가 형성될 때 다시금 나성羅星을 보고 그 선후를 식별하라. 나성에는 또한 머리와 꼬리首尾가 있는데, 머리는 역으로 머리를 쳐들고 꼬리는 구불구불 물길로 이어진다. 이러한 곳에서 혈을 찾고 용을 찾으면 헛되지 않고 또한 용과 혈의 자취를 잃지 않게 된다兩山兩水作一關 更看羅星識先後, 羅星亦自有首尾, 首逆上頭尾抱水, 如此尋穴與尋龍 不落空亡與失宗."

수구사는 공결空缺하여 물이 일직선으로 곧장 흘러나가는 것을 가장 꺼려 한다. 그럴 경우 혈이 맺히지 않을 뿐만 아니라 기가 빠져나가 나쁜 땅이 되고 만다. 따라서 수구사는 반드시 주밀하고 교결관쇄交結關鎖하고, 좁게 막혀 있는 것을 이상으로 여긴다. 혹 양변이 서로 얽혀 개犬의 위·아래 어금니가 서로 교쇄되는 것과 같아야 한다. 수구가 매우 중시되었던 만큼, 수구 양쪽에 있는 산山의 중요성도 자연스럽게 강조되면서 수구사의 개념이 풍수에 정착된 듯하다.

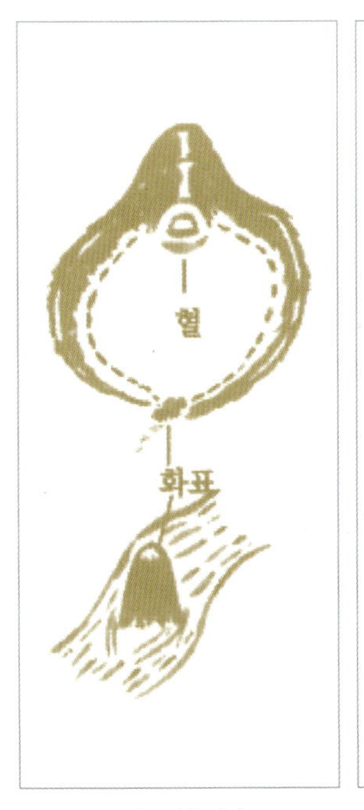

화표(華表)

한문(捍門)

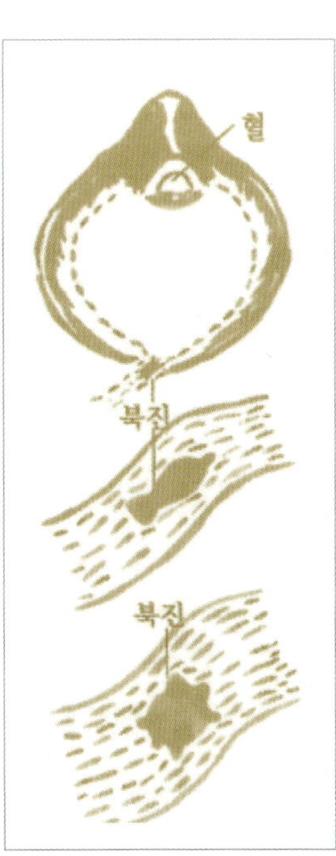

북진(北辰)

나성(羅星)

7. 안향법安向法

풍수향법향법, 좌향법은 풍수지리에서 좌향坐向, 즉 건물이나 묘소의 방향을 결정하는 다양한 이론을 통칭한다. 각 방법론은 모두 길흉화복을 결정하는 중요한 공식이나, 시대별·지역별로 해석과 중시 기준에 차이가 크며, 어느 하나가 절대적으로 옳다고 보기는 어렵다. 이론적을 화려해도 검증해 보면 잘 맞지 않거나, 전통 풍수의 기본 원리와 상반되는 경우가 많기 때문이다.

현대 풍수에서는 여러 향법을 종합적으로 검토하고, 현장 환경·시대·용도를 함께 고려하는 복합적 접근이 권장되고 있다. 따라서 향법은 용혈사수가 모두 확인된 다음에 보조적으로 고려해야 할 것이며, 향법이 용혈사수보다 우선할 수는 없는 것은 명확하다. 다만, 평지나 건물 내부에서는 용혈사수를 판단하기 어려우므로 향법을 많이 참고하는 경향이 있다. 대표적인 향법의 종류와 장단점은 다음과 같다.

① **팔십팔향법**88향법 : 88향법은 혈장에서 물이 빠져나가는 방향[破口]을 기준으로 했을 때 나경의 24방위마다의 향向에 대한 길흉화복이 모두 다르다는 이론이다. 각 좌향별 길흉을 삼합오행과 12포태법으로 판단하여, 그중에서 88가지만 좋은 방향으로 제시한 대표적 전통 향법이다.

88향법의 장점은 공식화되어 누구나 일관성 있게 활용 가능하고, 구체적이고 세밀한 분류로 실용적이며, 우리나라에서 가장 많이 사용한다는 것이다. 단점은 정밀한 숙련이 필요하고, 학설 및 응용 방법에 다양한 해석의 차이가 존재하고, 다양한 환경에 일일이 적용하기 어렵다는 점이다.

88개 방향의 근거는 다음과 같다. 11개 방향 중에서 4국법四局法을 적용하여 똑바로 적용하는 경우를 정국正局이라 하며, 정생향正生向, 정왕향正旺向, 정양향正養向, 정묘향正墓向, 태향태류胎向胎流, 절향절류絶向絶流, 쇠향태류衰向胎流 등 7가지 향법이다. 반면 4국법四局法을 똑바로 적용하지 못하고 국局을 좋도록 개량하면서 바꾸어 적용하는 경우를 변국變局이라 하며, 자생향自生向, 자왕향自旺向, 문고소수文庫消水, 목욕소수沐浴消水의 4가지 향법이다. 이들은 목木, 화火, 금金, 수水의 4국局에 각각 하나씩 있으므로 11×44=44가지의 향向이 되고, 또 산과 물이 서로 반대

가 되는 경우를 고려하면 쌍산 배합이기 때문에 2배가 되어 모두 88향向이 된다.

주택이나 산소 자리의 바위를 결정할 때 가장 좋은 방위는 12포태법에서의 좋은 방위인 양養, 장생長生, 제왕帝旺, 묘墓의 방위이다. 이 방위를 88향법으로 체계화한 방법이 정생향正生向, 정왕향正旺向, 정양향正養向, 정묘향正墓向이다. 이 방법의 4×8=32 경우만 사용하고, 다른 방법들은 그냥 참고로 알고 있을 정도이면 충분하다. 12포태법에서의 12방위는 절絶, 태胎, 양養, 장생長生, 목욕沐浴, 관대冠帶, 건록建祿, 제왕帝旺, 쇠衰, 병病, 사死, 묘墓의 12방위이다.

"88향법만 잘 맞추어 쓰면 온 천지를 다녀도 버릴 땅이 없다."라는 평가도 있으나, 이 역시 학자마다 입장 차이가 있으며 편협하고 위험한 발상이다.

② **정음정양법**: 나경패철의 24방위를 팔괘八卦에 배속하여 각 방위의 음과 양의 깨끗함정음, 정양을 분석하는 이론이다. 원리는 24방위를 여덟 개의 팔괘乾坎艮辰巽 離坤兌,에 배속하고, 각 괘의 중심 효爻를 제외한 후, 아래와 위 효가 음양이 같으면 정양=정양괘, 다르면 정음=정음괘으로 구분한다. 길吉·흉凶 판별에 '정음淨陰이 많은 경우 길하고, 정양淨陽이 많으면 흉하다'는 해석이 일반적이다.

- 건乾, 곤坤, 이離, 감坎괘: 아래·위 효가 같아 '정양'이 됨.
- 간艮, 손巽, 태兌, 진震괘: 아래·위 효가 달라 '정음'이 됨.

장점은 음과 양의 구분이 명확하고, 세밀한 방위 해석이 가능하며, 팔괘와 음양오행 등 풍수 근본 원리에 기반하여 논리적 체계를 갖추고 있으며, 방위 구분이 일목요연해 현장에서 응용하기 쉬우며, 풍수, 길흉, 수법물길 판단 등 다양한 분야에 응용이 가능하고, 한·중 전통 풍수에 공통 적용이 가능하고, 비교적 체계화된 풍수 방법론으로써 과학적 요소 도입 주장도 존재한다.

단점은 실제 자리 잡기엔 단순 음·양 이분법이 한계가 될 수 있고, 팔괘 해석 및 효의 음양 판단이 초심자에겐 난해하고, 구체적인 현장 상황·지형 등 복합적 요소 반영에 한계가 있고, 전통적 방식 중심이라 현대 주거·도시계획에 단독으로 적용하기에는 부족하고, 일부 학파·지역에 따라 해석차·이견이 많고, 길흉 논리 절대화 시 맹신 우려가 있다.

정음 정양법은 좌향뿐만 아니라 수법물의 흐름 판단, 택일 등 다방면에 활용되고 있

다. 다만, 길흉 해석에 있어서 '삼길육수', '삼길성' 등 길한 방위 대부분이 정음으로 설정되어 있다.

③ **삼합법**: 삼합三合, 즉 세 가지 주요 요소의 관계로 기운의 조화를 판별한다. 삼합이란 목화금수로 4개의 기운으로 나누고 같은 기운끼리 짝을 이루어 모이면 좋다고 보는 것이다. 수 기운은 신자진申子辰, 목 기운은 해묘미亥卯未, 화 기운은 인오술寅午戌, 금 기운은 사유축巳酉丑 방위이다.

장점은 주요 삼합물, 산 등으로 직관적 분석 가능하다. 단점은 단순화에 따른 오판 우려가 크고, 미세한 길흉 판별엔 부정확하다.

④ **동서사택법**: 건물의 문과 거실과 부엌의 3가지 요소가 동일한 기운을 가지면 좋다는 음양 이론이다. 즉 동사택과 서사택으로 방향을 네 구역으로 나누어 좋은 방향, 나쁜 방향을 판단한다. 동사택은 북, 동, 남서, 남쪽은 양기택으로 본다. 서사택은 동북, 서남, 서, 북서쪽은 음기택으로 본다.

장점은 이해 쉽고 단순, 실용적이다. 단점은 현대 복잡한 환경을 반영하는데 한계가 있고, 시공간 변화 반영에 미약하다는 것이다.

⑤ **구성법**구궁법/구성궁수법: 나침반 24방향24산을 9구역궁으로 나누어 시간·공간적 변화까지 고려하는 향법이다. 장점은 시간의 변화운세까지 포함하여 동적 분석이 가능하고, 비교적 논리적·체계적이다. 단점은 해석이 자주 바뀌고 복잡하며, 별도의 세밀한 나경이 필요하다는 것이다.

⑥ **현공법**현공풍수: 시간의 변화와 공간의 기운 배치를 함께 고려하는 이론이다. 즉 세상의 기운은 원회운세에 따라 변화한다는 이론에 근거하여 180년마다 목화토금수 기운이 변화하고, 180년은 다시 20년씩 9등분하여 낙서 구궁에 배치하여 길흉을 판단하는 음양오행에 낙서를 적용한 이론이다.

장점은 비교적 논리적·체계적이고, 산과 물이 보이지 않는 어느 곳에서나 적용이 가능하며, 심지어 현장에 가보지 않고도 책상에 앉아 적용할 수 있으므로 현대 건

축·시대 변화까지 고려해 유연하다. 단점은 해석이 자주 바뀌고 복잡하며, 별도의 세밀한 나경이 필요하다는 것이다.

⑦ **형세향법**은 가장 고전적인 이론으로서, 좌향을 판단할 때 주변 산이나 물 또는 건물이나 도로의 상대적인 형세를 보고 결정한다는 이론이다. 풍수고전『인자수지』에서는 ① 조산증혈朝山証穴, ② 명당증혈明堂証穴, ③ 수세증혈水勢証穴, ④ 낙산증혈樂山証穴, ⑤ 귀성증혈鬼星証穴, ⑥ 용호증혈龍虎証穴, ⑦ 전호증혈纏護証穴, ⑧ 순전증혈脣氈証穴, ⑨ 천심십도증혈天心十道証穴, ⑩ 분합증혈分合証穴 등 10가지를 설명하고 있다.

장점은 현장의 지형적 환경을 정확하게 반영하고, 별도의 도구 없이도 누구나 눈으로 확인할 수 있다는 것이다. 단점은 평지나 건물 안에서는 적용이 불가능하고, 현장에 가지 않으면 판단할 수 없다는 것이다.

4.4 산의 형태 오성과 구성

풍수지에서는 산봉우리의 모양에 따라 목화토금수의 오성五星으로 구분하고, 이를 세분하여 북두구성의 구성九星으로 구분한다. 우리나라 산의 모양은 봉우리가 부드러운 금성金星과 수성水星으로 된 산이 가장 많으며 주로 낮은 곳에 있고, 간간이 상부가 평평한 토산土山도 있으며, 봉우리가 뾰족한 화성火星과 목성木星의 산은 드물게 있는데 대개는 높은 지역에 있다.

1. 오성五星

산의 머리 모양에 따라 목화토금수 오성으로 구분한다. 오성 자체에 따라 길흉이 있는 것은 아니고, 오성의 모양에 따라 청淸, 탁濁, 흉凶으로 구분하여 길흉을 판단한다. 그러나 대체적으로는 첨원방이라고 하여 첨[火]은 화산, 원[金]은 금산, 방方은 토산에 해당되는 산을 길한 산으로 판단한다. 설악산 봉정암에서 보이는 기암봉奇巖峰은 화산이면서 청淸한 격에 해당되어 바라보기만 해도 멋지게 보이는 이유를 풍수지리 이론에서도 찾을 수 있다. 산의 모양에 따라 인간이 받는 영향이 다르다.

오행	木形	火形	土形	金形	水形
영향	문필봉 (文筆峰) 학자, 공무원	화재 빈번 종교인, 예술가	일자문성 (一字文星) 왕, 왕비	노적봉/부자 투구봉/장군	천마(天馬) 속히 발복
기본 모양					

오행	木形	火形	土形	金形	水形
『설심부』					
『장자미』					
사례					
위치	양평 용문산	설악산 봉정암	구미 천생산	양주 추흡산	서산 목장

　하남 장용득 선생은 혈장이 쌍산雙山에 일치된 배합절은 부귀손富貴孫의 방위에 따라 자손에게 좋은 영향이 나타나고, 쌍산에 어긋난 무기절은 인패人敗와 재패財敗 등의 흉화가 나타난다고 하였다. 또한, 쌍산에 일치되는 내룡의 절수에 따라 혈장의 역량이 지속된다고 하였다. 즉 풍수 에너지는 방위와 산수의 모양에 따라 그 영향이 다르게 나타난다는 것이다. 쌍산이란 24개의 방위를 2개씩 짝을 지어 정북쪽으로부터 임자, 계축, 간인, 갑묘, 을진, 손사, 병오, 정미, 곤신, 경유, 신술, 건해의 12개로 짝을 이루는 경우에는 좋고, 반면에 무기절이란 한 칸씩 어긋나서 임자 대신 자계, 축간, 인갑 등으로 되는 경우는 안 좋다는 것이다. 필자는 그 이유를 아직 알지 못한다. 학문으로 귀인이 되는 방위는 자오묘유子午卯酉, 동서남북의 4정방이고, 사업으로 부자가 되는 방위는 진술축미辰戌丑未의 4간방이고, 체력으로 자손이 번성하는 방위는 인신사해寅申巳亥 사계절 시작 방위이다.

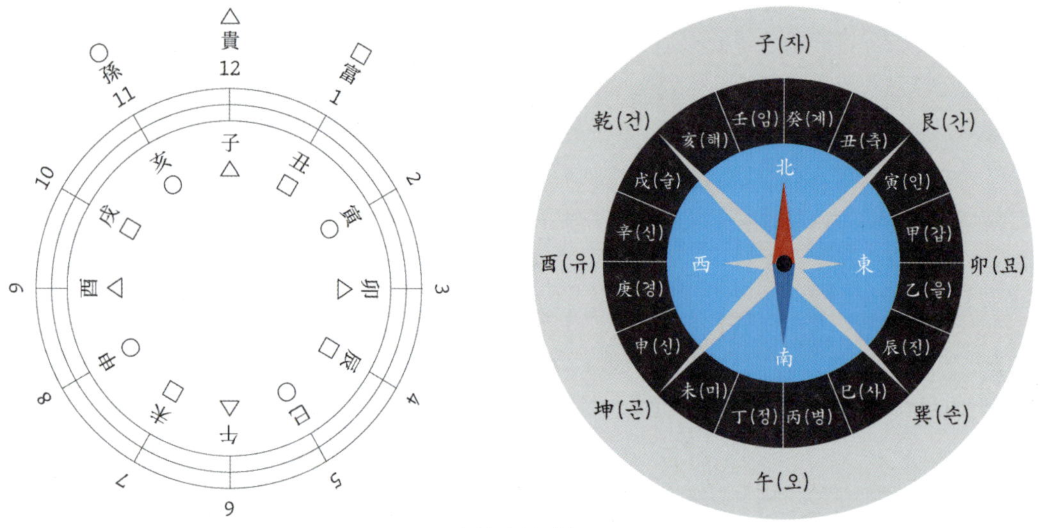

24방위와 부귀손

목화토금수 오행산이 모두 모이면 매우 좋다고 여겼다. 그 상대적 배치에 따라 각자 자기의 방위에 목은 동쪽, 화는 남쪽, 토는 중앙, 금은 서쪽, 수는 북쪽에 배치되면 오성귀원이라 불렀다. 오행이 모두 모였지만 원래 방위가 아닌 경우는 오성취강형이라 불렀고, 오행산이 일직선으로 구슬처럼 배열된 경우는 오성연주형이라 불렀다.

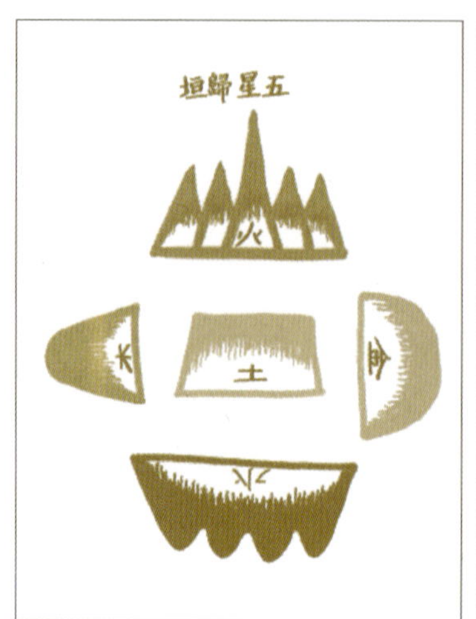

오성귀원형(五星歸垣形)

오성취강형(五星聚講形)

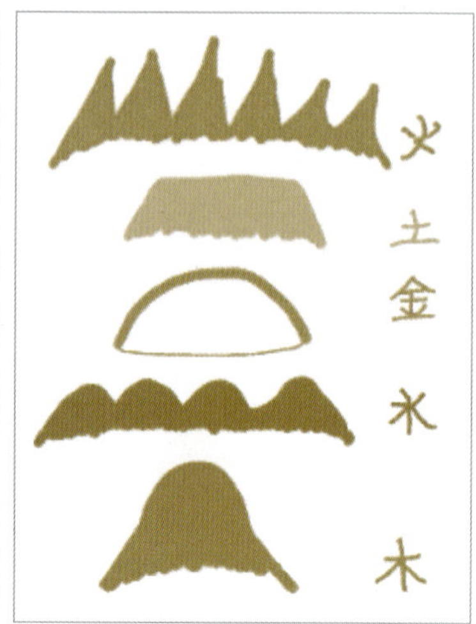

오성연주형(五星連珠形)

2. 구성九星

　　오성을 세분화하여 구성으로 나누는 방법은 양균송의 『감룡경撼龍經』에 근거한 일명 노구성老九星법이 있고, 요우廖瑀, 요금정의 풍수 저서인 『혈격穴格』에 근거한 천기구성天機九星법이 있다. 요우의 구성법은 9성을 기본으로 9개 변체로 세분하면 81종으로 구분하며, 다시 용, 혈, 사, 수, 명당 등으로 다시 세분하면 모두 495종이 된다. 양균송의 구성은 주로 용을 설명하는 데 사용하고, 요우의 구성은 혈을 설명하는 데 사용하는 점에서 사용법이 조금 다르다. 그리고 오성은 정체正體가 되고, 구성은 변체變體가 된다. 우리나라에서는 오성과 양공楊公과 요공廖公의 구성 용어를 모두 사용하였다는 것을 명당을 필사하여 기록한 옥룡자도선국사의 유산록을 통하여 알 수 있다.

　　혈은 가장 크고 높은 태조산예컨대 도봉산으로부터 용루龍樓와 보전寶殿에서 중출中出로 낙맥落脈한 용이 먼 거리를 개장천심開帳穿心, 날개를 펼치고 가슴에서 중심 산줄기가 나옴, 위이逶迤, 좌우로 꿈틀거림, 기복起伏, 상하로 오르내림, 박환剝換, 점차 부드러워짐, 과협過峽, 생기를 응축시킴 등 수많은 변화를 하면서 중조산삼각산에서 첫 번째 산봉우리第一星峰를 만들고, 소조산보현봉, 현무봉북악산을 거쳐 평지한양 들판로 내려온다. 그러다 강한강이나 하천청계천 등 물을 만나 더 이상 나갈 수 없을 때 멈추게 된다. 용맥이 한 곳에 머물면 생기가 모아져 혈을 만들게 된다. 이를 취기聚氣, 생기가 모임라 한다. 이 제일성봉이 구성九星 중 어떤 것이냐에 따라 진행의 오행 정신이 나타나고 혈의 형태도 결정된다.

　　만약 제일성봉삼각산이 탐랑목貪狼木이면 주룡의 기본 정신도 탐랑목이다. 이 주룡이 혈을 맺으려면 소조산보현봉인 주산을 제일성봉과 똑같은 정신과 형태인 탐랑목으로 성봉한다. 그리고 주산을 출발한 용맥은 용진처에 이르러 탐랑목인 유두혈乳頭穴을 만든다. 같은 방법으로 거문성巨文星은 겸차혈鉗叉穴을 만든다. 녹존성祿存星은 소치혈梳齒穴이나 겸차혈鉗叉穴을 만든다. 문곡성文曲星은 장심혈掌心穴, 염정성廉貞星은 여벽혈犁鐴穴, 무곡성武曲星은 원와혈圓窩穴, 파군성破軍星은 첨창혈尖槍穴, 좌보성左輔星은 연소혈燕巢穴과 괘등혈卦燈穴, 우필성右弼星은 평지 은맥으로 진행하다가 평지 돌혈突穴을 만든다.

4 水 文曲 沐浴 蛾眉,掌心穴	9 金 右弼 掛燈穴	2 土 巨門 袞方 窩穴
3 土 祿存 絶胎 梳齒,鉗釵穴	5 火 廉貞 病死 犁僻穴(쟁기)	7 金 破軍 墓 戈矛,槍形穴
8 土 左輔 冠帶 燕窩穴	1 木 貪狼 養生 乳頭穴	6 金 武曲 祿旺 圓窩穴

오행 구성별 형태와 포태법

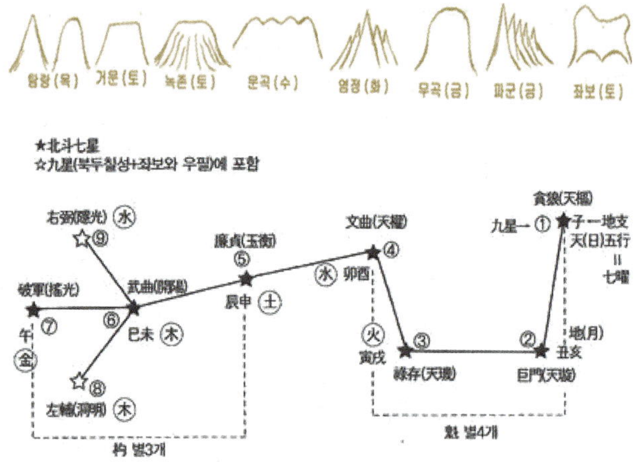

북두구성과 구성 형상

1) 탐랑목貪狼木 유두혈乳頭穴

탐랑성은 소조산인 주산이 죽순처럼 생겨 단아하고 수려한 산을 말한다. 산중턱에 지각이 없으며 반듯하고 깨끗하다. 원통형처럼 생긴 산을 귀인봉이라 하고, 삼각형 모양으로 정상이 붓끝처럼 뾰쪽하게 생긴 것을 문필봉이라 한다. 오행은 목木이다.

탐랑 주산은 좌우 양변으로 개장開帳하여 청룡 백호를 만들고, 중심으로는 주룡을 출맥 시킨다. 출맥한 주룡은 온갖 변화를 한 다음 단아한 현무봉을 만든다. 현무봉에서 다시 개장하고, 그 가운데로 천심穿心한 주룡은 위이透迤와 결인속기結咽束氣 등의 변화를 하면서 진행한다. 용진처에 이르러 혈을 맺고자 할 때는, 평평하게 생긴 능선을 수평으로 길게 뻗친다. 위는 가늘고 아래로 내려갈수록 점점 넓어지는 상세하거上細下巨의 형태다. 혈은 하부에서 가장 비만肥滿한 곳에 있다. 혈을 맺은 능선은 아래로 내려가면서 다시 폭이 좁아지는데 그 거리는 매우 짧다. 이 모양이 마치 여인네의 유방과 비슷하다 하여 유두혈乳頭穴이라고 한다.

유두는 유방의 끝부분에 있으므로, 혈도 능선의 끝부분에 주로 맺는다. 유두가 자리한 곳은 유방에서 가장 풍만한 곳이므로, 혈도 가장 비만해진 육후처肉厚處에 결지한다. 이곳을 곡식을 쌓아 놓은 듯하다 하여 종축지처種畜之處라고도 한다. 또는 살이 찐 곳이라는 뜻으로 기부肌附, 방석을 여러 장 포개서 깔아 놓은 듯하다 하여 포전飽氈이라고도 한다. 흔히 두 단어를 합쳐 '기부포전'이라고 한다.

　기부포전한 혈장을 자세히 보면 뒤로는 입수도두入首倒頭, 양옆으로는 선익蟬翼, 앞에
는 순전脣氈이 있다. 이들은 혈장을 지탱하고 그 안에 생기를 가둘 수 있는 구조로 되어
있다. 혈장 가운데에는 달무리처럼 둥근 원형의 혈운穴暈이 있다. 혈은 혈운 안의 작은
공간을 말한다. 이곳에 지기가 응결되는 것이다.

　유두혈을 찾을 때 자칫 잘못하면 진혈지 뒤 평평하게 늘어져 누운 곳을 혈로 착각하
여 점혈點穴하기 쉽다. 그곳은 입수룡으로 용맥이 지나가는 과룡처過龍處다. 점혈하게 되
면 인상패절人傷敗絶의 재앙을 가져오므로 주의해야 한다. 유두혈은 혈장의 크기에 따라
대유大乳와 소유小乳로 나눈다. 또 혈장의 길이에 따라 장유長乳와 단유短乳로 구분한다.
혈장 두 개가 나란히 있으면 쌍유雙乳라고 한다.

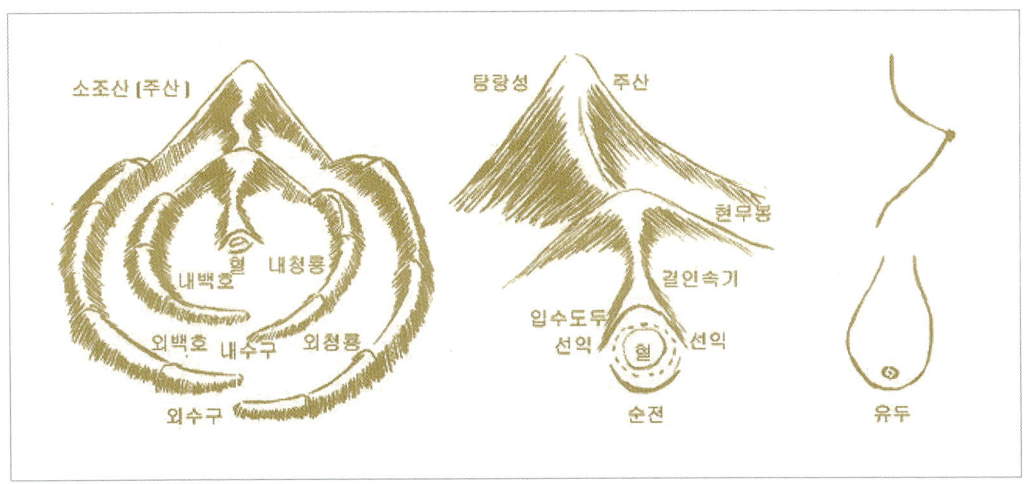

탐랑목(貪狼木) 유두혈(乳頭穴)

2) 거문토巨門土 겸채혈鉗釵穴

　존성尊星인 거문성은 스스로 존귀한 산의 형상을 가지고 있는데, 네모지고 반듯함이
병풍과 같다면 장수와 재상이 나올 땅이다. 기상이 청수하고 후덕한 토성의 산체는 예로
부터 일품귀격一品貴格이라 했다. 이처럼 거문성인 토土는 오행에서 만물을 포용하고 기
르는 성정을 대표하며 만물의 중심이다. 대체적으로 토형土形의 산은 기운이 충만하고
후중하여 귀한 인물들이 나오고 오복을 겸비한다고 했다. 또한, 산의 형태가 마치 '일一'
자字 모양과 같다고 해서 일자문성一字文星이라고도 부르며, 균형 감각과 안정감을 지닌

편안한 산이다. 산의 성격은 후중하다. 호순신의 『지리신법』에서도 "거문은 천의라고도 부르며 가장 높은 자리이다."라고 하여 큰 의미를 부여하고 있다. 풍수 고서인 『지리인자수지』에 다음의 언급이 있다.

"토성의 맑은 것을 존성이라고 하는데, 주로 왕후장상의 높은 관작官爵과 숭고한 공업을 이루고 즐거움이 넘치며 명예와 오복을 오래도록 누리는 기운을 관장한다. 탁한 것은 부성富星이라고 하는데, 주로 재산이 풍부하고 장수하며 자손의 번영을 관장한다. 흉한 것은 체성滯星을 말하며 주로 어리석음과 질병, 형벌 부진不振의 기운을 관장한다."

또 풍수의 고서인 『의룡경』에도 다음과 같은 구절이 있다.

"거문은 존귀한 산으로 성품이 단정하고 가지런하며, 겨우 조종산으로부터 떨어져 나와 높이 머리를 쳐든 형상을 하고 있다. 거문토성의 산체는 여러 산들과 구별되며, 뾰족하지도 않고, 둥글지도 않으며, 그 산체가 네모진 모양이다. 거문토성 아래에는 겸채혈을 만든다."

거문토(巨門土) 겸채혈(鉗釵穴)

3) 녹존토祿存土 소치혈梳齒穴

녹존성은 주산의 형태가 거문성과 같이 일자 모양으로 생겼다. 그러나 거문성은 정상이 반듯한 일자 모양인 반면에, 녹존성은 약간 미원체微圓體로 되어 있다. 거문성은 일자 모양 끝이 반듯한 각으로 되어 있으나, 녹존성은 그렇지 않다. 거문성은 지각이 없이 깨끗한 반면에, 녹존성은 지각이 많아 지저분한 편이다. 지각이 많다는 것은 골짜기도 많다는 뜻이다. 녹존성의 오행은 거문성과 같이 토土다.

녹존성 산신山身에는 수많은 지각이 있어, 어느 것이 중심맥인지 구분하기 힘들다. 녹존성 중심맥은 산중턱에서 나오는데 처음에는 그 폭이 매우 작고 가늘다. 그러다 아래로 내려가면서 폭도 커지고 능선도 점점 비대해진다. 또한, 기세 있는 변화로 진행한다. 이 능선이 혈을 맺고자 할 때는 깨끗하고 둥근 소원봉小圓峰을 만든다. 혈은 동그랗게 생긴 작은 소원봉 정상이나 그 아래에 있다. 혈장은 약간 오목하면서 긴 겸혈鉗穴을 만드는 것이 원칙이지만, 와혈이나 돌혈을 맺을 때도 있다. 녹존성 아래 소원봉에 맺는 혈을 소치혈梳齒穴이라고 부른다. 그 이유는 주산인 녹존성에서 내려온 수많은 능선 때문이다. 멀리서 보면 마치 얼레빗의 빗살과 입의 치아와 비슷하다. 중심맥을 제외한 나머지 능선들은 모두 소원봉을 감싸 보호해 주는 역할을 한다. 그러므로 녹존 소치혈을 찾고자 할 때는 무엇보다도 먼저 깨끗하고 아담한 소원봉을 찾는 것이 중요하다.

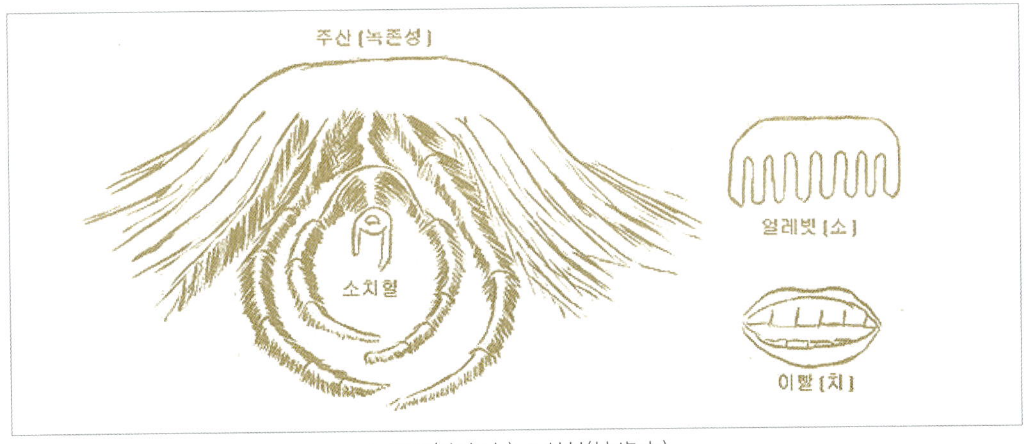

녹존토(祿存土) 소치혈(梳齒穴)

4) 문곡수文曲水 장심혈掌心穴

문곡성은 산맥이 내려올 때 다른 구성처럼 뚜렷한 봉우리를 만들지 않는다. 다만, 미미한 반봉半峰들이 연속으로 이어져 진행한다. 그 모습이 마치 물이 작은 파도를 일으키며 흐르는 것과 같다고 하여 수성水星이라고도 부른다. 당연히 오행은 수水다.

문곡성이 진행할 때 그 옆에는 작은 아미봉蛾眉峰들이 3~4개씩 있어 용을 호위한다. 반봉으로 계속 이어져 내려온 주룡이 용진처에 이르러서는 손바닥 같은 장심혈掌心穴을 결지한다. 손바닥 중앙 부분의 움푹 들어간 곳이 혈이다. 와혈窩穴에 속하고 혈장이 원만하다.

안산을 비롯한 주변의 산들은 초승달이나 미인의 눈썹 같은 아미 형태다. 산들이 야트막하면서 완만한 곡선으로 생긴 것을 말한다. 이러한 사격砂格들이 가깝게 있어야 진혈이다.

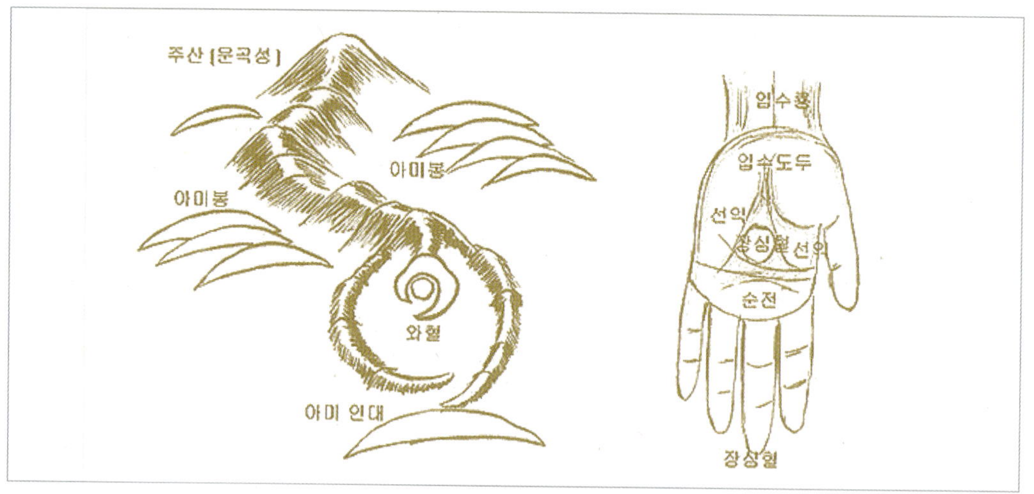

문곡(文曲) 장심혈(掌心穴)

5) 염정화廉貞火 여벽혈犁鐴穴

염정성은 오행은 화火다. 화기 충천한 바위들이 날카롭고 뾰쪽뾰쪽하게 서 있어 마치 불꽃이 타오르는 모습과 같다. 산세가 험하여 감히 접근하기 어렵다. 그만큼 기가 세고 험하다는 뜻이다. 이러한 곳에서는 혈을 맺을 수 없다. 그래서 염정성은 태조산이 대부분이지 소조산인 주산이 되는 경우는 극히 드물다. 그러나 예외적으로 주산이 되어 혈을 맺으면 대혈大穴을 맺게 된다.

염정성의 험한 화기를 순수한 생기로 정제하기 위해서는 큰 변화를 해야만 한다. 그 대표적 현상이 현무봉을 화개삼태봉華蓋三台峰으로 만드는 것이다. 화개삼태봉이란 귀인성의 봉우리 3개가 나란히 서 있는 것을 말한다. 소조산의 기가 센 만큼 화개삼태봉의 현무봉도 험한 바위로 되어 있는 경우가 대부분이다. 모양만 귀인봉일 따름이다. 화개삼태봉의 중심맥은 가운데 봉우리에서 출맥한다. 양쪽 봉우리에서 뻗은 능선은 청룡과 백호가 되어 주룡을 보호한다. 가운데 봉우리 중턱에서 크게 낙맥한 주룡은 큰 변화를 하면서 험한 살기를 모두 털어 낸다. 바위투성이 산들이 깨끗한 흙산으로 점차 변해 가는 것이다.

그러다 혈을 맺고자 할 때는 갑자기 방향을 크게 회전하여 자신이 출발해 온 태조산, 중조산, 소조산 등 조종산祖宗山을 바라본다. 방향을 크게 바꿀 때 험한 살기는 거의 다 떨어져 나간다. 여기서 혈까지 이어지는 맥이 입수룡이다. 입수룡이 자신의 조종산을 바라보고 혈을 맺는다 하여 이를 회룡고조혈回龍顧祖穴이라 한다.

이 전체적인 모습이 마치 밭을 일굴 때 쓰는 쟁기와 같다고 하여 여벽혈犁鐴穴이라고 한다. 여犁는 쟁기라는 뜻이고, 벽鐴은 쟁기의 핵심인 보습이라는 뜻이다. 혈은 쟁기의 끝이 아닌 중간 보습에 있기 때문에 주룡에서 횡룡입수橫龍入首하는 경우가 많다.

염정성은 불꽃이 타오르는 듯 끝이 뾰쪽하므로 그 기운을 받은 혈장 역시 끝이 뾰족하고 날카롭다. 혈은 주로 와혈窩穴을 맺는다. 화개삼태봉 양쪽 봉우리에서 나온 능선이 청룡 백호가 되어 조밀하게 혈을 감싸 주어야 좋다. 소조산은 석산 첨봉이기 때문에 개장한 양쪽 능선은 외청룡, 외백호가 되어 혈을 감싸 주고 수구를 형성한다. 이때 석산의 기운이 남아 있어 바위로 된 화표華表나 한문扞門, 나성羅星 등을 형성한다. 이러한 수구사水口砂는 혈의 보국保局의 기운을 안정시키는 역할을 한다.

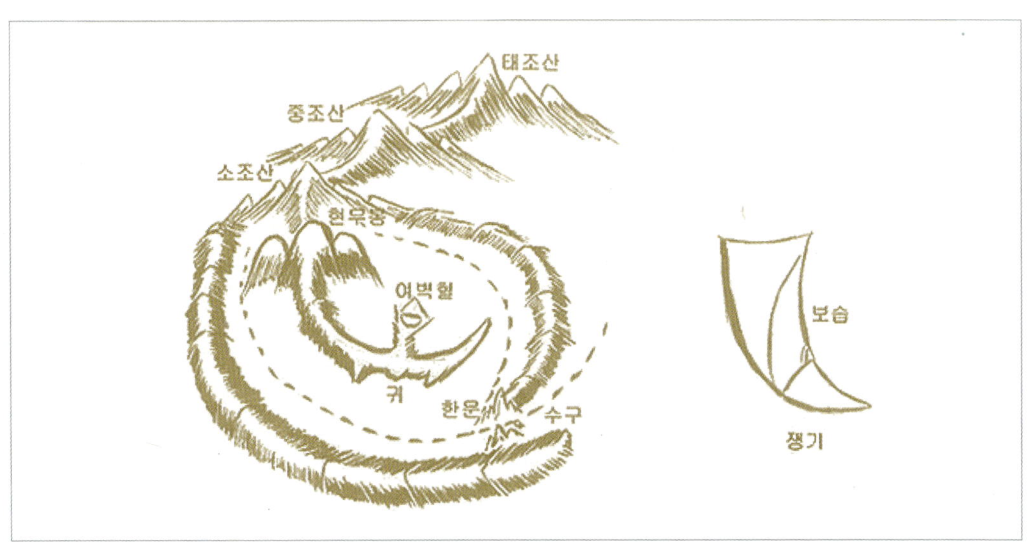

염정화(廉貞火) 여벽혈(犁鐴穴)

6) 무곡금武曲金 원와혈圓窩穴

　무곡성은 소조산인 주산이 마치 커다란 종이나 가마솥을 엎어 놓은 것 같이 생긴 것을 말한다. 산 정상이 원형으로 되어 있으며, 중턱에는 지각이 없다. 풍만한 산으로 오행은 금金이다.

　주룡은 개장한 양쪽 능선의 호위를 받으며 중간에서 나온다. 특이한 점은 땅속으로 맥이 이어지기 때문에 용의 능선이 뚜렷하게 보이지 않는다. 이를 속입수續入首라고 한다. 용은 멀리가지 않고 비교적 가까운 거리에 혈을 맺는다.

　용이 진행하면서 중간중간에 사梭, 인印, 월교月皎 같은 작은 봉우리를 만든다. 사는 베를 짤 때 실꾸리를 넣는 데 사용하는 북 모양이고, 인은 도장 모양이며, 월교는 달이 떠오르는 모양이다. 이들 소봉小峰 사이의 거리는 매우 짧다. 그래서 산 아래에서 보면 봉우리가 뚜렷하게 안 보이고 단지 하나의 산으로 보일 수도 있다. 이 소봉 중간으로 맥이 이어져 용진처에 이르러서는 대표적인 와혈을 맺는다. 입수 방법은 속입수續入首로 용맥이 육안으로 뚜렷하게 보이지 않는다. 그러나 자세히 보면 반달처럼 생긴 산이 중복되어 있다. 용맥은 그 사이로 끊어진 듯 다시 이어져 있다. 이와 같이 속입수하는 맥을 월사맥月砂脈이라고도 한다. 혈은 닭의 둥지 같은 원와혈圓窩穴을 맺는다. 즉 땅이 움푹 파인 듯한 곳이 혈장이다. 혈은 와중미돌窩中微突의 약간 솟아오른 곳에 위치한다.

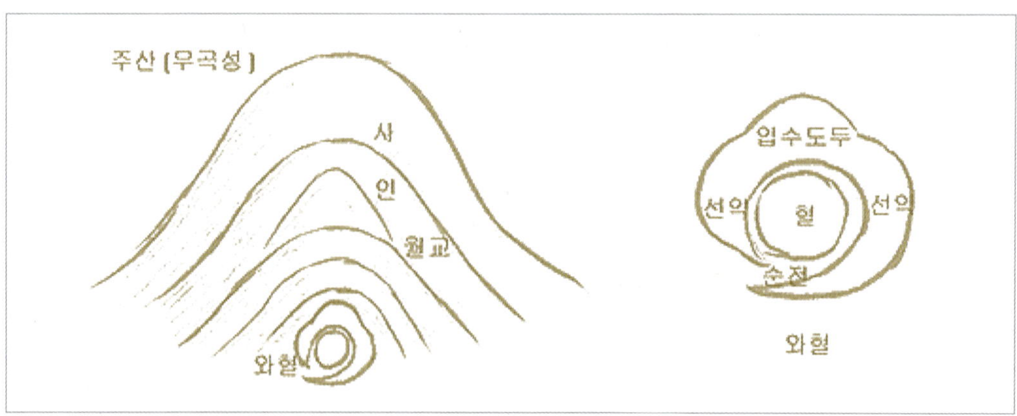

무곡금(武曲金) 원와혈(圓窩穴)

7) 파군금破軍金 첨창혈尖槍穴

파군성의 형태는 뾰족하고 날카로운 석봉石峰들이 횡렬로 길게 서 있는 것을 말한다. 앞쪽은 높고 뒤로 갈수록 낮아 마치 바람에 나부끼는 깃발과 같은 형상이다. 매우 험준한 산으로 골짜기가 깊고 가파르다. 오행은 금金이다.

산이 험준하고 악석惡石이 많다는 것은 기가 그만큼 험하고 사납다는 뜻이다. 근처에 혈을 맺을 수 없다. 파군성이 혈을 결지하려면 비교적 먼 거리를 진행해 가야 한다. 진행하면서 타구성으로 변화하면서 험한 살기를 순화시킨다. 이를 박환剝換이라고 한다. 그러나 아무리 탐랑성이나 거문성, 무곡성 등으로 박환하였다고 하지만 파군성의 기운은 그대로 가지고 있다. 날카롭고 뾰족한 지각들이 직선으로 뻗는다. 지각의 모습은 마치 예리한 창과 같다. 이렇게 진행한 주룡이 용진처에 이르러 혈을 맺을 때도 창 모양의 혈장을 만든다. 혈장도 길쭉하고 청룡 백호의 능선도 직선으로 길게 뻗는다. 이때 청룡 백호의 높이는 혈장과 거의 비슷하며, 거리는 가깝다. 이 모양이 마치 날카로운 삼지창과 같다고 하여 첨창혈尖槍穴이라고 한다. 혈을 결지하고 남은 여기餘氣는 앞으로 길게 뻗어 긴 창과 같은 모습이다. 혈은 겸혈鉗穴을 맺는 것이 원칙이다. 그러나 유혈乳穴도 맺을 수 있다.

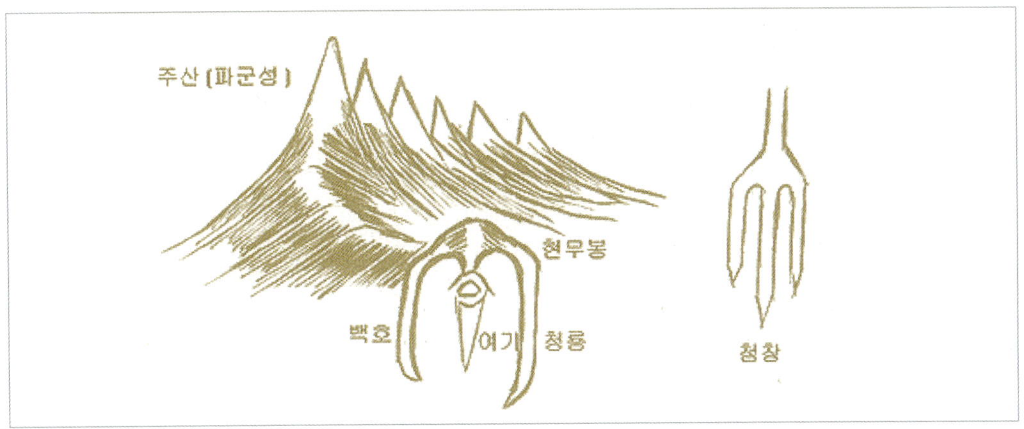

파군금(破軍金) 첨창혈(尖槍穴)

8) 좌보토左輔土 반와혈半窩穴

좌보성은 높고 낮은 두 개의 봉우리가 하나로 연결된 산이다. 그 모습이 마치 머리에 쓰는 두건처럼 생겼다고 하여 복두형幞頭形이라고 한다. 오행은 토±다.

주룡은 높은 봉우리에서 급하게 내려오다가 산중턱에 급작스럽게 멈추어 혈을 맺는다. 혈이 맺는 곳은 평평하다. 가파른 산중턱에 혈이 있으니, 그 모습이 마치 등잔에 호롱불이 걸려 있는 것과 같아 괘등혈掛燈穴이라 한다. 또는 처마 밑에 있는 제비집 같다고 하여 연소혈燕巢穴이라고도 한다.

주룡이 가파르게 내려와 작은 평지를 만들고 그곳에 혈을 맺기 때문에 바람을 타기 쉽다. 그래서 혈은 보통 오목하게 들어간 반와혈半窩穴이다. 그러나 우리나라에서는 좌보성인 복두형 산이 흔치 않다. 그 이유는 천상의 좌보성이 중국에서는 보이지만 우리나라에서는 안 보이기 때문이라고 한다. 따라서 좌보 반와혈은 찾아보기 힘들다. 다만, 형태는 다르지만 괘등혈과 연소혈은 많이 있다. 산중턱에 있는 평평한 지형에 혈을 맺는 것을 말한다. 암자庵子가 자리 잡고 있는 땅이 보통 이러한 곳이다. 괘등혈이나 연소혈이라고 해서 주산이 반드시 좌보성이어야 한다는 법은 없으므로 혼동하지 말아야 한다. 복두형을 출발한 주룡이 산 아래로 내려와 진행할 때는 작은 원봉圓峰이나 삿갓처럼 생긴 산을 만든다. 특이한 것은 지각이 항상 양변으로 벌려지고 평행한다. 용진처에 이르러서는 횡룡으로 입수하여 혈을 맺는다. 여기서도 혈은 반와半窩로 맺는다.

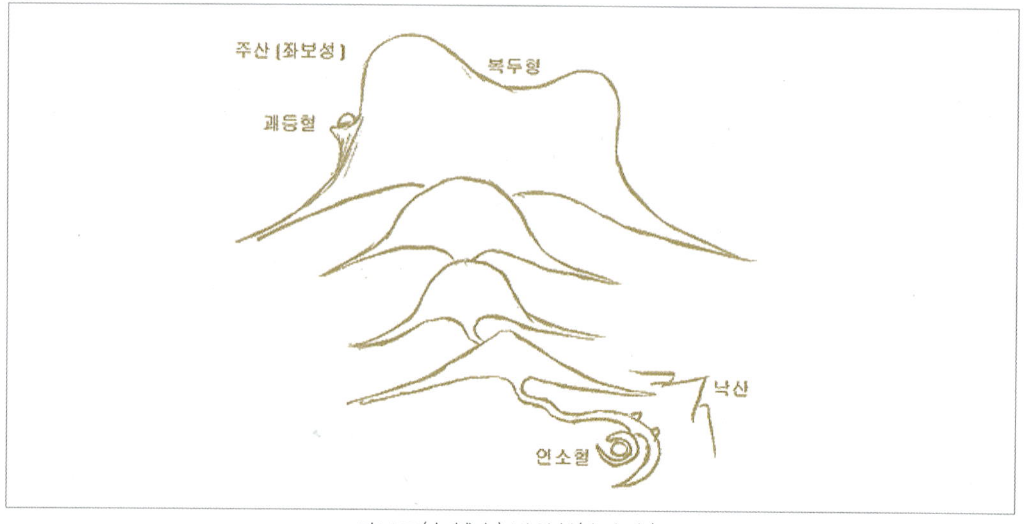

좌보토(左輔土) 반와혈(半窩穴)

9) 우필금右弼金 은맥미돌혈隱脈微突穴

　천상의 우필성은 육안으로 보이지 않는 별이다. 따라서 그 기운을 받는 지상의 산맥도 보이지 않는다. 땅속이나 수중에 숨어 있으며, 오행은 금金이다.

　주룡이 지중의 은맥隱脈으로 진행하기 때문에 용과 혈을 찾기 힘들다. 간혹 과협처나 결인속기처, 박환처 등 변화하는 곳에서 말발굽 같은 흔적이 나타난다. 그 흔적 사이로 맥이 연결되어 있다. 미세한 용맥의 모습은 마치 뱀이 풀밭을 기어가는 듯하다. 이를 초중사행草中蛇行한다고 표현한다. 그러나 은맥으로 진행하는 용맥을 구분하기란 매우 어렵다. 이때는 작은 물줄기가 은맥을 사이에 두고 양쪽으로 흐르고 있는지를 살핀다. 용맥의 생기는 물이 보호하고 인도하기 때문이다.

　땅속으로 흐르던 맥이 진행을 멈추면 땅 위로 약간 돌출된다. 지기가 모아지기 때문이다. 우필성은 이곳에 혈을 맺는다. 은맥이 용진처에 이르러 평지로 약간 돌출한 다음, 혈을 맺는다 하여 이를 은맥미돌혈隱脈微突穴이라고 한다. 정확한 혈처는 미돌한 지점 중 오목하게 들어간 부분이다. 즉 미돌와중微突窩中한 곳이 진혈이다.

　이때 물은 혈 앞에서 합수해야 한다. 지기가 더 이상 앞으로 나가지 못하고 응결하려면 물이 가로막고 있어야 하기 때문이다. 평지에서 혈을 찾을 때는 용맥을 보지 말고 물을 보라는 말은 여기서 생겨났다. 평지의 미미한 돌출 부분에 혈을 결지했다고 하여, 혈의 발복發福이 작은 것은 아니다. 혈의 결지 요건인 입수도두, 선익, 순전, 혈토 등이 모두 갖추어지고, 물의 상분하합上分下合이 잘되어 있으면 대혈을 만들 수도 있다.

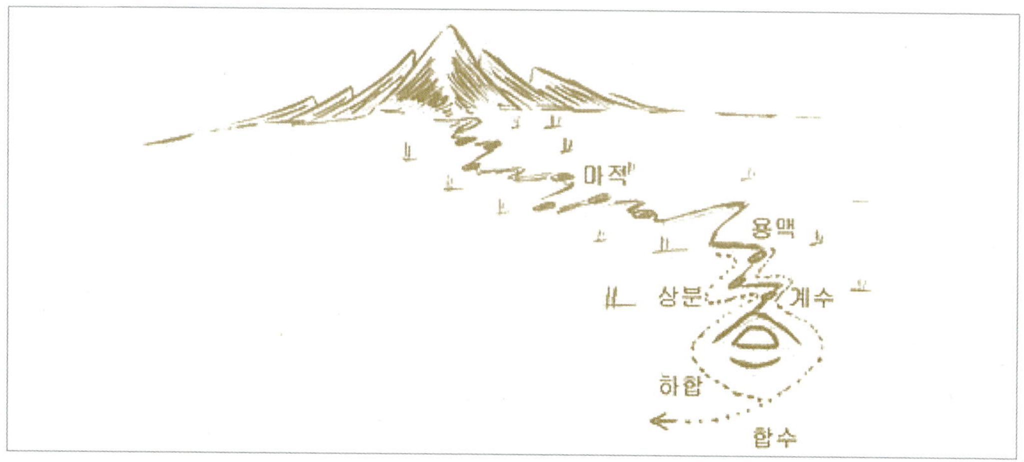

우필금(右弼金) 은맥미돌혈(隱脈微突穴)

오성 정체 표

	木星	土星		水星	火星	金星			
오성 정체									
설심부 오성 정체									
장자미 오성과 발복	목성(木星, 文星)	토성(土星, 財星)		수성(水星, 秀星)	화성(火星, 燥星)	금성(金星, 武星)			

구성 종합 표

구분 吉凶	貪狼(木) 三吉尊星	巨門(土) 三吉尊星	祿存(土) 四凶星	文曲(水) 四凶星	廉貞(火) 四凶星	武曲(金) 三吉尊星	破軍(金) 四凶星	左輔(土) 吉星	右弼(金) 吉星
楊公九星 (撼龍經) 雪心賦	如竹筍	不尖不圓其體方	上形如頓鼓 下形有脚如瓜	形蛇行樣	高山頂上石嵯峨 金摺犁頭裂絲破	星峰覆鍾釜 鍾高武曲,釜矮輔	星峰如走旗 前頭高卓尾後低	形如幞頭 前高後低大小毯	本來無正形 形隨八曜高低生 평탄한곳
담자록 九星山									
삼료촌 양공 풍수									
설심부 구성 정체									
회도 설심부 구성 정체									平地
박정해 구성산	貪狼星(木)	巨門星(土)	祿存星(土)	文曲星(水)	廉貞星(火)	武曲星(金)	破軍星(金)	左輔星(木)	
嘉明齋 堪輿遺訣									弼星本無正形 八星隱藏處是也
설명	죽순과 같이 뽀족한 모양, 단정, 수려 尖筍無脚. 乳頭穴 결혈	정상부분이 一字 모양 평평, 양쪽 머리에 각이남 方鍾, 無脚 鉗釵穴 결혈	양쪽 끝이 둥근 형태로 네모모양 아래에 많은 다리(지네모양) 頭圓或徽方 脚多 梳齒形, 鉗釵穴 결혈	산이 나비 눈썹처럼 아미형, 뱀이 기어가는 모습, 물이 흘러가는 모습, 아미형 무각 掌心穴	바위, 암석으로된 날카로운 봉우리, 불꽃같음,제일높은 봉우리:용루,평평한 봉우리:보전, 石峰尖炎高聳 無脚 犁벽혈 결혈	종이나 솥을 엎어 놓은 반원형태 頭圓而覆鍾覆釜 無脚 圓高穴 결혈	앞이 높고 뒤가 낮으며 험함, 암석으로 됨 前頭高卓側裂坑陷 走旗之形 尖似槍形 결혈	양쪽이 비슷한 높이 두 봉우리 중앙은 허리처럼 휘어진 모습,낙타등 모양, 頭高頭低,肩頂圓 연소형,괘등형	지상에 낮게 은은히 흘러가는 모양 地中隱行 隱隱隆隆 결혈 隨龍變貌

4.5 풍수 형국

풍수 형국론風水形局論 또는 물형론物形論은 산과 물의 형상을 사람, 짐승, 또는 다른 사물의 모습에 비유하여 길흉화복을 판단하고 혈穴의 위치를 정하는 풍수학의 한 분야이다. 이 이론은 자연의 모든 만물이 고유한 기氣를 가지고 있으며, 이러한 기가 주로 산세의 형상으로 나타난다는 천지인 합일 사상에 근거한다.

1. 풍수 형국론의 의미와 목적

1) 정의

물형론은 땅의 기복을 용龍에 비유하고, 산의 무궁무진한 변화와 예측하기 어려운 조화가 용과 같다는 점에서 비롯되었다. 이는 산천의 형세를 통해 지기地氣의 특성과 속성을 파악하여 적절한 용도를 결정하고, 궁극적으로 생기가 응집된 혈명당을 정확하게 찾는 것을 목적으로 한다.

2) 인간과의 관계

물형론은 특정 지역의 땅 기운이 그곳에 거주하는 사람의 성격, 외모, 재산, 명예, 수명, 자손 수 등에도 영향을 미친다고 본다. 예를 들어, '소가 누워 있는 형상臥牛形'의 명당에서는 자손 대대로 부자가 되지만 자손 수가 적다고 해석한다.

3) 거시 풍수학

물형론은 일종의 거시 풍수학巨視 風水學으로 볼 수 있으며, 땅에 대한 인간의 미학적 인식, 자연 유기체적 관념을 전제한 자연과 인간의 합일 사상, 토지 하중 능력 평가의 전통적 방법, 땅의 특성 파악을 통한 용도 결정, 인간과 자연의 조화로운 공존 방법론 등을 제시한다.

2. 풍수 형국론의 역사적 전개

1) 초기 고전

가장 오래된 풍수 고전인『청오경青烏經』에는 물형론이 전혀 언급되지 않다. 곽박郭璞이 지었다고 전해지는『장서葬書』또는『금낭경錦囊經』에서도 물형론은 크게 발달한 모습은 아니다.

2) 발전

「설심부雪心賦」는 "물건을 유추하면 혈을 찾고, 혈은 형상에서 얻는다物由類推, 穴由形取."라고 하여 물형론의 의의가 혈을 정확하게 잡는 데 있음을 강조한다. 맹천기孟天其의『설심부 변증정해雪心賦辯証正解』는 물형론을 구체화하여 현재 시중에 유통되는 풍수 서적들이 그의 내용을 직간접적으로 인용하고 있다.

3) 주의 사항

풍수 고전에서는 물형론이 주관적이고 자의적인 해석으로 흐를 수 있으므로 여기에 현혹되어서는 안 된다는 단서를 달고 있다.

3. 오행五星에 따른 물형론 유형

맹천기는 오행에 따른 기본적인 물형론 유형을 다음과 같이 개괄하고 있다:

- **목형**木形: 곧게 뻗어 오르는 형상으로, 혈은 사람의 심장, 배꼽, 음부와 같은 중앙에 맺힌다.
- **화형**火形: 폭발하고 날아오르는 불꽃 같은 형상이며, 비상飛翔의 속성을 가진다. 봉황이 알을 품는 모습인 비봉포란형飛鳳抱卵形 등이 이에 해당한다.
- **토형**土形: 후덕한 산의 모양으로 소나 코끼리의 등과 같이 두툼한 모습이다. 누워 있는 소의 모습인 와우형臥牛形 등이 대표적이다.

- **금형**金形: 둥근 모양으로 거북이 등이나 엎어 놓은 종과 같은 모습이다. 영구망해형 靈龜望海形이나 복종형伏鐘形 등이 있다.
- **수형**水形: 물결이 위에서 아래로 내려가는 듯한 형상으로, 마치 뱀 한 마리가 산에서 꿈틀거리며 내려오는 모습과 같다. 살아 있는 뱀이 숲을 나서는 형상인 생사출림형 生蛇出林形이 있다.

4. 주요 형국 분류 물형 용어

산의 형상과 주변 환경에 따라 다양한 형국이 있다.

1) 인물류형人物類形

- **옥녀형**: 옥녀단장형玉女端裝形, 옥녀세족형玉女洗足形, 옥녀산발형玉女散髮形, 옥녀탄 금형玉女彈琴形, 옥녀격고형玉女擊鼓形, 옥녀무수형玉女舞袖形, 옥녀직금형玉女織錦形, 옥녀등공형玉女燈空形, 옥녀개화형玉女開花形, 미녀헌화형美女獻花形, 천녀등천형天女 登天形, 삼녀동좌형三女同坐形, 아미명수형蛾眉明秀形 등이 있다. 옥녀형은 봉우리가 금형金形이고 거울, 분갑, 빗, 거문고, 북 등의 사砂가 있어야 한다.
- **장군형**: 장군대좌형將軍對坐形, 장군무검형將軍武檢形, 장군출진형將軍出陣形, 장군전 기형將軍展旗形, 장군격고월적형將軍擊鼓越敵形, 장군만궁형將軍彎弓形, 장군전마형將 軍轉馬形 등이 있다. 부하, 보검, 깃발, 명마 등의 사가 있어야 한다.
- **선인**仙人**형**: 선인독서형仙人讀書形, 선인격고형仙人擊鼓形, 선인무수형仙人舞袖形, 선 인대좌형仙人對坐形, 선인앙장형仙人仰掌形, 쌍선망월형雙仙望月形, 선인과마형仙人跨 馬形, 이선대기형二仙對基形 등이 있다. 목성木星에 화성火星을 두르고 있어야 한다.
- **승려**僧侶**형**: 호승배불형胡僧拜佛形, 유승예불형遊僧禮佛形 등이 있다.
- **어부**漁夫**형**: 어옹철망형漁翁撤網形, 어부설망형漁夫設網形, 어옹수조형漁翁垂釣形 등 이 있다.

2) 동물류형動物類形

- **거북龜형**: 금구음수형金龜飲水形, 금구몰니형金龜沒泥形, 영구하산형靈龜下山形, 부해금구형浮海金龜形, 금구입해형金龜入海形, 금구입수형金龜入水形, 구갑주형龜甲冑形, 금구하전형金龜下田形 등이 있다.

- **용龍과 뱀蛇형**: 갈룡심수형渴龍尋水形, 비룡함주형飛龍含珠形, 회룡고조형回龍顧祖形, 잠룡입수형潛龍入首形, 오룡쟁주형五龍爭珠形, 용마음수형龍馬飲水形, 와룡형臥龍形, 와룡입수형臥龍入首形, 비룡승천형飛龍昇天形, 여룡농주형驪龍弄珠形, 황룡도강형黃龍渡江形, 황룡출수형黃龍出水形 등이 용 형국에 해당한다. 뱀 형국으로는 초사토설형草蛇吐舌形, 장사축와형長蛇逐蛙形, 사두형蛇頭形, 용사취회형龍蛇翠會形 등이 있다.

- **범虎형**: 맹호출림형猛虎出林形, 맹호하산형猛虎下山形, 갈호음수형渴虎飲水形, 복호형伏虎形 등이 있다.

- **말馬형**: 옥마형玉馬形, 천마형天馬形, 갈마음수형渴馬飲水形, 천마시풍형天馬嘶風形 등이 있다.

- **기타 동물형**: 와우형臥牛形, 우면형牛眠形, 옥토망월형玉兎望月形, 노서하전형老鼠下田形, 복구형伏狗形, 갈록음수형渴鹿飲水形 등이 있다.

3) 비금류형飛禽類形, 날짐승

- **봉鳳형**: 비봉쇄익형飛鳳刷翼形, 봉소포란형鳳巢抱卵形, 비봉귀소형飛鳳歸巢形, 오봉쟁소형五鳳爭巢形, 비봉형飛鳳形, 단봉전서형丹鳳傳書形, 오봉쟁주형五鳳爭珠形 등이 있다.

- **닭鷄형**: 금계포란형金鷄抱卵形, 금계감적형金鷄龕跡形, 금계숙과형金鷄宿瓜形 등이 있다.

- **꾀꼬리鶯형**: 앵소유지형鶯巢柳枝形, 앵소포란형鶯巢抱卵形 등이 있다.

- **학鶴형**: 선학하전형仙鶴下田形, 청학포란형靑鶴抱卵形 등이 있다.

- **제비燕형**: 연소형燕巢形 등이 있다.

- **기러기雁형**: 비안도잠형飛雁度岑形, 평사하안형平沙河雁形 등이 있다.

4) 기타 물형物形:

- **식물/꽃**: 연화출수형蓮花出水形, 연화부수형蓮花浮水形, 매화낙지형梅花落地形, 작약반개형芍藥半開形, 이화낙지형梨花落地形, 도화낙지형桃花落地形, 도화만개형桃花滿開

形, 모란반개형牧丹半開形 등이 있다.

- **천체/자연물**: 반월형半月形, 만월형滿月形, 신월형新月形, 초월형初月形, 완사명월형浣紗明月形 등이 있다.
- **도구/물건**: 보검출갑형寶劍出匣形, 금반옥대형金盤玉臺形, 금차낙지형金釵落地形, 옥병저수형玉瓶貯水形, 괘벽금차형掛壁金釵形, 복종형伏鐘形, 괘등형掛燈形, 옥적형玉笛形, 비아부벽형飛蛾付壁形, 잠두형蠶頭形, 행주형行舟形 등이 있다.

이러한 물형론은 주로 산의 모습, 혈장의 형태, 그리고 주변의 사砂: 주변 산봉우리의 형태에서 그 이름을 가져와 해당 지형의 기운을 설명하고 길흉화복을 판단하는 데 사용된다.

4.6 사격의 명칭

풍수에서 사砂 또는 사격砂格은 혈穴을 중심으로 주변을 에워싸고 있는 산봉우리나 구릉을 총칭하는 용어이다. 이는 지기地氣를 모으고 보호하며, 풍수의 길흉화복을 판단하는 데 핵심적인 요소로 작용한다. 과거에는 풍수사들이 산 모양을 모래로 만들어 가르쳤기 때문에 '사砂'라는 이름이 붙여졌다고 한다.

1. 사격의 역할과 중요성

사는 혈장을 보호하고 생기가 흩어지지 않도록 하는 중요한 역할을 한다. 최창조 교수에 따르면, 지기地氣가 흩어지지 않으려면 바람을 갈무리할 수 있는 산사이 필요하며, 이는 풍수라는 용어가 생겨난 배경이기도 한다. 사는 바람막이 기능, 곡면 반사경 기능, 볼록 렌즈 기능 등 세 가지 기능을 갖추고 있어야 생기를 만들고 흩어지지 않도록 할 수 있다. 이러한 과정을 장풍藏風이라고 부른다.

2. 사격의 주요 구성 요소 사신사 및 기타

사격은 일반적으로 사신사四神砂를 중심으로 구성된다. 사신四神은 동서남북의 수호신인 좌청룡青龍, 우백호白虎, 전주작朱雀, 후현무玄武를 지칭하는 용어로 우리나라 고분 벽화에서 자주 나타난다. 사신사는 이중, 삼중으로 겹겹이 둘러싸여 있는 것이 더욱 좋다고 본다.

강서대묘 청룡, 백호, 주작, 현무 도안

(국립문화재연구소)

- **현무**玄武: 혈명당의 뒤쪽에 있는 산으로, 거북에 비유되며 주산이라고도 한다. 혈의 근본이 되며, 높고 힘이 있고 병풍을 펼친 듯 반듯한 모양이 좋다. 현무는 혈 뒤의 모든 산을 총칭하기도 하며, 용의 머리에 해당한다고 여겨진다.

- **주작**朱雀: 혈 앞에 있는 안산案山 또는 조산朝山을 의미한다. 주작은 공작이 날개를 펴고 춤을 추듯 다정하게 감돌아 있어야 좋다. 주산主山에 대하여 손님, 신하, 아내, 아들의 관계에 비유되어 공손히 절하는 형태를 취해야 한다고 한다.

- **청룡**靑龍: 혈의 좌측을 감싸는 산세를 말한다. 겹겹이 꿈틀거리듯 굽어 감돌아 혈을 감싸 호위하는 듯한 형국이 필요하다.

- **백호**白虎: 혈의 우측을 감싸는 산세를 말한다. 산세가 치닫지 않고 순순히 엎드려 혈을 호위하는 듯한 형국이 필요하다.

  이 외에도 다양한 사격 요소들이 있다:

- **안산**案山: 혈 바로 앞의 낮게 엎드린 산으로, 주인이 손님과 마주앉은 책상과 같은 역할을 한다. 높이가 눈썹 정도, 낮으면 심장 위치여야 이상적이라고 본다. 본신 안산청룡/백호 줄기에서 뻗어 나옴과 외래 안산물 건너편 산으로 구분된다. 안산은 혈에 반드시 필요한 요소로 강조된다.

- **조산**朝山: 혈 앞에 멀리 떨어져 있는 높은 산을 의미한다. 혈을 향해 단정하고 특별한 모습으로 서 있어야 좋다. 조산은 없어도 길지가 될 수 있지만, 안산은 필수적이라고 한다.

- **낙산**樂山/**귀성**鬼星: 혈 뒤에서 혈장을 떠받치거나 막아주는 역할을 하는 산으로, 횡룡결혈 시 혈장 뒤의 빈 공간을 지탱해 준다. 낙산이나 귀성의 높낮이, 좌우 위치에 따라 혈의 위치가 정해지기도 한다.

- **수구사** 水口砂: 물이 최종적으로 빠져나가는 수구의 양쪽에 있는 산을 말하며, 물의 흐름을 막아 생기가 빠져나가지 않도록 하는 역할을 한다. 수구사에는 금성禽星이나 수성獸星처럼 날짐승이나 들짐승 모양의 바위가 수구를 막고 서 있으면 문관이나 무관이 난다고 본다.

- **선익**蟬翼/**미사**眉砂: 혈판의 뒤에서 매미 날개처럼 얇게 혈장을 감싸는 땅의 모양을 말한다. 혈에 물이 흘러드는 것을 방지하고 생기를 모으는 역할을 하며, 진정한 혈의 증거로 간주된다. 아미사, 월미사, 팔자미사 등이 있다.

- **요성**曜星 : 용호龍虎의 끝부분에 혈을 바라보거나 반대편을 바라보는 뿔처럼 생긴 사를 말한다.
- **관성**官星 : 안산과 조산 뒤에 있는 목성木星 형태의 사로, 벼슬할 인재가 나게 하는 산이다.

3. 사격의 길흉吉凶 판단

사격의 길흉은 주로 그 형태와 주변 요소와의 조화에 따라 판단된다.

1) 길한 사격:

- **반듯하고 아름다운 모습**: 대부분의 풍수서에서 좋은 사로 본다.
- **유정**有情**하고 환포**環抱**하는 형세**: 혈을 향해 감싸안거나 다정하게 바라보는 듯한 형태가 길한다. 물이 둥글게 감싸 안으며 흐르는 금성수金星水는 특히 부귀를 가져다준다고 본다.

- **균형과 조화**: 용호의 높낮이와 크기가 균일하고, 서로 양보하는 듯한 모습이 길한다. 청룡 백호가 이중 삼중으로 겹겹이 둘러 있는 것이 좋다.
- **특정 형상**: 도장처럼 생긴 인사印砂나 인합사印盒砂는 큰 결정권자나 임금이 태어난다고 해석된다. 신선의 모자처럼 생긴 귀인사貴人砂는 귀한 인물이 나는 길한 산이다.
- **수구막이**: 수구가 겹겹이 막혀 꼭 닫히는 것이 이상적이며 나무숲, 돌탑, 선돌, 장승 등을 통해 인위적으로 보완하기도 한다.

2) 흉한 사격:

- **무정無情하고 배역背逆하는 형세**: 혈을 등지거나 달아나는 듯한 모습은 흉한다. 반궁수反弓水처럼 물이 활처럼 휘어져 혈을 등지고 흐르는 경우 패가망신할 수 있다고 본다.
- **날카롭고 뾰족하며 파쇄된 형태**: 용호의 끝이 뾰족하거나, 산이 깎여 나가고 부서진 형태는 흉한다.
- **고압적이거나 단절된 형태**: 지나치게 높아서 혈을 누르거나압살, 중간에 끊기거나 함몰된 용호용호절비, 너무 짧아 혈을 제대로 감싸지 못한 용호용호단축, 용호 위로 도로가 난 경우용호교로 등은 흉한다.
- **드러나고 산만한 형태**: 바람에 쉽게 노출되거나돌로, 생기가 모이지 않고 늘어져 넓게 퍼진 형태산만는 흉한다.
- **차고 음습한 형태**: 땅이 차고 깊어 햇볕을 받지 못하거나, 각종 오물이 썩어 냄새나는 물 등은 흉한다.

4. 형세론과 이기론에서의 사격

풍수학은 크게 형세론形勢論과 이기론理氣論으로 나뉘며, 사격에 대한 관점도 차이가 있다.

1) 형세론

산의 모양이나 느낌을 중시하며, 사격의 모습, 대소大小, 미악美惡, 고저高低 등을 기준으로 길흉화복을 판단한다. '물형론物形論'은 이러한 형세론의 대표적인 분야로, 산과 물의 형상을 사람, 짐승, 사물 등에 비유하여 혈의 위치와 길흉을 판단한다.

- **오행五星에 따른 물형 유형:** 목형곧게 뻗어 오르는 사람, **화형**폭발하고 날아오르는 불꽃, **토형**후덕하고 두툼한 소나 코끼리, **금형**둥근 거북이나 종, **수형**물결처럼 꿈틀거리는 뱀 등으로 개괄된다.
- **다양한 물형 예시:** 인물옥녀, 장군, 선인 등, **동물**거북, 용, 뱀, 범, 말, 소 등, **날짐승**봉황, 닭, 학, 기러기 등, **기타 자연물**연꽃, 달 등, **도구**칼, 배, 종 등 등 수많은 형국들이 있다.

2) 이기론

나경패철을 사용하여 특정 방위에 특정 모양의 산이 있어야 함을 강조하며, 이는 실제 지형에서 찾기 어렵거나, 이론대로 존재하더라도 길흉화복이 일치하지 않는 경우가 많다고 비판받기도 한다. 조선 시대 『지리신법』이 이기론의 대표적인 교과서였다.

4.7 기타 용어

1. 동기감응

동기감응同氣感應은 풍수지리의 근간이 되는 이론으로, 같은 기운을 가진 것들은 서로 영향을 주고받는다는 원리다. 소리굽쇠가 같은 파장에서 공명하여 시에 울리는 원리와 같다. 명당 발복설明堂 發福說과 같은 개념으로 통용된다. 그 심오한 내용은 다음과 같다.

1) 원리

모든 자연물과 생명체는 고유의 기운을 가지고 있으며, 이 기운들이 서로 같거나 유사할 때 감응하여 길흉화복에 영향을 미친다는 것이다. 마치 사람이 부모로부터 몸을 받듯, 구리로 만든 종이 구리 광산과 감응하는 것과 같은 이치로 설명된다.

2) 적용 분야

- **음택**陰宅 **풍수**: 돌아가신 조상의 유골이 명당의 생기生氣를 얻으면, 같은 기운을 가진 그 자손이 번성하고 복을 받는다는 이론의 근거가 된다.
- **양택**陽宅 **및 양기**陽基 **풍수**: 주변 땅의 기운과 그곳에 거주하는 사람의 기운이 감응하여 영향을 미친다는 근거가 된다. 예를 들어, 양자로 남의 대를 이을 때 양부모의 음덕을 받거나, 여자가 출가하여 남편 부모의 음덕을 받는 것 등이 동기감응의 사례로 언급된다.
- **사상적 배경**: 동기감응론은 풍수지리 자체에서 독자적으로 개발된 것이 아니라, 춘추전국시대 이래 중국의 다양한 사상에서 유사한 관념들을 흡수하여 형성되었다.
- **『주역**周易**』**: "같은 소리는 서로 응하고, 같은 기운끼리 서로 구한다."라는 『주역』의 원리가 동기감응의 핵심을 이룬다.
- **자연유기체설 및 천지인합일**天地人合一 **사상**: '땅과 인간이 둘이 아닌 하나'라는 신

토불이론, '인걸은 지령地靈이다'라는 인걸지령론, 대지유기체설 등 자연과 인간의 상호 연관성을 강조하는 관념과 유사하다.

- **지모地母 사상**: 어머니로서의 땅이 생명을 낳고 기르는 관념도 동기감응과 연결된다.
- **유가儒家의 귀신론**: 조상과 후손 간의 기를 매개로 한 연계 또한 동기감응설 형성에 기여했다.

결론적으로 동기감응은 죽은 자의 유골이나 산 자의 거주지가 명당의 생기生氣와 감응하여 후손이나 거주자에게 길흉화복을 가져다준다는 풍수지리의 핵심 이론이다

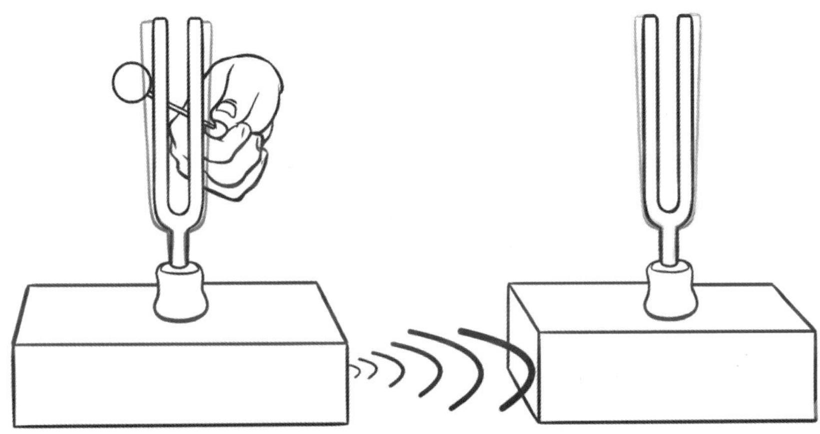

2. 용맥

용맥龍脈은 풍수지리에서 산줄기를 가리키는 핵심 용어로, 땅의 생기生氣가 마치 용이 꿈틀거리듯이 흘러가는 통로를 의미한다. 이는 마치 사람의 척추나 혈액이 흐르는 혈맥에 비유되며, 산의 기복과 변화무쌍한 형상을 용이 꿈틀거리며 달려가는 모습으로 본 것이다. 용맥의 역할은 다음과 같다.

- **생기의 통로**: 용맥은 생기 에너지가 흐르는 통로이며, 이 생기가 흙속에 머문다고 여겨진다.

- **혈穴의 형성**: 용맥의 최종 종착지는 혈穴, 즉 모든 생기가 완전히 취결聚結되는 곳이다. 용이 행진을 다하고 멈춘 곳에 기가 융결되어 혈이 맺히며, 물을 만나면 기가 멈춘다고 본다.
- **길흉화복의 근원**: 용맥의 기세와 역량은 그곳에 안장된 조상의 유골이나 거주하는 자손에게 길흉화복을 가져다준다고 믿는다. 특히 죽은 자의 유골이 명당의 생기를 얻으면 그 자손이 왕성한 복을 얻는다는 동기감응론同氣感應論의 근간이 된다

3. 과협

과협過峽은 풍수지리에서 산줄기를 설명하는 중요한 용어로, 산과 산을 잇는 잘록한 부분을 의미한다. 이는 마치 사람의 허리나 과일의 꼭지처럼 생겼다고 비유된다. 과협의 역할과 중요성은 다음과 같다.

- **생기의 통로**: 과협은 산과 산 사이의 생기生氣를 이어 주는 역할을 한다. 과협이 좋아야 내룡來龍의 생기가 충만하다고 본다.

- **기의 응축 및 분출**: 과협은 조종산에서 용_{산줄기}을 따라 흘러오는 기운이 한 번 움츠렸다가 더욱 힘차게 나아가게 하는 기능을 한다. 이는 고무호스를 움켜쥐면 물이 더욱 세게 뿜어져 나오는 이치와 같다고 설명된다.

- **진혈_{眞穴} 판단의 핵심**: 과협은 용의 참된 기운_{진정}이 드러나는 곳으로 간주된다. 아름다운 과협 없이는 참된 용이 있을 수 없고, 혈_穴도 맺힐 수 없으며, 과협의 좋고 나쁨을 통해 용맥의 길흉을 알 수 있다고 할 정도로 혈 형성의 매우 중요한 기준이 된다. 과협이 없으면 혈이 맺히지 않는다고 보기도 한다.

- **역사적 논쟁 사례**: 조선 세종 시대 헌릉_{獻陵} 뒤편의 고갯길_{과협}을 두고 백성들의 통행을 막아야 할지, 아니면 기의 흐름을 보여 주는 봉요와 같으니 그대로 두어야 할지를 두고 풍수 학인들 간에 논쟁이 벌어지기도 했다.

- **관련 용어**: 과협을 설명하거나 그 형상을 묘사할 때 흔히 결인_{結咽}, 속기_{束氣}, 학슬_{鶴膝}, 봉요_{蜂腰}, 질단_{秩斷} 등의 용어가 사용된다. 특히 '봉요학슬'은 벌의 허리처럼 잘록하고 학의 무릎처럼 매듭진 과협의 형태를 최고로 친다.

과협

봉요(蜂腰), 학슬(鶴膝)

4. 요도지각

요도지각橈棹地脚은 풍수지리에서 용龍, 즉 산줄기의 특정 부분을 설명하는 용어다. 이는 용맥산줄기이 균형을 지탱하고균형을 지탱하고 나아가도록 보조하는 역할전진을 보조하는 역할을 하는 지각枝脚, 가지나 다리을 의미한다.

5. 입수룡入首龍

입수入首는 풍수지리에서 용龍, 즉 산줄기가 혈穴로 들어가는 가장 핵심적인 부분을 의미한다. 이는 땅의 생기生氣가 최종적으로 응결되는 통로로 간주된다. 입수의 역할과 중요성은 다음과 같다.

- **생기의 최종 응결지:** 입수는 조종산祖宗山에서 시작된 용맥산줄기을 따라 흘러온 생기 에너지가 혈기운이 맺히는 곳에 이르러 완전히 모이는 지점을 말한다. 혈을 만들기 위해 산의 기운을 취기取氣하고 응결시키는 역할을 수행한다.

- **현무**玄武 **및 두뇌**頭腦**와의 관계:** 입수는 혈 뒤에 솟아난 봉우리인 현무정玄武頂에서 혈의 바로 뒤까지의 구간을 지칭하며, 이 현무의 중요한 부분이다. 또한, 입수두뇌入首頭腦는 혈 바로 뒤에서 내룡의 기운이 취기 되어 응결된 곳으로, 혈장에 산의 기운을 공급하는 핵심 지점이다. 입수맥入首脈 또는 입혈맥入穴脈은 입수와 두뇌에서 혈심으로 기가 공급되는 통로를 의미한다.

입수룡은 용맥의 기세와 형태에 따라 길흉이 나뉘며, 다양한 6가지 유형으로 분류된다.

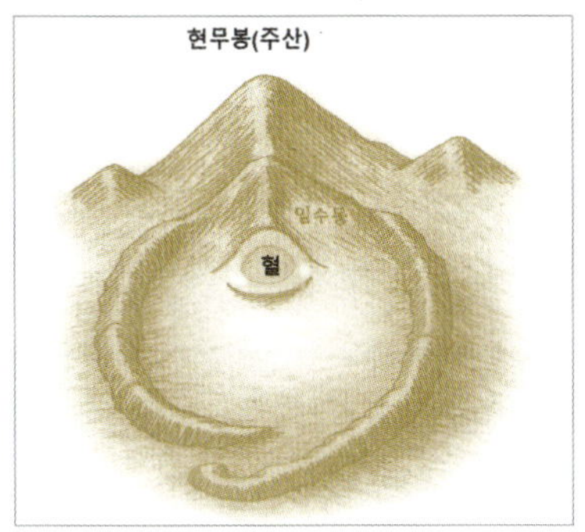

직룡입수(直龍入首)

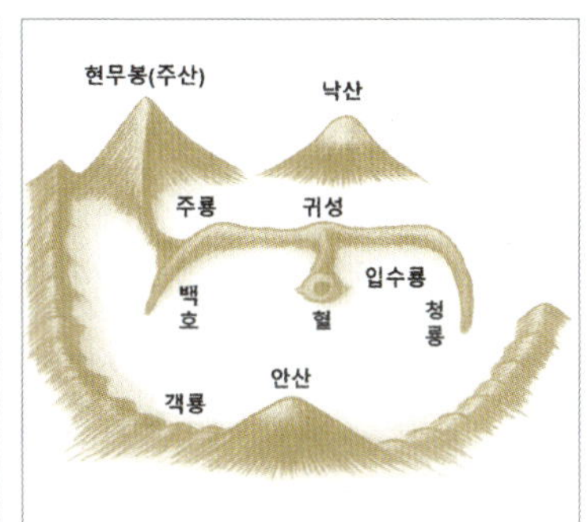

횡룡입수(橫龍入首)

회룡입수(回龍入首)

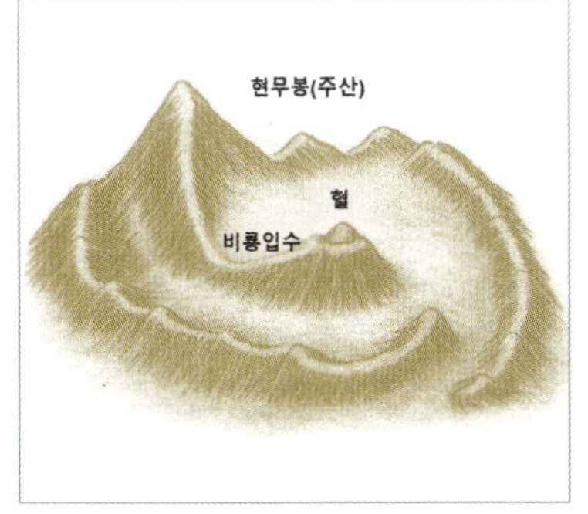

비룡입수(飛龍入首)

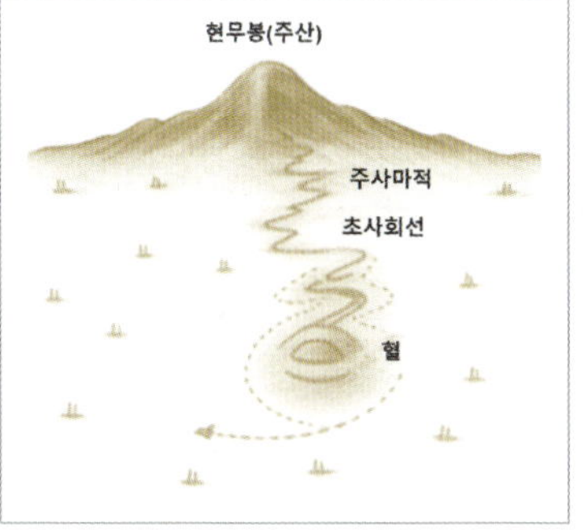

잠룡입수(潛龍入首)

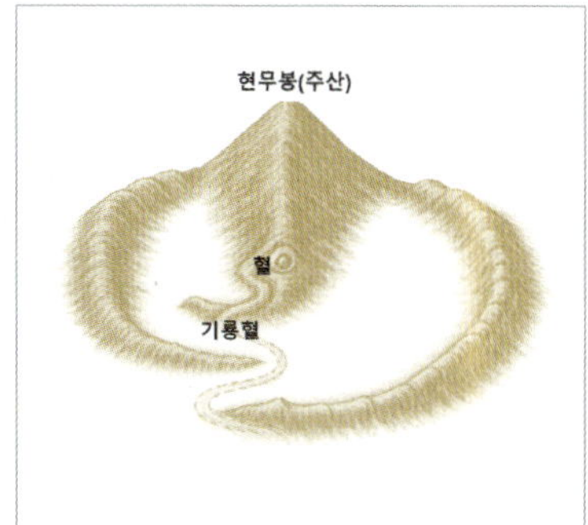

섬룡입수(閃龍入首)

- **직룡입수**直龍入首**:** 풍수지리에서 산줄기龍가 혈穴로 들어가는 방식 중 하나를 의미하며, 특히 용맥이 입수도두 한가운데로 곧게 뻗어 들어오는 형상을 일컫는다.
- **횡룡입수**橫龍入首**:** 행룡하는 주룡의 측면에서 입수룡이 나와 혈을 결지하는 형태다.
- **회룡입수**回龍入首**:** 조종산에서 출발한 용맥이 몸을 바꾸고 방향을 전환하여 조종산을 되돌아보며 혈을 맺는 형태이다.

- **비룡입수**飛龍入首: 사방의 산들이 높게 웅장하여 생기가 높이 모여 높은 곳에 혈이 맺히지만, 혈장 앞은 평탄하여 안정감을 주어야 한다.

- **잠룡입수**潛龍入首: 평야 지대에서 산줄기용, 龍가 혈穴로 숨어서 들어가는 형태를 의미한다. '잠룡潛龍'이라는 용어는 '물속이나 땅속에 숨어 있던 용'을 의미하며, 잠룡입수형潛龍入水形은 이러한 용이 머리를 들어내고 나오는 모습으로 묘사되기도 한다. 이는 겉으로는 잘 드러나지 않지만, 생기가 충만하게 맺힌 명당을 의미할 수 있다.

- **섬룡입수**閃龍入首: 용맥이 흉한 기운을 벗어나기 위해 급하게 몸을 돌려 들어오는 것을 말한다.

6. 혈장穴場의 구성 요소

풍수지리에서 혈장穴場은 생명 기운이 강하게 뭉쳐 응축되어 있는 핵심적인 곳을 의미하며, 이는 곧 결혈처結穴處라고도 한다. 혈장은 혈심穴心, 즉 시신이 안치되거나 건물의 중심이 되는 지점을 담고 있는 '그릇'과 같은 곳으로 비유된다. 혈장은 ① 입수入首, 乘金 ② 선익蟬翼 ③ 혈토穴土 ④ 전순氈脣으로 이루어져 있다. 이러한 혈장을 구성하는 핵심적인 요소들을 통틀어 혈장사과穴場四果라고 부르며, 다음과 같은 요소들을 포함한다:

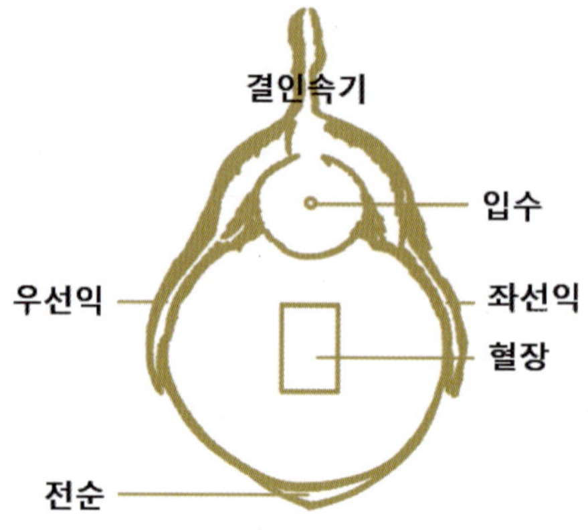

- **입수두뇌**入首頭腦: 입수두뇌는 혈 바로 뒤에서 내룡산줄기의 기운이 뭉쳐 응결된 곳으로, 혈장에 산의 기운을 공급하는 핵심 지점이다. 이는 입수入首, 즉 산줄기가 혈로 들어가는 방식 중 내룡의 말절末節이 낮게 두뇌로 넘어가는 곳을 의미하기도 한다. 무덤으로 볼 때 곡장曲墻의 중앙에서 가장 높은 곳에 해당한다.

- **양 선익**兩蟬翼: 선익은 입수 지점부터 좌우로 뻗어 혈장을 감싸는 부분을 말한다. 이는 혈판穴坂의 뒤에서 매미가 날개로 몸을 얇게 감싸는 듯한 모습으로 혈을 보호하는 형상이다. 선익은 혈의 좌우를 지탱해 주고, 혈에 모인 생기가 옆으로 빠져나가지 않도록 보호해 주는 장치의 역할을 한다. 입수도두 양변의 끝에서 아래로 향해 뻗은 얇고 작은 능선이 바로 선익이며, 진정한 혈이 되기 위해서는 선익이 분명해야 한다. 인목印木은 혈을 양쪽에서 감싸는 선익사를 말하기도 한다.

- **순전**脣氈: 순전은 혈 앞에 두툼하게 생긴 부분으로, 혈을 맺고 남은 기운여기, 餘氣이 혈 앞에 뭉쳐져 있는 곳을 말한다. 맨 앞에 크고 넓은 곳을 전氈, 작고 좁은 곳을 순脣이라고 한다. 순전은 견고하고, 결함이 없으며, 원만하여 혈장의 각 부분과 균형을 이루어야 좋다. 이는 용이 혈을 형성하고 남은 기운이 뻗어 나가는 '여기'와는 다른 개념으로, 혈 앞에 응집된 기운을 의미한다.

- **명당**明堂: 명당은 혈장을 포함한 주변의 평평한 땅으로 생기가 응결된 지점이다. 이는 혈이나 혈장보다 좀 더 넓은 개념으로 사용된다. 명당은 내명당內明堂과 외명당外明堂으로 나뉜다. 명당의 어원은 '천자가 백관의 알현을 받으며 정치를 펴는 넓은 공간'에서 유래했다.

7. 내명당

　내명당은 혈 바로 앞의 평평한 곳으로, 외청룡과 외백호 안쪽 영역에 해당하며, 묘지에서는 '묘판墓板'에 해당하며, 주된 건물 앞뜰을 의미하기도 한다. 중명당은 내명당에서 앞으로 더 넓고 광대한 평지로서 내청룡과 내백호 안쪽 영역을 말한다. 외명당은 중명당에서 밖으로 더 넓고 광대한 평지로서 외청룡과 외백호 바깥쪽 영역을 말한다.

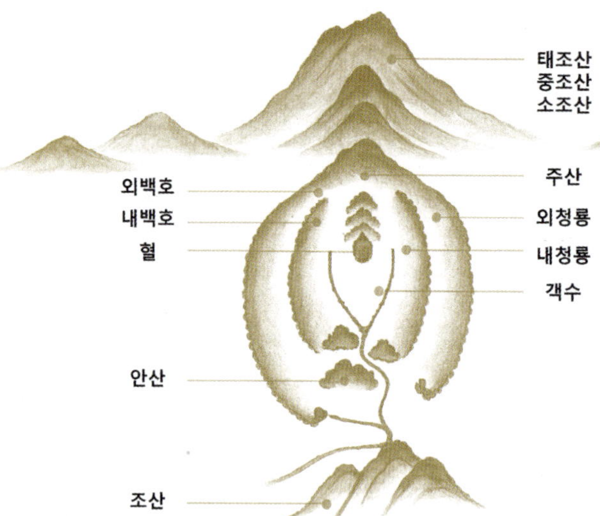

또한, 고전 『금낭경』에서는 혈의 구성에 대해 승금乘金, 상수相水, 혈토穴土, 인목印木에 사상四相이 있다고 언급하며, 이들이 혈이 참된지를 증명하는 중요한 요소라고 설명한다.

- **승금乘金**: '금金'은 생기를 일컫는 다른 말로, 혈의 뒤에 둥글게 솟은 자리를 의미한다. 혈의 생기처로서 원만하고 온전하며 혈장을 지배할 기상이 있어야 한다.
- **상수相水**: 혈의 양쪽을 따라 내려오던 물길이 앞에서 합쳐져 혈판을 경계 지으면서 좌우에서 혈을 돕는 것을 말한다.
- **혈토穴土**: 혈처의 흙의 색土색이나 질土질을 말한다. 이상적인 혈토는 붉은색, 황색, 자색, 흑색, 백색의 오색토五色土를 갖추어야 하며, 돌처럼 단단해 보이지만 손으로 문지르면 콩가루처럼 부서지는 비석비토非石非土의 토질이 좋다. 이는 곧 생기층生氣層이다.
- **인목印木**: 혈을 양쪽에서 감싸는 선익사를 말하며, 혈판과의 사이에 물길下水수을 끼워 혈판의 좌우 경계를 이룬다. 이는 위에서 설명된 '선익'과 유사하거나 동일한 개념으로 보인다.

이처럼 혈장을 구성하는 다양한 요소들은 산과 물의 기운이 모여 생기를 응축하고 보존하는 데 필수적인 역할을 한다.

8. 진응수

진응수眞應水는 풍수지리에서 혈장穴場 앞에 본래부터 넘치듯이 고여 있는 샘이나 연못을 가리키는 용어다. 이는 다른 이름으로 선저수仙渚水라고도 한다. 진응수는 다음과 같은 특징과 의미를 가진다:

- **자연적으로 풍부한 물**: 진응수는 인위적으로 조성된 것이 아니라, 혈장 앞에 자연적으로 솟아나거나 고여 있는 물을 의미한다.
- **산세의 왕성함을 증거**: 진응수가 있다는 것은 그 지역의 산세가 극히 왕성하다는 증거로 해석된다. 이는 산의 생기가 응집되어 물의 형태로 나타난다고 보는 풍수적 관점과 연결된다.
- **길함의 상징**: 물이 맑고 수려하다면 재물복財福이 크다고 보며, 이는 좋은 징조로 여겨진다. 풍수에서는 물이 재물을 상징하고 생기를 순환시키는 중요한 요소로 간주되기 때문이다.

결론적으로, 진응수는 혈장의 생기와 재복의 척도가 되는, 명당 앞에 자연적으로 형성된 맑고 풍부한 물을 의미하는 풍수 용어다.

9. 혈의 사상 와겸유돌

혈의 사상은 풍수에서 참된 혈眞穴이 맺히는 네 가지 기본적인 형태를 말하며, 와窩, 겸鉗, 유乳, 돌突이 이에 해당한다.

- **와혈窩穴**: 움푹 들어간 소쿠리나 쟁반 모양의 혈을 말하며, '소쿠리 명당'이라고도 불린다. 혈장의 한쪽 부분이 다른 쪽보다 길게 감싸는 형태를 띠기도 한다. 깊이 감춘 형태인 심와深窩가 있으나 너무 깊이 빠지면 좋지 않고, 텅 비거나 무너져 움푹 파인 것은 대흉大凶한 가와假窩 또는 허와虛窩다. 와혈은 또한 굽어보는 모양과 쳐다보는 모양으로 나뉘며, 굽어보는 와중窩中에 유방 같은 혈유혈이 있으면 그곳에 정

혈해야 길한다.

- **겸혈**鉗穴: 두 다리를 벌리고 혈장을 받쳐 든 형상으로, 음혈陰穴에 해당한다. '개각혈開脚穴'이라고도 불리며, 두 개의 지각枝脚이 다리를 벌리고 다리 사이에 혈장을 받쳐 든 형상이지만, 끝이 안으로 굽어야 하고 튼튼한 순전脣氈이 있어야 참된 혈이 된다. 순전이 없으면 호랑이 입[虎口] 같아서 사용할 수 없다.

- **유혈**乳穴: 여자의 유방과 같이 봉긋하게 도드라진 형상의 혈을 말한다. 혈장을 보호하는 선익사蟬翼砂는 유혈의 혈증穴證이 된다. 이러한 형태는 '용의 젖가슴'으로 비유되기도 하며, 평지에서 미미하게 솟아난 구릉이나 능선 위에 뾰족하게 솟아난 아름다운 산 모양으로 귀하게 여겨진다.

- **돌혈**突穴: 주변보다 높고 평평하게 돌출된 혈을 의미한다. 평지에서도 나타나며, 논이나 밭에서 유별나게 도드라진 곳이 이에 해당한다. 주먹을 꽉 쥐고 있는 상태나 가마솥을 엎어 놓은 모양 또는 물 위에 거북이가 떠 있는 모습浮龜 등으로 비유되기도 한다. 돌혈은 좌우가 감싸 바람을 감추어야장풍, 藏風 좋고, 평지의 돌혈은 물길界水이 분명하고 수세水勢가 혈 앞에 모이거나 감싸안는環抱 것이 길한다.

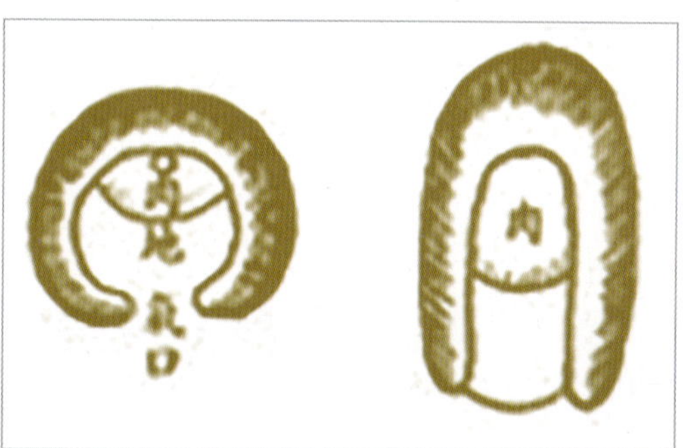

와(窩), 겸(鉗)

유(乳), 돌(突)

10. 수구水口

　풍수지리에서 수구는 물이 최종적으로 빠져나가는 지점을 가리키는 매우 중요한 용어이다. 이는 혈穴에서 보았을 때 잘 닫혀 있어야 길하다고 본다. 잘 닫힌 상태를 자물쇠에 비유하여 관쇄關鎖되었다고 한다. 수구는 명당의 내부와 외부를 나누는 경계 지점이기도 하며, 그 땅의 귀천이나 생기 역량의 대소와 밀접하게 관련되어 있다. 수구와 관련된 주요 용어 및 개념은 다음과 같다.

- **득수得水**: 혈에서 보았을 때 혈 앞으로 흐르는 물이 처음 시작되는 곳이나 물줄기를 말한다. 이는 청룡, 백호, 안산, 주산 근처에서 혈이나 혈 앞의 명당으로 모여드는 물을 뜻한다.
- **취수聚水**: 득수한 물이 혈 앞 명당에 모여드는 것으로, 용혈龍穴과 음양 교합을 하는 물을 의미하며, 이를 명당수라고도 한다. 물의 양기를 혈에 공급해 주는 역할을 한다.
- **거수去水**: 물이 빠져나가는 것을 가리키며, 이를 소수消水 또는 파구破口라고도 한다. 풍수에서는 득수, 취수, 거수를 각각 사람의 입, 배, 항문에 비유하기도 한다.

　수구는 혈장穴場과 명당을 경계로 하는 공간 내에서 가장 낮은 지점에 위치한다. 청룡과 백호의 끝부분이 수구와 관련이 깊으며, 이를 집의 담장과 대문의 관계로 비유하기도 한다. 수구는 넓게 열려 있으면 재물이 빠져나간다고 여겨 농경사회에서 수구가 좁고 닫혀 있는 것을 선호했다.

11. 수구사水口砂

　수구의 양쪽에 있는 산을 말한다. 수구사는 흘러가는 물을 직류直流시키지 않고 막아 주는 것이 좋다고 여겨진다.

- **한문捍門**: 수구에 마치 문설주처럼 쌍으로 양쪽에 대치하며 물길을 관쇄關鎖하는 산을 말한다. 그 모양은 해와 달, 거북과 뱀, 기와 북, 사자와 코끼리 등으로 불린다.

한문이 구중십중九重十重으로 되어 있으면 최상급으로, 왕후, 후비, 재상, 장원급제 등의 발복이 있다고 본다.

- **북신**北辰 : 수구 사이에 괴이한 형상으로 솟구쳐 조입朝入하는 석산石山을 말하며, 극존성極尊星으로 여겨진다. 물 가운데 화표華表보다도 더 기이하게 생긴 바위로, 용, 거북, 잉어, 창고, 금궤 같은 형상을 하기도 한다. 하늘의 북극성을 뜻하며 황제의 위位를 상징한다.

- **나성**羅星 : 수구의 물속에 돌이나 흙이 점차 퇴적하여 만들어진 작은 섬을 의미한다. 나성은 물이 직선으로 흐르거나 급하게 흐르는 것을 방해하고, 물의 흐름을 곡선으로 만들며 유속流速을 완만하게 해 주는 역할을 한다. 한강의 밤섬, 여의도, 유도 등이 나성으로 간주되기도 한다.

12. 유정 무정有情 無情

풍수지리에서 유정有情과 무정無情은 지형지물, 특히 산과 물이 혈穴이나 주택에 대해 어떤 기운과 상호작용을 하는지를 나타내는 중요한 개념이다. 이는 해당 장소의 길흉화복을 판단하는 핵심적인 요소로 작용한다. 수구水口를 포함한 다양한 지형·지물에 유정有情과 무정無情 개념이 적용된다.

- **유정**有情 : 나를 대해 주고, 감싸 주고, 도와주는 형상이나 기운을 의미한다. 마치 혈을 향하여 모여들거나 포근하게 감싸안는 듯한 모습으로, 사람과의 관계에서 친절하고 협조적인 태도에 비유될 수 있다.

- **무정**無情 : 반대로 나를 배반하고, 등지고 달아나며, 심지어 해를 끼치려는 형상이나 기운을 의미한다. 이는 혈을 등지거나 찌르는 듯한 모습으로, 사람과의 관계에서 불친절하거나 비협조적인 태도에 비유될 수 있다.

- **용호**龍虎 : 혈장을 좌우에서 감싸는 청룡과 백호의 경우, 양명하고 수려하며 서로 양보하고 높낮이가 균일하게 감싸안은 듯한 모습은 유정하여 길하다. 반면, 추악하고 뾰족하며 파쇄깨진되고 일직선으로 곧게 뻗거나 압박하는 듯하며 끊어지는 모습

은 무정하여 흉하다. 청룡과 백호는 혈장을 보호하며 바람막이 역할을 하고 생기가 흩어지지 않도록 하는 소임을 맡는데, 이들의 유무정有無情을 따져 길흉을 논한다.

- **수성**水城 : 물줄기가 용과 혈을 성처럼 둘러싸며 기氣를 잘 보전해 주는 것을 의미한다. 물이 혈을 유정하게 감싸안는 것을 좋게 보며, 기울어져 등을 돌리거나 무정하게 흘러가는 것은 나쁘게 본다. 명당으로 들어오는 물은 굴곡지게 유유히 흘러들어와 혈 앞 명당에 모여든 듯하다가 수구로 빠져나가야 하며, 용과 혈을 감싸안듯 흘러야 유정한 물로 본다.

- **사**砂 : 혈 주변의 산봉우리인 사砂 역시 빛나고 가지런하며, 감싸안고 유정有情한 모습이면 길사吉砂가 된다. 반대로 옹종臃腫:부스럼처럼 부어오르거나 우뚝 솟은, **파쇄**破碎:부서진, 추악하며 등을 돌리거나 혈을 찌르는 듯한 모습은 무정無情하여 흉사凶砂로 간주된다.

- **향배**向背 : 산천의 유정, 무정함을 가리키는 용어로, 풍수에서는 혈을 향해 모여드는 지세는 유정하게 사귀는 것으로 보고, 혈을 등지는 지세는 싫어하여 무정하다고 본다. 주산은 혈장과 명당을 내려다보듯 향하고, 용호는 감싸안듯 혈장을 포위하여 다른 곳을 돌아다보지 않아야 좋은 것으로 본다.

이러한 유정 무정의 개념은 풍수에서 명당이 바람을 막고 생기를 모아 흩어지지 않게 하는 장풍藏風 및 득수得水의 기능과도 밀접하게 연결된다.

부록

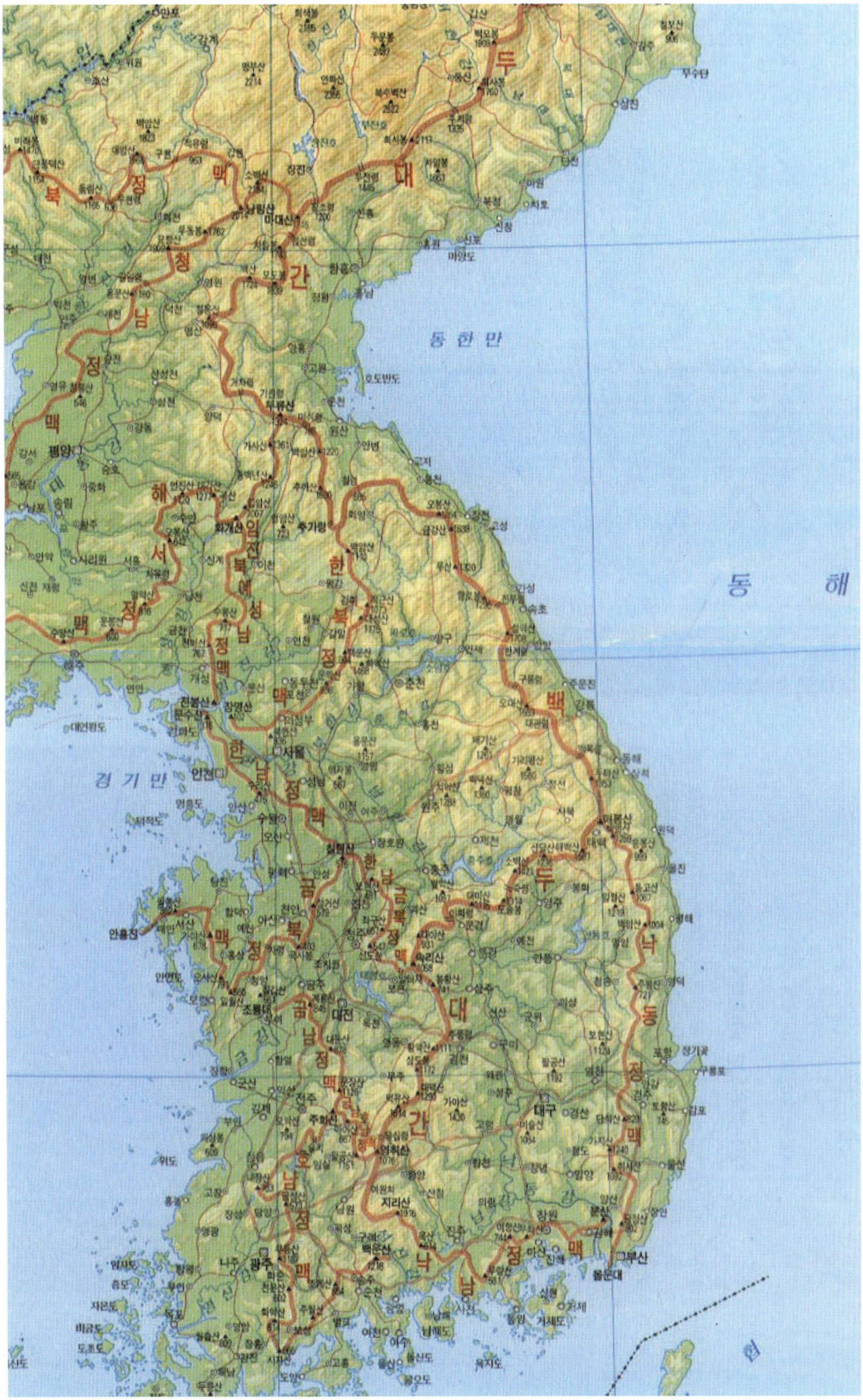

동한만
동해
경기만
두만강
대동강
백두산
금강산
지리산
평양
서울
인천
수원
대전
대구
부산
광주
전주
목포
춘천
원주
강릉
포항
울산
마산
진주
안동
청진
함흥
원산
개성
사리원
해주
북대봉정맥
청남정맥
해서정맥
임진북예성남정맥
한북정맥
한남정맥
한남금북정맥
금북정맥
금남호남정맥
금남정맥
호남정맥
낙동정맥
낙남정맥
백두대간

우리나라 산줄기 백지도
백두대간(白頭大幹) 전도

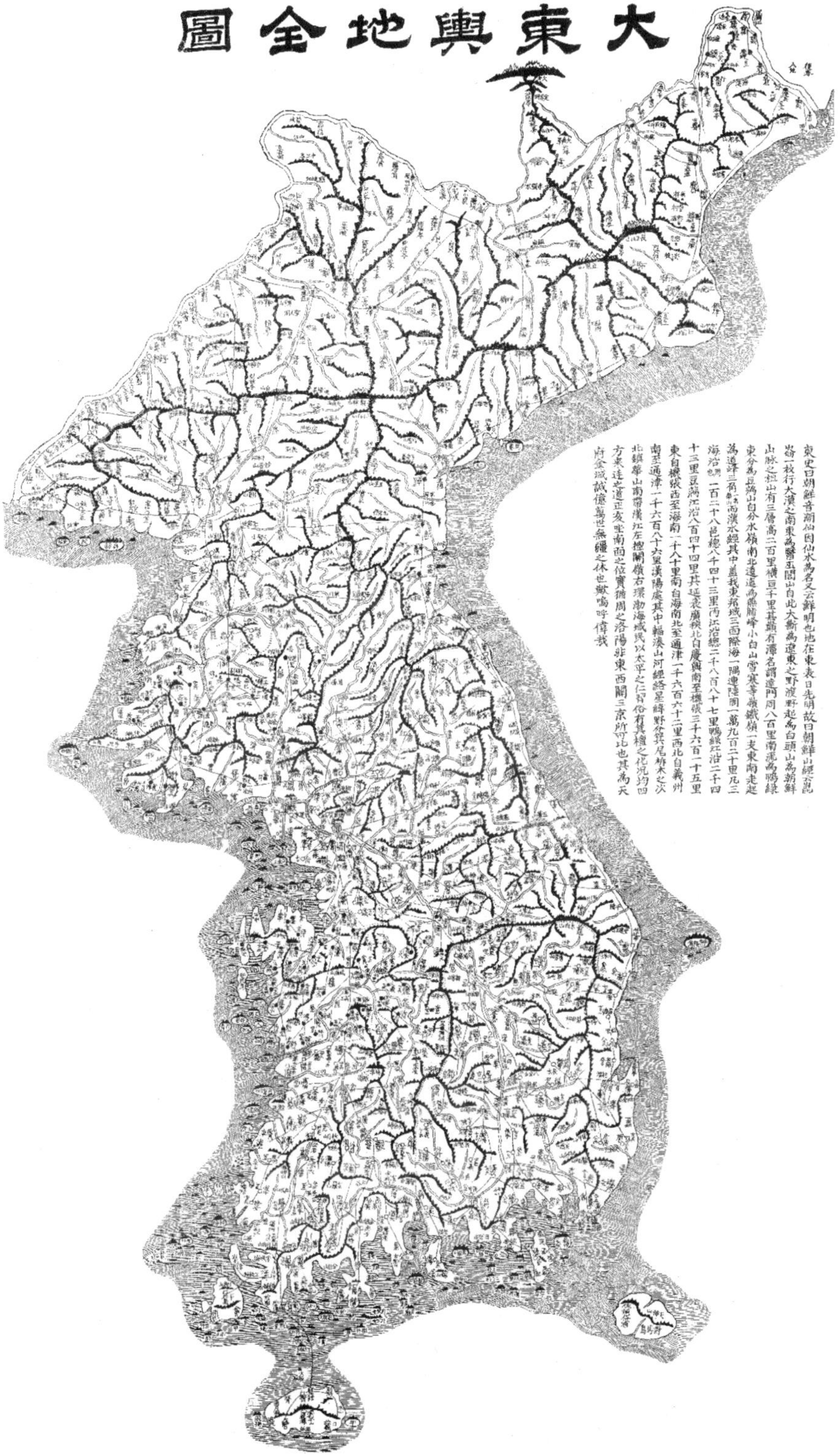

大東輿地全圖

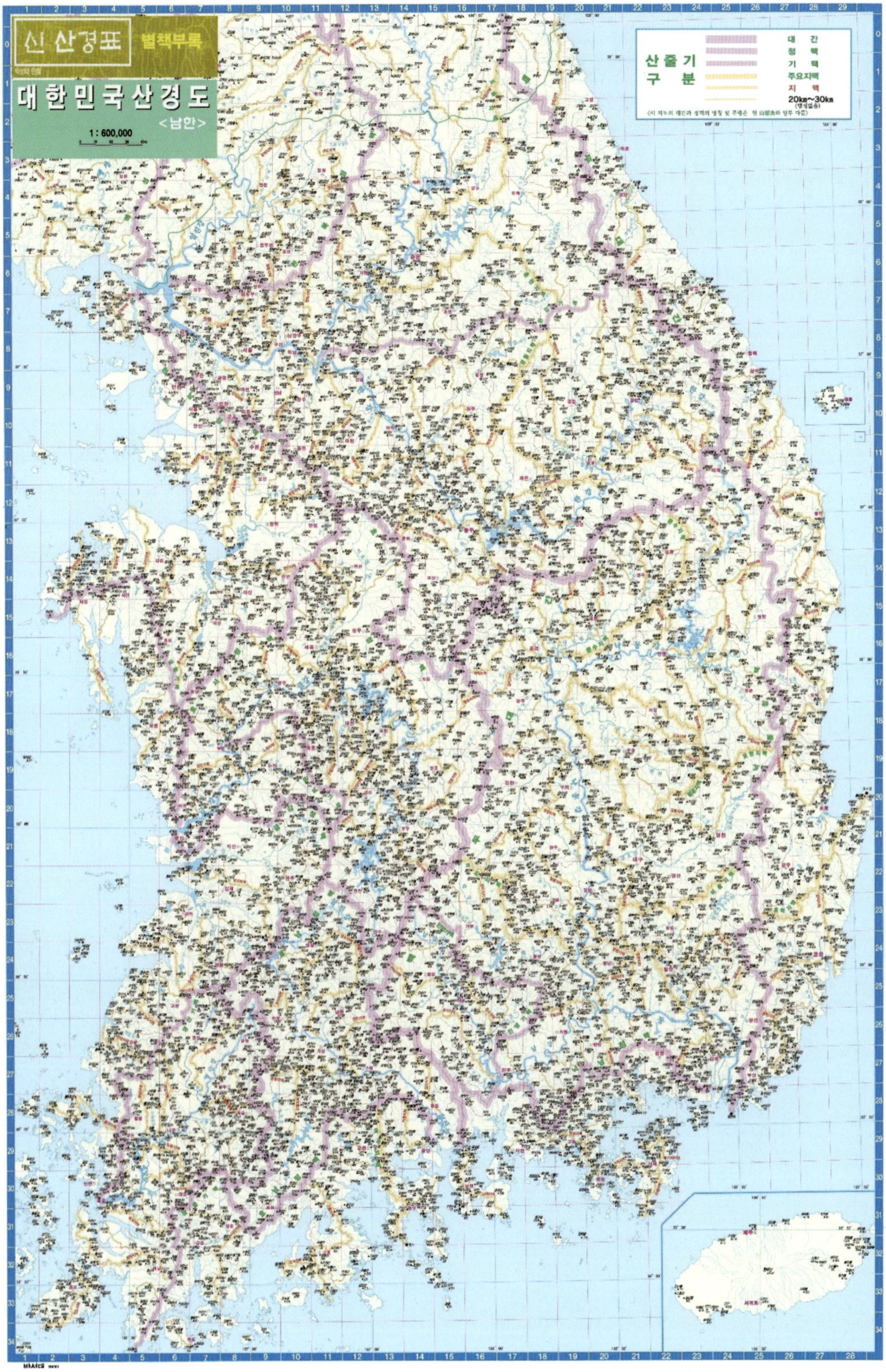

신 산경표
별책부록
대한민국산경도
<남한>
1 : 600,000
산줄기 구분
대간
정맥
기맥
주요지맥
지맥
20km~30km

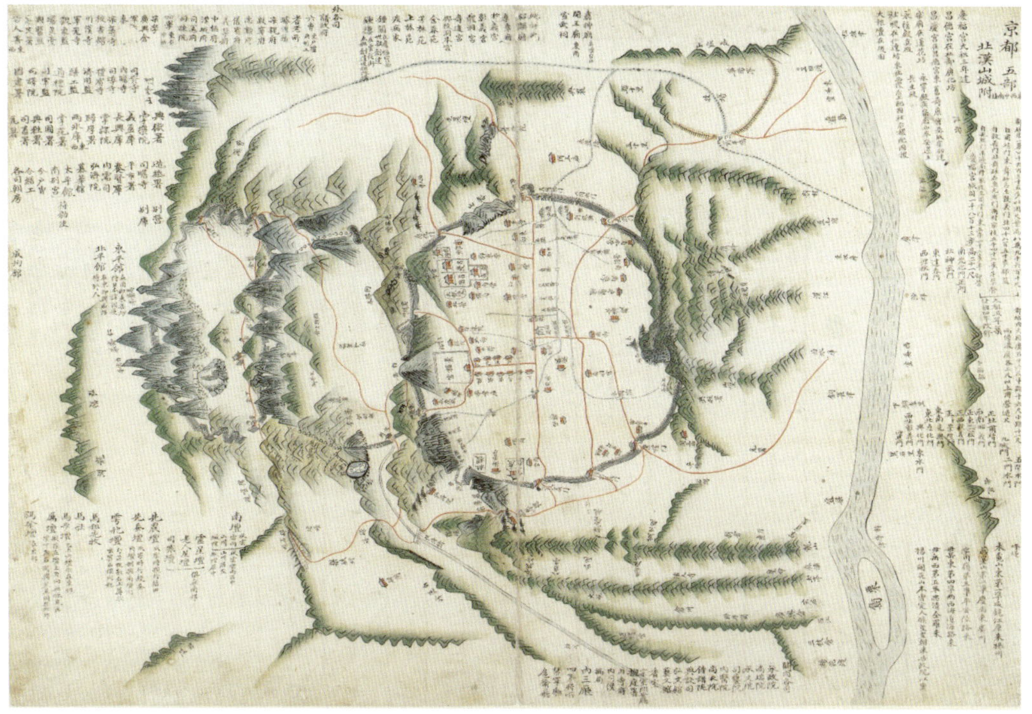

헤동지도 京都五部 北漢山城附

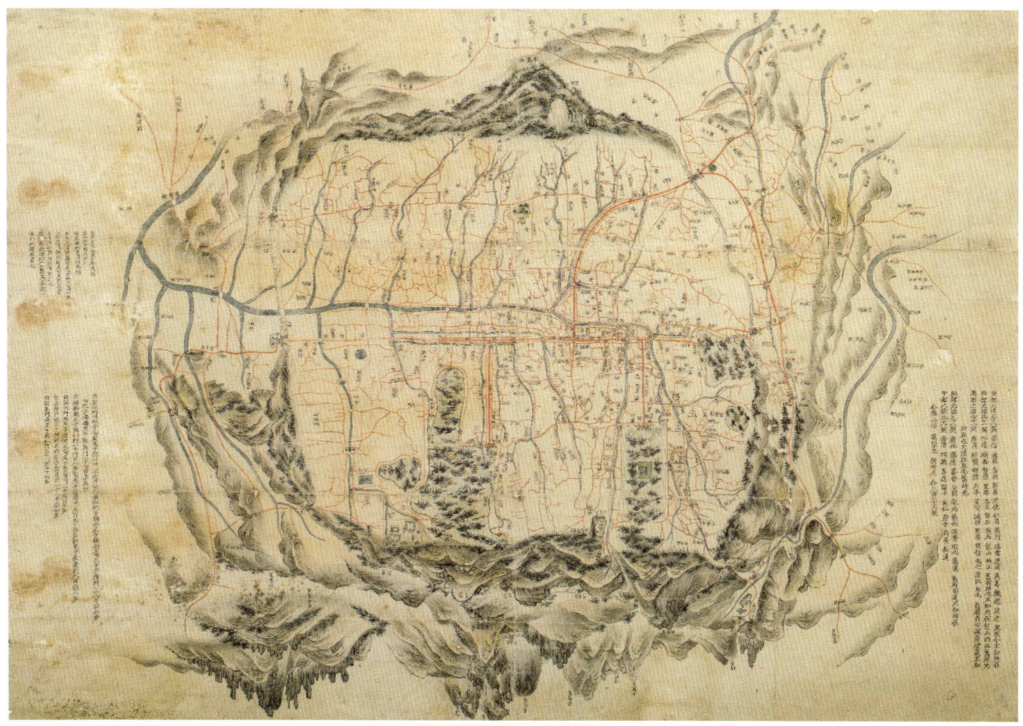

도성도

한옥마을 총정리

전국 고택 한옥 스테이 정보

전국에 숨어 있는 한옥 고택 중 최고의 한옥 스테이입니다. 역사와 전통이 살아 있는 고택에서의 하룻밤 어떠신가요? 우리 조상의 삶과 스토리가 가득한 전통 한옥으로 여행을 떠나 보세요.

https://www.wehome.me/hanokstay/province

유네스코등재유산 포털

https://www.heritage.go.kr/heri/html/HtmlPage.do?pg=/unesco/korHeritageInfo.jsp&pageNo=5_2_2_0

한국의 대표적인 전통마을과 한옥마을

http://ata.hannam.ac.kr/korea/kor-set-k.htm

https://namu.wiki/w/%ED%95%9C%EC%98%A5%EB%A7%88%EC%9D%84

서울한옥포털

https://hanok.seoul.go.kr/front/kor/town/town01.do

에필로그

현대에 적용 가능한 감성 풍수 제안

이제 풍수는 더 이상 단순한 무속이나 점술의 영역에 머물러서는 안 됩니다. 이 책에서 제시하는 감성 풍수는 삶의 구조와 정서적 안정, 그리고 돌봄의 미학을 담아야 합니다. 현대 도시에서 감성 풍수를 실천하는 방법은 다음과 같습니다:

1. 내면 중심 풍수 설계: 주거 공간 내 안방, 서재, 주방의 조화로운 배치를 통해 정서의 안정을 확보합니다.
2. 곡선의 흐름 강조: 직선보다는 곡선, 날카로움보다는 부드러움이 머무는 공간을 지향합니다.
3. 빛과 온도 조절: 햇살과 그림자의 리듬이 만드는 감성적인 리듬을 공간에 부여합니다.
4. 정서 공간의 중심화: 가족이 모이는 거실이나 마루에 온기와 정서를 담은 기물을 배치하여 중심 공간의 역할을 강화합니다.

감성 풍수는 결국 '기운이 머무는 자리'보다 사람이 편히 숨 쉴 자리'를 찾는 일입니다. 이제 우리는 '아버지의 시선'으로 형국을 읽고, '어머니의 시선'으로 마음을 다스려야 합니다. 풍수의 중심은 권력의 높이가 아니라 삶의 온기로 이동하고 있으며, 이는 독자 여러분이 자신의 공간을 재해석하고 삶을 더욱 풍요롭게 만드는 데 실질적인 도움을 줄 것입니다. 이 책을 통해 독자 여러분은 풍수가 단순히 '좋은 터'를 찾는 것을 넘어, 우리 삶에 깊이 공명하는 따뜻한 지혜임을 깨닫게 될 것입니다.

저자 소개

■ 장현숙

여성 풍수사로서 국제뇌교육종합대학원에서 동양학과 명리 석사, 풍수 박사를 취득하였다. 우리가 살아가는 땅과 공간과 환경을 이해하는 사업장 풍수 요인과 경영 성과에 대한 연구로 박사학위를 취득하였으며, 현재 누구나 행복한 삶을 바라지만 우리가 살아가는 풍수 외부 요인과 내부 요인을 여성 풍수 학자 시각으로 연구하고 있다.

국제뇌교육종합대학원대학교 동양학과 명리미래예측 석사, 국제뇌교육종합대학원대학교에서 풍수지리 박사를 취득하였다. 「사업장 풍수 요인과 경영 성과에 대한 연구」와 '사진으로 본 콜센터 풍수 입지 분석' 등으로 풍수의 현대적 적용 가능성을 제시하였다.

현재 나눔텔레서비스 대표이사로 재직 중이며, 한국열린사이버대학 도시풍수를 강의하는 교수로 활동하고 있다. 또한, 대한풍수지리학회 학술이사, 대한풍수연구학회 부회장을 맡아 학문적 교류와 연구 확산에도 힘쓰고 있다.

인월사 화재 소실 이후에는 과거의 유산을 존중하면서도 미래 지향적인 관점에서 가람 배치를 재해석하여, 지역 입지 조사와 사례 분석을 통해 인월사만의 특성을 반영한 공간 구성을 진행하였다. 예산 상기리 미륵불을 중심으로 한 풍수적 지역 활성화와 관광 가치 연구, 의령 이병철 생가와 선영의 풍수 입지 분석을 통해 삼성의 성공 요인과 풍수적 배경을 탐구하고, 이를 체험형 관광 콘텐츠로 확장하는 연구도 수행하였다.

현재 공간풍수설계전문가S.F.D.E그룹 회장으로서 공간 설계와 풍수의 융합을 이끌고 있으며, '풍수 명당 힐링 로드'를 운영하며 명상과 풍수를 결합한 새로운 형태의 명상, 입지 철학, 체험 중심의 전문가 모임을 진행하고 있다. 학문과 경영, 현장과 체험을 연결하는 실천적 풍수 연구를 통해 현대 사회에 적용 가능한 풍수의 가치를 꾸준히 제시하고 있다.

■ 김영기

남성 풍수사로서 공학박사다. 풍수학과 과학기술을 융합하여 현대인의 삶과 환경에 새로운 변화를 제안하는 혁신적인 연구자이자 교육자이다. 풍수와 공간 설계를 통해 운명을 바꾸는 실질적인 방법을 연구하고, 이를 실생활에 적용할 수 있는 가이드를 제공하며 대중과 소통하고 있다.

한양대학교 금속공학과에서 학사, 석사, 박사 학위를 취득하며 신소재 공학 분야의 전문성을 쌓았다. 이후, 기술과 풍수를 접목한 독창적인 연구와 풍부한 실무 경험으로 인정받으며 다양한 분야에서 활약해 왔다.

현재 대한풍수사협회의 회장으로 재임 중이며, 풍수학의 현대적 해석과 실천적 활용을 위한 연구와 교육에 매진하고 있다. 또한, 한국공학대학교 전자과 겸임교수로서 첨단 기술과의 접목 가능성을 연구하고 있다.

풍수를 책 속의 학문에 머무르게 하지 않기 위해 전국의 산천과 도읍을 직접 답사하며 몸으로 체득하는 현장 중심의 연구를 이어왔고, 수많은 고전을 탐독하며 선사들의 사유를 계승하는 동시에 현대 풍수에 대한 새로운 해석과 적용을 꾸준히 연구하고 있다.

저서로는 『운명을 바꾸는 풍수』, 『그림으로 읽는 노자 도덕경』 등 다수가 있으며, 풍수와 동양사상을 일반 독자의 눈높이에서 쉽게 풀어내는 데 주력해 왔다. 또한, 우리의 역사와 정신문화를 널리 알리기 위해 6년째 유교문화답사의 진행위원으로 활동하며 책임 있는 역할을 수행하고 있으며, 한국의 정신문화와 공간 철학을 세계에 소개하기 위한 'Korea Spirit Tour' 프로그램을 기획·운영하고 있다. 학문, 교육, 현장, 문화 콘텐츠를 유기적으로 연결하며 한국 풍수와 동양사상의 현대적 가치를 확장해 나가고 있다.

음택과 양택의 정석

**운명을 열어주는
명당 풍수**

초판 1쇄 인쇄   2025년 12월 20일
초판 1쇄 발행   2025년 12월 29일

저자   김영기·장현숙
펴낸이   박정태
편집이사   이명수   출판기획   정하경
편집부   김동서, 이윤교
마케팅   박명준, 박두리   온라인마케팅   박용대
경영지원   최윤숙

펴낸곳   Book★Star
출판등록   2006. 9. 8. 제 313-2006-000198 호
주소   파주시 파주출판문화도시 광인사길 161 광문각 B/D 4층
전화   031-955-8787   팩스   031-955-3730
E-mail   kwangmk7@hanmail.net
홈페이지   www.kwangmoonkag.co.kr

ISBN   979-11-88768-99-8   03380
가격   27,000원